Biblioteca de Derecho Privado

Enrico del Prato
(Director)

Carlos Antonio Agurto Gonzáles
Sonia Lidia Quequejana Mamani
Luis Alejandro Luján Sandoval
Edmundo Trujillo Blas
(Coordinadores Generales)

Francesco Ferrara
Catedrático de Derecho Civil
Universidad de Pisa

La simulación de los negocios jurídicos

Ediciones Olejnik

La simulación de los negocios jurídicos

Huérfanos 611, Santiago Chile
Email: contacto@edicionesolejnik.com
Web site: http://www.edicionesolejnik.com

Primera edición: 2017

ISBN: 978-956-7799-73-2

Diseño de Carátula: Ena Zuñiga
Diagramación: Luis A. Sierra Cárdenas

Impreso en Argentina 2017 Printed in Argentina

Índice

INTRODUCCIÓN

I

Debemos comenzar nuestro estudio con una investigación fundamental: la de las relaciones que existen entre la voluntad y la declaración. Problema que, además de haberse tratado incidentalmente en la teoría de la simulación, presta su luz al instituto jurídico de que nos ocupamos, tanto desde el punto de vista de la construcción teórica como en lo relativo a sus aplicaciones prácticas.

La cuestión que vamos a discutir ha sido debatida en Alemania con viveza y apasionamiento, y constituye una de las páginas más hermosas de la doctrina germana: el dogma de la voluntad, expuesto a los ataques enérgicos que de todos lados se le dirigen, empieza a agrietarse y a perder terreno, hasta tal punto que, por una parte, sus defensores más tenaces se ven obligados a otorgar concesiones –aunque, a su vez, la teoría contraria que, bajo la bandera de los intereses del comercio, había combatido duramente la supremacía de la voluntad, también es contradicha y censurada como una exageración reaccionaria–, y, por otra parte, se nota en ellos una cierta falta de entusiasmo; y así, mientras unos declaran imposible la solución del problema, otros se remiten a la prudencia del juez y a las circunstancias del caso, y otros, finalmente, defienden sistemas intermedios que tratan de conciliar las tendencias opuestas armonizando los intereses en lucha.

La teoría dominante, con Savigny a la cabeza, considera que la voluntad es el elemento principal del negocio jurídico: lo que el derecho realiza y dota de consecuencias jurídicas es el querer del individuo, mediante el cual se manifiesta la propia autonomía en el campo de la vida social. Sin embargo, la voluntad, como estado interno, necesita explicarse, hacerse sensible, y la declaración sirve a esta función exteriorizadora. La declaración, por tanto, es solo un medio de revelación, de manifestación; pero lo esencial, lo jurídicamente eficaz, es la voluntad. Por eso, en el conflicto entre voluntad y declaración debe prevalecer aquélla, y la declaración de una voluntad no verdadera es tan solo una apariencia de declaración[1].

Esta teoría, llevada a sus últimas consecuencias, produciría resultados inicuos; porque, haciendo decisiva en todo caso para la validez o nulidad del negocio jurídico la intención interna del agente, vendría siempre a sacrificar al aceptante de una declaración, cuyas esperanzas resultarían traicionadas por la mala fe o la culpa del declarante. Por eso, en el campo mismo de la doctrina volitiva empiezan a introducirse remedios para evitar dichos inconvenientes, buscando a un tiempo defensa y sanción contra la conducta negligente de los que emiten declaraciones jurídicas que no expresan la verdadera voluntad. Así se trata de templar y atenuar los efectos desastrosos a que conducía la teoría pura de la voluntad, aun dejándole pleno e indiscutido su dominio del campo jurídico. A esta posición corresponden las teorías de la culpa in contrahendo, de Jhering, y del compromiso tácito de garantía, de Windscheid.

Jhering confiesa que le indujo a formular aquella doctrina el *desaliento práctico* que nacía de la ciega aplicación del principio de la nulidad de los negocios por defecto de consentimiento; y esta confesión tiene mucho valor, porque demuestra cómo la teoría dominante era insuficiente para satisfacer las múltiples exigencias del comercio, y, mientras protegía con tanto cuidado a uno de los contratantes, dejaba al otro desprovisto de toda tutela.

---

[1] SAVIGNY, *System*, III, § 131. UNGER, *Oesterr. Privatrecht*, II, § 87. SINTENIS, *Civilrecht*, § 22.

El razonamiento de Jhering, que él trata de apoyar con varios pasajes de los textos romanos, es muy sencillo: todo contratantedebe poner diligencia, no solo respecto de las relaciones jurídicas ya establecidas, sino también respecto de las que se están formando. Si, pues, un contratante da lugar, por su culpa, a la conclusión de un contrato nulo, es responsable frente al otro del interés contractual negativo. Esta teoría, en que no hemos de detenernos, criticada ampliamente por Mommsen[2] desde el punto de vista del Derecho romano, y en parte reconocida como insuficiente por el mismo autor[3] responde, bajo otro aspecto, a la doctrina, bastante difundida en el Derecho francésitaliano, de la responsabilidad aquiliana -la cual considera culpable al declarante por haber emitido una declaración divergente de su intención real-; pero, en todo caso, resulta un remedio parcial e inadecuado para los rigores prácticos que se derivan del principio de la voluntad.

Windscheid[4], en sus primeras ediciones de las *Pandectas,* imaginaba la existencia de una garantía tácita del declarante para toda consecuencia perjudicial de su declaración. El contratante -dice- debe responder de los daños que causa con su declaración, cuando traiciona la confianza de la otra parte. Debe asegurar la fe que él mismo provoca, y, por eso, asume la garantía de sus consecuencias jurídicas.

Pero esta garantía descansa sobre una base fingida y resulta un artificio, porque, realmente, las partes no la han querido. Hartmann[5] observa que de este modo se huye, en efecto, de una ficción para caer en otra; pero cree que en todo ello actúa realmente el pensamiento de que allí donde la *bona fides* y la seguridad del comercio jurídico impiden tener en cuenta la intención interna divergente de la declaración, cabe, sin embargo, considerar responsable de su hecho -aun sin atender a su represen-

---

2 *Ueber die Haftung der Contrahenten bei der Abschliessung von Schuldverträger* (1879).

3 *Das Schuldmoment im röm. Recht*, pág. 38, nota 73.

4 *Pandekten,* II, pág. 160, nota 5.

5 *Wort und Wille im Rechtverkehr* (*Jhe. Jahrb.*, XX, pág. 65).

tación subjetiva- al autor consciente de la exterioridad del negocio jurídico. Por otra parte, debe añadirse que esta responsabilidad incondicionada, que va más allá de la culpa, cae en el exceso opuesto, porque hace sumamente difícil la situación del declarante.

Estas teorías, que surgen de distintos campos para auxiliar y moderar a un tiempo la teoría volitiva, son sintomáticas y predicen ya la tormenta. Resoluciones a medias, que no satisfacían a nadie; recursos menguados, que a duras penas producían alguna reparación; expedientes artificiosos, que solo en apariencia contentaban, no podían detener una nueva corriente de ideas que, ascendiendo de la vida práctica y sus necesidades, viniera a afirmarse con gran energía y exigiera una nueva regulación jurídica, más adecuada, de los intereses de las partes en las declaraciones de voluntad.

El primer ataque decidido contra la teoría dominante lo dirigió Röver[6]. Comienza este autor observando que, después de un atento examen de la regla, «ninguna declaración es eficaz sin voluntad», se insinuó en su espíritu la convicción de que tal regla es inexacta en cuanto a los negocios jurídicos entre vivos. Es falso, ante todo, el creer que ese principio pueda tener una aplicación general, cuando, en realidad, sufre numerosas **e** importantes excepciones. En efecto, la falta de acuerdo entre voluntad y declaración es indiferente: 1°, si se limita a una parte no esencial del negocio; 2°, si la causa de la divergencia es la reserva mental; 3°, en las declaraciones entre ausentes, si el declarante cambia de voluntad antes de que la declaración llegue a la otra parte. Y en todos estos casos nos encontramos frente al fenómeno característico de que tiene efecto lo que ha sido declarado sin ser querido. Así, pues, no se trata de una regla absoluta general; y ello constituye una primera objeción al principio. Pero hay otra cosa que nace precisamente de las consecuencias de esta regla. El principio de que «sin voluntad no es eficaz ninguna declaración» debería llevarnos a admitir la consecuencia de que aun el mismo error

[6] WILH. ROEVER, *Ueber die Bedeutung des Willens bei Willenserklärungen,* Rostok, 1874.

inexcusable del declarante produce la nulidad de lo declarado, y ello constituiría una evidente y grave injusticia para aquel a quien se dirigió la declaración. Finalmente contra ese principio habla la misma naturaleza de las cosas. Las declaraciones de última voluntad se distinguen esencialmente de las declaraciones entre vivos. Mientras las primeras sirven para que los supérstites conozcan la última voluntad del difunto, las segundas sirven para *ligar,* y en efecto ligan, al declarante. Estas últimas actúan, no como *medios de reconocimiento o prueba (Erkenntnissmittel),* sino como *medios para atar o vincular (Bindemittel).* Y es evidente que todo medio que se emplee para ligar debe ser sólido, firme, y dar el sentimiento de la seguridad. Si yo quiero atar dos varillas, debo cuidar de que el ligamento tenga la resistencia necesaria, y si no es así, no lo empleo. ¿Ocurrirá de otro modo en lo que se refiere al vínculo ideal de la obligación? Una declaración de voluntad que nadie pueda saber si vincula o no, que no da garantía alguna de su firmeza, ¿podrá servir para las necesidades del comercio jurídico? No es de suponer.

En cambio, es de suponer que el Derecho quiera ofrecer al comercio jurídico un medio de vincular adecuado, sólido, seguro; y este medio no puede ser otro que la declaración de voluntad. Así, la regla general habrá de ser ésta: la declaración emitida por una persona capaz produce efectos jurídicos, sin consideración a si lo declarado se ha querido o no realmente.

De este modo, por primera vez se rompió una lanza contra la exigencia de la voluntad interna y se proclamó que la declaración de voluntad, en su forma objetiva y exterior, es la base del negocio jurídico. Una afirmación tan valiente encontró pronto fautores y secuaces. Bähr[7], en un artículo sobre los errores en la formación de los contratos, hace notables observaciones prácticas a favor de la nueva teoría, que acepta; Hölder[8], en una recensión crítica de un trabajo de Schulin, afirma que toda declaración de voluntad implica un juicio sobre la existencia de la voluntad, jui-

---

[7] *Ueber Irrungen im Contrahiren (Jher. Jahrb.,* XIV).

[8] HÖLDER, Recensión crítica de SCHULIN, *Ueber die Resolutivbedingungen und Endtermine,* en *Kritische Vierteljahr,* XVIII, pág. 176-177.

cio que vincula de por sí, en cuanto por el hecho de emitirlo se quiere que sea tenido por verdadero -se queda obligado, no porque *se quiere,* sino porque prometiendo prestar se ha producido intencionalmente en otra persona la expectativa de la prestación-, y Schall[9], generalizando **y** exagerando la teoría, extiende el principio de la declaración a todos los negocios jurídicos y se lanza enérgicamente contra la voluntad interna -que dice ser una pura abstracción, un simple deseo vago del declarante, un *quid* metafísico inaprehensible—, preguntando cómo puede concebirse que un mero estado espiritual sea el punto de partida de consecuencias jurídicas.

Observaciones análogas, inspiradas, ya en puntos de vista teóricos, ya en motivos prácticos, se encuentran en Lotmar[10], Thon[11] y Schlossmann[12].

Pero había de surgir todavía un mantenedor más activo y belicoso de la nueva teoría: Kohler[13]. Este autor empieza rechazando la antítesis que ordinariamente se establece entre la voluntad y la declaración como dos elementos distintos, y estima, por tanto, que el problema se plantea mal cuando se trata de examinar cuál de las dos sea más importante y deba tener la preferencia. El Derecho mira como anómala la separación de voluntad y declaración, de lo interno y lo externo, del espíritu y la materia: la declaración de voluntad es una *unidad* a cuya existencia coopera el hombre física y psíquicamente. La declaración no es el anuncio de un acto existente ya y con significación jurídica; no es semejante a un sonido de trompeta que llegase a nosotros desde la esfera ultraterrena; antes bien, voluntad y declaración son los dos lados, los dos polos, de un mismo fenómeno... No es a las fluctuaciones internas del querer a quien hay que atribuir una significación jurídica, sino a la acción de la voluntad *(Willensaktion),* que entra en el mundo real como producto de la vida voluntaria.

---

9 *Der Parteiwille im Rechtsgeschäft,* pág. 16 (1877).
10 *Ueber die Causa im röm. Recht,* págs. 15-17.
11 *Rechtsnorm und subjektives Recht,* pág. 354.
12 *Der Vertrag,* págs. 85 y sigs.
13 *Studien über Mentalreservotion und Simulation (Jahrb. f. Dogmat.,* XVI, págs. 91 y sigs., 1878).

La declaración de voluntad es, pues, más que una manifestación, una incorporación, una objetivación, una encarnación del querer.

De este modo, Kohler, elevando la significación jurídica de la declaración como medio de realizar la voluntad, viene, en substancia, a quitar todo valor a la intención interna de las partes, dejándola aislada en el estadio, preparatorio y sin importancia jurídica, de la formación del acto volitivo.

La oposición decidida y enérgica de todos estos escritores contra el dogma de la voluntad debía producir sus frutos y ejercer una influencia notable sobre la opinión dominante.

En este momento apareció el célebre programa de Windscheid, *Wille und Willenserklärung*, la defensa más valiente y poderosa de la teoría volitiva[14]. Windscheid se apresura desde el principio a precisar los términos de la controversia. Era doctrina generalmente aceptada -dice- la de que una declaración de voluntad es nula si no se ha querido realmente lo que se declara. Lo eficaz en derecho no es, sin duda, ni la voluntad en sus elementos internos ni la declaración en su exterioridad, sino la declaración de voluntad, la unidad del querer y la declaración. La declaración sin voluntad es tan nula como la voluntad sin declaración. Pero, últimamente, opiniones que ya no pueden considerarse aisladas atribuyen efectos jurídicos, en mayor o menor medida, a la declaración como tal, independientemente de que lleve o no en sí un querer real. Debe examinarse hasta qué punto estas nuevas opiniones resultan fundadas y se justifican sus ataques a la teoría dominante. Ante todo, suele creerse que la doctrina común no ha profundizado suficientemente el concepto de la declaración de voluntad y que una investigación más perspicaz hubiera indicado dónde estaba el error. Se dice, en efecto, que la declaración de voluntad es un acto y, por tanto, exteriorización y realización de voluntad, pero que es inexacto el creer que el efecto jurídico se produzca por el querer del autor de la declaración, ya que la voluntad que se realiza en la declaración va dirigida a producir un

[14] Apareció por primera vez en 1878, como *Festgabe* en honor de LAUHN; y se publicó después con algunos retoques, el año 1881, en el *Archiv, f. civ. Praxis*, vol. 63, págs. 72 y sigs.

cambio, no en el mundo jurídico, sino en el mundo físico; o sea, a producir signos sensibles de comunicación. Contesta Windscheid que para él la declaración no es un simple medio de participar un querer que existe ya, con separación -la voluntad, como estado interno del ánimo, es indiferente al Derecho (y aquí conviene notar cómo en esta concepción influye la teoría de Kohler, de la cual, sin embargo, se aparta)-, sino el movimiento de la voluntad en acción; no comunicación de un querer distinto, sino del contenido en ella; no pasado, sino presente: la voluntad en su forma sensible. Pero en la declaración de voluntad, no solo se pone en acción la voluntad dirigida a los signos exteriores de comunicación, sino también, simultáneamente, la voluntad dirigida a los efectos jurídicos. Quien crea lo contrario debe creer también que cuando se da un veneno con el fin de matar, se realiza solamente la voluntad de hacer entrar el veneno en el cuerpo de otro y no la de quitar la vida.

En esta defensa, tan hábilmente intentada por Windscheid, vemos cómo la teoría volitiva va plegándose a las nuevas exigencias y modificándose gradualmente, al par que se aleja cada vez más de la teoría clásica de Savigny.

Otro punto en que la doctrina dominante presentaba el flanco a la crítica y debía esperar el ataque era el aspecto práctico, las exigencias comerciales que no satisfacía o contrariaba; y aquí también encontramos observaciones muy agudas del ilustre pandectista que, en parte, atenúan y debilitan los ataques de los contrarios. No desconozco -dice Windscheid- que el comercio jurídico exige que cada uno pueda confiar en la declaración de otro y que es, además, una tendencia decidida del Derecho moderno la de proteger la buena fe, aun contra la realidad de las cosas. Pero el interés del comercio jurídico es un arma de doble filo *(zweischneidiger Schwert)*. Debe cuidarse de que lo que se da con una mano no se quite con la otra. Es, sin duda, muy cómodo para el que ha de adquirir que la adquisición se realice -a pesar de que el hecho que debería justificar esa adquisición no sea real- solo porque adquirió de buena fe. Pero para el que pierde es doloroso en la misma medida el que se consume la pérdida sin que ésta resulte justificada. También aquí se impone un sacrificio de intereses. Temo que se trate de una consideración unilateral del que acepta la declaración... Pero, aun admitiendo que las necesidades del comercio reclamen con vehemencia un principio de tal contenido, no se prueba con ello que el principio deba existir: las exigencias del comercio jurídico no son fuente del Derecho.

Y en otro lugar, examinando varias sentencias citadas por Bähr -entre ellas una decisión del O. A. G. de Berlín[15], que rendía homenaje a la nueva teoría-, añade esta reflexión melancólica: «Temo que el sentimiento jurídico y las exigencias de la equidad resulten fundamentos insuficientes para el valor positivo de un principio jurídico. Decisiones de esta clase son, sin embargo, de gran interés, porque así se abrirán los ojos sobre cómo se forma el derecho consuetudinario. El juez decide como decide, no porque encuentra un apoyo para su decisión en las normas del Derecho, sino porque no puede hacerlo de otro modo. Expresa en su decisión el derecho que vive en él, y está convencido de que de ese modo crea Derecho.»

Finalmente, viene la parte romanista, en la cual Windscheid demuestra, según las fuentes, la teoría de la voluntad, discusión que omitimos deliberadamente, dejando para más adelante el exponer los últimos resultados de tales estudios y limitándonos ahora a examinar la conclusión.

Windscheid abandona las consecuencias extremas de la teoría volitiva y reconoce la validez del negocio jurídico, a pesar del conflicto entre voluntad y declaración, si la causa de la divergencia reside en el dolo o en la *culpa lata* del declarante. No se obliga simplemente al autor de la declaración disconforme con la voluntad al resarcimiento del daño, sino al cumplimiento de lo prometido, a la satisfacción de la esperanza que despertó. Así, Windscheid se aleja de la teoría dominante y es el precursor y fundador de la teoría de la responsabilidad *(Verschuldungstheorie).*

Otro defensor de la teoría volitiva que somete el problema a una investigación sutilísima de Zitelmann[16]. Estudia desde el punto

---

15 Seuffert, XXIX, 215.

16 *Irrthum und Rechtsgeschäft,* Leipzig, 1879.

de vista psicológico toda la compleja cuestión de las relaciones entre voluntad y declaración, y llega, con lógica rigurosa y muy ceñida, a establecer que la declaración sin la voluntad es un *nihil.*

Distingue claramente la voluntad de declarar de la voluntad dirigida al contenido de la declaración, poniendo de manifiesto los equívocos y confusiones en que incurrieran Kohler y Schal. Discute el concepto de voluntad, la esencia de la declaración, la idea del acto voluntario, y con el conjunto de todas estas nociones demuestra que es insostenible científicamente la teoría de la declaración que confunde la *voluntad medio* con la *voluntad fin,* aplicada a la producción de un efecto jurídico.

Bekker, uno de los enemigos de la teoría dominante, ha hecho con mucho ingenio una recensión crítica del trabajo de Zitelmann, y, reconociendo el valor de esta excelente monografía, censura el método de estudio[17]. Dice que Zitelmann se ha engolfado en plena psicología mucho más de lo debido, descuidando el aspecto práctico del problema, y que, de todos modos, la noción científica de un concepto no puede ser la norma para sus consecuencias jurídicas. Y exclama: ¡Dios nos libre de una escuela de civilistas psicólogos!

A la verdad, debe decirse, en defensa de Zitelmann, que no ha hecho otra cosa que seguir la dirección trazada ya por algunos innovadores, como Schall y Schlossmann, y combatir con las mismas armas, aunque más afinadas y sutiles. Pero es justa la objeción de que ha descuidado el aspecto práctico del problema y no ha tenido en cuenta si todas las consecuencias que se derivaban rigurosamente de los principios estaban de acuerdo con las necesidades de la vida comercial. Y aquí debe ponerse de relieve cuanto Bekker nota con agudeza: el derecho debe adaptarse a la vida; si las consecuencias jurídicas no corresponden a sus necesidades, es que la doctrina estaba equivocada. La opinión dominante lleva a resultados desastrosos, pues de ella debe nacer una desconfianza general contra todas las declaraciones de voluntad, a no ser que alguno quiera ponerse a salvo de antemano, pagando un pre-

[17] *Psikologische Jurisprudenz,* en *Krit. Viertelj.,* XXII, págs. 33 *y* siguientes (1880).

mio de seguro. Y concluye, con fina ironía: «La doctrina de Savigny, con algunas modificaciones y retoques, puede servir aun para los compendios de Derecho o para explicar en cátedra...»

Pero, en otro estudio posterior, Zitelmann vuelve sobre el mismo tema y, preocupándose de las consecuencias prácticas, viene a reconocer la insuficiencia de la teoría de la voluntad, aunque persista en ella acogiéndose a una ficción[18].

Ambas teorías -dice-, tanto la dominante como la contraria, llevan a consecuencias intolerables: la una favorece al declarante; la otra, lo declarado; aquélla busca lo interno del hecho hasta llegar a una vaguedad inescrutable; ésta se fija en lo externo, hasta llegar a un rigorismo absurdo; la una y la otra conducen a injusticias y no satisfacen las necesidades del comercio. Temo que no pueda establecerse principio alguno que, en una aplicación rigurosa, no conduzca a la iniquidad.

Pero ¿estamos obligados a esta conclusión negativa? Sería un resultado desconsolador. Y, entonces, cree que aquellas asperezas del principio pueden ser, en cada caso concreto, niveladas y mitigadas por el juez. Los principios jurídicos tienen una vida doble: una, en la teoría; otra, en la práctica; tienen dos esferas de existencia: la esfera de la existencia simplemente sistemática y la de su realización. El principio jurídico, para tener empleo y aplicación en la vida, ha de dejarse plegar, hacer de modo que sus puntas y ángulos agudos, regulares geométricamente, se emboten e igualen. Por eso, en teoría tiene valor el principio de que la declaración no puede producir ningún efecto jurídico que el declarante no haya querido, pero en la realización práctica de esta regla debe confiarse al poder judicial la corrección de las injusticias que eventualmente puedan causarse. Queda a la libre apreciación del juez el no aceptar la divergencia que se afirma existir y el rechazar su prueba como inverosímil: *non audietur*.

Así, se deja subsistente un principio teórico que, en realidad, no se aplica o se aplica de modo distinto; pero esto es una ficción, porque los principios jurídicos tienen una sola esfera de exis-

---

18 *Die juristische Willenserklärung* (*Jahrb. f. Dogm.*, XVI, págs. 415, 421, 429).

tencia, la que resulta de su realización práctica. Al juez no le compete este poder de corregir las normas jurídicas, admitiendo o rechazando a su arbitrio la acción intentada. Dice Hartmann[19]: El juez no puede lo que quiere; *como juez,* solo puede querer lo que debe o sea la aplicación del derecho vigente.

Pero, si los partidarios de la teoría volitiva se ven obligados a hacer concesiones y a incurrir en contradicción consigo mismos, no están sus adversarios en mejor terreno. Se nota, en general, que estos escritores caminan sobre el vacío y que, apegados a la mera declaración, introducen en el Derecho un formalismo rígido, con el peligro de estorbar, más que favorecer, la buena fe del comercio jurídico. Y así Kohler[20], después de lo que escribió Windscheid, confiesa que el Derecho considera realmente la voluntad individual como uno de los más importantes factores del progreso jurídico y que, en el terreno del Derecho, cada cual labra su propia fortuna y debe, por lo mismo, expresar y hacer valer su propia individualidad; Leonhard[21] —que acometiera valientemente la empresa de fundar la nueva teoría en el Derecho romano, interpretando las palabras *sententia, voluntas, animus,* que emplean las Fuentes, en el sentido de voluntad declarada, y la de *consensus,* en el de acuerdo objetivo de declaración— encuentra una crítica tan acabada en Lotmar[22], que él mismo, más tarde, suaviza su propia opinión[23]; y, finalmente, Pernice, uno de los juristas más equilibrados y profundos, examinando la literatura sobre la materia, y después de haber notado respecto de ella que llega por todas las gradaciones del positivismo dogmático a la especulación hipercrítica, rechaza como exagerada la teoría declarativa, combatiendo la opinión de Kohler; refuta la teoría de la responsabilidad, como sostenida por una ficción, en cuanto trata

---

19 *Wort und Wille im Rechtsverkehr (Jher. Jahrb.,* XX, pág. 24).

20 *Noch einmal über die Mentalr. und Simul. (Jher. Jahrb.,* XVI, pág. 328).

21 *Der Irrthum bei nicht gen Verträgen* (1882).

22 *Kritische Vierteljahrschrift,* XXV, pág. 368 (1883).

23 *Pauly's Real Encyclopädie der klasse. Alterthumsw.,* art. *Consensus.* Leonhard, *Irrthum als Ursache nichtiger Verträge,* pág. 5, nota 2 (Breslau, 1907), niega que abandonara su propia opinión, y manifiesta que solo al formular las consecuencias ha hecho concesiones a los adversarios.

de hacer valer el acto aun sin voluntad de las partes; cree poco satisfactoria la teoría de la confianza, que no puede llegar más allá del interés negativo, y acaba por conformarse con la teoría dominante, si bien confesando que necesita complementos y modificaciones[24].

Después de esta discusión puede decirse que la lucha se agota: cada uno mantiene su posición, pero le falta el ánimo para volver a combatir; el ardor cesa y las polémicas se acallan. La verdad es que ha penetrado en el ánimo de los combatientes la convicción de que no es bastante fundada ninguna de las teorías extremas, porque la razón no se encuentra totalmente en uno u otro lado, sino en el medio... Esta es una opinión que se abre camino especialmente entre aquellos que hasta ese momento no tomaron parte en la discusión y se mantuvieron ajenos a ella, como espectadores impasibles; y entonces se inicia un movimiento conciliador que representa como una tercera fase en el desenvolvimiento de la cuestión. A este período pertenecen los escritos de Hartmann y las conclusiones de los pandectistas más recientes y autorizados.

Hartmann, en un estudio mesurado y escrito con un estilo suavemente persuasivo, fue el primero en sostener esta solución intermedia del problema[25].

Dice que la doctrina dominante, con el principio de la voluntad subjetiva, nos da, ciertamente, una regla simple y uniforme; pero, bajo la sumisión más estricta al elemento interno, crea una regla externa rigurosamente formalista. Así, dejamos que en el comercio jurídico los prudentes sufran el daño y los imprudentes queden libres de toda responsabilidad.

Para resolver el problema Hartmann parte de algunos casos prácticos, y exclama: «¡Ojalá que el mantenernos en el terreno de la vida práctica, el tomar como punto de partida sus necesidades

[24] *Kristische Beiträge zur Lehre von den Rechtsgeschäften (Zeits. f. gesammte Handelsrecht,* XXV, págs. 77 y sigs.).

[25] Gust. Hartmann, *Wort und Wille im Rechtsverkehr (Jher. Jahrb.,* XX, págs. 1-79). V. también *Werk und Wille bei den s. g. stillschweig. Konsen (Archiv f. civil. Prax.,* 72, págs. 161 y sigs.).

y sus opiniones, pueda servirnos, cual sucedió a los juristas de Roma, de medio seguro para librarnos de toda especulación unilateral y apriorística!» Los casos que cita son algunas decisiones de la jurisprudencia alemana y francesa, que declaran que la simulación no puede oponerse al tercero de buena fe; y Hartmann, generalizando la doctrina, induce el principio de que cuando alguno, entrando en el comercio jurídico, realiza pública y conscientemente la exterioridad de un negocio, el Derecho debe, en circunstancias determinadas, hacer que tal negocio produzca consecuencias jurídicas, aunque la idea del declarante estuviera en contradicción con el contenido de la declaración emitida por él. Después de notar que todos los remedios elegidos para mitigar las consecuencias de la teoría volitiva no representan más que una fase de transición hacia novedades más radicales, cuya necesidad pone de manifiesto, viene a discutir el problema desde el punto de vista del Derecho romano, demostrando con las fuentes que este Derecho no decidía la cuestión con arreglo a un principio único, sino que la sometía al imperio de la *bona fides*, admitiendo o no, según los casos, la investigación de la voluntad.

No decidía allí una regla formal y uniforme, sino más bien la libre apreciación de cada caso según la buena fe y la equidad. La misma solución debe seguirse en el Derecho moderno. Dos partes están frente a frente, con diversos intereses que chocan entre sí y cuya recíproca satisfacción se busca en el contrato. Los intereses influyen necesariamente en el pensamiento, la voluntad domina la inteligencia e, inevitablemente, nacen conflictos. Para resolverlos no existe más que el principio, muy sencillo en sí mismo y muy difícil en su aplicación, de encontrar una equiparación de los intereses justa y equitativa, *boni viri arbitrio*[26].

Las dos teorías extremas, la volitiva y la declarativa, contienen elementos exactos que deben combinarse entre sí. Si los negocios del comercio social encuentran un reconocimiento en el orden jurídico, es porque les corresponde la función de asegurar la voluntad de las partes, si bien con las modificaciones que reclama el interés público. Pero el orden jurídico no atiende sola-

[26] Ob. cit., pág. 53.

mente a lo declarado, sino que quiere penetrar en el espíritu individual del agente, y toma de la voluntad de las partes la regulación de los efectos jurídicos del negocio; no solo de la voluntad de las partes en su estado natural, como se manifiesta en cada caso concreto, sino de la voluntad típica e ideal, cual la hubiera tenido en las mismas circunstancias un *bonus vir*. Si los negocios jurídicos se cumplen por las partes con diligencia y buena fe, los efectos prácticos coinciden con los reconocidos por el orden jurídico; si las partes se alejan de esta diligencia y buena fe ideal, se derivan de ellos consecuencias no queridas, o sea las que para la seguridad general del comercio deberían corresponder a la voluntad de un *bonus vir*[27].

No entraré aquí en una crítica detallada de la concepción de Hartmann, porque ello me llevaría muy lejos, y me limito a poner de relieve que, aparte el pensamiento exacto que constituye la substancia de todo el trabajo, o sea que la solución del conflicto entre voluntad y declaración ha de buscarse en una apreciación equitativa de las circunstancias del caso y en una igual estimación de los intereses en juego –con arreglo a los principios de la *bona fides*–, la construcción que el autor presenta al fin de su estudio, como último resultado, es una construcción artificiosa. También aquí se juega con la ficción. El orden jurídico realiza, no la voluntad *efectiva y real* de las partes, sino la voluntad *ideal y presunta* de un contratante típico, el *bonus vir*. Este hombre ideal, infalible, de una diligencia rara, que se limita espontáneamente a sí mismo para ponerse de acuerdo con el interés público, servirá de norma para todos los contratantes. Por tanto, allí donde las partes no procedan en cada caso particular como este prototipo jurídico, deben sufrir todas las consecuencias de su falta y estar obligadas contractualmente, aun sin voluntad. Pero esto nos da una expresión del problema figurada y metafórica, no el fundamento de la solución.

El pensamiento vital de la teoría de Hartmann –o sea que, si bien de ordinario lo normal es la voluntad de las partes, no se

---

[27] Ob. cit., págs. 75-79.

atiende, sin embargo, a la divergencia interna cuando lo prohíben la buena fe y la seguridad del comercio jurídico— es acogido generalmente por los escritores más autorizados y gana terreno cada día.

Bekker[28] parece inclinarse a esta concepción; Dernburg[29] la acepta como la más exacta y la que evita las asperezas de las teorías extremas, y Regelsberger[30], prestándole homenaje, le da una mayor precisión y pureza de líneas.

Sobre esta base se halla fundado también el Código germánico, el cual, sin tomar partido por una u otra teoría, y moviéndose tan solo por consideraciones prácticas, adopta un sistema complejo que representa una transacción de las varias tendencias y concilia los intereses en conflicto. Parecía que la controversia, cerrada legalmente por el Código, debía quedar como agotada; pero nuevos campeones han salido a reanimar la lucha para construir teóricamente el pensamiento que mueve al Código alemán a regular las disensiones entre voluntad y declaración. Naturalmente, los escritores, según su particular punto de vista, creyeron advertir en el Código germánico la aceptación de un dogma con preferencia al otro, y se ingeniaron para conciliar las faltas de armonía que resultaban de esta adaptación forzada. Tentativa infecunda y sin salida, que solo ha producido deformaciones de los conceptos tradicionales, desviando el problema de su camino natural -la valoración de los intereses del comercio jurídico- para llevarlo a una investigación sutil de esquemas y fórmulas sin vida.

Así, por ejemplo, Isay afirma que el Código germánico ha aceptado la teoría declarativa, haciendo depender de la declaración de voluntad las consecuencias jurídicas, sin tomar en cuenta la intención del declarante[31]. Lo que despierta el interés del derecho, a juicio de este autor, no es el proceso psíquico que se desenvuelve en el interior del agente, sino la voluntad dirigida

[28] *Pandekten*, II, § 92, Ap. I in fine, pág. 62.

[29] *Pandekten*, I, § 99, y nota 1ª.

[30] *Pandekten*, § 140, págs. 511 y sigs.

[31] *Die Willenserklärung im Thatbestand des Rechtsgeschäftes*, págs. 18 y siguientes (1899).

al comercio jurídico y adecuada a sus necesidades. El comercio exige declaraciones de voluntad y ha de atenerse a lo que se le presenta como expresión de un querer, pudiendo tan solo inducir las consecuencias de éste por la actitud de las partes. Y la declaración de voluntad es, precisamente, lo que, visto a la luz de todas las circunstancias, representa la actitud completa del agente. Así, pues, no cabe tomar en consideración si la consecuencia que se saca de esta actitud es o no verdadera. Pero, además de la actitud objetiva, se requiere un elemento subjetivo, a saber, que el que declara se dé cuenta del sentido concluyente de su actitud, o, por lo menos, que, si le falta esa consciencia, sea por su culpa.

Danz[32] sostiene también que el Código alemán ha seguido el dogma de la declaración, y, aceptando el concepto del autor precedente, en orden a la declaración de voluntad -por la cual ha de entenderse, no el acto singular del declarante, sino toda la conducta compleja de una persona, apreciada según las circunstancias que legitiman una inducción de voluntad-, dice que solo es decisiva la voluntad que puede reconocerse como emitida por una persona capaz, aun cuando no se dé cuenta del carácter concluyente de su actitud. Danz invoca especialmente las normas acogidas en el Código germánico para la interpretación de los contratos, según las cuales éstos deben interpretarse con arreglo a los principios de la buena fe y atendiendo a las exigencias del comercio jurídico; y observa cómo el legislador alemán se ha inspirado claramente en criterios objetivos sin perderse en una investigación psicológica de la intención de los contratantes.

Pero, por otra parte, este movimiento ha encontrado también sus contradictores. La innovación terminológica que Isay, siguiendo las huellas de Piniski[33], introduce en la significación de la frase *declaración de voluntad* había suscitado ya las críticas de Monich[34] —el cual hace notar que, si no se ha dudado nunca

---

[32] *Die Auslegung der Rechsgeschäfte,* 2.ª edic., págs. 6 y sigs. (Jena, 1906).

[33] *Der Thatbestand des Sachbesitzerwerbs,* II, pág. 334 (Leipz., 1888).

[34] *Willenserklärung und Rechtsgeschäft,* pág. 137, nota 2 (Berlín, 1900).

de que las circunstancias puedan aprovecharse para iluminar la declaración de voluntad, no es correcto, sin embargo, el considerarlas como elemento de la misma, tanto más cuanto que, aparte de la actitud del declarante, hay otras circunstancias que pueden servir como medios de interpretación— y de Breit[35] -el cual censura como cosa exagerada el definir la declaración de voluntad como toda actitud que permite inducir un querer-. Tal modo de formular el problema va más allá de lo debido, porque imprime el carácter de declaración a toda manera de conducirse que, por un enlace especial de circunstancias, produzca la apariencia de una voluntad de crear el negocio jurídico, aunque la voluntad no exista en el declarante. La opinión del que recibe una manifestación no puede substituir la voluntad que falta. Más enérgicamente aún, dice Manigk[36]: El que para la inducción de la voluntad no solo deba tenerse en cuenta el acto positivo del declarante, sino también todos los indicios que reflejan la intención de las partes, es una doctrina tan antigua como exacta. Pero cuando Isay quiere llamar *declaración de voluntad* a toda esta actitud concluyente, no hace sino un juego de palabras. No se puede confundir la declaración de voluntad con todo aquello que sirve para determinar su sentido e interpretación. Isay lo sostiene para explicar cómo una omisión -el silencio- puede servir como declaración de voluntad. Pero no es preciso para ello ampliar el concepto de la declaración de voluntad, puesto que bajo la acción se entiende comprendida también la acción negativa. Debe distinguirse la *declaración de voluntad* del *sentido* que debe atribuírsele según la interpretación adecuada. No es la declaración de voluntad el conjunto de los elementos de su interpretación, el cual nos da tan solo su verdadero sentido. Si Isay llama declaración de voluntad a todo lo que determina el sentido de ésta, debe hacer entrar en el concepto circunstancias que no están en la actuación del declarante, sino en hechos de otra clase, aun los pasados, los cuales concurren también para determinar su contenido. Pero entonces se llega a un

35 *Geschäftsfähigkeit*, I, pág. 152.
36 *Willenserklärung und Willensgeschäft*, págs. 48 y sigs. (Berlín, 1907),

concepto monstruoso. Por otra parte, no es lícito -observa Manigk- afirmar que el Código germánico ha aceptado la teoría de la declaración, negando importancia al querer individual. Ante todo, constituye una mala inteligencia de los partidarios de la declaración el creer que los secuaces de la teoría volitiva afirman que la voluntad interna, por sí sola, determine los efectos jurídicos. Eso no lo ha sostenido nadie, ni mucho menos Savigny. Se exige de nosotros que la voluntad esté *declarada* y que la declaración tenga por esencia una *voluntad real.* Del hecho de que la interpretación deba realizarse objetivamente según los principios de buena fe se ha querido inducir la falta de significación del querer interno; pero sin razón, porque con ello se establece tan solo que la declaración es lo positivamente eficaz, y se deja sin resolver la cuestión para cuando la voluntad divergente pueda suprimir la declaración o quitarle eficacia, como sucede en los casos de simulación, burla o error. En efecto, el resultado de la interpretación basada en el § 133 es tan solo *provisional,* puesto que, si se hace valer la voluntad, caen por tierra todas esas otras consecuencias. Y quien vence, finalmente, es el contenido de la voluntad interna[37].

Ajenos a esta dirección, otros escritores mantienen sus antiguas opiniones, como Leonhard, que, en la segunda edición de su ***Error,*** dice que el Estado protege los negocios jurídicos a fin de que la voluntad expresada en ellos se realice hasta donde sea posible, si bien, para seguridad del comercio, permite además que tengan efecto declaraciones no queridas[38], y Kohler, que afirma lacónicamente que solo es eficaz el acto de voluntad cuando viene a objetivar para el mundo exterior la voluntad del agente[39], mientras la mayoría de los intérpretes se mantienen prudentemente en una solución intermedia, contemporizando con las diversas exigencias, como Crome[40], Enneccerus[41] y Biermann[42].

---

[37] MANIGK, ob. cit., pägs. 170-187.
[38] *Irrthum als Ursache nichtiger Verträge,* págs. 119-120.
[39] *Lehrbuch des bürg. Rechts,* pag. 486.
[40] *System des bürg. Rechts,* I, § 92, pag. 411.
[41] *Lehrbuch des bürg. Rechts* I, § 144, pägs. 355 y sigs.
[42] *Bürgerliches Recht,* I, págs. 134 y sigs. (Berlin, 1908).

II

Del desarrollo de esta lucha épica resulta que las dos teorías extremas llevan a rigorismos extraordinarios y son inaceptables. La teoría volitiva, esencialmente individualista, descansa sobre una consideración unilateral de la personalidad del agente, cuya voluntad se quiere que actúe y sea decisiva para las consecuencias jurídicas del acto. No se tiene en cuenta que, de este modo, el orden jurídico abdica su función reguladora de todo el mundo económico y, tutelando el interés de un solo individuo, deja sin protección los intereses sociales. El dogma de la voluntad se deriva de una concepción exagerada del arbitrio humano, a lo cual tal vez no es ajena la influencia de las doctrinas del Derecho natural dominantes en el siglo XVIII: de un homenaje incondicional a la soberanía y potestad del individuo. Es cierto que el Derecho ha de permitir que se despliegue libremente la autonomía privada, y, por tanto, tiene que atender a la voluntad del agente; pero no es menos cierto que debe fundir y combinar este principio con los intereses opuestos de los demás asociados, los cuales reclaman seguridad en las relaciones comerciales y no quieren ser traicionados en sus legítimas esperanzas.

La consideración exclusiva de la voluntad del agente lleva al sacrificio sistemático de los intereses del público, es decir, de todos los que entablan relaciones contractuales, quienes no podrán tener nunca confianza en la relación establecida, puesto que ella se les mostrará siempre como en estado de suspensión e incertidumbre, expuesta a la continua amenaza de que en cualquier momento sea derribada y declarada nula por una divergencia, que no pudo examinarse ni preverse, entre la manifestación y la intención del declarante. No queda otro recurso a los contratantes que el sugerido tan ingeniosamente por Bekker, ¡de pagar un premio de seguro! Así desaparece la buena fe de las relaciones sociales, la palabra dada resulta un dicho vano y se insinúa en el comercio jurídico una desconfianza que perturba profundamente toda su organización.

Añádase que, para decidir el conflicto, no se dispone de un elemento objetivo y seguro, sino que únicamente ha de atenderse a un hecho interno, ultrasensible y psicológico. ¡Ei mundo de los hechos no puede gobernarse con la psicología pura!

En fin, la teoría dominante, vencida por las necesidades prácticas, se ve obligada a no ser lógica. Todos los partidarios de la teoría volitiva están de acuerdo en aceptar la validez de la declaración, cuando menos en el caso de reserva mental; y con ello vienen a introducir una excepción al principio, que, por más que se justifique y se explique, no deja de ser una excepción. Y ¿qué razón íntima -decimos con Hartmann[43]-, qué punto de apoyo existe para admitir en este solo caso una derogación de la teoría que excluye la *voluntatis quaestio* y sufre la eficacia de una declaración sin voluntad? ¿Quién nos asegura que no hayan de reconocerse otros casos excepcionales y no deba llegarse poco a poco hasta una negación o una limitación del principio?

La teoría, puramente formalista, de la declaración no presenta menos asperezas e incongruencias. Se detiene ante las palabras, ante los signos exteriores sensibles, y rompe toda conexión y dependencia con el pensamiento del agente. El individuo, con sus necesidades y sus deseos, queda suprimido, y no hay más que la declaración, el mero contenido verbal, la onda sonora elevada a potencia jurídica. Ni vale aquello que opone Kohler, a saber: que lo que liga es la declaración intelectiva dirigida a producir en otros un efecto mental, puesto que la declaración, separada del declarante, no es más que un agregado de palabras y signos. Así, el acto volitivo se materializa, se reduce a una forma rígida e inerte, a una exterioridad sin vida. Substraído el elemento espiritual del querer, resulta incomprensible también la protección legal, puesto que la declaración en sí misma puede ser el resultado anómalo del error del declarante.

Pero, aun sin atender a la corrección teórica, vemos que esta opinión va contra los mismos intereses del comercio jurídico que estaba llamada a defender, y por los cuales surgió como reacción contra la teoría dominante. Conduce a un tan ***strictum ius,*** a tal rigor y formalismo jurídico, que el comercio se siente impedido

---

[43] Ob. cit., pág. 40.

en sus libres movimientos, y la doctrina, históricamente, se manifiesta como un retroceso. A ella conviene la pintura, tan viva, que hace Voigt del *rigor iuris,* en el cual dominaba precisamente el principio de que el *verbum* era el elemento vincular del acto jurídico[44]. Adquiriendo la palabra legal una propia autonomía e independencia, subsiste jurídicamente por sí misma, aun cuando el pensamiento del agente sea distinto u opuesto; con lo cual la simulación y la broma dejan de tener significación, la interpretación lógica se hace inadmisible y el dolo y la violencia carecen de influencia en las determinaciones de voluntad: todos estos elementos quedan fuera del horizonte jurídico[45].

Eliminando la investigación subjetiva y haciendo decisiva la fórmula de la declaración, se abre el campo a la dialéctica, a las cavilaciones y los embrollos, a que se aprovechan sofísticamente las palabras empleadas; los menos inteligentes serán pronto las víctimas de los más astutos, que sabrán jugar con el equívoco. Ya se notó en otro tiempo que el *rigor* es el terreno propio y adecuado para la *captio.* De ese modo, la palabra no vale en el sentido que le da el que la pronuncia o emplea, sino en su sentido gramatical y léxico, y mientras en los labios de un imperito se convierte en un medio de engaño contra sí mismo, en la boca de un astuto es un arma peligrosa para dañar a los otros[46].

Pero, aun entendiendo la teoría declarativa en su sentido más amplio, tal como la aceptan algunos escritores modernos, o sea en el sentido de que lo decisivo es la totalidad de la conducta exterior del sujeto del derecho, que envuelve una valoración de toda la actividad del declarante en relación con las circunstancias externas; aun así, el conflicto no se modera ni resulta menos duro. Desde el momento en que al valorar la actitud del declarante no se atiende a un comercio jurídico en abstracto, sino a aquel concreto para el cual se empleó la declaración de que en cada caso se trata, lo decisivo habrá de ser la voluntad tal como se muestre al que la recibe bajo la apreciación de las circunstancias de hecho.

---

[44] *Ius naturale,* v. III, págs. 49 y sigs.
[45] Voigt, ob. cit., págs. 61, 67, 79, 85.
[46] Idem, ob. cit., pág. 258.

Ello no impide el que, por un encadenamiento fatal de circunstancias, o por efecto de elementos subjetivos que no han podido apreciarse, exista una mera *apariencia* de voluntad que, sin embargo, es decisiva para la producción de los efectos jurídicos[47]. Y aquí también se desgarra toda conexión entre el negocio jurídico y las relaciones de la vida: no se establece como base de la eficacia jurídica la intención real del declarante, sino una intención objetiva, típica, esquemática, que puede ser concretamente falsa o diversa. El negocio jurídico deja de ser un instrumento al servicio de los intereses del comercio, para convertirse en la imposición de una responsabilidad de efectos jurídicos, dependiente de la casualidad. ¡A la supremacía de *las palabras* legales se substituye la supremacía de la *actitud legal!*[48].

La teoría declarativa no ha hecho, pues, otra cosa que rechazar el defecto que informa la teoría de la voluntad: ésta protege al declarante y abandona a la suerte a los que reciben la declaración; aquélla defiende a los que reciben la declaración y deja indefensos a los declarantes. Hay aquí, por tanto, una consideración unilateral de intereses, un favor otorgado injustamente a una de las partes con un daño injusto para la otra; la seguridad absoluta para sí frente al daño del peligro externo contra sí[49].

Ambas teorías son, pues, defectuosas, en cuanto no aprecian *in genere* la diversa función que ejercita la voluntad en las varias especies de negocios jurídicos: negocios, unos, dirigidos a un cambio de prestaciones, a servir de medio para el comercio de la vida, y negocios, otros, en que se despliega de un modo más especial la individualidad del agente, como son los del derecho de familia, los *mortis causa,* etc. Se sabe hoy que no puede adoptarse una regla única para todas las declaraciones de voluntad, y, según

---

47 BREIT, ob. cit., pág. 152.

48 Puede verse un ejemplo en ISAY, ob. cit., pág. 25: «En las grandes subastas de vino, la mayor parte de las ofertas por cien marcos se hacen simplemente levantando la mano. Y si A en aquel momento, sin darse cuenta, levanta la mano, ¡tal vez para llamar a un amigo, y el pregonero, porque considera ese hecho como una oferta mayor, y ninguno puja, adjudica por tal precio, *la declaración es válida*!»

49 JHERING, *Culpa in contrahendo (Jahrb. f. Dogm.*, IV, pág. 72).

que en ellas juegue principalmente el interés del declarante o el de los terceros, deberá reconocerse mayor o menor importancia a la intención del agente. Es justo, en el fondo, el pensamiento de Röver: en las disposiciones *mortis causa* -e igualmente en otros tipos de negocios jurídicos- se debe estar a la voluntad, pensando que la declaración solo sirve para revelarla, mientras que en los negocios del comercio jurídico se debe atender a aquella exteriorización objetiva del querer determinante de tantos intereses y expectativas que no sea posible ya truncarlos de un solo golpe.

También fue así en el Derecho romano, según la opinión de los más[50]; los juristas romanos, esencialmente prácticos en la solución de los varios problemas, no se dejaban guiar por conceptos abstractos, sino que, según las circunstancias y los varios tipos de negocios, ora admitían la *voluntatis quaestio,* ora atendían a *quod actum est.*

Véanse, si no, dos fragmentos característicos de Pomponio, en los cuales la misma cuestión aparece resuelta en dos sentidos opuestos (110 § 1 D. 45, 1; 33 D. 34, 2).

Ciertos principios generales de los jurisconsultos romanos, que aparecen en las Fuentes separados y sin su conexión primitiva, por otra de los compiladores, deben interpretarse con mucha reserva y cautela, si se quiere evitar equívocos[51].

No basta lo dicho. Aun dentro de los mismos negocios de la vida comercial, el trato jurídico varía según las circunstancias de cada caso; y no puede establecerse de modo absoluto que, bajo el imperio de la buena fe, haya de estarse incondicionalmente a lo declarado, ya porque no siempre sería justo que el declarante soportase el daño derivado de errores fortuitos e inevitables, ya, también, para no introducir un formalismo que resultara embarazoso y molesto al mismo comercio jurídico. Es preciso, por el contrario, investigar el motivo de la divergencia y ver si el declarante es o no culpable de ella y merece o no sufrir sus consecuen-

---

50 DERNBURG, *Pandekten,* I, § 99 Y sigs. BEKKER, *Pandekten,* II, § 92, Beil. II, pág. 63. REGELSBERGF.R, *Pandekten,* pág. 511. SCIALOJA, *Volontà e responsabilità nei negozi giuridici;* Roma, 1885. FADDA, *Negozio giuridico,* páginas 194 y sigs.

51 HARTMANN, ob. cit., pág. 35.

cias. Si el que emitió la declaración hizo creer dolosamente en el contenido de una voluntad que realmente no tenía, o procuró la divergencia con culpa grave, no puede substraerse a la fuerza obligatoria de su declaración. Si existe desacuerdo entre lo declarado y lo querido y el declarante es el responsable del desacuerdo, no puede fundarse en su proceder ilícito para eludir el vínculo contraído. Se impone esta consecuencia porque, de otro modo, la eficacia de los negocios quedaría a merced de los contratantes de mala fe o negligentes. Así, pues, la solución que equilibra mejor los intereses de las partes es la teoría de la responsabilidad: cuando la divergencia depende de dolo o culpa del declarante, no tiene valor, y la declaración sigue siendo eficaz en derecho.

La aceptación de esta teoría demuestra ya la posición que tomamos frente al problema de las relaciones entre la voluntad y la declaración.

Ante todo no se trata de otorgar preferencia a uno u otro de los dos elementos en cuanto a la producción de efectos jurídicos. En el acto jurídico deben concurrir conjuntamente voluntad y declaración. Es preciso que exista una intención y que pueda reconocerse mediante un acto; pero, así como la declaración en sí misma es un esquema vacío, sin contenido, así la intención no revelada está todavía en el limbo del acto jurídico. La voluntad interna, por sí sola, considerada frente a la declaración no tiene más que una eficacia negativa, en el sentido de que impide el efecto jurídico: necesita el concurso o el trámite de la declaración para llegar a actuar de un modo positivo. Por otra parte, la declaración es un medio para perfeccionar y fijar la voluntad: es, como dice Enneccerus, semejante a la publicación de una ley; pero, así como es cierto que una ley no publicada carece de vigor, también lo es que una publicación sin un acto legislativo no puede obligar a nadie. La declaración no puede vivir de por sí, aisladamente y en abstracto.

Al estimar el valor de lo declarado debe ascenderse a la intención del que quiso, aclarando así y dando la luz debida al contenido volitivo manifestado en la declaración. Se comprende que esta inducción no puede hacerse adivinando el espíritu del declarante, sino basándola siempre en circunstancias o hechos externos que pongan de manifiesto o permitan reconocer el querer de aquél. Es verdad que esta consideración interna tiene límites impuestos por el interés general, pero no se puede prescindir de ella a *priori,* declarando que la voluntad es un *quid* sin importancia. Es exagerada la pretensión de Schall de reducir el querer a una abstracción metafísica, puesto que, como él mismo confiesa, este querer se transforma en movimiento y acción: es como negar la existencia del vapor que con su fuerza anima la máquina... No se comprende por qué un estado de ánimo no ha de poder ser punto de partida para consecuencias jurídicas, cuando todo el Derecho está influido por el principio de la apreciación de la conducta racional del agente y deriva efectos especiales del dolo y la buena fe, que son también elementos subjetivos. La voluntad sigue siendo, según la frase luminosa de Jhering, la energía que mueve las ruedas de la gran máquina social, lo que el Derecho se propone efectuar y tutelar en el libre desenvolvimiento de la actividad de los asociados. De otro modo no se explicaría el fundamento de la protección jurídica. Estimo exacto el concepto de Zitelmann de que el Derecho quiere realizar la autonomía de la persona, y, para ello, dota de consecuencias jurídicas a la voluntad individual que aspira a un resultado económico. Es cierto que en el caso concreto no se tiene una reproducción exacta e íntegra de la voluntad del agente, en parte porque las consecuencias son distintas de las deseadas, y en parte porque van más allá de su intención; pero eso no significa que el impulso inicial que determina la producción de los efectos jurídicos no haya de buscarse en el querer individual, la más alta expresión psíquica de la personalidad humana. El orden jurídico podrá, en interés del comercio, templar los resultados rigurosos que se deriven de una aplicación consecuente del dogma, mitigar con una compensación equitativa las mayores asperezas y armonizar los intereses más opuestos; pero siempre se tratará de desviaciones que dejarán a salvo el principio mismo, no discutido como tal.

Séame lícito, en este punto, hacer una breve excursión histórica y una comprobación de mi tesis.

Todos los sistemas jurídicos primitivos, dominados por el simbolismo y las fórmulas rigurosas, dan preferencia en el acto jurídico a la ***palabra*** acompañada de solemnidades, ceremonias o ritos. La palabra expresada en la fórmula es todo: el querer del agente, nada. Esto depende de que los pueblos rudos **y** primitivos se detienen en el hecho que aparece visiblemente, en la exterioridad objetiva, en la materialidad sensible, incapaces de elevarse e investigar el nexo delicado que liga la manifestación al pensamiento del declarante.

Y, para limitarnos al Derecho romano antiquísimo, vemos que el principio de la significación exclusiva del *verbum* aparece en las *leges comitiales,* en los actos de los sacerdotes Arvales, en las fórmulas de los Feciales, y luego en el *testamentum,* la *mancipatio,* el *nexum* y todo el sistema del procedimiento, de tal suerte, que puede considerarse normal el principio contenido en las XII Tablas: *uti lingua nuncupassit, ita ius esto*[52]. También Cicerón, refiriéndose a este antiguo culto de la palabra, decía: *in omni denique iure civili verba ipsa tenuerunt*[53].

Este rigor conducía a excluir toda investigación del querer subjetivo del agente, y así la palabra solemnemente declarada ligaba siempre, aun en el caso de divergencia, con lo querido. Pero, con el progreso de la civilización, la mayor suavidad de las costumbres y la extensión del comercio, se vio clara toda la injusticia de este sistema de mantenerse apegado a la letra sin indagar nunca el contenido mental. Por eso, poco a poco, empezó a tomarse en consideración la *voluntad* de la parte, hasta que, por fin, fue desechado el antiguo principio y, en su lugar, se reconoció este otro más construido, más racional, más civil: *In conventionibus contrahentium voluntatem potius quam verba spectari placuit* (frag. 219 de V. S. Pap.). Aquí no nos interesa saber si esta transformación jurídica del Derecho romano se realizó por completo, de tal suerte que a la omnipotencia de la palabra substituyera la omnipotencia de la voluntad subjetiva; antes bien, nos inclinamos a creer que esta revolución no fue completa y que en la jurisprudencia romana siguieron viviendo por adaptación principios antiguos y nuevos[54].

[52] VOIGT, ob. cit., pág. 50.
[53] CIC., *Pro Murena,* c. 12.
[54] V. sobre el particular HARTMANN, ob. cit., pág. 31.

Pero sí debemos notar que el sistema de la voluntad -producto más elaborado y perfecto del Derecho- se muestra inadecuado e insuficiente para las relaciones sociales de nuestros días, para el movimiento rápido y confiado del comercio, incompatible con el abismarse en minuciosas investigaciones psicológicas, y por ello la teoría de la declaración -extraño recurso histórico- quiere volver a lo antiguo, ¡a la supremacía de la palabra legal![55].

Una evolución histórica paralela a ésta y que conviene confrontar con ella aparece en la teoría de la responsabilidad. En el Derecho antiguo encontramos también que la responsabilidad se produce por el hecho material de la violación, por la realización del daño, sin que importe que éste sea o no voluntario o imputable -el dañado reobra impulsivamente contra aquello que le hiere, sin entrar en una investigación psicológica de la culpa del autor-. Pero vemos también aquí que, al evolucionar y perfeccionarse el Derecho, la responsabilidad se espiritualiza, y de la injusticia objetiva se asciende a la conciencia del agente, aceptando aquel nuevo principio -que después penetra e informa todas las instituciones jurídicas- según el cual no es el daño, sino la culpa, lo que obliga a resarcir. Sin embargo, este principio de la responsabilidad subjetiva, que corresponde a un grado más alto de cultura y progreso jurídico, nos parece también, en los tiempos modernos, inadecuado a las exigencias del comercio jurídico, lo cual produce una reacción, un deseo instintivo de volver a lo antiguo, ¡a la teoría de la causalidad! Todos los esfuerzos de la doctrina se han concentrado en la aspiración de encontrar mitigaciones y desviaciones del principio que permitan fundar en ciertos casos la obligación de un resarcimiento, aun sin que exista culpa en el autor del daño -y así, han surgido las teorías de Unger, Merkel y Rümelin, aunque en ellas se rechaza la pretensión absurda de convertir la responsabilidad en algo puramente causal.

---

[55] O de la actitud legal, que, sustancialmente, es lo mismo. Véase mi artículo *La simulación absoluta* (*Riv. di dir. comm.*. 1908, pág. 465): «Si la crítica dirige sus ataques contra la supremacía de la palabra legal, lo hace porque ésa es la forma por excelencia de la manifestación de querer; pero no ignora que la apariencia se determina por otros medios, y no puede ignorarlo puesto que existen declaraciones reales o mediante conducta negativa en las cuales, aun sin hablar, puede provocarse la apariencia de una voluntad».

De esta comparación podemos sacar algunas observaciones útiles.

Ciertos principios jurídicos, aunque hayan sido objeto de perfeccionamiento y evolución, resultan en concreto insuficientes, e inadecuados en algún momento histórico, a causa de necesidades y relaciones nuevas, de un amplio y extenso sucederse de las relaciones mismas; y de ahí viene la tendencia a volver al pasado – la teoría de la declaración corresponde a la teoría de la causalidad, y ambas aparecen como recursos instintivos e inconscientes del progreso jurídico.

Pues bien; el oficio del intérprete no es el de trastornar, por el afán de novedades, los principios jurídicos adquiridos tradicionalmente, sino buscar en cuanto sea posible el adaptarlos al nuevo ambiente de relaciones económicas que están llamados a regular. Se debe apartar lo que haya en la norma demasiado duro o riguroso, templar las consecuencias más absolutas, introduciendo las desviaciones que sirven para satisfacer las necesidades nuevas. Fin de la ciencia es hallar la fórmula del equilibrio de los intereses opuestos, la combinación armónica de todas las exigencias, la equiparación justa de todas las posiciones. Y por eso la doctrina debe mantener el principio de la voluntad, haciéndolo más flexible y acomodado a las nuevas relaciones del comercio jurídico.

III

Pero, aun admitiendo, desde un punto de vista económico, los fundamentos de la teoría de la responsabilidad, el intérprete no queda dispensado de entrar en el examen especial de hasta qué punto se justifica esa teoría en el aspecto legal de la cuestión. El problema es grave en las legislaciones de tipo francésitaliano, por cuanto nada se dice en ellas acerca de la relación entre voluntad y declaración, y hay que inducir de las varias normas del Código el sistema seguido por éste. Por lo que respecta a nuestro Derecho, parece exagerada la opinión de aquellos que creen aceptada en el mismo la teoría declarativa[56]. Ya hemos visto hasta

[56] GIANTURCO, *Sistema di dir. civ.*, § 49, pág. 164. RANELLETTI, *Il silenzo nei ne. giur. (Riv. di scienze giur.*, tom. XIII, págs. 4 y sigs.). VIGHI, *Dichiariazone tacita di volontà*, pág. 19. VENEZIAN, *L'errore ostativo*, págs. 200 y siguientes *(Studi in onore di V. Scialoja, I)*. MESSINA, *La simulazione assoluta (Riv. di dir. comm.*, 1907, págs. 393 y sigs.).

dónde pueden considerarse fundados los argumentos que se aducen en el sentido de la conformidad de aquella doctrina con las actuales condiciones sociales las tendencias del comercio jurídico; y, en todo caso, tales argumentos no son más que consideraciones de oportunidad que carecen de valor jurídico. Messina ha intentado recientemente una justificación positiva, apelando a las normas que regulan la impugnación de los contratos por vicios del consentimiento, y a los principios que rigen en materia de interpretación. Según este autor, nuestro Derecho no ha seguido el sistema de la sanción con la nulidad absoluta, acogida en el derecho común casi únicamente para los casos de desacuerdo entre voluntad y declaración, sino que habla tan solo de impugnación, de anulabilidad (1.108), lo que quiere decir que, a pesar de la divergencia entre intención y declaración, el negocio jurídico es válido y tiene efecto si no se reobra contra el mismo dentro de los breves plazos concedidos para ello. Y, a su juicio, esta solución presta su apoyo a la teoría declarativa, puesto que, en substancia, la divergencia no es tanto un impedimento para que se produzcan los efectos jurídicos, como un motivo para que, eventualmente, pueda obtenerse la cesación de ellos. Además, Messina cita los artículos 1.131, 1.124 y 1.134 del Código civil, los cuales, al regular la interpretación de los contratos, lejos de obligar al intérprete a inducir la intención de los contratantes, atribuyen a las declaraciones de las partes una significación objetiva, determinada por lo que ocurre ordinariamente en los negocios.

Estos argumentos carecen de consistencia jurídica. Resulta vano invocar los principios que regulan la anulabilidad por *vicios* del consentimiento, porque *aparte* de estos vicios, en nuestro sistema existen causas de nulidad absoluta por *falta* de consentimiento. Nuestra ley define el contrato como *acuerdo* de dos o más personas (art. 1.098), y enumera entre sus requisitos *esenciales* el *consentimiento válido de los contratantes* (art. 1.104). Así, pues, para que *exista* un contrato se requiere que se consienta, sin lo cual el contrato es *nulo*[57].

---

[57] V. CROME, *Parte generale del diritto privato franc.* (Traducción con notas de ASCOLLI y CAMMEO), § 24-25, págs. 254, 263; PLANIOL, *Droit civil,* I, .página 104; BUFNOIR, *Propriété et Contrat,* lec. 34.

Los casos especiales de impugnación por vicios del consentimiento deben considerarse como distintos de los comprendidos en el grupo de las causas de inexistencia por falta de los elementos esenciales del acto jurídico. Y téngase en cuenta que la ley exige un consentimiento *válido* de los contratantes. Así, pues, se habla de dos cosas distintas.

Se necesita: 1.°, que exista un consentimiento; 2.°, que este consentimiento sea válido. Esto resulta del art. 1.108: «El consentimiento no es válido...», con lo cual se argumenta que en esos mismos casos debe existir un consentimiento porque la validez es una cualidad jurídica que puede referirse a lo ya existente. Es como si la ley, dictando normas sobre la viabilidad de los nacidos, dijera: «El individuo no es *viable* si...» Y la no viabilidad supone, sin embargo, que el individuo esté vivo. Pero de estos elementos diversos se derivan distintas consecuencias jurídicas, porque mientras del defecto de consentimiento y voluntad se sigue la nulidad del acto jurídico, de los vicios del querer se derivan medios de impugnación. El Código, en los casos de *error in substantia, vis compulsiva* y dolo admite que la voluntad existe, aunque es defectuosa, y por ello otorga medios para la rescisión del contrato. Por otra parte, debe ponerse de relieve que el hecho de que nuestro Código haya colocado el caso de error junto con los de violencia y dolo, que son formas clásicas de *restitutiones* y, además (arts. 1.300 y siguientes), junto a los casos de incapacidad legal y lesión, demuestra que, en el sentido de la ley, el error de que se habla en los arts. 1.108 a 1.110 es el que ***vicia,*** no el que *excluye* el consentimiento. Cuando, por el contrario, falta la voluntad misma por causa de error -error *excluyente*-, el contrato es nulo[58].

Por otra parte, es indudable que en nuestro Derecho no puede prescindirse de la nulidad de los contratos en que no existe un querer, porque de otro modo no tendríamos base alguna positiva sobre qué fundar muchos casos en que, intuitivamente, hay

---

[58] La concepción de VENEZIAN en su profundo y sugestivo trabajo *L'errore ostativo (Studi per Scialoja,* I), es distinta de ésta: V. cuanto dije respecto del particular en mi artículo *La simulazione assoluta (Rev. comm.,* 1908, pág. 471).

que reconocer la nulidad. Frente al principio enérgico del artículo 1.123, según el cual los contratos legalmente concluidos tienen fuerza de ley para los que los han creado, ¿cómo podríamos sostener que un contrato no es eficaz porque se pruebe que se hizo por sugestión hipnótica, por broma o *rédame,* por simulación, etcétera, si no se acude a los elementos del acto jurídico y se demuestra su inexistencia? No puede decirse que en tales casos falte la declaración, porque ésta existe materialmente y aun puede contenerse en un acto público que la documente, y, sin embargo, falta un supuesto o factor de la declaración. Por eso hay que reconocer que la declaración ha de fundarse sobre la *voluntad* del agente.

Pero, aun admitiendo, como quiere Messina, que en nuestro Derecho la divergencia entre declaración e intención solo pueda alegarse para impugnar el contrato en los casos limitados que antes vimos, no cabe afirmar, sin incurrir en nota de precipitación, que ello deponga a favor de la teoría declarativa y no de la volitiva. Se razona de este modo: El contrato impugnable es *válido* mientras no sea anulado; luego el defecto de voluntad no se aprecia jurídicamente y solo puede legitimar una nueva declaración de aquel que tiene el poder de impugnar el contrato. Mas es lo cierto que el contrato anulable es, ante todo... *anulable;* es decir, lleva unida indisolublemente la posibilidad de su disolución. ¿En qué consiste su eficacia, si queda al arbitrio del que habrá de sufrirla al hacerla desaparecer -y desaparecer *ex tune?*-. ¿Cómo puede decirse que el que yerra o el *deceptus* está obligado a sufrir los efectos de la declaración, si tiene el *derecho* de hacerlos desaparecer desde su origen? No se olvide que la anulabilidad ha sido concebida por muchos *como un grado más débil de ineficacia*[59] y que, prácticamente, tiene bastante afinidad con la nulidad relativa. Por otra parte, el hecho mismo de que exista una forma de *reacción* contra el defecto de voluntad, prueba que el elemento subjetivo no queda fuera de la consideración del derecho, sino que el derecho lo tiene en cuenta y relaciona con él los efectos jurídicos. La

[59] Windscheid-Kipp, *Pandekten,* I, § 82 y nota 7; Manigk, *Willenserklärung und Willensgeschäft,* pág. 171.

admisibilidad de la impugnación sirve para probar la necesidad e importancia de la intención[60].

En cuanto a las reglas de exégesis, según las cuales los contratos deben interpretarse con arreglo a la buena fe y en el sentido que resulte más conforme con los usos del comercio jurídico, no aportan elemento alguno en favor de la teoría declarativa; porque en los arts. 1.134 y siguientes la ley se limita a dictar normas *supletorias* para integrar y completar la manifestación de voluntad de las partes. La ley se inspira en la presunción de lo que las partes pudieran haber querido: que esto, excepcionalmente, en algún caso concreto, no responda a su intención, no es motivo suficiente para suprimirlo por completo; y, por otra parte, nadie ha pretendido nunca extender el dogma de la voluntad hasta quitar al orden jurídico toda influencia reguladora. Pero es que de esas reglas resulta más bien un apoyo para el dogma de la voluntad; así, por ejemplo, del art. 1.131, según el cual deberá indagarse en los contratos cuál haya sido la *intención común* de los contratantes, apelando con ello a la *voluntad* de las partes frente a las expresiones de las mismas. Por otra parte, aun en aquellos casos en que la interpretación, apoyándose sobre elementos objetivos, llegue a un resultado que no corresponda a la intención del declarante, no por eso prevalecerá lo interpretado, puesto que siempre es dable a las partes el ejercitar la acción de inexistencia del contrato o de impugnación, con lo cual la victoria definitiva se reserva siempre a la voluntad real. También debe aquí advertirse que la prueba de la divergencia interna no la propor-

---

60 Por eso no me convence el pensamiento de BOFANTE (*Riv. Di dir. Común.*, 1909, pág. 88), el cual cree resuelto el conflicto entre voluntad y declaración, diciendo que la ley se contenta con un grado mínimo de voluntad, pues hasta diciendo que la ley se contenta con un grado mínimo de voluntad, pues basta la declaración consciente. No: y es tan cierto que no basta, que la ley admite la impugnación, con la cual puede llegarse a destruir el negocio jurídico. Si la ley se contentase con un grado atenuado del querer, o la consciencia de lo que se declara, debería resultar del ahí un negocio jurídico sano e inatacable, mientras que, por el contrario, nace un negocio que lleva en su seno el germen de la muerte. En el fondo, se trata de una forma diversa de reacción, aunque más débil e indirecta, pero su existencia demuestra la imperfección del estado de hecho del negocio jurídico.

cionará una investigación psicológica, una lectura del pensamiento en el espíritu del declarante, sino que se realizará siempre sobre la base de hechos y circunstancias que demuestren tal oposición.

Venezian[61], para sostener que nuestro Código sigue la teoría de la declaración, se apoya en dos argumentos: 1.°, el hecho de que no se exija al que demanda el reconocimiento de la eficacia de una declaración, la prueba de que ha existido una intención correspondiente a la declaración misma, sin que se vea por qué habría de presumirse tal correspondencia; 2.°, que no se considera como eficaz la reserva mental.

Pero estos mismos argumentos no son decisivos. Nada puede argüirse al primero, que no es más que una aplicación de las reglas sobre el *onus probandi.* En verdad, si el principio es que el actor debe probar los *hechos constitutivos de su derecho,* ésta prueba no se extiende a los que son *supuestos normales* del nacimiento del derecho. Tal es la correspondencia de la declaración con la voluntad. El desacuerdo entre la intención y la declaración es un estado anómalo, patológico, como dice Zitelmann, que puede oponerse por el demandado como hecho que impide o destruye el efecto jurídico, pero cuya ausencia no tiene que probarse por el actor. En otros términos: así como un acreedor que demanda en juicio no tiene necesidad de probar, por lo que se refiere a la existencia de su crédito, que los contratantes tenían capacidad legal de obrar, que su título está libre de vicios de nulidad, que el crédito no ha prescrito, así tampoco hay necesidad de probar que la declaración corresponde a la voluntad real del declarante. El otro argumento, fundado en la reserva mental, ha de utilizarse con gran cautela en nuestro Derecho. Falta entre nosotros un texto que sancione la nulidad de la reserva, pero queda por saber si la reserva puede tener eficacia fuera de la materia contractual, por ejemplo, en las disposiciones testamentarias. La falta de validez de la reserva mental puede ser el punto de llegada de la teoría declarativa, no el punto de partida. Además, se llega al mismo corolario por distinto camino, concibiendo, como nosotros lo ha-

[61] *L'errore ostativo,* págs. 202-203 *(Studi di Scialoja).*

cemos, la nulidad de la reserva mental en íntima relación con la privación de tutela jurídica a la intención de engañar.

Creo que todo el que examine el conjunto de las disposiciones de nuestro Código desapasionadamente y sin ideas preconcebidas, no podrá menos de reconocer que nuestro Derecho se asienta en el terreno de la voluntad. La tradición histórica no interrumpida que desde el Derecho romano hasta nuestros días, pasando por la Edad Media, ha proclamado siempre como elemento esencial del acto jurídico el querer de las partes; el lenguaje unívoco y constante de nuestra ley, que exige en los contratos el *acuerdo* de las partes (art. 1.098), que establece que la propiedad y los otros derechos se transmiten por efecto de *consentimiento legítimamente manifestado* (art. 1.125), que dispone que en la interpretación se atienda a *la intención de los contratantes* (art. 1.131), y que, en materia de sucesiones, invoca constantemente *la voluntad del testador* (arts. 778, 781, 836, 854, 896, 897, etc.); las mismas reglas que otorgan medios para impugnar los actos por vicios del querer (arts. 1.108 y siguientes) y demuestran la importancia jurídica de la voluntad, concediendo modos de reobrar en casos en que no se llega a un defecto de consentimiento -de lo cual se deriva, a *sensu contrario*, que en aquellos casos en que la voluntad está por completo ausente la reacción debe ser más enérgica-; el espíritu mismo de nuestra ley, que aprecia y valúa siempre, en la creación de las relaciones jurídicas, elementos subjetivos, como el dolo, la culpa, la *scientia*, el fraude, la buena fe, el *animus donandi, possidendi, negotia aliena gerendi*, etc., etc., por lo cual sería absurdo negar eficacia al factor espiritual por excelencia -la *voluntad* del individuo-; todo, en suma, demuestra que nuestra ley se inspira en la teoría volitiva. Y esto lo refleja también la jurisprudencia que más se atiene a la letra y al espíritu del Código. «En el estado actual del Derecho -dice una sentencia de la Corte de Apelación de Génova[62]- no puede aceptarse aquella doctrina según la cual, y por lo que respecta a los efectos, había de existir identidad jurídica entre la manifestación de la voluntad y la realidad de esta última, de tal suerte, que no debiera admitirse nun-

---

[62] *Temi genovesi*, IV,159.

ca prueba alguna dirigida a demostrar que la segunda no corresponde a la primera. Se acoge, en cambio, la teoría contraria, salvando, naturalmente, la obligación de resarcir en el caso de reticencia dolosa o culposa en la manifestación de voluntad.»

Los principales autores juzgan también que, en nuestro Derecho, la teoría volitiva ha de aceptarse con aquellas modificaciones que la hacen compatible con las exigencias del comercio jurídico, y, por tanto, que debe prescindirse de la intención interna, cuando el declarante sea el que dé lugar a la divergencia por dolo o por culpa. La doctrina dominante hoy día se inclina, pues, a la teoría de la responsabilidad, que es la que nosotros hemos aceptado.

Scialoja[63], en el Derecho romano, y Simoncelli[64], en el nuestro, admiten que, normalmente, el orden jurídico tiende a realizar la voluntad privada; pero la declaración de voluntad, aun aquella que no corresponde a la intención, puede tener un efecto obligatorio, si la divergencia depende de causa inexcusable imputable al declarante. En tal caso se queda obligado porque se es responsable del desacuerdo existente entre voluntad y manifestación.

Fadda y Bensa[65] sostienen que la *invalidez* del contrato por falta de consentimiento no puede alegarse por los contratantes culpables de haberla producido.

Chiorini y Abelio[66] consideran que la voluntad real –no la manifestada sensiblemente con palabras o actos– es la causa eficiente del negocio jurídico, pero que este principio, por razones de orden social, debe coordinarse y ponerse en armonía con el respeto debido a la buena fe de los terceros, frente a la cual deberá muchas veces ser decisiva la voluntad declarada. Esta limitación es un efecto del orden jurídico que impone al agente la responsabilidad de su declaración.

Me parece, sin embargo, que esta posición no se ha justificado suficientemente en la doctrina.

---

63 *Volontà e responsabilità nei neg. giur.*, Roma. 1885.

64 *Il silenzio nel diritto civile (Rend. Istit. Lomb.*, XXX, pàgs. 253 y siguientes, 1897).

65 Notas a las *Pandectas* de WINDSCHEID, I, pág. 843.

66 *Trattato di diritto civ. ital..*,, I, págs. 389-390. (Turin, 1904.)

El argumento de Fadda cuando invoca el principio que excluye la acción reivindicatoria intentada por el que debe responder de la evicción (art. 1.459 del Código civil) no satisface, en verdad, pues aun concibiendo esa norma como una aplicación de la *exceptio doli,* conservada históricamente en Derecho moderno, se trataría de un *ius sigulare,* que no puede extenderse por analogía. Pero es que, además, examinando esa norma en su origen y en su esencia jurídica, se desvanece la apariencia de afinidad entre ambos casos; pues, como tendremos ocasión de estudiar más adelante, en el art. 1.459 del Código civil debe advertirse, más que una *caducidad* de la impugnación por efecto del dolo del declarante, una *reserva* de la acción en favor del adquirente, como único autorizado a promoverla. Tanto más cuanto que en nuestro Derecho la exclusión de la acción reivindicatoria perjudicaría al vendedor de cosa ajena que obró de buena fe. Y entonces -pregunto-, ¿cómo se explica que, en el caso de dolo o culpa, esté obligado el declarante a las resultas de una declaración disconforme con su voluntad? ¿No hay aquí una desviación ilógica de los principios? ¿Cómo puede impedir la nulidad del acto jurídico el elemento culposo que se agrega a la declaración de un contenido volitivo sin existencia real?

Ciertamente que no excluimos el que el derecho positivo pueda obligar a mantener su palabra al que emitió con dolo o culpa una declaración disconforme con su voluntad; pero cabe que la responsabilidad revista formas y aspectos diversos y que, en vez de una indemnización en dinero contante, la ley, sin más, considere que los contratantes están obligados a cumplir el compromiso. Sin embargo, si esto es posible y aun oportuno desde un punto de vista políticolegislativo, que es el que se toma en cuenta en el derecho positivo, a falta de un principio jurídico -cuya existencia no se demuestra-, la solución indicada parece dudosa. Puesto que es un efecto *normal* de la culpa la obligación de resarcir el daño, debería admitirse rigurosamente que el que ha causado la nulidad del contrato es responsable del resarcimiento; pero ello no significa que el culpable haya de resultar ligado contractualmente. Se dice: al elemento volitivo, que falta, substituye la responsabilidad; pero ésta es una fórmula dogmática que no explica nada, porque siempre queda por resolver el problema del modo cómo haya de realizarse esta substitución y de por qué a un elemento ha de subrogarse otro distinto que tiene propiedades y efectos diferentes. Sería como si en una composición química se quisiese cambiar uno de los componentes, con la pretensión de obtener el mismo resultado. Si ponemos en contacto el hidrógeno con el oxígeno tendremos agua; y si al hidrógeno substituimos el ázoe, tendremos aire y no agua. Así, en el caso de la declaración se quiere substituir la voluntad por la responsabilidad, pero tratando de obtener con ésta última la misma composición jurídica: el consentimiento.

Lo que no se explica en esa transformación de efectos por consecuencia de la cual la culpa viene a ser un substitutivo de la voluntad. En lugar de producirse las consecuencias normales para la reintegración de una situación jurídica violada ya, se previene la violación; en lugar de traducirse la culpa en una obligación de resarcimiento, integra el consentimiento, produciendo la validez del negocio jurídico.

El mismo Windscheid, con motivo de la reserva mental, encontraba la duda que nace de considerar que el decir lo falso a conciencia de que lo es solo puede determinar la obligación del resarcimiento, pero no la de hacer valer en contra de sí mismo lo que no es verdad, y se veía obligado a admitir la fuerza de la objeción. «Debe reconocerse, en principio, el fundamento de esta excepción, y que al forzar al que miente a mantener su palabra se da un *salto (ein Sprung)*. Pero esto se justifica por la analogía con las Fuentes[67]. Y cita la L. 30 § 1 D. 19, 1 (venta dolosa de cosa ajena, o sea el argumento de Fadda) y la L. 57, § 1 D. 18, 1 (la cual, sin embargo, resulta contraria al intento del autor[68].

Esta argumentación, por analogía, es bastante débil, limitada a un solo caso en que, por otra parte, no se trata de la validez de la venta por el dolo del vendedor, sino del ejercicio del *dolus incidens*

---

[67] *Wille und Willenserklärung (Archiv, f. civil. Prax.*, 63, pág. 98).

[68] PAUL., lib. 5 *ad Sab.* §: «Sin autem venditor quidem sciebat domura esse exustam, emptor ignorabat, *nullarn venditionem stare,* si tota domus ante venditionem exusta sit: *si vero quantacumque pars aedificii remaneat,* et stare venditionem, et venditorem empfori quod interest restituere»; donde se ve que a pesar de la enajenación consciente de la cosa perecida, la venta es nula, y solo sie admite la validez con obligación de resarcir los daños cuando subsiste todavía una parte de la cosa vendida.

por medio de la acción contractual, y ha sido ampliamente criticada por Pernice[69], sin que de la discusión quede otra cosa que la observación elocuente de Windscheid cuando afirma que entre la validez y el resarcimiento hay una distancia, un salto, y que nadie hasta ahora nos ha mostrado el puente necesario para salvarlo.

También Zitelmann observa[70]: «Por más que se quiera dar vueltas y revueltas, la culpa puede conducir al resarcimiento del daño, pero no puede dar validez a la declaración: el contrato sigue siendo nulo.»

La justificación que yo creo, modestamente, que debe proponerse parte de una distinta enunciación del problema: no se trata de establecer cómo la culpa, en lugar de producir la obligación del resarcimiento, haya de substituir la voluntad que falta, sino de ver en qué condiciones la voluntad es jurídicamente eficaz. El problema se traslada del momento disolutivo al momento constitutivo. Antes de ver si la voluntad divergente determina la nulidad del contrato es preciso *prejuzgar* si esta voluntad es *idónea* para ejercer una influencia jurídica. Pues solo en tal supuesto puede basarse la nulidad que se afirma existe en el caso de disconformidad entre la declaración y la intención. ¿La intención se aprecia *en todo caso* por la ley? ¿O hay requisitos para su eficacia, condiciones a las cuales se subordina la tutela jurídica?

Creo que sí.

El Derecho privado es la ordenación de las relaciones de los individuos, es el derecho del comercio jurídico[71]. La voluntad se protege solo en cuanto es portadora de un interés real del comercio, en cuanto corresponde a la necesidad del desenvolvimiento de la autonomía privada, en cuanto tiende a realizar una actividad económica lícita. Si el Derecho transforma en negocios jurídicos las simples voliciones de las partes, es porque ve en ellas medios para la actuación de fines sociales: la protección jurídica no se concede a la voluntad como estado psicológico del indivi-

---

[69] *Zeitschrift f. Handelsrecht,* XXV, pág. 93. V. también PININSKI, *Thatbestand des Sachbesitzerwerbs,* II, pág. 397, nota 2.

[70] *Die juristische Willenserklärung (Jahrb. F. Dogm.,* 16, 417-418).

[71] ISAY, *Die Willenserklärung,* pág. 3.

duo, sino a la voluntad como expresión y vehículo de las relaciones jurídicas con los otros asociados.

La ley no erige la voluntad humana en dominadora suprema, absoluta, despótica; no la convierte en un factor omnipotente de efectos jurídicos; esa tiranía de la voluntad sería ilógica y absurda, porque la ley, de ese modo, abdicaría de su función ordenadora de las relaciones sociales, haciéndose esclava de los caprichos de las partes. Y esto es inadmisible. Es cierto que el querer humano es una fuerza que obra en el conjunto del mecanismo social; pero se entrelaza con otras fuerzas, con otras energías, cuyo supremo regulador es el orden jurídico. El fundamento de la protección es, pues, el interés del comercio humano, de la generalidad, no un homenaje incondicional y servil al acto volitivo.

Estas reflexiones nos hacen pensar en los límites ideales que la ley impone a la eficacia de la voluntad, y a los cuales subordina su protección. El Derecho protege las determinaciones serias de la voluntad que responden a un interés lícito, que se emiten ex *fide bona,* no las malicias y los caprichos de la autonomía privada.

Por eso la ley atiende a las circunstancias en que se realiza la determinación de voluntad, y si considera que ésta no es digna de tutela jurídica, le retira su protección. Así, el Derecho no llega hasta admitir que alguien pueda, deliberadamente, con su voluntad, engañar a los otros: el dolo del declarante no se protege nunca. El que no quiere y declara conscientemente que quiere, no puede esperar que el orden jurídico tutele su voluntad interna, que no es la expresión de un interés serio, que no corresponde al desenvolvimiento legítimo de la actividad individual, sino que es una mentira para engañar a los demás. Por tradición constante, la *culpa lata* se equipara al dolo, y, por eso, tampoco puede pedir que se proteja su intención divergente el que por negligencia grave emitió una declaración no conforme con su voluntad. En esos casos, la voluntad, como no idónea ni correspondiente a los intereses del comercio jurídico, es indigna de la protección del Derecho.

Hay, pues, un límite teórico en la protección de la voluntad – dentro de ciertas líneas, las de la buena fe y el interés del comercio, la voluntad produce efectos jurídicos; fuera de ellas, es solo un movimiento del ánimo que carece de significación jurídica.

Y puesto que la eficacia de la voluntad en el negocio jurídico será *negativa* en cuanto tienda a impedir el desenvolvimiento de los efectos que se relacionan con la declaración, se sigue de ello que esta reacción no se produce y, por lo mismo, el negocio subsiste jurídicamente, con independencia de la intención real, viciosa, que queda inerte. Por eso el declarante *tenetur* a su declaración, aunque ésta no corresponda a su voluntad, cuyo carácter malicioso neutralizó su propia eficacia. Este fenómeno se puede subordinar a un concepto lato de responsabilidad como *la carga de soportar la privación de consecuencias jurídicas, por un hecho doloso o culposo.*

Debemos reconocer que no es ésta la figura típica de la responsabilidad; pero, *precisamente por ello,* y aun afirmando que el intérprete no puede crear sanciones para la *violación de las normas jurídicas* -ya la pena para el transgresor, ya la realización forzada de un estado de hecho, ya la satisfacción en otra forma para el daño sufrido-, podemos establecer que aquí, donde no hay todavía más que una *tentativa de violación,* que el Derecho rechaza de por sí, no es necesaria una disposición expresa del legislador. Esto nace de los fines mismos del orden jurídico. Si todo efecto jurídico se deriva del derecho objetivo, es lógico e ineluctable que no puede otorgarse la tutela social al acto que tiende a llevar a cabo una injusticia. No puede aceptarse que el orden jurídico *coopere, haciéndose* cómplice, en el acto del que trata de aprovecharse dolosamente de la buena fe de otro. Esto se relaciona con el pensamiento de Thon[72] -que es de quien parte la concepción desarrollada por mí-, según el cual, si entran en la esfera del negocio jurídico aquellos actos que el Derecho estima como medios adecuados para la producción de efectos jurídicos, el Derecho es libre de determinar a qué actitudes debe o no prestar sus normas.

Cuál sea la importancia práctica y las consecuencias que deban obtenerse de esta discusión se verá en el curso del presente trabajo.

72 *Rechtsnorm und subjektives Recht,* págs. 358 y sigs.

CAPÍTULO PRIMERO

CONCEPTO DE LA SIMULACIÓN DE LOS NEGOCIOS JURÍDICOS

1. En el lenguaje corriente, simular significa «hacer aparecer lo que no es, mostrar una cosa que realmente no existe». El origen etimológico[1] confirma este concepto: *simular* es hacer similar, dar aspecto y semejanza a lo no verdadero. Así se simula una enfermedad, un peligro, un viaje. En el Derecho penal se habla de simulación de reato cuando, para engañar a la justicia, se hace creer en la realización de un delito que no ha existido. El que acude a la simulación quiere crear una apariencia falsa para engañar al público, induciendo a la opinión errónea de la verdad del hecho alegado. Desde el campo de lo material, la palabra pasa y se aplica a la esfera moral, a los movimientos del ánimo, y así, se habla de amistad, generosidad, virtud simulada. *Simulador,* por tanto, es el que, sagaz y hábilmente, hace creer en una actitud insincera. Muchos hombres son verdaderos artistas simulando en la escena de la vida. Producto de la simulación es el *simulacro,* una imagen vacía de realidad. ¡Ciertos héroes solo realizan el simulacro del patriotismo! ¡Ciertos Gobiernos solo dejan a los pueblos un simulacro de libertad![2].

---

[1] V. FICK, *Vergleichendes Wörterbuch der Indogermanischen Sprachen,* tom. II, págs. 250251: «*Simulo o Samalo deriva de la raíz sánscrita sa,* de donde vienen *samo,* lo mismo el griego ὁμός, el latino *semol, semel, similis;* de los cuales, a su vez, vienen *samalo,* igual; el griego ὁμαλος y el latino *similis, simultas, simulare.* Ario antiguo: amal, amail, adv. *instar, cosimil, simili, consimilis, samilith,* adv. ita. Véase también ZEHTMAYER, *Analogisch vergleichendes Wörterbuch über das Gesammtgebiet der indogerm. Sprachen,* Leipzig, 1879, y VANICEK, *Etymologisches Wörterbuch,* Leipzig, 1881.

[2] Por lo que respecta a los escritores italianos, V. el Vocabulario de TOMMASEO y BELLINI, y el *Dizionario de la Crusca.* En los escritores latinos, se encuentra:

Análogo, aunque distinto, es el significado de la palabra compuesta *disimular.*

Mientras que en la simulación se hace aparecer lo que no es, en el *disimulo* se oculta lo que es. La una provoca la creencia falsa de un estado no real; el otro oculta al conocimiento de los demás una situación existente. Aquélla tiende a una ilusión externa; éste, a una ocultación interna. Así, se disimula la ira, el odio, el rencor. En ambos casos, sin embargo, el fin de la conducta del individuo es el engaño, carácter fundamental de las varias formas simulatorias: en la simulación se quiere engañar sobre el ser de una situación no verdadera; en el disimulo, sobre el no ser de una situación real. La simulación puede compararse a un fantasma; el disimulo, a una máscara.

2. La simulación no pierde su naturaleza al pasar al terreno jurídico. En general, en las Fuentes encontramos el *simulatus* como lo opuesto al *verus,* y la *simulatio* como la antítesis de *veritas:* «acta simulata... veritatis substantia mutare non possunt» (2 C. 4, 22.

La simulación no es realidad, sino ficción de realidad. Desde el punto de vista subjetivo, simular significa «darse falsamente por»; de donde provienen las frases *simulare se creditorem, liberum, patrem familias*[3]. *Dissimulatio,* ora denota una simple reticencia, ora una ocultación real. En todas las aplicaciones, sin embargo, se trata de una mentira consciente para engendrar en los demás una ilusión falaz; de un disfraz que tiene distinta importancia, según que sea o no elemento de hecho del dolo.

Pero este significado genérico de la simulación, que no llega a darnos una figura propia y autónoma, no tiene interés. Es preciso que estudiemos el concepto con relación a los negocios jurídicos.

---

gaudia simulare (OVID., *De arte,* I, 136), *vultu spem simulat* (VIRG., Aeneid., I, 43), *amorem simulatum fingere* (Prop., Bleg., lib. 2, 25, 10), *simulatio belli* (CAES, *De bello civ.*, 1, 39), y, además, CIC., *Acad.*, 4, 253: «*fallax imitatio simulatioque virtutis*». CIC., *In Verr.*, 3, 27: «*nullae sunt occultiores insidiae quam hae latent in simulatione officii*». CIC., *De offic.*, 3, 79: «*ex omni vita simulatio dissimulatioque tollenda est*», etc.

[3] FORRER, *Simulation und Mentalr.*, pág. 10.

Negocio simulado es el que tiene una apariencia contraria a la realidad, o porque no existe en absoluto, o porque es distinto de como aparece. Entre la forma extrínseca y la esencia íntima hay un contraste llamativo: el negocio que, aparentemente, es serio y eficaz, es en sí mentiroso y ficticio, o constituye una máscara para ocultar un negocio distinto. Ese negocio, pues, está destinado a provocar una ilusión en el público, que es inducido a creer en su existencia o en su naturaleza tal como aparece declarada, cuando, en verdad, o no se realizó o se realizó otro negocio diferente del expresado en el contrato.

Debemos pasar de la consideración objetiva del acto simulado al examen íntimo de su estructura, para comprender mejor su naturaleza jurídica.

Dos contratantes, para sus fines particulares, se proponen engañar a los terceros haciéndoles creer que realizan un acto que realmente no quieren efectuar. Para ejecutar su acuerdo llevan, pues, a cabo, exteriormente, el acto ficticio, es decir, declaran querer cuando, en realidad, no quieren; y esta declaración, deliberadamente disconforme con su secreta intención, va dirigida a engendrar en los demás una falsa representación de su querer. En efecto, los terceros que ignoran el concierto secreto de los contratantes y no pueden penetrar sus intenciones, creen la verdad del acto realizado; entienden, y tienen motivo para entender, que aquellas declaraciones contractuales son serias y han producido una transformación real en las relaciones jurídicas de las partes. Así se consigue el fin de los que simularon; si lo que se fingió fue una enajenación o una obligación, han hecho creer al público, o en una transferencia de propiedad que no existe, porque la cosa aparentemente enajenada sigue en el patrimonio del enajenante, o en la constitución de una deuda puramente imaginaria, porque el deudor aparente no queda obligado. Lo mismo sucede en el caso de que se disimule un negocio bajo las apariencias de otro. Los contratantes han declarado vender cuando, en realidad, han querido donar. Los terceros se engañan prestando fe a las formas mentidas del negocio.

En la simulación, pues, los contratantes están de acuerdo solare la apariencia del acto, que no llevan a cabo realmente o no en aquella forma visible de que se sirven como un instrumento para engañar a los terceros.

Los requisitos del negocio simulado son, por tanto, los tres siguientes:

1. Una declaración deliberadamente disconforme con la intención.
2. Concertada de acuerdo entre las partes.
3. Para engañar a terceras personas.

Lo más característico en el negocio simulado es la divergencia intencional entre voluntad y declaración. Lo interno, lo querido, y lo externo, lo declarado, están en oposición consciente. En efecto, las partes no quieren el negocio; quieren solamente hacerlo parecer, y por eso emiten una declaración disconforme con su voluntad, que predetermina la nulidad del acto jurídico y, al mismo tiempo, sirve para provocar una ilusión falaz de su existencia. Los que simulan, pretenden que a los ojos de los terceros aparezca formada una relación que, en realidad, no debe existir, pero de la cual se quiere mostrar una exterioridad engañadora mediante una declaración que carece de contenido volitivo. Se trata, pues, de una declaración efímera, vacía, ficticia, que no representa una voluntad real y es, por lo mismo, nula, destinada únicamente a deslumbrar al público.

La voluntariedad de la divergencia distingue el caso de simulación del caso de error, en el cual existe también una contradicción entre lo querido y lo declarado, pero involuntaria, casual. El que yerra, dice lo que no quiere, sin apercibirse de ello y sin la intención de producir en otro una falsa representación de su querer; el que simula, dice deliberadamente lo que no quiere, con la consciencia de lo que hace y la intención de engañar a los demás.

Esta disconformidad entre lo querido y lo declarado es común a ambas partes y concertada entre ellas. Existe un acuerdo para emitir la declaración deliberadamente divergente. La simulación supone un concierto, una inteligencia entre las partes; éstas cooperan juntas en la creación del acto aparente, en la producción del fantasma jurídico que constituye el acto simulado. Sin el concurso de todos, la simulación no es posible; no basta con el propósito de uno solo, pues con ello se tendría una reserva mental, no una simulación. El acto será válido entre los contratantes y ninguno de ellos podrá creerse no obligado por su intención unilateral de obrar en apariencia.

Finalmente, como elemento integrante del negocio simulado debe concurrir el fin de engañar que anima a sus autores. Esto es lo que principalmente da su color y su razón de ser a la simulación, puesto que las partes recurren a ese artificio para hacer creer en la existencia de un acto no real o en la naturaleza distinta de un acto realizado seriamente. Pero no debe confundirse la intención de engañar con la intención de dañar, porque la simulación puede tener una finalidad lícita, como, por ejemplo, substraer a la curiosidad e indiscreciones de los demás la naturaleza de un acto jurídico; si bien debe reconocerse que, en la mayoría de los casos, la simulación se dirige a defraudar a los terceros o a ocultar una violación legal[4].

Este fin del engaño distingue claramente el caso de simulación del de la declaración por broma, irónica, teatral, didáctica, en los cuales existe también una declaración de voluntad que no corresponde a la intención, pero que se realiza con fines distintos del engaño. Pues el ambiente, las circunstancias mismas en que la declaración se hace, sirven para poner de manifiesto su falta de seriedad y excluyen por completo la posibilidad de que se trate de una oculta simulación.

Por eso debe considerarse erróneo y rechazarse el sistema de aquellos que, a partir de Schlossmann, hablan de una simulación en sentido lato, comprendiendo en ella los casos de broma, *réclame*, enseñanza, etc., etc. [5]. Aquí se confunde el concepto de la declaración falta de seriedad con el de declaración simulada, el género con la especie, la categoría con una aplicación determinada. No

4 VOGEL, *Mentalreserv. und Simulation,* pág. 27.

5 SCHLOSSMANN, *Der Vertrag,* pág. 102. SCHEIFF, *Divergenz zwischen Wille und Erklärung,* págs. 2425. SONNTAG, *Das simulierte Rechtsgeschäft,* página 2. VOGEL, ob., cit., pág. 7. CHIRONI y ABELLO, *Trattato di diritto civile,* I, pág. 395. Otros autores, invirtiendo el error, toman la *burla* como base de declaración no seria: así, THEVALT, *Das Scherzgeschäft,* págs. 8 y sigs. (Leipzig, 1911).

quiero decir que no pueda llegarse a una concepción general de todas estas figuras reuniéndolas en un solo grupo, sino que esta figura comprensiva no puede ser la de la simulación, que, histórica y gramaticalmente, se refiere a la declaración ficticia con finalidad de engaño. Y, además, ciertas generalizaciones sirven más para enturbiar los conceptos que para aclararlos, y la autonomía de la institución se pierde, difundida en tantas formas jurídicas, que si tienen puntos de contacto, tienen también rasgos que las diferencian profundamente. No hay, pues, una simulación en sentido lato y otra simulación en sentido estricto, sino una sola y única simulación: la que se manifiesta como declaración deliberada y acorde, de voluntad, divergente, para engañar a los terceros.

Del concepto que, poco a poco, hemos ido definiendo, de la institución de que nos ocupamos, resulta, asimismo, cuán infundada es la teoría que distingue una simulación unilateral y otra bilateral[6]. Aún se acentúa esta distinción contraponiendo la reserva mental a la simulación unilateral y diciendo que, mientras en la primera el engaño se lleva a efecto porque el declarante guarda en su interior parte de su voluntad, en la segunda el declarante provoca directamente un error en el que recibe la declaración o utiliza la equivocación en que el último cayera espontáneamente.

Así, pues, la simulación unilateral no es simulación, sino *dolo*[7]. Es el disfraz de la verdad para inducir a engaño al otro contratante. En el mismo Derecho romano se discutía entre los juristas si la simulación era o no un elemento integrante de la conducta dolosa, y mientras Paulo definía «dolus est, cum aliud agitur, aliud *simulatur*» *(Rec. sent.*, I, 8, 1), Labeon criticaba este concepto observando: «posse et *sine simulatione* id agi, ut quis circumveniatur. posee et sine dolo malo aliud agi, *aliud simulari*» (I § 2, D, 4. 3[8]. Pero, prescindiendo de esta controversia, *resulta* siempre que la simulación es la producción de una falsa apariencia *alterius decipiendi causa.* En este sentido, la simulación no constituye un concepto técnico, sino que desaparece como un elemento de he-

6 Sonntag, ob. cit., pág. 3. Chironi y Abello, ob. y loc. cit.
7 Esto lo reconoce también Sonntag.
8 Forrer, *Simulation und Mentalr.*, pág. 12.

cho del dolo. Debe recordarse aquí lo que dice Koch[9]: «Si simula tan solo un contratante... o se trata de una broma no hay dolo. Y como el derecho no permite invocar el dolo propio, el simulante unilateral queda obligado». En tal caso, la simulación se considera jurídicamente no como negocio, sino como delito[10].

Así, pues, respecto de los actos unilaterales, la simulación no se distingue de la reserva mental y son infundadas las diferenciaciones sutiles que han querido establecer Scheiff[11] y Kohler[12]. Este último autor trata de iluminar la antítesis con un ejemplo.

Si entrego al ministro una escritura de fundación, y contemporáneamente, en un segundo escrito, declaro que mi voluntad no es seria, existe simulación; si, por el contrario, me limito a confiar a un amigo esta voluntad contraria, existe reserva mental. Pero Kohler olvida que en la primera hipótesis del ejemplo citado no hay simulación, sino un acto revocatorio de la declaración, porque falta el ánimo de engañar, que es requisito esencial de la conducta simulada. Y decir, como ha dicho Scheiff, que la reserva consiste en dejar una parte de la voluntad sin declarar, y la simulación en provocar un error, es jugar con un concepto demasiado restringido y gramatical de la reserva, sin que ello, por otra parte, conduzca a ningún resultado jurídico. Si yo declaro fingidamente que instituyo por mi heredero a tal o cual persona, o confiero solo en apariencia un poder, esta simulación unilateral mía se considera frente al derecho como una reserva que, en general, es cualquier divergencia intencional de la declaración emitida por una sola de las partes, dirigida a engañar a los demás.

La simulación es el resultado de un acuerdo entre los contratantes y sale, por lo mismo, del campo de los actos unilaterales.

Para completar la idea del negocio simulado debemos insistir sobre los fines que se proponen las partes al recurrir a ese artificio[13].

Su propósito puede ser lícito o fraudulento. No debe olvidarse

[9] *Das Recht. der Forderungen,* pág. 150.
[10] BRINZ, Pand., IV, § 524; y FORRER, ob. cit., pág. 95, nota 1.
[11] Ob. cit., pág. 26.
[12] *Ueber den Willen im Privatrecht (Jahrb. f. Dogm.,* 28, 157).
[13] PLANIOL, *Droit civil,* II, n. 1244 y nota.

que una simulación puede combinarse por las partes sin prepósito de fraude. Y esto, no solo en la simulación relativa, sino también en la absoluta. Intereses legítimos, como la necesidad de substraerse a disgustos o solicitaciones, o un fin de vanidad o de *réclame,* o el interés de conservar el crédito y ciertas apariencias sociales, pueden dar lugar a la producción de una apariencia, con plena seriedad de las partes, sin causar una lesión en el derecho de los terceros[14]. Así, uno, para substraerse a las insistencias y amenazas de un aspirante a su herencia, enajena fingidamente sus bienes a un amigo y se reduce a la condición del que no tiene nada. Un industrial, para hacer que se aprecie en Italia la bondad real de sus productos, finge la venta de grandes partidas a importantes casas extranjeras, etc., etc. La figura simple de la simulación hay que examinarla en su estructura, independientemente de los propósitos a que las partes la hacen servir: la simulación en sí, podría decirse que es *incolora* y se califica según los fines de los que la emplean. Esas vestiduras accesorias son extrañas a su esencia, y por eso no pueden examinarse en un estudio genuino de la figura de que tratamos. Pero si el propósito fraudulento no es esencial, hay que reconocer, sin embargo, que la simulación tiene, normalmente, un carácter ilícito, pues, de ordinario, se emplea para dañar a los terceros o violar la ley. Así, se pretende que aparezca disminuido el patrimonio con enajenaciones que en realidad no existen, para substraer los bienes a la garantía de los acreedores; así, se disfrazan las donaciones bajo la forma de contratos onerosos, para frustrar los derechos de los legitimarios; así, se oculta una parte del precio de la venta para evitar el pago del impuesto en daño del Fisco. Otras veces –y entonces la simulación es un medio más temible– se quiere huir de un precepto o de una prohibición legal. Así, un negocio prohibido se oculta bajo una forma inocente para substraerlo a la nulidad. Se hace una donación, por el intermediario de otro, a una

---

[14] Por eso consideramos que MESSINA, *Simulazioni assoluta,* pág. 511 *(Riv. comm.* 1907), sostiene erróneamente que el acuerdo de simular está inspirado *siempre* en el engaño fraudulento, al decir que una enajenación aparente que no se ha hecho para utilizarse contra terceros no puede caer bajo otra categoría que la de la *broma.* V. cuanto Se dijo en contrario en mi trabajo *Simulazione assoluta,* pág. 554 *(Riv. comm.,* 1908).

persona incapaz. Se evita la aplicación de una norma protectora del interés público enmascarando la naturaleza del contrato, etc., etc. En los varios casos queda a la iniciativa de los interesados el promover la constatación de la realidad y verdadera naturaleza del negocio para remover sus efectos perjudiciales.

La simulación, como hemos advertido ya, presenta distintas formas: o se simula *la existencia* del negocio, o su *naturaleza,* o las personas de los contratantes.

1° Las partes se proponen producir la apariencia del acto que no quieren realmente. El acto es inexistente, ficticio, ilusorio. Se tiene solo una mera apariencia, una vana sombra, un cuerpo sin alma, según la expresión de Baldo *(simulación absoluta).*

2° Las partes realizan un acto real, aunque distinto de aquel que aparece exteriormente. El acto está escondido, celado, velado. Existe una ocultación de un negocio verdadero bajo una forma mentida *(simulación relativa).*

3° Las partes realizan un acto real y ponen de manifiesto su naturaleza; solo quieren engañar acerca de la persona del verdadero contratante. En el negocio figura un sujeto distinto del interesado, un titular fingido, un testaferro *(interposición).*

El procedimiento simulatorio se agota en la realización del negocio simulado.

Messina ha sostenido que el negocio simulado no perfecciona la simulación, pues constituye solo un grado de la misma. Si la simulación, observa dicho autor, tiene *siempre* por fin el engaño fraudulento de los terceros, su constitución no puede estimarse realizada con la estipulación del negocio simulado. Este negocio no es aún toda la simulación, porque los que simulan pueden abandonar el propósito inicial y renunciar al plan simulatorio. La simulación, por el contrario, se integra con la *oposición del negocio simulado* a los terceros, o sea con la declaración que afirma la titularidad de uno y la respectiva carencia de derecho en el otro, hecha por los simuladores sobre la base del negocio simulado. Esa declaración consuma el engaño y perfecciona la simulación.

La génesis ideológica de esta concepción se encuentra en una confusión entre la simulación y el fraude. Considerado el fraude como un elemento constitutivo, indefectible, de la simulación, se imponía lógicamente la necesidad de que coincidiera el procedimiento simulado con el procedimiento fraudulento, y de aquí que se dijera que solo podía considerarse perfecta la simulación cuando el fraude se consumaba. Pero vimos que la simulación no siempre es fraudulenta y existe, en sus elementos constitutivos, con independencia del propósito de consumar una lesión en daño de los terceros. Esto basta para demostrar que el proceso simulatorio puede considerarse cumplido antes de la consumación de un fraude y sin necesidad de él.

La simulación queda perfecta en el momento mismo de la celebración del contrato simulado, que produce la situación jurídica ilusoria -no se exige más-: todo lo que pueda suceder despuéses un post factum que no interesa para integrar la simulación, sino que debe examinarse entre los efectos de la misma. Messina confunde la simulación con las consecuencias que pueden derivarse de ella: la consumación del engaño es un efecto de la simulación y un efecto *no necesario*. El engaño se produce ya con el negocio simulado. La trampa está preparada: esto basta para que exista simulación. El saber si ha habido contratantes que cayeran en las insidias que se les tendieron o que la maquinación resultó inocua, es un hecho sucesivo, *accidental,* que no puede introducirse entre los elementos que originan la existencia de la simulación.

Pero tampoco es exacto que la consumación del engaño se produzca *mediante la oposición del negocio simulado hecha por los simuladores.* La oposición *no integra* la simulación: antes al contrario se *funda* en ella para perjudicar al derecho de otro. La simulación está perfecta desde antes, y es la *base* el *título* que se invoca para esa oposición. Por otra parte es decisiva la consideración de que *la oposición hecha por los simuladores puede faltar* y, sin embargo, existir simulación fraudulenta, como en el caso en que la simulación sea opuesta por terceros, sin que lo sepan los autores del negocio fingido y aun contra su propia voluntad.

3. Establecida en sus líneas fundamentales la idea general de la simulación, debemos indagar con más detenimiento su esencia

jurídica. La construcción teórica de la institución se concibe de distinta manera por los varios autores, según que pertenezcan a uno u otro de los sistemas antes expuestos en cuanto al problema fundamental de la voluntad en los actos jurídicos.

Los partidarios de la teoría de la declaración deberían, procediendo con lógica, borrar de su sistema la figura que examinamos. En efecto, admitiendo que lo que obliga es tan solo la declaración externa y objetiva y que no debe ascenderse al elemento psicológico del querer, la simulación, que tiene su origen en una divergencia deliberada y secreta en el ánimo de los contratantes, no debe tener importancia. La declaración simulada debe ser jurídicamente obligatoria aun para los mismos contratantes, puesto que el derecho atiende a las acciones externas de la voluntad y no a las fluctuaciones internas del querer.

Pero este resultado paradójico, que con una lógica estricta procedía concluir según las premisas establecidas, no ha sido aceptado por los secuaces dé la teoría de la declaración, los cuales,por el contrario, se ingenian para mantener esta figura jurídica ofreciendo una singular construcción de la misma.

Röver[15] escribe: «Simular tanto quiere decir como emitir una declaración que tiene como dos partes, de las cuales la una dice que la otra no es un negocio jurídico y debe solamente producir la apariencia de éste. A la persona con respecto la cual se aspira a producir la falsa apariencia, no se le participa toda la declaración, sino tan solo una parte. La otra parte, la que dice que la declaración manifiesta no debe tener efecto alguno, queda escondida. La nulidad se explica por la consideración de que la ley no puede atribuir efecto jurídico alguno a una declaración que dice, por sí misma, que no *quiere* (!) tenerlo»[16].

Schlossmann observa[17]: «En la simulación no hay contradicción, sino tan solo un fraccionamiento arbitrario de una única declaración que carece de solución de continuidad.»

15 *Bedeutung des Willens,* pág. 61.
16 Ob. cit., pág. 29.
17 *Der Vertrag,* pág. 108.

Köhler nos da más luz sobre esta teoría[18]. La simulación no contiene ninguna disconformidad entre la acción y la evolución de voluntad: descansa más bien sobre la consideración de que la acción de voluntad es en su totalidad distinta de una parte de ella que se separa arbitrariamente y se da a conocer a los terceros. El que suscribe un documento obligatorio y declara simultáneamente que lo hace solo en apariencia, no manifiesta una voluntad seria de obligarse. Lo mismo sucede en los casos análogos de la burla, la declaración teatral, didáctica, etc., etc.

El actor, que en la escena promete una cosa; el maestro, que con un fin de enseñanza se obliga a pagar ciento, no dejan lugar a duda de que no tienen seria voluntad de obligarse. Solo fraccionando la declaración y tomando una parte de ella -es decir, perdiendo de vista la persona del pedagogo o del actor, los bastidores o los bancos de la escuela-; o si se considera un simple fragmento del aparato volitivo, separado de la conexión con la declaración total, puede encontrarse una contradicción... El que simula divide su declaración y no deja llegar a conocimiento de los terceros más que una parte de ella.

Más tarde, el mismo Köhler, volviendo sobre el mismo argumento, explica el por qué de la nulidad del negocio simulado[19]. La simulación ofrece el espectáculo de que las partes emiten una declaración y una contradeclaración dentro del mismo negocio, de suerte que ambas se neutralizan recíprocamente. No debe creerse que existan dos negocios que se excluyen sucesivamente: en el elemento de la declaración está contenida también la contradeclaración -aunque se fije posteriormente por escrito- y la una se neutraliza por la otra; de modo que el negocio en conjunto conduce a un efecto nulo, puesto que lleva al resultado dinámico que se deriva de la totalidad de las declaraciones que comprende.

El negocio simulado es un negocio único con dos declaraciones que se neutralizan recíprocamente. Por eso no es una burbuja

---

[18] *Studien über Mentalreservation und Simulation (Jhering's Jahrb.,* 16, págs. 98 y sigs., 113, 141).

[19] *Ueber den Willen im Privatrecht (Jhering's Jahrb.,* 28, págs. 169 y sigs.).

de jabón, una simple forma, por la falta de una declaración jurídica: al contrario, hay una declaración, pero que, por quedar neutralizado su contenido, no produce efectos. El negocio simulado no es un negocio inexistente, sino un negocio sin resultado jurídico.

Análogas observaciones encontramos en Pininski[20], Hasenöhrl[21] e Isay[22].

Pero es curioso notar que esta teoría, extremadamente sutil, corresponde al concepto material que tienen de la simulación los escritores franceses[23]. También ellos se ocupan de *lettres et contrelettres* y conciben el negocio simulado como aquel que se modifica y suprime por otro negocio jurídico contemporáneo al primero y destinado a permanecer secreto. Solo que los escritores alemanes hablan de un negocio único cuyo contenido se neutraliza, mientras que los franceses hablan de dos negocios que se neutralizan recíprocamente. Sin embargo, la diferencia no es grave.

La idea que preside toda la concepción de Köhler es la de que por declaración no debe entenderse tan solo la manifestada públicamente o la fijada en el documento, sino el conjunto, el *haz,* la totalidad de las declaraciones empleadas para la conclusión del negocio. De suerte, que la destinada al conocimiento del público no es una declaración que subsiste por sí misma, sino un fragmento, un átomo de la declaración total. Por eso, llega a sostener que el negocio fingido es un negocio *neutralizado:* el que Isay, en el mismo orden de ideas, llama negocio contradictorio *(widerspruchsvoll).* Así, pues, no hay divergencia sino armonía: se quiere y se declara, de conformidad con lo querido, celebrar un contrato fingido. Observa igualmente Messina –que acepta esta teoría–, que en la expresión *contrata aparentemente* está contenida de un modo sintético la antítesis y neutralización recíproca de dos declaraciones.

Empezaré observando que aun para entender como declaración la conducta de conjunto del agente, que expresa o de la cual

---

20 *Der Thatbestand d. Sachbesitzerwerbs,* II, pág. 406.
21 *Das österr. Obligationenrecht,* I, § 43, pág. 576.
22 *Die Willenserklärung,* pág. 53.
23 V. por todos PLANIOL, *Droit civil,* II, n. 1240.

se induce un determinado contenido de voluntad, es necesario establecer límites, fijar confines, a fin de que pueda decirse en algún momento que la declaración está completa y nada le falta. Si así no fuera, todo contrato podría destruirse con el pretexto de que el contratante no había terminado aún su declaración y tenía que añadir alguna cláusula o tal vez una negativa que destruyera la voluntad manifestada. En mi sentir, la declaración debe considerarse realizada cuando expresa enteramente la voluntad en una determinada dirección.

Pero si contemporánea o sucesivamente surge una voluntad opuesta que pretende negar o destruir el efecto de aquélla, tenemos una segunda declaración que elide la primera, no una parte de la declaración precedente.

Y esto es lo que sucede en el negocio simulado, aun concibiéndolo como el resultado de una neutralización. No hay una declaración única y compleja sino varias declaraciones distintas e independientes, con fines diversos y diversa importancia jurídica. Se comprende que se miren como parte de una misma declaración todos los varios elementos de una manifestación que convergen en un solo punto, pero no como en la simulación, en la cual se encuentran frente a frente dos declaraciones opuestas extrañas, divergentes.

Es muy distinto el caso de la broma, el de la declaración en el teatro, etc., en los cuales la declaración, encuadrada en un ambiente especial y acompañada de voces, gestos y signos que la colocan en la luz y transparencia debidas, aparece como no seria. En cambio, en la simulación, a una declaración preventiva, que permanece oculta y establece que no se quiere el negocio de que se trata, sigue una declaración pública de que se quiere el negocio, Estas dos declaraciones, separadas y autónomas, tienen también en la menta de los contratantes una función diversa: la primera sirve para regular sus reciprocas relaciones, y en esto se agotan sus efectos; la segunda, para producir la apariencia ante los terceros con propósito de engaño. Aquí hay un acuerdo sobre la no realidad del negocio y la voluntad de producir la ficción; pero este acuerdo resulta ya de la *sola* declaración de contratar aparentemente (de la contra o antideclaracíón); y, por su parte, la declaración pública, con la cual viene a *ejecutarse* dicho acuerdo y que tiende a producir la ilusión en el público, está en sí misma con un contenido y un fin determinado. Y no es una parte de la primera.

En otros términos: los contratantes no dicen sí o no, como cree Köhler[24], no afirman por un instante la realidad del negocio para desdecirse o revocarlo en seguida, sino que, originariamente, no quieren el negocio y tratan de producir su apariencia. Es una ilusión la de Messina cuando cree percibir concentrada sintéticamente la antítesis en las palabras «contratar aparentemente». Veamos otras expresiones. Dos enemigos, al encontrarse, se abrazan aparentemente. Los soldados, en las maniobras, *combaten aparentemente*. ¿Es que hay aquí una neutralización de dos acciones contrarias, un abrazarse y un soltarse, un combatir y un no combatir? De ningún modo: hay una sola acción, la cual, por el acuerdo de inteligencia tácita de las partes, tiene un valor distinto del que expresa.

La unidad de la acción de la voluntad excluye la idea de la neutralización, que supone dos términos igualmente eficaces y contrarios. Por otra parte, puede añadirse, para que dos declaraciones se neutralicen precisa que se sucedan en el orden de lo positivo a lo negativo, y así, substrayendo la una el contenido de la otra, dan por resultado cero. Pero en la simulación sucede lo contrario. Lo preordenado es el fraude: el acto simulado es la ejecución de un designio preestablecido, y si la declaración verdadera y secreta se suele *confirmar* en una contraescritura que, de ordinario, es posterior al acto, esto es tan solo al fin de tener un documento de prueba. Pero es lo cierto –con certeza absoluta– que la ejecución del negocio fingido sigue al acuerdo de la ficción; no es que el negocio se paraliza después por efecto de una declaración contraria, es que estaba destinado a la muerte desde antes de nacer.

Estas indicaciones sirven también en contra de la doctrina francesa que considera la simulación como el resultado de la

---

24 *Lehrbuch des bürg. Rechts*, I, pág. 488.

modificación que en un convenio manifiesto produce un convenio secreto. El contrato simulado no es modificado o destruido por un acto posterior, sino que, desde el principio, es un acto no serio, aparente, y la convención secreta está destinada a constatar históricamente esta ficción. La contraescritura no tiene carácter *modificativo,* sino esencialmente *declarativo,* como veremos luego.

Es muy singular el modo como Röver[25] y Forrer[26] explican la nulidad.

Dejemos a un lado la expresión antropomórfica empleada por el primero -dice, de un modo que resulta extraño en un contradictor del dogma de la voluntad, que la declaración *no quiere* tener efecto alguno- y fijémonos en la substancia: los que simulan quieren un negocio cuyos efectos jurídicos son nulos.

Pero esto no es exacto. Las partes no pueden ordenar la nulidad: no son dueños de esta sanción, que pertenece al orden jurídico. El efecto jurídico se produce, no por el arbitrio de las partes, sino por virtud de la ley; aquéllas pueden, seguramente, dar el impulso, crear las condiciones necesarias para que tal efecto se produzca, pero no pueden detenerlo o impedirlo. Él efecto jurídico es como el efecto físico o químico: se puede o no hacer caer un cuerpo desde lo alto, se puede o no acercar una cerilla encendida a la pólvora inflamable, pero, hecho, no se puede impedir la caída o el disparo: el efecto sigue por sí irrevocablemente, necesariamente. Así, pues, las partes pueden *no querer* el negocio y, por falta de consentimiento, determinar su ineficacia, pero no pueden querer un negocio *sin efectos jurídicos.*

La falta de validez no es, por tanto, una consecuencia inmediata de su arbitrio, sino un efecto reflejo de la falta de querer el contenido de la declaración.

Podemos, pues, rechazar esta teoría, que ni nos explica el mecanismo de la simulación ni justifica su nulidad, para volver a la noción clara y sencilla de la doctrina dominante; la simulación entraña una contradicción deliberada y consciente entre lo queri-

---

25 Ob. y loc. cit.
26 *Simulation und Mentalr.*, pág. 24.

do y lo declarado, realizada con el fin de producir una apariencia que engañe a los terceros[27]. Y, por tanto, podemos definir la institución de que nos ocupamos en esta forma:

Simulación es la declaración de un contenido de voluntad no real, emitida conscientemente y de acuerdo entre las partes, para producir con fines de engaño la apariencia de un negocio jurídico que no existe o es distinto de aquel que realmente se ha llevado a cabo.

4. Ahora debemos delimitar este concepto, comparándolo con instituciones afines y notando sus analogías y diferencias, a fin de que su figura resalte con mayor claridad.

En primer lugar, vamos a establecer una comparación entre la simulación y la *reserva mental*[28].

Un punto común a las dos instituciones es que en ambas se declara una cosa que no se quiere, con propósito de engañar. Pero la una se distingue de la otra en que la reserva se desenvuelve en el retiro secreto de la mente de uno de los contratantes, mientras que la simulación es la obra de más de uno, resulta del concierto de todas las partes. Por eso, Schlossmann dice que la reserva es una simulación unilateral. Además, en la reserva mental, el engañado es el otro contratante, aquel a quien se dirige la declaración: en la simulación el engañado es el público. Finalmente, la reserva mental, como eficaz, no ataca a la validez del negocio jurídico, y, en cambio, la simulación anula el contrato, cuando menos entre las partes.

A la esencia de la reserva mental pertenece el secreto, esto es, que el pensamiento que contradice la declaración emitida no se haya manifestado contractualmente: si el otro contratante sabe o descubre el engaño pretendido, la declaración no obliga[29]. Pero

---

[27] SAVIGNY, *System des röm. Rechts,* III, 134. WAECHTER, *Württ. Privatrech,* II, § 101 UNGER, *System des österr. Privatrechts,* II, § 87. WTNDSCHEID, *Pandekten,* I, § 75. DERNBURG, *Pand.,* II, § 100. BEKKER, *Pand.,* II, § 98. REGELSBERGER, *Pand.,* § 141.

[28] V. PESTALOZZÁ, *La simuíasione nei negoci giuridici,* págs. 42 y sigs. (Milán, 1919).

[29] BEKKER, *Pand.,* II, pág. 136, nota o. REGELSBERGER, *Pand.,* pág. 516. VOGEL, ob. cit., pág. 11, y Código Alemán, § 116, 2.

no importa que el que hace la reserva mental la confíe a un tercero, porque esto es lo mismo que si escribiese su voluntad mental en un cuaderno guardado en su cartera[30].

Así, pues, en su contenido, la reserva mental no se distingue esencialmente de la simulación; y sus efectos distintos se explican porque no se colocan en la debida oposición las personas que deben sufrir las consecuencias de una y otra. Una contraposición exacta sería, en cambio, la del negocio con reserva mental frente al otro contratante y la del negocio simulado frente a los terceros, porque la simulación puede considerarse como una reserva común de las partes respecto del público; y entonces desaparecería la diversidad de los efectos jurídicos, puesto que en ambos casos el defecto de voluntad no tiene importancia y la declaración es obligatoria.

Contra la identidad de naturaleza de las dos figuras jurídicas se pronuncia Köhler[31]. Es inexacta -dice- la opinión que, a partir de Savigny, quiere ver una cierta semejanza entre simulación y reserva: estas figuras no tienen nada de común.

Pues, mientras la simulación se explica por una neutralización que se realiza entre dos declaraciones opuestas de voluntad, contenidas en el mismo negocio, la reserva mental es ineficaz, como ilógica y absurda. Es imposible que una acción de voluntad se contradiga conscientemente, que exprese una declaración sin voluntad, como es imposible que el asesino hiera y no hiera al mismo tiempo. La reserva mental es una quimera, un nada, un fantasma vacío. Pero Windscheid le contesta de este modo: la cuestión es la de si en la reserva mental existe una acción de voluntad dirigida a producir consecuencias jurídicas, puesto que el reservante ha querido, sí, la declaración, pero no sus efectos[32]. Y con más energía, dice Zitelmann: El error fundamental de la teoría de Köhler está en confundir la voluntad de declarar con la voluntad del contenido de la declaración. Se puede querer la de-

---

30 KÖHLER, *Ueber den Willen im Privatrecht* (*Jher. Jahrb.*, 28, pág. 174).
31 *Studien*, cit., págs. 9498.
32 *Wille und Willenserklärung* (*Archiv. f. civil. Prax.*, 63, pág. 96).

claración sin querer sus efectos, como el homicida que dio el golpe pudo no querer causar la herida[33].

El mismo Köhler se impresiona ante estas objeciones, y, más tarde, aunque mantiene aparentemente la teoría, la atenúa y aun la abandona en el fondo. No se trata, dice, de un absurdo de hecho, sino de un absurdo en la opinión del contratante; lo que contiene evidentemente una *petitio piincipii,* como con razón observa Forrer[34], porque supone indiscutible el principio de que el que quiere la declaración no puede oponer que no quiso lo declarado.

Recientemente, Von Pestalozza[35] ha propuesto una nueva teoría. También él combate que la reserva mental sea un no querer consciente, de lo declarado; y cree que su esencia consiste en no querer el vínculo jurídico, las consecuencias jurídicas de lo que se declaró. O, lo que es igual, que el que reserva mentalmente trata de *reservarse un como derecho de no querer más tarde lo que dijo* querer. Pero no me parece tampoco que esta concepción responda a la realidad de las cosas. La reserva no puede construirse como una conservación de la libertad para retractarse, de la posibilidad de revocar unilateralmente, porque desde un principio el que se reserva *no quiere* lo que dice querer, y sus palabras, pronunciadas con un propósito de engaño, suenan de distinta manera que su intención real.

Así, pues, debe aceptarse la teoría dominante que ve en la reserva una divergencia intencional entre voluntad y declaración.

En el Derecho romano no se encuentra texto alguno que se refiera con seguridad a esta figura jurídica[36], que, en cambio, adquiere una gran importancia en el Derecho canónico[37]. Existe una

---

33 *Die juristische Willenserklärung (Jährb. f. Dogm.,* 16, 382).

34 *Simulation und Mentalr.,* pág. 107, nota 1.

35 *Der Begriff der Mentalreservation,* págs. 47 y sigs. (München, 1904).

36 Se discute el fragmento 6, § 7. D. 29, 2, sobre el cual volveremos más adelante. V. también el frag. 13, D. 39, 5, cit. por WITTE, *Mentalr., Simulat. und agere in fraudem legis,* pág. 12.

37 V. VON PESTALOZZA, ob. cit., págs. 1 y sigs., en las cuales se encuentra una buena discusión sobre la doctrina de la reserva mental en sentido teológico.

célebre controversia sobre si el derecho eclesiástico atribuye eficacia a la reserva mental. El texto en que se apoya Savigny para sostener la afirmación es la c. 26 *de sponsal.*, IV, 1 de Inocencio III. El caso decidido en esa constitución es el siguiente: Un individuo, para inducir a una mujer a cópula carnal, declara que la toma por esposa, y fingiendo llamarse Juan, dice: *te Johannes desponsat.* Se presenta la cuestión de si el matrimonio es válido, cuando se prueba que el hombre *nec proposuit nec consentit illan ducere uxorem.* Inocencio III decide que no hay matrimonio: *quoniam ex altera parte dolus solummodo adfuit et defuit omnino consensus.* Sobre este pasaje se funda la opinión, dominante ya, que reconoce que, por lo menos en materia matrimonial, el Derecho canónico da importancia a la reserva secreta y anula, por efecto de ella, la declaración emitida, Scheiff[38], en cambio, sostiene que en esta constitución no se contempla el caso de la reserva mental, sino el de simulación unilateral, el de dolo. También Köhler niega que se trate de un caso de reserva[39]. Scheurl[40] emite una opinión original. Dice que el concepto actual de la reserva como mantenimiento de una voluntad secreta, contraria a la declarada, es inadmisible y no corresponde al carácter originario de la institución. El concepto primitivo de la reserva era el siguiente: dar a la declaración una envoltura, un giro de tal naturaleza que pudiera atribuírsele un sentido distinto del que realmente se quiso. Medios de ella son la redacción equívoca, el huir de la declaración explícita y clara con el objeto de hacer que nazcan dobles sentidos, *callida arte verborum.* Y como ejemplo de ello tenemos precisamente la c. X *de spons.*, que no contiene, sin embargo, un caso de reserva mental en el sentido que atribuyen a ésta los juristas de nuestros días.

Pero, en verdad, no puede negarse que en la Constitución Pontificia citada se da valor a una voluntad interna en oposición a la voluntad 'declarada, aunque lo haya sido con el fin de engañar, y se trata, por tanto, de una forma dolosa de la reserva mental.

---

[38] *Diveigenz zwischen Wille und Erklärung*, pág. 27.

[39] *Ueber den Willen im Privatrecht (Jher. Jahrb.*, 28, 187).

[40] *Was ist Mentalrcservation? (Archiv. f. civil. Praxis*, 78, 342).

Por mejor camino discurren los que tratan de explicar esta singularidad por la naturaleza sacramental del matrimonio. Son muy dignas de tenerse en cuenta en este respecto las conclusiones de Hinschius[41]. La razón de que un matrimonio deba considerarse nulo, cuando una parte, por reserva mental, no ha declarado su consentimiento, está en que el matrimonio es un sacramento y para la validez de éste se necesita la *intentio faciendi id quod facit Ecclesia.* El Derecho canónico exige esencialmente en los esposos un *consensus verus,* que falta en el caso de reserva. Pero precisamente por eso mismo -exclama Hinschius-, la c. 26 no tiene importancia general para la doctrina de la reserva mental, y el principio no puede transportarse al campo del Derecho civil, donde se trata de negocios jurídicos y no de sacramentos[42]. Por otra parte es cosa sabida que el Derecho canónico declara ineficaz la reserva en otras materias, y aun la prohibe expresamente respecto del juramento (*Decr. Grat.,* capítulo XXII, quaest. 5.

En la doctrina jesuítica, sin embargo, la reserva se reconoce como lícita, admitiendo que se pueda mentir exteriormente, con tal que se complete con la mente la declaración hecha según la verdad. Es muy típica la figura de la *restricción mental* de los teólogos jesuítas, que es una especie de reserva consistente en la *retentio sensus verborum vel eius determinatio mente tacta*[43 - 44].

---

[41] *Die Méntalreservcition bei der Eheschliessung nach Katolisch. Kirchenredi (Archiv. f. civil. Prax.,* 83, 330).

[42] V. también FORRER, ob. cit., pág. 98.

[43] LEMKUHI, *Theologia moralis,* vol. 1, cit. en FORRER, pág. 93, nota.

[44] Puesto que todos afirman y ninguno prueba la doctrina jesuítica de la restricción mental, no será inútil ofrecer aquí alguna noticia documentada. SÁNCHEZ, teólogo jesuita, en sus *Disputation. de sancto matrimonii sacramento* (Venet., 1614), lib. I, *de sponsal.,* disp. IX, págs. 33 y sigs., se propone la pregunta de cuando «promissio sit animo promittendi, non tamen se obligandi, an obliget». Responde: «Et quidem si omnino promissione ficta sit ore tenus solum: quia deficit animus promittendi, *manifestum est sponsalia non obligare,* quia vere non est promissio, sed promissionis fictio. Quamvis intentio contraria matrimonio *mente retineatur,* ipsum annullat». Y cita a HENRIQUEZ, ARMILLA, TABIENA, ANGELUS, etc. De aquí pasa a la duda de si esta promesa hecha «non animo obligandi» *firmetur iuramento.* Y aun recordando que una doctrina que viene de S. Isidoro reconoce la validez, añade: «*Verius tamen est* non obligar ex vi iuramenti aut promissionis, nec esse sponsalia». Y aquí también cita una serie de autores conformes. La cuestión se trata

Y aquí, frente a los propósitos de Scheifí -que quiere separar la simulación unilateral de la reserva- y de Scheurl -que reivindica el concepto genuino de la reserva como restricción mental-, es oportuno observar que todas esas variedades y subespecies no

más explícitamente, con motivo del matrimonio, en la disput. XXIX, pág. 169. Empieza aprobando la opinión de BUENAVENTURA y ANGELO, cuando dicen que si el esposo, prestando su consentimiento «tantum quaerat copulam extorquere, *non esse matrimonium*», **y** viene, con ello, a trata expresamente la cuestión: «Tota autem dificuiltas est, quando intentio contra bona matrimonii non deducitur, in pactum, *sed mente retineatur* utrum matrimonium irritetur». Dice que hay tres opiniones, una de las cuales admite sin más la nulidad: «Illa intentio, *licet non exprimatur ipsurh irritat*» (TURRECREMATA, ANGELO, SOTO, HENRIQUEZ). Otros escritores, en cambio, sostienen que el matrimonio es válido «Tertia sententia *cui adhaereo*», consiste en reconocer la nulidad solo cuando la reserva mental haya recaído sobre la perpetuidad del matrimonio: «Quare si haberet animum *etiam corde retentum* adversum bona sacramenti, quia scilicet intenderet non contrahere matrimonium nisi ad tempus, *non esse verum matrimonium*» (PALUDA TABIENA, PETRUS DE LEDESMA). LA CROIX *Theologia moralis* (Venet., 1730), otro teólogo de la Compañía de Jsús, escribe respecto del voto (tom. I, lib. 3, par. I, cap. III): «Si quis haberet intentionem promittendi quidem sed tamen non obligandi, *nullum esse votum*» ; y respecto al juramento (lib. III, n. 321): «Fictum iuramentum *non est iuramentum*». La cuestión se trata más explícitamente en cuanto al matrimonio (tomo II, lib. 6, par. 3): «Qui simulato animo promissit, non obligatur ad nuptias, tametsi damnum debeat resarcire», y en otro lugar aduce la opinión de SÁNCHEZ, LUGO y otros maestros: «Si deflorator ficte iuravit inire matrimonium, non obligari... *sed sufficiet dotaré*» (!). Por último, este autor difusamente de la restricción mental en el libro 3, parte I, *de iuramento,* n. 284: «Restrictio mentalis est quando tota oratio spectatis omnibus circunstantiis, prouf exterius profertur est autem falsa, in mente autem aliquid subintelligitur, peí quod fieret vera». Así, por ejemplo, si me preguntan si he visto a Ticio, puedo contestar que no, entendiendo que es en la plaza, aunque lo haya visto en su casa, o decir que Ticio *«non est* domi», entendiendo *non comedit.* Refiere la doctrina de SÁNCHEZ y CARDEN, según la cual *«semper licitum est uti verbis aequivocis in altero sensu,* quando adest causa rationabilis»; porque nadie está obligado a hablar claro y puede siempre completar mentalmente su declaración.

Finalmente, para confirmación de esta doctrina jesuítica, daré cuenta de una Bula de Inocencio XI, que ha condenado, sin embargo, aquellas proposiciones: «1.° Si quis vel solus vel coram aliis sive interrogatus sive propria sponte sive recreationis causa vel quocumque alio fine fingeret se non fecisse aliquid quod revera fecit, intelligendo intra se aliquid aliud, quod *NON FECIT,* vel *QUODVIS ALIUD* additum verum, revera non mentitur nec est periurus; 2.° *CAUSA* iusta utendi his amphybologiis, quoties id necessarium aut utile *SIT AD* salutem *CORPORIS, HONOREM,* res familiares tuendas vel ad quemlibet *ALIUM* virtutis actum, *ITA UT* veritatis occultatio censeatur tune expediens et studiosa.»

pueden escindirse y considerarse en sí mismas, sino que todas ellas entran en el concepto amplio de reserva mental. La reserva mental es la declaración de un contenido volitivo que no corresponde a la intención del declarante. Y esto puede suceder de varias maneras:

1° Truncando o amputando la declaración de voluntad en aquellos extremos o determinaciones accesorias que, completándola, la hubieran restringido o modificado *(reserva en sentido estricto);* ejemplo: si declaro quererme obligar, pero callo que mi voluntad es hacerlo bajo condiciones o mediante ciertas cláusulas ;

2° Atribuyendo mentalmente un sentido convencional, opuesto a la declaración hecha *(restricción mental);* ejemplo: juro que algo no es verdadero, pero mentalmente pienso jurar que no es falso;

3° Declarando por completo un hecho no querido en absoluto *(simulación unilateral).*

La divergencia en estos casos resulta, o porque *no es completa* la declaración, o por *un desfiguramiento interno y doloso,* o por *un contraste evidente;* pero eso no impide que en todos estos diversos aspectos se trate siempre de reserva mental.

La reserva mental es ineficaz, y esta ineficacia tiene una doble significación, en cuanto, por una parte, no vale la intención interna del declarante, y, por otra, vale lo declarado exteriormente y no querido[45]. El negocio permanece firme e inatacable y el derecho no toma en consideración el propósito secreto de la parte. Pero si los escritores están de acuerdo en la falta de significación jurídica de la reserva, existe, en cambio, una verdadera anarquía sobre el fundamento jurídico de la ineficacia[46]. Las razones alegadas son muchísimas, y esta disparidad de opiniones está en íntimo enlace con el problema general de la importancia de la voluntad en los negocios jurídicos.

---

[45] ZITELMANN, om. cit., pág. 401.

[46] V. sobre este punto FORRER, ob., cit., págs. 101 y sigs. difusamente y bastante bien tratado.

Windscheid, antes que nadie, sostuvo que la reserva es ineficaz porque como estado interior del ánimo no puede probarse. Pero contra esta imposibilidad de prueba suscita Rover una polémica, observando, con razón, que no solo son susceptibles de prueba los hechos de naturaleza sensible, sino también los de la vida espiritual e intelectual, como la culpa, la intención benévola, etcétera, etc. Por otra parte -dice-, nadie duda de que sobre el hecho de que alguien ha tenido una intención, o menos intención, cabe obtener una confesión extrajudicial, o puede haberse deferido un juramento decisorio[47]. Enneccerus refiere un caso típico de reserva mental en que el reservante se había precavido, consignando en un instrumento público su falta de voluntad de consentir el acto[48]; y Hartmann recuerda la hipótesis, bastante frecuente, de una proposición de contrato en que el proponente ha dicho delante de testigos que la declaración enviada al destinatario carece de intención seria[49]. Por eso aquella justificación de la ineficacia parece inadmisible, hasta tal punto, que el mismo Windscheid ha acabado por rechazarla[50].

Ahora, en cambio, invoca otro principio para justificar la nulidad, o sea, que la reserva contiene una mentira, y nadie puede fundarse sobre su propio dolo. El mismo punto de vista toman Waechter[51], Schliemann[52] y Mommsen[53]. La reserva mental envuelve una inmoralidad, y ésta no puede obtener la protección del orden jurídico.

Pero se ha observado, con agudeza, que si la reserva mental hubiera de rechazarse solamente por motivos éticos, habría que admitir su eficacia allí donde estos motivos no existen o tienen escaso valor. Así en el caso de violencia, donde es lícito el engaño como legítima defensa contra el autor de aquélla, como reacción autorizada por el derecho contra el ataque ilegítimo a la de-

---

47 Ob. cit., pág. 53.
48 *Das Rechtsgeschäft*, pág. 96, nota 1.
49 *Wort und Wice*, en *Jher. Jahrb.*, XX, pág. 8.
50 *Archiv, f. civil. Prax.*, 63, 7687.
51 *Württ. Privatrecht*, II, pág. 743.
52 *Lehre v. Zwange*, pág. 114.
53 *Erört a. d. Obligationenrecht*, 2, 95.

cisión espontánea del individuo[54]. Y esta razón me parece perentoria, tanto más si se piensa cuán falsa es la opinión de que la reserva choque siempre contra las buenas costumbres, cuando en realidad puede existir por motivos lícitos y justificables[55]. Por otra parte, Pernice ha observado que, aun adhiriéndose a dicho concepto, solo se justificaría la obligación de resarcir el daño, no la de hacer valer en contra de sí mismo lo que no es verdad; y por eso este autor sostiene que el motivo de la invalidez hay que buscarlo más bien en un desenvolvimiento de carácter procesal[56]. Razón, a su vez, infundada y que tiene todo el aspecto de una huida, porque el modo de desenvolverse el procedimiento depende siempre de los principios del derecho material.

Otro grupo de autores invoca las exigencias del comercio, la necesidad de buena fe y confianza en las relaciones sociales. Así, Savigny[57], Dernburg58 y Czylarz[59]. El mismo Hasenöhrl[60] escribe: El verdadero motivo para que no se tomen en cuenta las reservas secretas solo puede encontrarse en que de otro modo se acabaría la buena fe y el contrato dejaría de ser un me dio al servicio del comercio jurídico. Si nadie pudiera nunca estar seguro de que una declaración externa era válida, a causa de la posible existencia de una reserva secreta, toda declaración contractual sería efímera, por cuanto su cumplimiento dependería del capricho del declarante. Los mismos *Motivos* del Código alemán invocan razones de utilidad: «La eficacia de la reserva interior no es compatible ni con la conciencia jurídica en general ni con un comercio ordenado»[61].

Y ésta es la razón que me parece más correcta y que responde substancialmente a la realidad. Por mi parte, yo creería mejor expresar esta justificación del modo siguiente, en armonía con la

---

[54] KOHLER, *Studien,* cit. (*Jahrb. f. Dogm.,* 16, pág. 96).
[55] ENNECCERUS, *Rechtsgeschäft, Bedingung und Anfangstermin*, pág. 97.
[56] *Zeitschr. f. Handelsr.*, 25, 94.
[57] *System,* 3, 258.
[58] *Preuss. Privatr.,* I, § 104.
[59] *Jahrb. f. Dogm.,* 13, pág. 20.
[60] *Das österr. Obligationenrecht,* I, pág. 579.
[61] *Motive,* I, pág. 191.

concepción seguida por mí respecto a la tutela de la voluntad individual: La reserva es nula, porque el orden jurídico solo protege aquellas determinaciones de voluntad que se manifiestan como medios para satisfacer intereses serios y reales, que corresponden al desenvolvimiento de una actividad económica lícita, no los medios de la mala fe y del engaño[62-63].

---

[62] La ineficacia de la reserva mental se limita a los negocios entre vivos, en los cuales se da un cambio comercial y subsisten las razones invocadas de utilidad y conveniencia. En cambio, en los negocios *mortis causa,* siempre decide la voluntad del autor, y por eso la disposición es nula si el disponente no tenía intención seria de disponer (REGELSBERGER, *Pand.*, pág. 516).
Este punto ha sido discutido por MESSINA (ob. cit., pág. 503), el cual observa que nuestro derecho no permite que se dé significación a la reserva mental en las disposiciones testamentarias, y que, aun dentro de la interpretación más amplia, falta todo motivo para admitir la investigación de la voluntad del testador con medios extraños al testamento. Por otra parte, la posibilidad de la reserva mental en los testamentos encontraría un obstáculo en el art. 829. Empezaré observando que, ante todo, debe prescindirse del artículo citado que prohíbe las fiducias, por carecer de importancia, pues al atribuir eficacia a la reserva mental no se pretende probar que la disposición se refiera a otra persona; esto es, no se quiere sobre la base de aquel testamento, sustituir la persona del heredero o legatario, sino simplemente derribar la disposición, y en esto el art. 829 no impera. El fundamento para admitir la reserva mental en las disposiciones testamentarias proviene, en mi opinión, del propio concepto del testamento. Ante todo, no debe perderse de vista que, jurídicamente, la declaración con reserva mental es una declaración *carente de voluntad,* y que si la finalidad de engaño puede algunas veces hacerla considerar como inexistente, no siempre concurren los mismos motivos para rehusarle eficacia. Sucede así en los negocios en que se cambian prestaciones, porque en ecos impera el *principio de responsabilidad,* que se opone a que alguien pueda aprovecharse de su propio dolo en perjuicio de los contratantes de buena fe. Pero allí donde cesa el principio de responsabilidad, como ocurre en las disposiciones testamentarias, y sigue dominando el dogma volitivo, no se comprende por qué no haya de tomarse en consideración la reserva mental; el acto es nulo, no por ésta, sino por la falta de voluntad que ella ocasiona. Y precisamente nuestra ley, en un conjunto de disposiciones, exige que actúe la **vo***luntad real* del disponente (art. 759, 827): si ésta falta, el testamento es nulo. Del mismo modo que puede reconocerse sin dificultad la invalidez de un formulario o modelo para un testamento, o de un testamento en broma, no debe tampoco existir duda posible para reconocer la ineficacia de un testamento en que el *de cuius* haya declarado deliberadamente una voluntad no real, por cualquier motivo: por ejemplo, para sustraerse a las solicitaciones y amenazas de un aspirante a su herencia –claro está que cuando esto resulte probado por medios extrínsecos–. El intento de engañar no tiene aquí un valor jurídico porque la ley

5. De los negocios simulados deben distinguirse los *negocios fiduciarios.*

Los negocios fiduciarios son serios, concluidos realmente entre las partes para obtener un efecto práctico determinado. Los contratantes quieren el negocio con todas sus consecuencias jurídicas, aunque se sirvan del mismo para una finalidad económica distinta. Así la transmisión de la propiedad para un fin de garantía, la cesión de un crédito con fines de mandato, el endoso pleno para fines de cobro.

El negocio fiduciario, como realmente querido, produce todos los efectos ordinarios, si bien entre los contratantes se da la obligación personal de usar de los efectos obtenidos solo para el fin que entre aquéllos se estableció.

Así, pues, el enajenante o cedente transmite su derecho de propiedad o de crédito al comprador o cesionario; y queda a la fe *-fiducia-* de éste -de aquí el nombre de negocios fiduciarios- el servirse del derecho adquirido únicamente para el fin que se convino. Si el fiduciario abusa de su posición jurídica y enajena, la disposición es válida, pero está obligado al resarcimiento[64].

En la práctica se acude a esta clase de negocios, o bien para suplir una deficiencia del derecho positivo que no ofrece la forma correspondiente a una cierta finalidad económica, o la ofrece tan solo ligada a dificultades e inconvenientes, o bien para obtener algunas ventajas especiales que resultan de la vía indirecta. El negocio fiduciario sirve para hacer posible la realización de fines que el orden jurídico no satisface, para templar ciertas durezas que no se compa-

---

quiere ante todo mantener la voluntad real del disponente y además porque el mismo proceso de engaño puede actuarse por el testador sin que quepa sanción como en el caso de que teste públicamente en favor de uno y, luego, secretamente, revoque la disposición. V. el § 1.779 del primer Proyecto del Código alemán.

63 PESTALOZZA. *Simulas, nei negozi giur.*, pág. 45, sostiene que no es exacto hablar de *ineficacia,* sino, por el contrario, de *inoponibilidad* por parte del reservante, de la nulidad del negocio a la otra parte o a los terceros de buena fe. Esta manera de presentar la cuestión tendría importancia en el caso de *reserva concordada y común a varias partes.*

64 REGELSBERGER, *Pand.*, pág. 518.

decen con las exigencias de los tiempos, para facilitar y acelerar el movimiento de la actividad comercial. Aparece, pues, como un medio de completar el derecho deficiente, de corregir el derecho inadecuado, de producir la evolución de nuevas formas jurídicas.

Para conseguir sus fines, los particulares no pueden crear por su propio arbitrio tipos especiales de negocios, sino que se ven obligados a servirse de los medios jurídicos existentes: el procedimiento a que acuden es el de usar juntas varias formas jurídicas, contradictorias a menudo, combinadas y entrelazadas en forma tal que por ellas pueda llegarse a resultados nuevos.

El producto de esta combinación es, precisamente, el negocio fiduciario. Y debe notarse, de pasada, que este medio indirecto de conseguir el fin suele ser insuficiente y precario, pues la tutela jurídica que se alcanza, obtenida por un procedimiento oblicuo y reflejo, no cubre en su integridad el interés que se trata de proteger, y el negocio fiduciario queda reducido a un expediente que, si tiene algunas ventajas, tiene también inconvenientes y peligros. Este es un carácter que no debe perderse nunca de vista para juzgar con exactitud sobre los efectos de dicha clase de negocios, que más de una vez aparecen en oposición con los propósitos y esperanzas de las partes.

Pero entremos ya en la estructura íntima del negocio fiduciario. El negocio fiduciario es una forma compleja que resulta de la unión de dos negocios de índole y efectos diferentes, colocados en oposición recíproca. Costa[65]:

1° De un *contrato real positivo,* la transferencia de la propiedad o del crédito, que se realiza de modo perfecto e irrevocable.

2° De un *contrato obligatorio negativo;* la obligación del fiduciario de usar tan solo en una cierta forma el derecho adquirido, para restituirlo después al transferente o a un tercero.

Este segundo contrato tiende a reservar al que otorga la fe una cierta influencia sobre la cosa transmitida, en cuanto puede

[65] Goltz, *Das fiduziarische Rechtsgeschäft*, pág. 12, Marbourg, 1901.

imponer al fiduciario que use tan solo de su posición jurídica para fines determinados y obligarlo a la restitución del derecho o de la equivalencia obtenida; y, en caso de violación, obtener el resarcimiento del daño. Esta influencia, sin embargo, es puramente indirecta, por cuanto la convención negativa no afecta a la eficacia real de la transferencia; no la limita ni la subordina -el traspaso de la propiedad o del crédito subsiste puro e incondicionado-, sino que trata de proteger indirectamente al favorecido, por medio de una obligación personal del fiduciario. Así, pues, el transmitente, una vez despojado definitivamente de su derecho, no puede reclamarlo ya, no puede volverlo a tomar de manos del fiduciario o de los terceros, y tiene tan solo un crédito para la institución. Los dos negocios, el real y el obligatorio, marchan paralelos entre sí y quedan, en cierto modo, independientes, aun cuando el segundo represente un constreñimiento a no abusar de la eficacia del primero.

De este análisis resulta que el negocio fiduciario provoca un efecto jurídico más amplio para conseguir un fin económico más restringido. Se transfiere el dominio para obtener el fin limitado de la garantía. Se cede el crédito para obtener el fin de la cobranza.

Existe, pues, una contradicción entre el fin y el medio empleado: se usa un medio más fuerte para obtener un resultado más débil; se emplea una forma jurídica más importante para obtener un efecto menor. Y aquí está la esencia del negocio fiduciario. Es éste un negocio que va *más allá* del fin de las partes, que *supera* la intención práctica, que presta más consecuencias jurídicas que las que serían necesarias para obtener aquel fin[66].

Crome ha parangonado con fortuna el negocio fiduciario y el negocio abstracto. Así como en el negocio abstracto hay un efecto que subsiste por voluntad de las partes, aunque venga luego a contradecir la intención de su autor, en el negocio fiduciario se crea, desde el principio, al aceptante una situación que no coinci-

[66] LANG, *Die Wirkungen der fiduziarischen Geschäfte (Archiv. f. civilist. Praxis,* 83-336). REGELSBERGER, *Beiträge zur Lehre von der Cession (Arch. f. civil. Prax.,* 63, 173). GOLTZ, ob. cit., pág. 16. KAUL., *Das fiduz. Rechtsgeschäft,* pág. 10 (Jena, 1910).

de con el verdadero propósito del otro contratante, sino que va más allá de esta intención[67].

Se nota, pues, como dice Köhler[68], una incongruencia entre el aspecto económico y el aspecto jurídico del negocio. Se quiere un negocio, pero con fines económicos que no son homogéneos con las consecuencias jurídicas del negocio mismo.

Las partes, para realizar sus propósitos, se ven constreñidas a elegir una forma divergente y más amplia de la que habría sido adecuada. Pero, como quieren conseguir aquellos efectos a toda costa, toman sobre sí los riesgos e inconvenientes del medio peligroso a que acuden, fiándose en el compromiso del fiduciario. Esta divergencia entre el fin económico y el medio jurídico presta un carácter particular al negocio fiduciario que presenta una figura ondulante y equívoca. De aquí nacen las confusiones intrincadas en que caen la doctrina y la jurisprudencia al estimar todos estos negocios, que se subordinan al concepto de simulación.

Goltz, que ha hecho también un análisis sutil y profundo de los negocios fiduciarios, concluye diciendo que son una mezcla de verdad y apariencia y que les corresponde una situación intermedia entre los negocios reales y los negocios simulados[69].

Este modo de formular la cuestión es inexacto, porque, si bien es cierto que, económicamente, las partes persiguen un efecto distinto del que expresa el medio jurídico a que recurren y que, así, llegan a ocultar su finalidad económica, eso no impide que el negocio sea serio y real en su envoltura jurídica y que el fin particular con que contratan las partes carezca de importancia desde el punto de vista del derecho. Se tendrá, a lo sumo, un disimulo en cuanto a lo económico, ya que el patrimonio del fiduciario aparece aumentado cuando, en realidad, por el efecto de la obligación negativa, que neutraliza el de la transferencia, queda como estaba -pero ello no puede tener influencia ninguna para decidir el carácter jurídico del negocio. La venta sigue siendo venta, aunque el precio sea tan mínimo que no guarde una verdadera equi-

[67] *System des deutschen bürgerl.* Rechts, I, § 76.
[68] *Studien über Mentalr. und Simulation,* pág. 141.
[69] Ob. cit., pág. 21.

valencia con la cosa. El heredero sigue siendo heredero, con todos los derechos y obligaciones de tal, aunque por modalidades especiales de la institución tenga que hacer llegar todo el patrimonio a poder de una corporación religiosa y política y, de hecho, se reduzca a un mero ejecutor testamentario[70].

Por esto me parece más justo llamar al negocio fiduciario, como lo hace Regelsberger, *un juego a cartas descubiertas*[71] -ya que los contratantes concluyen el negocio real y visiblemente para obtener una finalidad lícita- que acercar esta figura a la de la simulación.

El precedente examen sirve para darnos a conocer las aplicaciones más frecuentes de los negocios fiduciarios, que los escritores, y más aún la jurisprudencia, suelen confundir con los simulados.

La forma típica e, históricamente, la primera del negocio fiduciario es la transmisión de la propiedad para fines de garantía. Corresponde a la *mancipatio fiduciae causa* del Derecho romano, y consiste en transmitir la propiedad de una cosa al acreedor, que recibe tal derecho solo para seguridad de su crédito, es decir, para poder satisfacerse eventualmente, por falta de pago, pero con la obligación de restituir la cosa recibida una vez satisfecho[72].

El acreedor deviene propietario, pero debe usar la propiedad para el solo fin de la garantía, y cuando este fin se agota con la extinción del crédito, está obligado a la retrocesión del derecho al enajenante. Por otra parte, esta transferencia no implica la extinción del crédito, pues no debe concebirse como una datio in solutum, sino como garantía accesoria de aquél, contenida en la forma jurídica más amplia de la transferencia del dominio[73]. Con

---

[70] KOHLER, *Studien*, cit., pág. 143.

[71] Ob. cit., pág. 174.

[72] Así sucede en el derecho inglés con el *mortgage*. Según la legalidad estricta, el acreedor se considera propietario, pero en los Tribunales de equidad una jurisprudencia benévola tiende siempre a mitigar este rigor, concediendo al deudor, después de expirado el término para el pago, una facultad de rescate *(equity to redeem)* y considerando la adquisición de propiedad como una simple seguridad real.

[73] No necesito citar decisiones de la jurisprudencia en las cuales este negocio se considere erróneamente como negocio simulado; limitándome a recordar la sentencia del Trib. Bari, 12 dic. 1893, con anotaciones de *FADDA*, el cual, acertadamente, reivindica la naturaleza fiduciaria de esos negocios tachados de simulación (*Ann. crit. di giu.*, 1894. p. 121).

esto no se prejuzga la cuestión, que ha de discutirse más adelante, de cuáles sean los casos en que se permite la transmisión fiduciaria o en que ésta, aun persiguiendo un objeto ilícito, no degenera, sin embargo, en un negocio fraudulento.

Pero la transferencia de la propiedad está ligada frecuentemente con un empleo determinado que, según la intención del enajenante, ha de darse a los bienes transmitidos. El fiduciario, según la intención económica de las partes, ha de servir de mandatario, de ejecutor, de órgano de transmisión de los bienes recibidos. No es que jurídicamente lo sea, puesto que puede abusar de su situación y retener los bienes para sí; pero el enajenante confía en él, en su honor, en su lealtad, y cree que ejecutará las instrucciones y el encargo que de él recibe respecto al destino de los bienes. El fideicomiso del Derecho romano –con el cual se buscaba el medio de que la herencia llegara a un incapaz de heredar– tenía una función parecida, y si primero quedó reducido a un deber moral del instituido, luego se transformó en un deber jurídico. No tienen tampoco diversa naturaleza las instituciones y donaciones fiduciarias del Derecho moderno[74].

Esas formas son bastante frecuentes en nuestra sociedad. Basta recordar los legados y donaciones hechos a personas religiosas, con la inteligencia secreta de las partes de que los bienes se destinarán al provecho de la religión o al sostenimiento de comunidades eclesiásticas no reconocidas legalmente; las transmisiones de bienes hechas a un intermediario para la entrega a una persona favorecida en secreto; la oferta de objetos y dinero que se realiza en forma de oblación. En estos y otros casos, la jurispruden-

---

[74] V. en el derecho inglés la institución análoga de los *trusts,* en que se enajenan bienes a favor de una persona que debe tenerlos por cuenta y para provecho de otra. Este procedimiento, empleado en un principio para huir de las leyes desamortizadoras que prohibían donar a conventos e iglesias, se hace después común y se generaliza, especialmente, para poner los bienes, por medio de una persona de confianza, a salvo de la confiscación. El *trustee* según la ley *-at law-*es propietario y puede disponer de los bienes, pero *in equity,* se reconoce que según la intención económica de las partes debe considerarse como un mandatario. (Lehr, *Elém. de droit civ. anglais,* págs. 268-269). Sobro esta institución, v. también mi estudio sobre *Persone giuridiche,* págs. 119 y sigs.)

cia se ha extraviado hablando de simulación, de persona interpuesta, etc., etc., y anulando algunas veces la liberalidad.

Ha de tenerse presente, sin embargo, que aquí la persona interpuesta no es un sujeto simulado del negocio jurídico, un titular que aparece en escena y se desvanece una vez evidenciada la apariencia, sino un contratante efectivo, un verdadero propietario, aunque económicamente parezca un *médium* sin importancia. Por eso, reservando todo juicio por lo que respecta al caso de fraude, no puede admitirse desde luego que el *fiduciante* y sus herederos reivindiquen los bienes como en el caso de contrato simulado. La disposición tiene plena eficacia y, en caso de abuso del fiduciario, solo puede nacer una obligación de resarcir al enajenante traicionado por él.

En todas las varias formas de la propiedad fiduciaria, ésta aparece como una propiedad normal, no limitada, no condicionada, no relativa, puesto que el fiduciario es propietario frente a todos, incluso el transferente, y no está ligado por un vínculo real, sino por una mera obligación personal en cuanto al empleo del derecho adquirido[75].

Un derecho de crédito puede ser también objeto de una transmisión fiduciaria, y la práctica nos proporciona ejemplos de cesiones con propósito de mandato o compensación.

El cesionario adquiere la situación de un acreedor, pero debe usar de esta cualidad para exigir el crédito por cuenta del cedente. Se tiene aquí, según observa Regelsberger[76], un juego inverso de la antigua forma romana de la cesión, en la cual el propietario material del crédito figuraba simplemente como representante del derecho del otro. En el caso de cesión fiduciaria, el cesionario, después del cobro, debe poner lo cobrado en manos del cedente.

A veces, la cesión se emplea con otro fin. Un deudor compra a precio moderado créditos contra su acreedor para oponérselos en compensación y así librarse de la deuda con poco sacrificio. O

[75] LEIST, *Eigenthumsübertragung zur Sicherung von Forder.*, pág. 82. GOLTZ, ob. cit., pág. 24.

[76] *Beiträge zur Lehre v. Cession*, pág. 177.

bien, el acreedor de un deudor insolvente se procura una deuda para con él con el objeto de compensarla y substraerse al pago a prorrateo[77]. Se ha dudado de la licitud de semejante procedimiento; pero, por una parte, no se encuentra obstáculo alguno en el derecho positivo, y por otra, se observa que la reprobación moral que pueda merecer la intención del agente no imprime a su actuación un carácter jurídicamente ilícito.

La cesión de las acciones de una sociedad ocasiona la figura del accionista fiduciario, el cual, a juicio de muchos autores de Derecho mercantil, es un accionista ficticio, un testaferro; pero, en realidad, no es exacta ni siquiera la opinión más autorizada, sostenida por Vivante, que ve en aquél un mandatario del socio, en su propio nombre[78]. No: el fiduciario es un verdadero accionista, propietario efectivo de la acción, así en las relaciones internas como en las externas, y por eso ejercita legítimamente los derechos sociales e interviene en las asambleas, sin que el fin económico de la representación sea otra cosa que un motivo de la transferencia. Al transmitente solo corresponde un derecho personal respecto del cesionario para obligarlo a mantenerse dentro de la finalidad que motivó la transferencia, y para obtener, por tanto, eventualmente la retrocesión de la acción enajenada. Pero aquí se suprime la figura del mandato. Con esto no quiero decir que cuando se abuse de tal figura jurídica para evitar una norma coactiva –así, por ejemplo, para eludir la prohibición que tienen los administradores de votar en la aprobación del balance o en las deliberaciones que se refieren a su responsabilidad, o el precepto que atribuye a los accionistas un número de votos proporcionalmente menor a medida que aumenta el número de las acciones–, el procedimiento a que se acude no deba declararse nulo como empleado para defraudar la ley.

Pero donde el negocio fiduciario ha tenido un verdadero florecimiento, dando lugar a discusiones muy vivas, ha sido en las instituciones de cambio.

---

[77] REGELSBERGER, ob. cit., pág. 193.

[78] *Gli azionisti fiduciari nette assemble delle societá per azioni (Riv. di dir. conim.,* I, pág. 167, 1903).

Me limitaré a recordar la letra de garantía y el endoso simple para la cobranza. La primera, bastante frecuente en la práctica, consiste en la emisión de una letra para caución de una deuda futura, eventual. Aquí el tomador se convierte en propietario de la letra, pero solo puede hacerla valer si la deuda llega a existir por la cifra a que asciende realmente.

Mucho más común es el endoso pleno con el fin de cobro, para evitar las excepciones personales del deudor respecto deí endosante. Debe rechazarse la opinión sostenida por la jurisprudencia italiana y extranjera predominante en la materia, seguida también por bastantes escritores[79], que ve en este caso una simulación y considera al endosatario como un simple testaferro. Aquí no se trata de endoso simulado, sino fiduciario: el endosatario adquiere realmente el derecho transmitido, se convierte en titular de la letra, aunque esto sirva de medio para proteger al acreedor contra las excepciones que pudiera oponerle el deudor librado. Pero esto, que es el motivo del acto jurídico, no influye sobre su naturaleza.

Por último, debemos ocuparnos de los efectos del negocio fiduciario.

Para ello hemos de examinar las dos partes, real y obligatoria, de la relación jurídica.

El negocio fiduciario produce la transferencia plena y absoluta del derecho: el fin limitado para el cual se realiza no limita jurídicamente la disposición. El fiduciario deviene propietario y acreedor respecto de todos y puede usar como crea oportuno el derecho adquirido. Es, pues, inexacta la concepción de Dernburg[80], que distingue en el negocio fiduciario dos relaciones, una externa y otra interna, y mientras reconoce la plena titularidad del fiduciario respecto a los terceros, considera que, respecto al fiduciante, el fiduciario no pasa de ser un simple mandatario. Aquí se con-

[79] KRAEVEL en *Zeitschr. für Wechselrecht,* N. F., III, pág. 120. V. CANSTEIN, *Wechsel. recht,* pág. 268. BUDDE, *Die rechtliche Natur des Indossaments,* pág. 33. GLASSON, *Théorie de la Simulation,* pág. 168. VIVANTE, *Tratt. di dir. comm.,* I, N. 229. SUPINO. Cambiale, 546.

[80] *Pand.,* I, § 100, pág. 231. También CROME, *System des bürg. Rechts,* I, § 76.

funde el fin económico de la disposición con su forma jurídica. Es verdad que las partes han querido conseguir el propósito práctico de la representación; pero, para obtener este fin, se sirven de una forma jurídica superior, con el efecto más amplio de la transmisión del derecho, y para ello han asumido los riesgos de una posición semejante. El fiduciario no reviste simultáneamente una doble cualidad, sino que se convierte en titular del derecho frente al mismo enajenante, sin que el fin económico de la trasmisión se desenvuelva fuera de la relación obligatoria; de suerte que, cuando ese fin se realiza, la propiedad o el crédito no vuelven ipso iure al transmitente o cedente, sino que éste puede tan solo exigir la retrocesión[81].

De la plena titularidad que adquiere el fiduciario se derivan varias consecuencias.

Ante todo, puede enajenar válidamente la cosa recibida *sub fiducia* y la enajenación es eficaz aunque el adquirente conozca su cualidad. Por otra parte, toda disposición o empleo de la cosa fiduciaria, aun en oposición con el fin expresado en el contrato obligatorio, constituye un ejercicio legítimo del derecho. No es, por tanto, apropiación o daño -como tal, punible- la conversión en provecho propio o la destrucción dolosa del objeto recibido[82]. El mismo traspaso del crédito contenido en la letra hecho por medio de endoso al fiduciario, impide que puedan oponerse a éste las excepciones personales que el deudor hubiera podido oponer al endosante. Este punto, sin embargo, es muy debatido. Debemos constatar que en la doctrina hay como una corriente de compasión y simpatía para el deudor, al cual se quiere auxiliar en su situación concediéndole una *exceptio doli* contra el endosatario fiduciario[83].

Son varias las tentativas, no coincidentes, que se han hecho para fundamentar este dolo. Mientras algunos exigen rigurosa-

[81] GOLTZ, ob. cit., pág. 28.

[82] En contra: DERNBURG, ob. cit., pág. 232, y, en general, los escritores que hablan de propiedad dividida *o* relativa respecto del fiduciario.

[83] V. una discusión muy amplia de esta cuestión y una revisión de la doctrina en WERTHAUER, *Der fiduziarische Endossatar und die Einrede des dolus (Zeitschr. f. das priv. u. offentl. Recht.*, XIII, pág. 586), y en GOLTZ, ob. cit., págs. 44-47.

mente un conocimiento especial de las excepciones que podría oponer el deudor y un acuerdo dirigido a su exclusión, otros se contentan con el conocimiento unilateral del endosatario, y otros encuentran objetivamente el elemento doloso en el mismo procedimiento empleado.

Regelsberger[84] encuentra el dolo en la falta de interés que tiene el tenedor en el ejercicio del derecho adquirido; Engländer[85], en el abuso de la forma con el fin de la violación jurídica; Dungs[86], en el empleo desleal del endoso. Así, el dolo va apareciendo cada vez más débil y esfumado, hasta desvanecerse, y la doctrina crea este requisito suponiendo que inside en la misma estructura de la relación. Y tiene razón Wulff[87], cuando afirma que la *exceptio doli* del Derecho romano se convierte en manos de los juristas modernos en una excepción de *caoutchouc.*

Las consideraciones aducidas reposan única y exclusivamente en respectos del fin económico y no de la forma jurídica del negocio. No es verdad que el fiduciario carezca de interés al ejercitar el derecho, puesto que es legítimamente titular del mismo; y ni cabe encontrar una violación jurídica en el uso del endoso para fines distintos de los normales, ni deja de ser arbitrario el hallar una *mala ñdes* en el ejercicio lícito del derecho propio. No puede, tampoco, aceptarse lo que opone Davidsohn[88], cuando afirma que de ese modo las excepciones del deudor quedarían a merced del acreedor; porque éste cumple realmente la transmisión del documento de giro conformándose a la ley y se sabe de antemano que de la realización de los actos jurídicos pueden surgir efectos reflejos en beneficio o daño de los terceros.

Creo, sin embargo, que la cuestión debe formularse de otro modo, a saber: si el hecho de inutilizar las excepciones del deudor por el medio del endoso fiduciario constituye o no un acto fraudulento y, por tanto, si la norma que concede al deudor la

---

84 *Beiträge,* cit., pág. 190.
85 *Archiv. f. Wechselrecht,* N. F., V. págs. 29 y sigs.
86 CRUCHOT'S, *Beiträge,* vol. 32, pág. 38 y sigs. (cit. en GOLTZ).
87 *Das Vollindossament zu Incassozwecken,* pág. 33.
88 Cit. en GOLTZ, pág. 51.

posibilidad de hacer valer contra el acreedor sus excepciones personales debe o no considerarse como una norma coactiva. Pero no parece que así sea, ya que el deudor cambiario está expuesto desde un principio a la eventualidad de la pérdida de sus excepciones y si esto no sucede con un endoso común no hay razón para que no suceda con una transmisión fiduciaria, máxime cuando el fin económico a que esta última obedece cae por fuera del negocio y no tiene influencia alguna sobre su significación jurídica.

Una última consecuencia importantísima, que se deriva de la titularidad del fiduciario, es que, en el caso de quiebra, la cosa transmitida fiduciariamente cae en la masa del concurso sin que al fiduciante corresponda derecho alguno de separación. También aquí han enturbiado el problema sentimientos de equidad mal entendidos. Maravilla que escritores como Regelsberger y Köhler, que conciben tan exactamente el negocio fiduciario, se hayan dejado influir por una supuesta injusticia económica, y nieguen dicha consecuencia, admitiendo que el transmitente pueda recobrar los bienes con exclusión de los acreedores de la quiebra[89].

Semejante resultado, es decir, que el objeto del negocio fiduciario caiga en la masa, contradice, según Köhler[90], la posición

---

[89] Siguen la opinión combatida en el texto, si bien relacionándola con una noción inexacta de los negocios fiduciarios: DERNBURG, *Pand.*, § 100, pág. 232. CROME, *System de bürg Rechts,* I, § 76. STAMMLER, *Recht. der Schuldv.*, página 197. COSACK, *Lehrb. des Handelsrechts,* pág. 304, y los comentaristas de la *Ordinanza Concorsuale.* V. SARWEY, PETERSEN, KLEINFELLER y VÖLDERNDORFF. Esta es también la opinión dominante en Italia, para apoyar la cual se cita el artículo 802 del Cód. de Com. (V. BONELLI, *Fallimento,* n. 663; ZIINO, *La rivendicazione nel fallimento,* págs. 1718). Pero el artículo invocado es *inaplicable y,* por tanto, sin valor para nuestro objeto, puesto que se refiere a la hipótesis, totalmente distinta, de entrega de títulos de crédito hechas por el *propietario* al quebrado *con el mandato simple de hacer* el cobro y *custodiar* el valor por cuenta de aquél; mientras que en el negocio fiduciario se trata de *transmisión de propiedad* del título, aunque sea para el fin económico de cobro: el quebrado entonces es propietario y no mandatario. En cambio, el art. 802 regula las hipótesis de letras endosadas para procura o cobranza, porque en ellas solo hay un de los autores se explica más por razones sentimentales que por motivos jurimandato y el que endosa sigue siendo propietario (259). La opinión contraria dicos, puesto que desconoce la esencia de la enajenación *fiduciae causa.*

[90] *Noch einmal über Mentalr. u. Simulation (Jher. Jahrb.*, 16, 348).

patrimonial a que las partes tendían, puesto que ellas solo querían conseguir con el conjunto de la operación el fin económico del mandato.

Sería ésta, a juicio del mismo autor, una consecuencia tan dura que el derecho no puede aprobarla, y por eso debe admitir en favor del fiduciante una *reivindicatio utilis.*

Pero Köhler no se da cuenta de que precisamente esta contradicción, esta incongruencia, como él dice en otro lugar, entre el fin económico y la forma jurídica es lo que constituye la esencia del negocio fiduciario y que el que realiza este negocio se expone a un peligro que puede serle fatal. Por otra parte, como observa Lang, esto es justo, porque de otra manera el acreedor tendría todas las ventajas sin correr riesgo alguno, y ello puede servir de correctivo contra las posibilidades de abuso de tal forma jurídica[91].

Los efectos que se derivan de la parte obligatoria del negocio fiduciario se resumen en la obligación personal del fiduciario de usar el derecho adquirido solo para aquel fin restringido que las partes quieren y, por tanto, para restituirlo eventualmente al transferente o a terceras personas. Si, por el contrario, abusa de su posición jurídica enajenando o utilizando en provecho propio el derecho de que se trata, es responsable del resarcimiento de perjuicios. Esta es la única defensa que le queda al transferente en el caso de que el fiduciario traicione sus esperanzas[92].

---

91 Ob. cit., págs. 341-343. Niegan exactamente un derecho de separación al fiduciante en caso de quiebra del fiduciario, además de LANG, ob. cit. y loc. cit., WERTHAUER, ob. cit., pág. 658, HELLWIG, *Ueber Zulässigkeit der Eigenthumübertragung zur Sicherung einer Forderung (Archiv, für civil. Praxis,* 64, 392), y GOLTZ, ob. cit., pág. 85.

92 PESTALOZZA (págs. 126 y sigs.) critica mi concepto de los negocios fiduciarios, pero su crítica no me parece ni concluyente ni siquiera persuasiva. Dice el autor que la transferencia real *erga omnes* en el negocio fiduciario solo es posible reconociendo a éste un carácter abstracto. ¿Por qué? El enajenante o cedente transmite efectivamente el derecho, sobre un fundamento *causal,* si bien esta transmisión está modificada por el vínculo obligatorio de hacer *un uso determinado* del derecho mismo. Resulta simplista la observación contraria de que la voluntad de las partes es *una sola* y de que no existen dos elementos de voluntad *consecutivos* y *neutralizándose* recíprocamente. Cierto

Delineada la figura del negocio fiduciario, es útil ya que lo confrontemos con el negocio simulado.

El negocio simulado es un contrato *fingido,* no *real;* el negocio fiduciario es un negocio *querido* y *existente.* El negocio simulado se realiza para producir una apariencia, un engaño: el negocio fiduciario quiere suplir un orden jurídico deficiente o evitar ciertas consecuencias *fâcheuses* que se derivan de un negocio. El negocio simulado es un negocio único, vacío de consentimiento; el negocio fiduciario es la combinación de dos negocios serios, uno *real* y otro *obligatorio,* que solo en parte se eliden y tienen una influencia contraria. El negocio simulado no quiere alcanzar un resultado económico ni jurídico; el fiduciario quiere el resultado jurídico, pero no el resultado económico que correspondería normalmente al acto realizado: hay una divergencia entre el fin económico y el medio jurídico empleado. El negocio simulado es absolutamente nulo, no lleva consigo transferencia alguna de derechos y, por eso, el que simula sigue siendo propietario y puede reivindicar de la masa del concurso, en el caso de quiebra del adquirente fingido, el objeto sobre el que versaba aquel negocio: la enajenación que hiciera el testaferro sería normalmente ineficaz, y la utilización de la cosa en provecho propio constituiría un delito. Finalmente, en el caso de endoso simulado -cosa posible si falta la voluntad de transmitir el crédito- el deudor podría, una vez descubierta la simulación, oponer sus excepciones personales al endosatario que no es más que un alter ego del acreedor. En cambio, como hemos visto ya, en el caso de traspaso fiduciario se llega a consecuencias muy diversas[93].

---

que la voluntad de las partes es una sola, pero tiene un contenido diverso y múltiple y este contenido existe desde el principio simultáneamente. Cuando se transmite el crédito *con fines de garantía,* aunque se quiere transmitir el crédito se quiere también obligar al cesionario a que use de su adquisición para el fin de aquella seguridad. El creer, por tanto, que la 'esencia de los negocios fiduciarios se contenga en la distinción entre el aspecto *interno,* y el aspecto *externo* de la relación, es una construcción ilógica e imposible, porque la relación jurídica no tiene dos caras distintas, no es una especie de Jano monstruo» que tiene una fisonomía diferente según el lugar desde donde se le mira.

[93] Para la discusión precedente me he servido de un artículo mío, *I negozi fiduciari,* que forma parte del volumen que publicamos en honor del profesor V. SCIALOJA.

6. Otra figura que debe distinguirse de la simulación es el *fraus legis.* También aquí se da una gran confusión que persiste aún en la jurisprudencia, apegada tenazmente a antiguos errores.

Se debe a Bähr el haber defendido con vigor la antítesis teórica que existe entre negocio fingido y negocio fraudulento, y haber atacado la doctrina común que hacía una mezcolanza con los dos conceptos.

Se confunde -dice[94]-, el negocio *in iraudem legis* con el negocio simulado, aunque la naturaleza de ambos sea totalmente diversa. El negocio fraudulento no es, en absoluto, un negocio aparente. Es perfectamente serio: se quiere realmente. Es más, se quiere tal como se ha realizado, con todas las consecuencias que corresponden a la forma jurídica elegida. Muchas veces, estas consecuencias son incómodas para una u otra de las partes, aunque serían mucho más incómodas las consecuencias que llevaría consigo el acto prohibido.

También Barthelmes[95] manifiesta escuetamente: El negocio simulado no pertenece a la clase de los que contienen un acto *in fraudem legis.*

Pero ninguno de los dos escritores citados guarda coherencia con sus principios, pues en el desarrollo de la materia vienen a reconocer que un negocio simulado puede servir para eludir la ley. Es hoy doctrina dominante y casi unánime la que, aun distinguiendo las dos formas de simulación y fraude, admite, sin embargo, que la primera puede servir de medio al segundo y que el negocio simulado puede ser fraudulento[96]. Tal doctrina es infundada, como veremos a continuación.

---

94 BAHR, *Urtheile des Reichgerichts,* pág. 53; *Geschäfte zur Umgehung des Gesetzes und simulierte Geschäfte,* 1883.

95 *Das Handeln in frauden legis* (Gotting, 1889).

96 REGELSBERGER, *Beiträge zur Lehre v. Cession (Archiv, f. civ. Prax.,* 63, 174). HELLWIG, *Ueber die Zulassigkeit der Eigenthumübertragung zur Sicherung einer Forderung (Archiv, f. civ. Prax.,* 64, 377. PFAFF, *Zur Lehre von s. g. in fraudem legis agere,* pág. 91. Wien, 1892). WITTE, *Mentalr., Simulat. und agere in fraudem legis,* pág. 38 (Greifswald, 1900). También yo sostuve lo mismo en la primera edición de este trabajo.

Necesitamos elevarnos al concepto del fraude. Hay un punto en que están conformes todos los escritores, y es que el fraude constituye una violación indirecta de la ley, no según su contenido literal, sino según su espíritu. El que defrauda no contradice las palabras de la ley; al contrario, se atiene respetuosamente a su letra, pero, en realidad, va contra el sentido de la disposición, viene a frustrar el fin a que tendía el principio jurídico: «Tantum sententiam offendit et verba reservat». Junto a la transgresión brutal de la ley está el eludirla inteligente y refinadamente, para conseguir el fin prohibido por una vía indirecta[97].

Este pensamiento, por otra parte, corresponde a la célebre definición de Paulo (29 D. 1, 3): «Contra legem facit, qui id facit quod lex prohibet, in fraudem vero, qui *salvis verbis legis sententiam eius ciicumvenit*». Sucede, pues, que se elude la ley en vez de atacarla de frente, que se trata de huir la aplicación de la misma dando una larga vuelta alrededor de ella para evitar toda sospecha.

Neff[98] notó ya que el *circumvenire legem* es una imagen tomada de los asuntos de la guerra: así como al envolver a un enemigo no se le ataca de frente, sino por el flanco o la retaguardia, es decir, por su parte débil, y de modo oculto para que no se aperciba del ataque, así también la ley se ataca y viola con un golpe en los flancos, oculto y desapercibido; es decir, en el contenido, que es el lado más débil, por cuanto no lo protege palabra alguna.

Dice Köhler con su vivacidad habitual: El negocio fraudulento se parece a las operaciones de la tropa, la cual evita el punto defendido sólidamente y trata de acercarse al enemigo por caminos ocultos, mientras que el negocio simulado es como una maniobra fingida con la cual se trata de distraer al adversario para

---

[97] SAVIGNY, *System*, I, § 50. UNGER, *System des österr. Privatrechts*, I, página 56. WAFCHTER, *Ueber die Collision der Privatrechtsgesetze verschiedener Staaten (Archiv. f. Piax.*, 25. 412). THÖL, *Einleitung in das deutsche Privatrecht*, § 65. WINDSCHEID, *Pand.*, I, § 22. DERNBURG, *Pand.*, I, § 31. ROTONDI, *Gli atti in frode alla legge* (TORINO, 1911).

[98] *Beiträge zu der Lehre von der fraus legi facta*, § 5 (Berlin, 1895).

llegar al ataque sin un choque previo. En el fraude se dan vueltas alrededor de la carretera, legalmente prohibida, con una combinación tendenciosa de caminos laterales, para desembocar en el terreno por un lugar indefenso y no vigilado[99].

Estas figuras imaginativas dan una idea bastante exacta del fraude: los contratantes se proponen huir de la aplicación de una norma jurídica, conformando su conducta de tal modo que no pueda reprobarse directamente y que, con el conjunto de los medios oblicuos empleados, venga a conseguirse el resultado que la ley quería impedir. Es, pues, un elemento de la conducta fraudulenta la intención de las partes de substraerse a la fuerza coactiva del derecho, pero no es esencial la conciencia de que se persigue un fin prohibido[100]. Veamos ahora cómo actúa el fraude; la forma de su procedimiento.

El fraude *muda el estado de hecho* regulado por la ley, en forma tal que ésta resulta inaplicable. Todo principio jurídico hace depender su aplicación de la existencia de un hecho determinado, el cual, a su vez, resulta de una serie de elementos. Por eso, las consecuencias jurídicas se producen tan solo cuando se presenta el hecho indicado. Y el que defrauda la ley no hace más que evitar la comprobación de este hecho jurídico, privándole de uno de los elementos que lo constituyen y haciendo con ello inaplicable el principio que lo regula[101].

Esta modificación del estado de hecho puede ocurrir empleando otra forma jurídica o varias formas combinadas, variando las condiciones en que el hecho se produce, o interponiendo personas distintas de los verdaderos contratantes. Podemos, pues, resumir en tres tipos los métodos usados para eludir la ley, sin negar que puedan existir otros, pero que caerían, como aquéllos, dentro de la categoría general:

1° *Empleo de un negocio distinto o de una combinación de actos jurídicos.* Así en el Derecho romano, para eludir el S. C. Veleyano, que prohibía la fianza de la mujer, se hacía que la mujer, en vez

[99] *Pfandrechtl. Forschungen,* pág. 163.
[100] REGELSBERGER, *Pand.,* pág. 519.
[101] BARTHELMES, ob. cit., § 6.

de garantir, tomase sobre sí la obligación; y para eludir el S. C. Marcedoniano, que prohibía dar en mutuo a los hijos de familia, se hacía al hijo una venta a crédito, seguida inmediatamente de la reventa de los objetos al acreedor mediante dinero contante. La lex Furia testamentaria, que limitaba hasta una cierta suma la facultad de disponer por legado, para poner un freno a las disposiciones inmoderadas del patrimonio por el camino de las liberalidades enormes, se defraudaba dividiendo el patrimonio en un gran número de legados aun a favor de la misma persona.

2° *Modificación de las condiciones de hecho.* Aquí puede citarse el caso recordado por las Fuentes (64 D. 24, o), de dos esposos que, para eludir la prohibición de donaciones entre cónyuges, disuelven el matrimonio y, durante la separación, llevan a cabo la liberalidad, volviendo luego a casarse. Nótese que en el fragmento se habla de *nuntii imaginarii,* pero inexactamente, porque la separación se lleva a cabo con toda realidad para conseguir el efecto prohibido.

3.° *Interposición.* Aquí, siempre con relación al Derecho romano se agrupan los fraudes siguientes: el de la prohibición de donaciones entre cónyuges (3 § 9 D. 21, 2), el de la prohibición de compras a los administradores de las provincias (46 § 2 D. 49, 14), el de la *lex Anastasiana* (1 § 2 C. 10, 30), etc.; en los cuales rige el principio general: «Quod quis suo nomine exercere prohibetur, id nec *per subiectam personam* agere debet» (2 § o D. 51, 8)[102]. Debemos advertir aquí también que la persona interpuesta es un contratante real, que *adquiere* derechos contractuales, aunque esté personalmente obligado a dar cuenta o a restituir a otros el contenido útil de sus actos de disposición.

Thöl[103] *ha querido reducir los varios casos de fraus legis a dos formas: falsa interpretación del principio jurídico; disfraz o desfiguramiento de la situación de hecho.*

Por lo que se refiere a la falsa interpretación verbal ésta es común a todas las especies de fraude, y en ello es justa la crítica que Pfaff ha hecho de esta teoría, ya que dicha interpretación más bien es la base

---

102 FORRER, ob. cit., pág. 81.

103 *Einleitung in das deutsche Privatrecht,* § 65.

sobre la cual reposa el procedimiento fraudulento que una forma del mismo. Por tanto, debe excluirse de entre los distintos medios del in fraudem legis agere. Más interesante es para nosotros la segunda categoría: he aceptado ya, como puede verse, la desfiguración del estado de hecho, pero niego decididamente que la ocultación *(Verheimlichung)* se un medio de fraude. La cuestión es importante porque se enlaza con la materia de la simulación y de ella depende el que la ficción, o la ocultación, de un negocio pueda emplearse para defraudar la ley. Así lo creen Thöl, Unger, Wette y otros.

Pero un examen más profundo de la relación de que se trata demuestra lo contrario.

La ocultación ni pone ni quita nada al negocio realizado: apartando el velo engañador, queda el negocio en su verdadera esencia, en su realidad desnuda y escueta; y si este negocio resulta en contradicción con una ley prohibitiva, se tendrá un *contra le*gem ageie, no un *in fraudem legis agere. Contra legem:* escondido, velado, oculto; circunstancia que no altera su naturaleza.

Dos cónyuges quieren donarse recíprocamente y simulan una venta; y porque la venta no es sincera, habiéndose, en cambio, querido y realizado una verdadera liberalidad, tenemos una transgresión directa de la ley prohibitiva, una infracción directa del principio jurídico, no un fraude. Aquí no es que se elude la ley, observando formalmente su tenor y violando su espíritu, sino que se ofende el tenor mismo, la letra de la ley que prohíbe donar: quitada la apariencia, se comprueba la violación pura y simple de la regla prohibitiva. Existirá una ilicitud oculta, no una manera de eludir la ley.

Si yo extiendo un velo sobre un hecho realizado; si cubro con un disfraz una transgresión real, no por eso la transgresión deja de serlo: estará cubierta, escondida, enmascarada, pero será siempre una transgresión, un choque contra el contenido verbal de la norma jurídica.

La simulación no es un medio de eludir la ley, sino de *ocultar su violación*[104].

---

[104] V. mi *Negozio illecito,* pág. 100.

Por eso se habla inexactamente de simulación en fraude de la ley: debería decirse simulación ilícita, a no ser que el término *fraude* se quiera emplear en el sentido más amplio del daño que contiene en sí el *contra legem agere.*

Para mí, los negocios fraudulentos son *negocios reales indirectos,* que tienden a conseguir, con la combinación de diversos medios jurídicos seriamente realizados, el mismo resultado que la ley prohíbe, o, por lo menos, uno equivalente. Y puesto que la ley de ordinario no se fija en un fin jurídico, sino práctico, la prohibición ha de entenderse dirigida contra cualquier forma con la cual se trate de obtener el efecto prohibido. En general, dice Köhler, las partes son libres de realizar un fin económico de la manera que más les guste. Pero hay leyes que no se limitan a la forma jurídica específica, sino que elevan a contenido de su propia norma el resultado económico y prohíben o conceden bajo algunas condiciones la obtención de un cierto efecto. Aquí la disposición va principalmente contra el fin, dondequiera que se encuentre, sea cualquiera la forma jurídica bajo la que se oculte y el conjunto de actos jurídicos entre los cuales trate de esconderse[105]. De aquí la nulidad del *in fraudem legis agere o,* mejor, la aplicación de aquella sanción, una u otra, que la ley imponía al negocio substituido por caminos indirectos; de donde surge la cuestión de si para combatir el fraude se necesita un remedio especial del orden jurídico, como quieren Bähr y Leist, o basta para este objeto una interpretación racional de la prohibición, si se entiende que el juez que ha de aplicar la ley, no a la letra, sino según su contenido espiritual, debe negar eficacia a aquellos negocios que, si bien no prohibidos directamente, producen bajo otra forma los mismos resultados. Esta es la opinión que parece más acertada y debe, por tanto, admitirse[106].

---

105 *Studien,* cit., púg. 144. V. también HELLWIG, ob. cit., pág. 370, y BAHR, ob. cit., págs. 59-61.

106 No creo que en nuestro derecho positivo pueda aceptarse la teoria de que deban considerarse válidos, a falta de una declaración expresa de nulidad, aquellos actos fraudulentos que no son contrarios a la ley, o por razón del medio legal y jurídico empleado, o por razón del fin obtenido tan solo prácticamente, pero sin garantía jurídica. (V. COVIELLO, N., *La Chiesa cattolica e le disposizioni testamentarie in suo favore,* págs. 1950). Aun reconociendo la exageración del manoseado principio: *fraus omnia corrumpit,* y aun conviniendo

Se comprende, sin embargo, que con decir esto no quedan eliminadas todas las dudas, y surge, en cambio, para la práctica una misión difícil, cual es buscar el fin de la ley en todas las direcciones posibles, dando lugar a graves y delicados problemas de interpretación. En ese examen, el juez ha de proceder con cautela, no tanto haciendo investigaciones psicológicas, cuanto examinando objetivamente si el resultado perseguido por medios indirectos coincide con el resultado prohibido[107].

---

en parte en los resultados de la teoría contraria, sigo creyendo que no puede admitirse tal principio. Todos los actos fraudulentos, en el sentido técnico de la palabra, son contrarios a la ley porque el medio legal empleado cae siempre bajo la prohibición, que lo que quiere es impedir el resultado económico, sea uno u otro el medio usado para conseguirlo. Y, por tanto, el que solo prácticamente se obtenga un fin similar -ya que jurídicamente no sea posible obtener el fin deseado-, no significa que no haya siempre violación del espíritu de la ley; violación que de ordinario persigue un fin práctico precisamente el que la ley trata de impedir. Si a veces la ley establece presunciones de fraude, es para reforzar la prohibición y hacer cierta y segura la represión de los actos dirigidos a eludirla; pero esta dispensa de la prueba en algunos casos no libra, en los otros, a la jurisprudencia de someter a una interpretación racional de la norma los negocios fraudulentos. Solo, pues, debemos decir que alguna vez la ley, por razones especiales, se limita a regular la *forma jurídica* y no el efecto práctico, y alguna otra se trata de una ley *permisiva,* que otorga una facultad, y en tal caso se comprende que deba aceptarse la eficacia del acto porque entonces no existe siquiera el fraude a la ley. Acerca del caso gravísimo y muy discutido del fraude a la ley mediante el empleo de una legislación extranjera, como sucede en el cambio de nacionalidad para divorciarse en el extranjero y contraer en Italia nuevas nupcias, debe reconocerse que se da en él la estructura del procedimiento fraudulento, p'ero la cuesitión se complica por un elemento de derecho público exterior, como es el respeto debido a la capacidad jurídica modificada que los divorciados han adquirido bajo el imperio de la ley extranjera, y que impide una aplicación pura y simple de los principios. Aquí se trata más bien de la *impotencia* de la ley, que tiene eficacia territorial para combatir los fraudes, por el principio de independencia y soberanía de los Estados (V. BUZZATTI, *Foro ital.,* 1901, I, 237 y sigs., y FEDOZZI, *La frode della legge nei rapporti di dir. Internaz. prov.,* en la *Riv. di Scienze giuridiche,* XXX, págs. 105 y sigs., 1900).

107 V. las observaciones de BONFANTE *(Riv. di dir. comm.,* 1906, pág. 189), el cual se muestra renuente a admitir la intervención del juez en la reacción contra los actos fraudulentos; y solo cuando la disposición legislativa puede reducirse fácilmente a una función unívoca e indubitada, o cuando, sin buscar la intención, aparece claramente el resultado de las cláusulas y medios empleados como violación de un precepto judicial, cree que el acto *in fraudem legis* podrá ser revocado por la jurisprudencia.

Dado el concepto teórico de la institución, debemos ocuparnos ahora de un objeto más útil, cual es la crítica de la jurisprudencia vigente que por medio de diversas formas contractuales abre un camino falso a la doctrina. Una cuestión muy discutida en el Derecho alemán, y que tiene también importancia para el nuestro, es la de si podrá considerarse lícita la transmisión de la propiedad de cosas muebles con fin de garantía, si bien conservando el transmitente su posesión per const. poss. El deudor, queriendo dar una seguridad real sobre objetos muebles de que no quiere privarse, los vende al acreedor con pacto de rescate y por un precio correspondiente al importe de la deuda, y los recibe en locación con un alquiler correspondiente a los intereses del capital. La jurisprudencia, al tratar de este punto, hablaba de simulación, no de la realidad de la operación llevada a cabo, que es una prenda disfrazada.

Pero nada más inexacto, porque las partes han acudido *realmente* a esa combinación de negocios jurídicos para conseguir el resultado económico de la garantía. Aquí podría hablarse de simulación en un sentido económico, no jurídico. Bähr[108] puso bien la cuestión diciendo que aquí hay que operar con el concepto del fraude, es decir, viendo si tal negocio tropieza indirectamente con la prohibición de hipotecar los bienes muebles, la cual, por el principio de la publicidad y el interés del crédito, limitaba la garantía de aquellos bienes a la forma de la prenda, en que se requiere el paso de las cosas a la posesión del acreedor. Bahr reconoció que aquí había un negocio fraudulento que debía anularse. Al mismo resultado llegan Heilwig[109], en una monografía especial; Köhler[110] y Pfaff[111]. Leist1[112] ha sostenido la opinión contraria. Notaré cómo en esta conexión, y por consideraciones análogas, se ha considerado *in fraudem* el caso de la *Abzahlungsgeschäft,* o sea la venta de

[108] *Urtheile des Reichsgerichts*, págs. 59 y sigs.
[109] *Ueber die Zulässigkeit der Eigenthumübertragung sur Sicherung einer Forderung (Arch. f. civil. Praxis,* 64, 381).
[110] *Studien,* cit., pág. 151.
[111] *Zur Lehre in fraudem legis agere,* pág. 153.
[112] *Die Sicherung von Forderungen durch Uebereignung von Mobilien, Jena,* 1889; en contra, la recensión de BARH, en *Krit. Vierteljah.,* 32, 370.

objetos muebles con pagos parciales, en que el enajenante se reserva la propiedad hasta la extinción de la deuda[113].

También la jurisprudencia francesa e italiana consideran erróneamente esos negocios como simulados, para evitar las molestias de una prenda: muchas veces este caso se ha presentado a propósito de la venta de máquinas a pequeños comerciantes que no podían prestar garantía alguna, y, por otra parte, no podían dar en prenda los instrumentos que necesitaban para ejercer su industria[114].

La misma combinación de negocios se produce para suministrar una garantía de inmuebles en el contrato de prenda. Una doctrina tradicional, que viene de la Edad Media, considera este negocio como un caso típico de simulación fraudulenta; y así, las resoluciones judiciales hablan de préstamo disfrazado, y enumeran cuidadosamente todas las circunstancias y presunciones que concurren para apreciar la simulación[115]. Pero ésta es una doctrina equivocada. El contrato pignoraticio es un contrato real fraudulento, que deberá declararse nulo como realizado *in fraudem* de

[113] Entre nosotros se practica esa especie de contratos en las ventas de máquinas de coser, bicicletas, etc. Por lo que respecta a la nulidad, v. BAHER en *Grenzboten «Missbräuchliche Geschäfte»;* SCHEMER, en los *Annalen der Badis. Gerichte,* vol 53, pág. 12, y BONELLI, *Deila clausola riservativa di dominio nella compravendita (Riv. dir. comm.,* 1904, cuaderno 2.°, pág. 98), el cual, sin embargo, considera que la nulidad del pacto, como lógicamente incompatible con la transferencia que se realiza en la venta, ha de valer tan solo eventualmente como cláusula resolutoria expresa. En contra: HAUSSMANN, *Die Veräusserung beweglicher Sàchen gegen Ratenzanhlung,* Berlín, 1891. VIVANTE *(Foro it.,* 1897, I 780). V. también sobre esta materia las interesantes discusiones del XXI Congreso jurídico alemán y mi artículo *La vendita per acconti ed il pactum reservati dominii (Foro ital.,* 1911).

[114] V. Sent. de la *Cour de Cass.,* de 11 de marzo 1879 (*Dalloz,* 1879, I, 401) y de la Corte d. Ap. de Turin, de 23 marzo 1895 *(Giur. ital.,* 47, I, 2, 378).

[115] V. App. Roma, 1.° julio 1886 *(Temi rom.,* 1886, 378): «*Puede declararse que es simulado* un contrato de compraventa cuando concurren las siguientes circunstancias: escasez del precio de venta, estipulación del pacto de retroventa, fundo en poder del vendedor a título de arrendamiento, merced correspondiente a los intereses de la suma entregada, etc.» Trib. Barí, 3 marzo 1893 *(Pisan,* 1893, 107): «Los requisitos esenciales para la simulación de un contrato de venta y para que *deba ser tenido por un préstamo disfrazado,* son, etc., etc.»

la prohibición del pacto conmisorio (1884); no un contrato simulado o disimulado. Las partes recurren voluntariamente a esta complejidad de medios jurídicos indirectos para conseguir el fin económico de una garantía, pero no simulan una verdadera prenda, porque, por otra parte, e independientemente del fraude a la ley, la prenda no sería válida, toda vez que, necesitándose los requisitos del negocio oculto, faltaría aquella desposesión que las partes precisamente quieren evitar y que es el fenómeno más característico de la garantía prendaria. También aquí se confunden los puntos de vista económico y jurídico, y de una consideración a *bulto* de la relación jurídica se infiere que ésta es simulada.

La jurisprudencia dice también que hay una simulación de un fideicomiso en la disposición con la cual se instituye heredera a la mujer para el caso de premorir los hijos[116]; y los autores de derecho de sucesión se entregan al examen de las múltiples formas empleadas para realizar este propósito. Pero aquí no hay ni siquiera la sombra de una simulación, pues se trata, o de una forma verdadera, aunque ilícita, o de una configuración ingeniosa del negocio para defraudar la prohibición de la ley: el juez, por tanto, habrá de interpretar exactamente la relación, no levantar el velo de la apariencia.

Y, también inoportunamente, se saca a relucir la figura de la simulación en el caso de la obligación asumida por la mujer en nombre propio, en vez de garantizar la deuda del marido, para eludir la necesidad de la autorización de los Tribunales por oposición de intereses. En un gran número de resoluciones[117] se actúa falsamente con el concepto de la simulación, diciendo que la mujer figura obligada cuando, en realidad, no hace más que salir garante, y que se disfraza una *fideiussio* o un aval bajo la forma de una deuda no accesoria.

Pero, no. La mujer, realmente, asume la obligación y se convierte en deudora aunque su acción tienda a eludir la norma tu-

---

[116] *Digesto italiano,* v. «Simulazione», n. 24.

[117] V. solo *Cass.* de Turin, 22 junio 1882 (*Giur. ital.,* 33, I, 1, 366). *Cass.* de Nápoles, 19 mayo 1888 *(Ivi,* 38, I, 1, 84). *Cass.* de Roma, 12 marzo 1890 *(Ivi,* 42, I, 1, 361). *Cass.* de Florencia, 28 mayo 1896 *(Ivi,* 48., 1, 1, 678). Ahora, la cuestión ha perdido importancia.

telar de la autorización judicial. Ni tiene importancia el que por ello sea eliminada o quede en un lugar subordinado o secundario la obligación del marido, porque, en todo caso, el acto de la mujer fue realmente querido en la forma en que aparece, si bien para el fin, más restringido, de la caución.

Finalmente, se hace un verdadero abuso de la institución de que nos ocupamos con motivo de los fraudes piadosos. Laurent, y con él una serie de prácticas y resoluciones judiciales, hablan de simulación al tratar de aquellas revueltas y medios empleados por las corporaciones suprimidas, para recibir liberalidades y obtener una cierta personalidad y vida jurídica frente a la ley. Y aquí, a mi juicio, no hay simulación ni siquiera fraude, pues las leyes desamortizadoras quisieron suprimir la mano muerta, pero no sacrificar en daño de una clase de personas los derechos de libertad y de asociación. Nada prohíbe que varias personas religiosas se asocien para conseguir un fin piadoso, como varios artistas pueden asociarse para estudiar pintura, o varios eruditos para descifrar códices. El contrato de asociación es válido y el patrimonio acumulado no puede despertar los temores del legislador, porque carece del carácter de patrimonio a perpetuidad. Cada miembro es propietario de una cuota y puede disponer libremente de ella, del mismo modo que puede pedir la disolución de la sociedad.

Pero también son válidas las donaciones que se hacen a los asociados como tales. Es falso el hablar de interposición donde no *existe* jurídicamente un incapaz[118]. El ente abolido que se quiere imaginar tras de los religiosos asociados es simplemente fantástico e ininteligible. Si la asociación no es una persona -dice Vareilles Sommières[119]-, ¿los asociados están, acaso, desprovistos

[118] *V.*, por lo que se refiere a la VALIDEZ: SIMONCELLI, *La frode pia* (en el tomo en honor del Prof. PESSINA) Y *Le instituzioni fiduciarie e la capacità a succedere dei religiosi e delle Chiesa cattolica*, en el *Foro ital.*, 1901, I, 307. N. COVIELLO, *La Chiesa cattolica e le disposizioni testamentarie in, suo favore,* Cattania, 1901 (si bien por una razón inducida exclusivamente del texto de la ley). La cuestión ha vuelto a suscitarse por una sentencia contraria de la Corte de Cass. de Roma, 23 marzo 1908; P. M. MORTARA; v. otra vez SIMONCELLI, *Foro ital.*, 1908, I, 554 y sigs.

[119] *Le contrat d'association,* Paris, 1893.

de personalidad? ¿Porque aquélla no exista, carecen éstos de vida, no son propietarios y no pueden adquirir a título gratuito? Y la doctrina, en su monomanía de ver un ente hipotético e imaginario, persiste en considerar que hay una donación nula: le dice al donante, no que la donación está prohibida, sino que es imposible donar a un ser que no existe; y el donante, que sabe que dio a hombres llenos de vida, cuyos gustos respondían al suyo, debe experimentar una mezcla de estupor y repulsión respecto de una ciencia que ofrece misterios tan profundos y singulares. No podemos seguir a Vareilles Sommières en su crítica brillante y humorística de la doctrina común[120], y abandonamos la materia de mala gana, concluyendo, con dicho autor, que aquélla no es más que un tejido de incoherencias, contradicciones y enigmas: un patíbulo de injusticias construido sobre una alucinación[121].

Por último, debe recordarse cuán inexactamente se utiliza el concepto de simulación en materia de interposición fraudulenta. Si la persona interpuesta adquiere realmente derechos con la simple obligación de hacerlos llegar a la persona incapaz; si no es más que un fiduciario encargado de hacer de los bienes un uso determinado, estamos en el terreno del fraude y no en el de la simulación. Aquí se quiere efectivamente la transmisión de los bienes a la persona interpuesta, si bien ésta *económicamente,* según la intención de las partes, debe servir de mero vehículo. Pero esta intención económica no influye sobre la naturaleza jurídica de la relación establecida. En una palabra, podemos obtener aquí una

---

[120] Ob. cit., pág. 63: «Si doy una medalla a un hombre que se ha distinguido por su valor, la donación es válida; pero si doy la misma medalla a una asociación de salvadores, la donación es nula: ¿no es verdad, en efecto, que en este último caso yo he querido honrar, no a los hombres, sino a una abstracción que nunca ha salvado a nadie? Si legáis tres mil liras a un joven licenciado en Derecho a condición de que hará su doctorado, el legado es válido; pero si legáis la misma suma a una asociación de aspirantes al doctorado para comprar una biblioteca, el legado es nulo. ¿Qué idea es la vuestra de hacer semejante liberalidad a una entidad que no puede leer y no se puede presentar ante un Tribunal examinador? Para la fiesta patronal de una comunidad religiosa enviáis un cesto de fruta a la superiora. Donación nula por persona interpuesta, a un ser que no tiene necesidad de comer para vivir...».

[121] Ob. cit., págs. 145 y 153.

exacta aplicación de los principios, distinguiendo claramente la persona interpuesta del sujeto disimulado del negocio, lo cual se encuentra ligado con aquella confusa teoría de la interposición, de que más tarde nos ocuparemos para ver los equívocos en que, casi sin excepción, ha caído toda la doctrina.

El resultado de las precedentes investigaciones es el siguiente: el negocio simulado quiere producir una apariencia; el negocio fraudulento, una realidad; los negocios simulados son ficticios, no queridos; los negocios *in fraudem* son serios, reales, y realizados en tal forma por las partes para conseguir un resultado prohibido: la simulación nunca es un medio para eludir la ley, sino para ocultar su violación. La transgresión del contenido verbal e inmediato de la norma se encubre bajo el manto de un negocio licito, lo cual no altera el carácter del *contra legem agere.* Tan verdad es, que si se ha redactado una contraescritura que documenta y declara la verdadera naturaleza del negocio realizado, no queda más que aplicar pura y simplemente la prohibición.

También el fraude quiere perjudicar la ley, pero emplea para ello medios diversos y sigue distintos caminos. No oculta el acto exterior, sino que lo deja claro y visible, tratando de huir sesgadamente de la aplicación de la ley merced a una artística y sabia combinación de varios medios jurídicos no reprobados.

7. Finalmente, debemos parangonar los actos simulados con los *actos aparentes.*

En todas las legislaciones primitivas, no evolucionadas, al formalismo rígido del derecho y a las restricciones de los medios jurídicos acompañan los actos aparentes, que por el empleo, con fines distintos, de los suyos propios, de las pocas formas típicas reconocidas por la ley, o por la combinación de las mismas, tratan de dar un desahogo a las nuevas necesidades y de rodear de protección las nuevas relaciones de la vida jurídica.

A medida que un pueblo se desarrolla y sus relaciones se hacen más extensas y complicadas, el derecho, que permanece fijo e inmóvil, resulta pronto inadecuado para regular aquel conjunto de relaciones variadas. Se nota como un apartamiento entre el derecho y la vida, y mientras aquél opera con símbolos y formas solemnes, ésta se desenvuelve en la realidad y necesita una regulación jurídica más adecuada. Pero no se llega fácilmente a derribar el derecho antiguo, sostenido por lo imponente de su antigüedad y rodeado de un cierto velo religioso que aleja cualquier ensayo innovador y le hace resistir los embates del tiempo. Así, entre la fuerza de inercia de la legislación antigua y la necesidad de una legislación nueva surgen los recursos jurídicos, los expedientes de derecho, los actos aparentes o imaginarios, con los cuales, aun respetando formalmente la dicción de las leyes antiguas, se llega en verdad a resultados nuevos, a crear instituciones adaptadas a la satisfacción de las nuevas exigencias. De este modo, los actos aparentes vienen a ser un medio de evolución del derecho.

Obsérvese, en efecto, el desarrollo completo de las instituciones jurídicas que, entre los romanos, se derivaron de las dos formas simples de la *mancipado* y la *in iure cessio,* que eran, como es sabido, la primera, una enajenación solemne, y la segunda, una reivindicación en juicio.

La *mancipatio* se utilizó para fines de garantía, transmitiendo fiduciariamente la cosa al acreedor, con la obligación que éste tomaba sobre sí de restituirla después del pago. Además, se empleaba como forma de depósito o de mutuo en la *fiducia cum amico,* mediante la cual se transfería un objeto a una persona para obtener su custodia o conceder su disfrute. Aún dio lugar la *mancipatio* a la forma más antigua y rigurosa de la obligación, al *nexum,* por el cual, el que quería contraer una deuda, mancipaba su persona al acreedor, de modo que, si no pagaba al vencimiento, quedaba *addictus* al acreedor, que podía mantenerlo en grillos, hacerlo trabajar como un esclavo, etc., etc. A una *mancipatio* simbólica se reducen también una forma del matrimonio, la *cöempiio* -por la cual el *pater familias* o el tutor vendía la esposa al marido para que adquiriera sobre ella la *manus*- y el instituto jurídico de la adopción, por el cual el hijo era vendido por su padre al adoptante. En fin, es muy característica la forma del testamento *per aes et libram,* que descansa también sobre la base de una enajenación. El testador *mancipaba* su patrimonio a aquel a quien quería instituir heredero, y en una época posterior, a un *familiae emptor dicis causa,* el cual quedaba encargado sencillamente de entregar los bienes a otra persona.

Una combinación de varios actos repetidos de *mancipationes* se empleó para producir la institución de la *emancipatio.* La norma de las XII Tablas que castigaba con la pérdida de la patria potestad al padre desnaturalizado que vendiese tres veces a su hijo, se utilizó para una finalidad esencialmente distinta, o sea para hacer cesar voluntariamente aquella potestad. En efecto, se revendía simbólicamente por tres veces el hijo a un *emptor fiduciae,* que lo manumitía otras tantas veces, y así llegaba a ser *sui iuris.*

La *in iure cesio,* que era una reivindicación aparente en juicio, no discutida por el adversario, después de la cual venía la *adjudicatio* del magistrado, se empleó, no solo para la enajenación de todas las *res mancipi y nec mancipi,* y aun los derechos, sino también para la liberación de los esclavos en la *manumissio per vindictam,* para librarse de la carga de la tutela, etc.

En el antiguo Derecho germánico, en que las formas jurídicas son muy limitadas, encontramos los mismos artificios para ensanchar las rígidas estrecheces de la ley. Aquí también se presenta el matrimonio bajo la forma de una venta hecha muchas veces por un precio irrisorio, y la donación se realiza a menudo por medio de una permuta en la cual el donatario da, en cambio, al permutante, un objeto de poco valor[122]. La representación en juicio, que no estaba admitida, se obtenía mediante la transferencia plena del derecho al representante; de donde nacían diversas cláusulas inscritas en documentos que produjeron la formación de los títulos al portador[123]. Por último, es típica la institución contractual del heredero bajo la forma de la *adoptio in hereditatem,* por la cual el testador, ante la asamblea, adoptaba solemnemente a una persona transfiriéndole el patrimonio, con la reserva del usufructo y la obligación en el adaptado de volver a transmitir los bienes después de algún tiempo.

---

[122] GLASSON, *Histoire du Droit et. des institutions de la Frunce,* III, páginas 180 y sigs.

[123] BRUNNER, *Das fránkischerömanische Urkunde,* págs. 519520 *(Zeitschr. f. Handelsrecht,* XXII).

Otra forma interesante que surge en el Derecho francés, **y** en la cual se utiliza el juicio para obtener diversas consecuencias jurídicas, es la venta *par decret volontaire.* Como entonces existían las hipotecas legales y ocultas, y resultaba peligrosa la adquisición de fundos, por la amenaza de responsabilidades clandestinas, los particulares trataron de remediar esos inconvenientes utilizando una forma jurídica que suministraba la legislación, o sea la de la adjudicación a consecuencia de una ejecución forzosa. Puesto que la venta judicial llevaba consigo la extinción de todos los gravámenes que pesaban sobre el fundo y daba, por lo mismo, un derecho seguro al adjudicatario, se consideró que para obtener un resultado igual en las ventas voluntarias lo mejor era seguir un juicio ejecutivo, de manera que el traspaso de la propiedad ocurriese, no por voluntad de las partes, sino por declaración del juez. También en el Derecho italiano de la Edad Media se empleaba un juicio aparente para obtener la entrega de documentos con garantía.

El mismo Derecho inglés, que se forma consuetudinariamente y por vía de jurisprudencia, presenta numerosas formas de actos aparentes que han servido para adaptarlo a las relaciones sociales, siempre crecientes y muy variadas. Me limitaré a recordar los *fines and common recovery,* que eran juicios de expedientes o transacciones judiciales a fin de hacer posible la enajenación de los feudos sustituidos[124]; la venta de los *copyholds,* que se realiza mediante la retrocesión simbólica al señor y la nueva concesión al adquirente, y ¡a enajenación de inmuebles consentida bajo la forma de una locación al comprador, a la cual seguía la renuncia del enajenante al derecho de propiedad *(lease and release)*[125].

También la cesión de derechos contractuales estaba excluida en el Derecho inglés, y se suplía, como en el Derecho romano, por medio de la representación *(power of attoiney)*[126].

Ahora ya debemos discutir la cuestión siguiente: ¿cuál es la naturaleza de todas estas formas jurídicas?

---

[124] WILLIAMS, *Real property,* págs. 45 y sigs.
[125] LEHR, *Eléments de droit civil anglais,* págs. 225 y 246.
[126] LEHR, ob. cit., pág. 537.

Jhering dice[127]: Los negocios aparentes y los simulados tienen alguna afinidad; en ambos, el acto realizado es un puro acto ficticio, al cual no corresponde la intención del agente; pero, mientras los actos aparentes son formas jurídicas, los actos simulados son actividades de las partes: aquéllos pertenecen al derecho, y tienen una existencia abstracta; éstos, a la vida, y tienen una existencia concreta. En los negocios aparentes no se quiere producir un engaño, porque todos saben lo que el acto significa. Sin embargo, desde el punto de vista histórico, el acto aparente se deriva muchas veces de un contrato simulado que se generalizó por la costumbre y se toleró por la jurisprudencia.

Bechmann[128] tiene también el mismo punto de vista: No puede establecerse una antítesis absoluta entre negocio simulado y negocio aparente, pero es indudable que pueden encontrarse formas históricas del tránsito del uno al otro. El negocio abstracto aparente puede haber sido creado por la jurisprudencia, pero es igualmente posible que no sea otra cosa que el reconocimiento jurídico de actos simulados subjetivos, que llegan a ser usuales y comunes.

Voigt opina[129]: Aunque en el transcurso del tiempo a mayor parte de estas figuras jurídicas hayan perdido completamente, por su común aplicación en el comercio, el carácter de negocios aparentes, llegando a tener el de formas genuinas, su punto de partida es otro y se encuentra en la simulación. Antes de que el derecho consuetudinario hubiere transformado el negocio solemne en una pura forma contractual, aquellos negocios fueron realmente actos simulados, cuya validez jurídica reposaba simplemente en el principio del *rigor*.

Köhler sigue el mismo concepto[130]. Los negocios aparentes se distinguen de los simulados solo por la aprobación y fijeza que dio a aquéllos la costumbre, pero este resultado probablemente no se hubiera conseguido nunca si antes y con repetición no se

---

127 *Geist des röm. Rechts,* II, § 46, pág. 444, y III, § 58, págs. 264 y sigs.
128 *Der Kauf nach gemein. Recht,* I, pág. 169.
129 *Jus naturale,* III, pág. 67.
130 *Studien, cit.,* págs. 108-109.

hubiera empleado el rito simuladamente. Los negocios aparentes son en muy pequeña parte productos espontáneos de la jurisprudencia; no se idearon en el gabinete de estudio de un jurista, sino en la calle y en el mercado. La jurisprudencia no hizo sino coger el fruto maduro y elevar el uso comercial a figura jurídica propiamente dicha...

Esta es la doctrina dominante, a la cual yo también rendí, en un tiempo, pleito homenaje[131].

Pero un examen más meditado de la cuestión me ha convencido de que esa opinión se apoya en un fundamento erróneo.

Los negocios típicos aparentes no son originariamente negocios simulados, sino negocios ***reales*** concluidos en aquella forma por las partes para conseguir el resultado jurídico apetecido.

Los contratantes, frente a la insuficiencia de la ley, tratan de ensanchar ésta y de llenar sus lagunas para satisfacer sus fines económicos, ya empleando una forma jurídica para una función distinta de la que le corresponde, ya combinando juntas varias formas jurídicas para obtener así efectos nuevos. Es el mismo procedimiento que se emplea en el negocio fiduciario e *in fraudem*. Las partes se sirven de una forma jurídica más enérgica para conseguir un fin práctico más restringido: a tal categoría pertenecen indudablemente las formas de la *mancipatio* utilizadas para fines de garantía, depósito o institución de heredero. O bien las partes utilizan la forma jurídica en una función distinta de la que corresponde a su naturaleza, como en el caso de *mancipatio* usada como forma de matrimonio y de adopción, o de *in iure cessio,* usada como forma de manumisión, y en todos los casos de proceso aparente. O, por último, los contratantes usan una mezcla de actos jurídicos para llegar con esta combinación a un resultado nuevo, como, por ejemplo, en el origen de la emancipación romana.

En todos estos casos se habla inexactamente de simulación, puesto que los contratantes no fingen *jurídicamente* el acto que realizan, sino que recurren realmente a aquella forma jurídica o a

---

[131] V. *Simulazione,* 1.ª ed., pág. 44.

aquel compuesto de formas jurídicas para sacar ulteriores consecuencias. Aquí se incurre en el mismo equívoco que ha hecho decir a no pocos autores que los actos *in fraudem legis* son simulados; cosa que, si puede afirmarse en sentido económico, no puede sostenerse en sentido jurídico.

Cuando por primera vez el ciudadano romano que necesitaba obligarse se vendió a sí mismo al acreedor bajo la forma del *nexum,* no quiso fingir, sino que, impulsado por su necesidad, recurrió voluntariamente a aquel medio jurídico, tan duro, para lograr su fin. ¿Y cómo podríamos considerar ficción un acto por efecto del cual el acreedor podía hacerse dueño del deudor insolvente, encarcelarlo, pegarle, venderlo como esclavo? Las formas jurídicas no fingen; dicen la verdad. Cuando el testador germano, careciendo de la forma del testamento para disponer de su patrimonio, recurría al artificio de adoptar al heredero, escogía y quería realmente el acto de la adopción con todas sus consecuencias jurídicas, de las cuales precisamente pretendía servirse paira alcanzar el fin Ulterior de la institución. Hablar de negocios fingidos en todos estos casos, decir, como lo hace Glasson[132], que existen simulaciones legales, carece de sentido. Podrán existir negocios indirectos lícitos o negocios *in frauden,* contra los cuales el derecho no reobra o ha dejado de reobrar, porque la prohibición no corresponde ya a la evolución de la conciencia jurídica; pero serán siempre negocios serios, reales, queridos.

Esto lo reconocen, en parte, los escritores contrarios.

Así, Jhering confiesa que no pocos de los negocios aparentes del derecho antiguo contenían un fraude a las disposiciones legales, y en otro lugar dice que el mismo arte que en manos de la jurisprudencia servía para desenvolver y perfeccionar el derecho, servía para eludirlo en manos de los contratantes. Se reconoce, pues, por ciertas consideraciones, la identidad de procedimiento y mecanismo entre actos típicos y actos fraudulentos, y si se parte de la idea de que estos últimos son reales, debe seguirse la misma opinión respecto de los primeros.

---

[132] PAUL GLASSON, *Théorie de la simulation,* págs. 3 y sigs.

En resumen, estoy de acuerdo con Köhler y Jhering en que los actos aparentes no surgen como descubrimientos ingeniosos del cerebro de los juristas, sino que vienen de la práctica y del mercado, y, generalizándose y haciéndose usuales, son tolerados y aceptados por la jurisprudencia; pero refuto enérgicamente que se trate de negocios fingidos; son actos empleados artificial y fraudulentamente y combinados de ese modo para obtener un resultado jurídico nuevo y distinto.

Así se ve más clara la antítesis entre actos simulados y actos aparentes: éstos no son formas históricas de simulación, no derivan su genealogía del contrato simulado, sino que quedan siempre en el campo de la realidad, realidad lícita o fraudulenta, según los casos. Por otra parte, todas estas formas, que parecen distintas y aisladas, tienen entre sí demasiadas semejanzas y analogías para no despertar la sospecha o la curiosidad del jurista, y por eso nos disponemos a someterlas a un examen sintético.

8. Hasta ahora han desfilado ante nuestra vista los negocios fiduciarios, fraudulentos, aparentes, que se consideran por los escritores como formas distintas, en oposición al negocio simulado. Ahora, antes de pasar más allá, conviene detenernos un momento y volver la vista hacia atrás para comparar entre sí estas varias figuras. Ya, incidentalmente, en el curso de nuestro tratado hemos tenido ocasión de establecer algunas aproximaciones, pues la mente, sin querer, por asociación de ideas, corre hacia los parangones; pero ahora debemos condensar y avivar este inconsciente trabajo mental, sometiendo los conceptos a la crítica.

Antes de todo, es preciso comparar los negocios fiduciarios con los negocios *in fraudem.* Ambos son actos reales, ejecutados seriamente por las partes para conseguir un efecto jurídico; el camino escogido lo fue voluntariamente, con todas las consecuencias buenas o malas que nacen de él. Por otra parte, las dos clases de negocios quieren alcanzar un efecto que no resulta del orden jurídico, ya porque éste no da forma alguna para conseguirlo, ya porque lo prohíbe directamente. Negocios fiduciarios y fraudulentos persiguen un fin que está fuera o *contra* la ley. Pero los puntos de contacto no se limitan a esto. También es idéntico el medio para la realización del fin, el procedimiento técnico empleado. Lo mismo en los negocios fiduciarios que en el *fraus legis,* las partes se sirven de la combinación de varias formas jurídicas entrelazadas para alcanzar el fin propuesto. Pero lo más notable y característico es que también en el fraude se emplea, como en el negocio fiduciario, una forma jurídica más amplia, más enérgica, para conseguir resultados inferiores a ella. Es más: en el campo de los negocios *in fraudem* se encuentran formas correspondientes a las de los negocios fiduciarios. Así, a la transferencia de la propiedad con fines de garantía, como en la *fiducia* romana, se contrapone la transferencia de la propiedad con fines de garantía en el contrato pignoraticio que quiere eludir la prohibición de la *lex commissoria;* a la transferencia de los derechos al fiduciario con la obligación de dar un empleo determinado a los bienes transmitidos, o de hacerlos llegar a manos de otras personas, se contrapone la transmisión de derechos a una persona interpuesta con el encargo de volver a transmitir los bienes a un incapaz; a la obligación principal para simple fin de garantía, como en la letra de seguridad, se contrapone la obligación principal, sustituyendo a la *fideiussio* para defraudar el S. C. Veleyano. En todos estos casos se ve que la figura jurídica empleada es *más fuerte* que el resultado económico que se quiso conseguir. Se usa, en efecto, la transferencia de la propiedad para obtener el fin restringido de la *garantía* o del *mandato;* se asume una *obligación principal,* en vez de contraer una *fideiussio.* No es bastante lo dicho, pero el indicar la *unidad substancial* de las dos figuras jurídicas prueba que un mismo negocio, según que persigue un fin lícito o ilícito, degenera de fiduciario en fraudulento; según que la concesión de la garantía, bajo la forma de transferencia de propiedad, choca o no con un principio legal, es permitida o reprobada; según que la persona interpuesta deba favorecer a un capaz o a un incapaz, tendremos un negocio fiduciario o *in fraudem.* Es más: apenas se insinúa en el negocio fiduciario la sospecha de que tienda a eludir una norma jurídica, se le hace pasar a la categoría de los negocios fraudulentos, que es lo que motiva precisamente la cuestión de si el giro o endoso fiduciario, que tiene por efecto inutilizar las excepciones del deudor, es licito o *in fraudem.* Viceversa, el negocio fraudulento, apenas cesa la prohibición o se reconoce que era infundada, queda convertido en un simple negocio fiduciario. Así las liberalidades hechas a los miembros de corporaciones religiosas suprimidas, que durante tanto tiempo parecieron *in fraudem,* hoy, partiendo de una opinión distinta, se reconocen como instituciones y donaciones fiduciarias perfectamente lícitas.

Así pues, la separación entre estos dos tipos de negocios es puramente artificial; es una valla creada por los juristas, que es preciso romper.

Me parece infundada la doble distinción que hace Regelsberger: en el fraude, el medio y el fin no se contraponen, ni se crea una situación fiduciaria[133]. Pero, en verdad, ¿cómo puede negarse una contradicción entre el fin económico y el medio jurídico empleado, cuando los que defraudan, por ejemplo, en la venta con pacto de *retro,* quieren obtener el fin de una *garantía,* y, sin embargo, consienten en una enajenación? ¿O en el fraude al S. C. Veleyano, cuando quieren una *caución* y crean una *obligación principal?* ¿O en el caso de interposición de persona, cuando quieren *encargar* a alguno que entregue los bienes a un incapaz y, por el contrario, se los *confía en propiedad* para que haga de ellos un uso determinado? Hay aquí, pues, una incongruencia entre el fin y el medio, y, como en el negocio fiduciario, se llega a un resultado imperfecto, inadecuado, aproximado, respecto de aquel que las partes hubieran querido obtener, porque el medio empleado no es idóneo, sino precario.

Más grave es a primera vista la otra objeción, o sea que en el negocio *in fraudem* no se crea ninguna situación fiduciaria. Esto no es cierto: la situación fiduciaria es menos visible, tiene menos ocasiones de desenvolverse, puesto que puede ser destruida o sofocada por la nulidad del negocio; pero existe.

Alguien enajena un fundo a un amigo para que llegue a poder de su hijo adulterino: ¿no existe aquí una situación fiduciaria a favor de aquel que debe servir de instrumento para eludir la incapacidad de la persona a quien se quiere hacer donataria? La mujer se obliga en nombre propio, en vez de constituir una sim-

---

133 *Pandekten,* pág. 219.

ple fianza: ¿no existe aquí también una situación fiduciaria a favor del acreedor, el cual solo debe usar de la titularidad del crédito adquirido contra la mujer para el fin de la caución?

Un fabricante, no pudiendo dar en prenda las máquinas de su oficio, las vende al acreedor con pacto de *retro,* conservándolas en arrendamiento: ¿no se crea aquí una situación fiduciaria respecto del acreedor, que figura como propietario, en vez de ser acreedor pignoraticio, y aun la posibilidad de un abuso, si éste, expirado el término del rescate, reivindica las máquinas y no se atiene a los términos del acuerdo obligatorio de servirse de la propiedad adquirida para fines de garantía solamente?

Lo único que hay de cierto en esta opinión es que este carácter fiduciario no se toma en consideración, porque, en caso de contienda, procede obtener la sanción, más grave, de la nulidad, que destruye toda la operación. En el negocio fiduciario, en el cual el contrato real positivo se mantiene legítimamente y es inatacable, la obligación negativa en que se concreta la *fiducia* adquiere importancia y se traduce en la obligación de resarcir -única garantía de la esperanza defraudada-; pero en el negocio fraudulento, en el que la transmisión del derecho o la obligación principal son en fraude de la ley y nulas, por tanto, el defraudador o su cómplice encuentran un remedio más enérgico y seguro contra todo abuso invocando la nulidad del negocio.

La conclusión de nuestra razonamiento es que los negocios fiduciarios y fraudulentos son una *sola y única forma de negocio jurídico* que toma diversos atributos según el fin que se ha querido obtener. Si se trata de un fin lícito, de un resultado permitido, tenemos un negocio fiduciario; si se trata de un fin ilícito, d« un resultado prohibido, tenemos un negocio fraudulento.

Ambos quieren alcanzar un resultado económico de los que no cabe normalmente pretender, o porque no pueden o no deben conseguirse, y se sirven para ello de caminos sesgados o transversales, de combinaciones de varias formas jurídicas. Si el efecto no choca contra ningún principio jurídico, nos encontramos en el campo de los negocios fiduciarios; si lo contradice, estamos en el campo de los negocios fraudulentos.

La primera forma es un medio de completar un derecho insuficiente; la segunda, un medio de esquivar el derecho coactivo; la una tiende a suplir una laguna; la otra, a abrir una brecha en las disposiciones legales.

Reconocido el que las dos formas son manifestaciones de una misma figura jurídica, que definiremos más tarde, comparemos estos negocios con los actos aparentes.

Ambos miran al fin de ampliar y extender una legislación imperfecta y rígida, de dar un desahogo a las nuevas necesidades que se hacen sentir en la sociedad, de traducir en forma jurídica fines económicos que hasta entonces carecían de protección. Actos fiduciarios y aparentes florecen sobre el mismo terreno, en el mismo ambiente y atmósfera de un derecho restringido e insuficiente, y tienen la misma función. Apenas la ley deja de corresponder a las necesidades de los tiempos y la conciencia general queda sin la satisfacción a que aspira, parte de la iniciativa privada un movimiento transformador y evolutivo del derecho, que se manifiesta por medios indirectos, actos fiduciarios y actos aparentes. Actos fiduciarios, en el derecho actual; actos aparentes, en el derecho que fue. No existe una diferencia substancial entre estas dos formas: los actos aparentes no fueron más que negocios fiduciarios, y si su fin estaba prohibido originariamente, negocios *in fraudem,* que más tarde, por el uso y el reconocimiento tácito de la jurisprudencia, se transformaron en categorías jurídicas. Son formas históricas de los negocios fiduciarios, que de la vida pasaron al derecho y que, perdida la conciencia de su origen, se han colocado dentro del marco del sistema. El acto aparente representa el último anillo de la evolución del negocio fiduciario y fraudulento; porque si tiende, en efecto, a conseguir un fin nuevo y a hacer que el derecho evolucione o bien a demostrar que una prohibición no corresponde ya a las necesidades sociales y debe suprimirse, esta evolución termina cuando el orden jurídico, que en un principio reobró y toleró tan solo, acaba por reconocer el nuevo estado de cosas y acoger en su seno el expediente creado como un tipo de negocio jurídico. Este medio indirecto y casi forzado de evolución del derecho, por el cual se hacen sentir y se imponen al legislador las necesidades y los intereses de un pueblo, es muy interesante, porque en el trabajo inconsciente de elusión y renovación de la ley, llega a veces a resultados sorprendentes, a crear nuevas y variadas instituciones jurídicas. Recuerdo que el origen de muchas instituciones comerciales se debe a los fraudes sutiles imaginados en la Edad Media para huir de las leyes sobre la usura[134].

Vengamos al resultado final: negocios fiduciarios, fraudulentos, aparentes, son diversas configuraciones de una *misma y única forma jurídica*, cuyos caracteres principales son la *realidad* del acto y la forma indirecta del procedimiento, que, por caminos transversales, tiende a la consecución de fines que no pueden alcanzarse por vía directa.

Esta categoría general de negocios podríamos denominarla *negocios oblicuos* o indirectos, en cuanto para alcanzar un efecto jurídico se sirvan de una vía oblicua, de una callejuela, de un *Schleichweg*, como dicen los alemanes. Esta categoría de negocios se coloca directamente en oposición a los simulados, por el carácter real y visible de la operación llevada a cabo, y son subespecies suyas los actos fiduciarios, fraudulentos y aparentes, los cuales solo se distinguen entre sí por diferencias accidentales.

Los negocios fiduciarios persiguen un fin económico *fuera* de la ley[135]. Los negocios fraudulentos persiguen un fin económico *contra* la ley. Los negocios aparentes, en su génesis histórica, han sido, ya los unos, ya los otros: pero al hacerse usuales en el comercio y al ser tolerados y reconocidos por la jurisprudencia, se han elevado a la categoría de figuras jurídicas. Representan formas muertas, momificadas, de negocios fiduciarios o *in fraudem*.

9. Una última distinción entre simulación y falsedad.

La antítesis de los dos conceptos se remonta al Derecho romano y aparece con exactitud en una respuesta de Paulo (3 D.

[134] V. la obra fundamental de ENDEMANN, *Studien in der romunischkanonischen Wirtschafts und Rechtslehre*, I y II.

[135] A esta categoría de negocios reales indirectos debe referirse el caso contemplado por JULIANO, en el frag. 20 D. 12, 1, que SCHLOSSMANN considera inexactamente como negocio simulado. V. SCHLOSSMANN, *Ein Beitrag. sur Lehre von der Scheingeschäften [Jher. Jahrb.*, v. 44, pág. 378, 1902).

22, 4) ; en el derecho intermedio, los escritores mantienen en general la diferencia, y Baldo escribe[136]: *«aliud est falsum aliud simulatum»;* siendo Farinaccio ei que trata de establecer los caracteres distintivos con estas palabras: «falsum instrumentum est illud a quo removentur *verba et mens* contrahentium, simulatum, a quo removentur *mens sed non verba* contrahentium»[137].

En general, puede afirmarse que, aunque esta distinción es intuida y sentida por todos, nadie nos da una separación clara y decisiva de los dos conceptos.

Entre la falsedad material y la simulación, la distancia es muy grande y muy fácil de demostrar. La falsedad en los documentos puede resultar, o de la creación de una forma documental de atestiguar no verdadera, como, por ejemplo, un testamento falso, una letra falsa –falsificación–, o de la alteración del contenido escritural del acto, de tal modo que su fuerza probatoria sea modificada, ya por supresión –tachar, raspar–, ya por agregación de palabras o cifras. Estas dos formas de falsedad tienen cierta analogía con las dos formas de simulación; la falsificación corresponde a la simulación absoluta, porque en ambas se crea por completo, desde los cimientos, una apariencia que no existe –en la una, la apariencia del documento; en la otra, la apariencia de un negocio–; y, en cambio, la alteración corresponde a la simulación relativa en cuanto, aun existiendo un acto o negocio real, se trata de alterarlo en su contenido o en su naturaleza, para engañar a otros.

Pero este parecido superficial no esconde la diversidad profunda de los conceptos.

La falsedad tiene por campo de operaciones el acto, como forma de testimonio probatorio, que ella fabrica totalmente o altera en su materialidad, raspando, borrando, modificando lo escrito. Consiste en viciar la materialidad de la escritura, la parte gráfica del documento cuya fuerza probatoria se quiere modificar. No así en la simulación, donde los contratantes fingen o alteran la verdad subjetiva del consentimiento manifestado, declaran-

---

[136] *In Codicem. Comm. ad tit. «Plus valere»*, IV, 22.

[137] *Opera,* lib. V, tít. XVI, quest. 162: *de falsitate et simulatione.*

do una cosa no querida o no querida de aquel modo; con lo cual la apariencia reside en el elemento espiritual del contrato, invisible, impalpable, imperceptible. Mientras el falsario ataca el documento, los simuladores fingen su acuerdo con lo que en éste se atestigua. La falsedad es una alteración física de lo escrito; la simulación, una alteración intelectual de lo querido.

Pero surgen dudas respecto de la falsedad llamada *ideológica* o *intelectual,* que es otra especie de *falsum* que no vicia la forma externa, sino el contenido del acto.

Hay escritores, como Nicolini y Carrara, que han rechazado esta distinción porque la falsedad está siempre en la materialidad de lo escrito, cualquiera que sea el medio empleado. Esta opinión es exagerada, pero tiene un germen de verdad, y el no haberlo sabido sorprender ha sido causa de no pocas confusiones en la materia por parte de los penalistas franceses e italianos. De todos modos, la nueva categoría ha sido aceptada por el legislador (artículo 276 del Código penal), y no hay otra cosa que hacer más que interpretarla rectamente.

Liszt[138] nota que tal distinción lleva a una maraña de errores, y propone una terminología distinta para la falsedad ideológica, o sea la de *documentación falsa* o atestación en un documento de declaraciones o hechos que se afirman como emitidas u ocurridos, cuando en realidad no han sucedido o han sucedido de modo diferente o con personas distintas.

Así se precisa el concepto: la falsedad consiste en el testimonio mentido del oficial público llamado a recibir el acto, cuando afirma que ocurrieron en su presencia actos que no son verdaderos. Y he aquí cómo la falsedad se refiere siempre a un elemento material, no la materialidad de lo escrito, como decía Carrara, sino la materialidad del hecho afirmado. Pues cuando un acto público contiene el testimonio notarial de que han comparecido Ticio y Cayo y han dicho tal o cual cosa, no siendo verdad, existe una alteración objetiva del hecho ocurrido; de aquel suceso histórico que el notario estaba llamado a constatar fielmente. De esto re-

138 *Lehrb. des deutsch. Strafrchts,* § 163, pág. 147.

sulta que la documentación falsa puede limitarse solo a aquella parte del contenido del acto en que el oficial público afirma directamente haberse realizado ciertas declaraciones y actos en presencia suya, y a la cual se limita la fe plena que la ley atribuye al acto público (art. 1.317 del Código civil italiano). El notario con su responsabilidad puede atestiguar solamente lo que es perceptible a sus sentidos, lo que ocurre delante de él, la escena que se desarrolla en su presencia, y, por tanto, las declaraciones emitidas, las cuentas de dinero, la entrega de documentos, etcétera; pero no puede garantizar la *sinceridad* de los hechos, no puede penetrar en la intención de las partes, ni adivinar si, cuando dicen vender, quieren donar o no vender; si aquel pago de dinero que se hace delante de él, es o no una comedia. Por eso, el acto público puede ser simulado sin ser falso. La simulación mira siempre al elemento intelectual que aletea en la mente de los contratantes, a su voluntad íntima de realizar el acto; pero esto es extraño a la fe del instrumento notarial, pues el notario no puede atestiguar de ello no siendo un adivinador de la voluntad de las partes.

La falsedad, por tanto, puede limitarse exclusivamente a aquellos hechos que el oficial público afirma haberse ejecutado en su presencia, a los cuales él, con su palabra, imprime carácter de autenticidad, pero no a las declaraciones contractuales contenidas en el documento. Por otra parte, el motivo de que la ley establezca para la falsedad una sanción penal, está en que la falsedad viola la fe pública, que ve traicionada la fuerza probatoria del acto, lo que demuestra que el reato puede existir solo por aquello de que el acto jurídico puede dar fe y sobre lo cual puede descansar la confianza de la sociedad. Pero el oficial público no da fe, ni puede darla, de la verdad y realidad de la convención, y por eso, en la simulación, el derecho formal que constituye el objeto del reato de falsedad queda completamente ileso[139].

---

[139] V. NAPODANO, *Della simulazione nelle sue attinenze con la falsità in atti (Suppl. Riv. Pen.*, III, págs. 153 y sigs.), el cual nota exactamente la antítesis entre simulación v falsedad, diciendo que aquélla es ajena a lo que el acto público está destinado a atestiguar, es decir, a las atestaciones directas del oficial público (págs. 160-162); pero confunde, sin embargo, la simulación con la

Recogiendo los hilos de nuestro razonamiento, podemos distinguir la simulación de la documentación falsa en esta forma:

La simulación disfraza el consentimiento, esto es, el elemento subjetivo del negocio; en cambio, la falsedad ideológica desciende al elemento objetivo, alterando la verdad material de las declaraciones emitidas o de las circunstancias de hecho. La simulación puede abarcar todo el contenido del acto que expresa la convención; en cambio, la falsedad se limita a aquella parte destinada a dar plena fe, es decir, a la atestación de los hechos ejecutados en presencia del funcionario público. Por eso la documentación falsa solo puede darse en los actos públicos, no en los privados. La simulación supone el concurso de todos los contratantes en la ficción, mientras que la falsedad se lleva a cabo por el oficial público, ordinariamente de acuerdo con una parte en dañe de la otra. En fin, la simulación puede ser lícita, mientras que la falsedad presupone como requisito esencial un daño público o privado y, por tanto, una violación jurídica.

10. Por último, habremos de dar una ojeada al campo que abarca la simulación. El terreno en que ésta se mueve es el de los negocios jurídicos. Pero aquí surge una cuestión: ¿puede producirse la simulación de un *acto complejo?* Concurren también en éste varias voluntades que pueden dirigirse a producir una apariencia; pero ¿existe aquí realmente un negocio simulado? Para contestar a ello tenemos que examinar la relación que existe entre *acto complejo* y negocio jurídico.

La nota característica del acto colectivo, como observaron ya los primeros escritores que tuvieron ocasión de estudiar esta nueva figura jurídica -Jellinek, Kuntze- está en que las voluntades de los particulares que participan en el acto cooperan juntas y concordadas para conseguir un fin común. Mientras en el contrato los interesa-

mentira unilateral, citando como ejemplos de simulación el que uno de los contratantes declare en el acto ser mayor de edad o casado o propietario, sin serlo verdaderamente ; y además, con el dolo, cuando dice que la simulación puede sier empleada para suponer o suprimir un estado familiar (pág. 163). Por lo que respecta a la jurisprudencia, v. C. Florencia, 17 enero 1898 (*Giur. ital.*, 1898, I, 1, 94), C. Turín, 13 septiembre 1900 *(Giur. Tir.*, 1900, 1222). Tr. de Milán, 21 agosto 1916 *(Temi lomb.*, 1916, 497).

dos se ponen uno *frente* al otro, en el acto complejo están uno *junto* a otro: los primeros se mueven desde puntos opuestos, y los segundos desde puntos homogéneos y correspondientes: el contrato resulta del cruce; el acto complejo, de la fusión de varias voluntades.

El acto complejo es una declaración de voluntad *unitaria*[140]. Así, la constitución de una Corporación, la deliberación de una asamblea de socios, la disposición de varios condóminos, etc., etc.

Examinando este *haz* de voluntades, unificadas por el intento común, se apercibe cómo ellas representan la declaración colectiva de una sola entidad o parte contratante. Cada parte contractual puede resultar de un número indefinido de individuos, y la manifestación de voluntad de este grupo constituye siempre una de ¡as declaraciones del contrato. Por eso el acto colectivo es un simple elemento del negocio bilateral, aunque pueda ser también un acto unilateral[141].

Con arreglo a esta noción, podemos resolver fácilmente las cuestiones enunciadas.

El acto complejo, en sí mismo, es susceptible de reserva mental, no de simulación. Se entiende, naturalmente, que se trata de una reserva colectiva de todos los que componen el grupo de intereses en juego, pero no por eso cambia su naturaleza: lo que sirve para demostrar que la pluralidad de reservas mentales de los varios sujetos del negocio no degenera, sin más, en simulación. Cierto que el acto complejo puede dar lugar a una simulación si a él se une la voluntad de la otra parte contratante -por ejemplo, varios condóminos, para huir de la expropiación que amenaza a uno de ellos, fingen enajenar a un tercero, pero entonces la simulación resulta, no solo de la declaración colectiva de los condueños, sino también de la declaración del adquirente fingido-. Pero cuando el acto colectivo no es elemento del negocio jurídico, sino negocio unilateral, entonces, por otro motivo, no puede existir la simulación, como veremos ahora[142].

---

140 V. Brondi, *L'atto complesso nel diritto pubblico*, Turin, 1898.

141 Fadda y Bensa, *Pandette di* Windscheid, I, pág. 846.

142 Por lo que respecta a la imposibilidad de simulación en las deliberaciones, v. Von Tuhr, *Allg. Theil,* I, pág. 516.

Circunscrita la aplicación del concepto de la simulación a los negocios jurídicos, resulta que aquélla no puede existir en las declaraciones de voluntad que no tienen carácter privado, sino que emanan de órganos del Estado. Pero, aun en el campo de los negocios jurídicos, es a veces imposible la simulación, porque para la perfección del acto se necesita la intervención integrante o atributiva de la autoridad pública, o porque el acto procede de la voluntad de una sola parte, o, en fin, porque el carácter del negocio excluye toda consideración del elemento interno del acto jurídico. Resultan así cuatro categorías de actos *no simulables,* que debemos examinar separadamente, a saber:

I. Actos de potestad del Estado.

II. Actos con intervención de la autoridad pública.

III. Actos unilaterales.

IV. Actos formales.

I. Actos de potestad del Estado. No es posible la simulación de una ley, de un decreto, de un reglamento, de una concesión o autorización, de una orden administrativa, de un pasaporte, etcétera, etc. Aparte de que estos actos legislativos o administrativos emanan de una sola autoridad constituida por un Cuerpo o por varios Cuerpos deliberantes –con lo cual ya es inconcebible un acuerdo simulatorio–, debe tenerse en cuenta que aun en los actos bilaterales de derecho público no puede existir simulación, porque la intención de engañar, de producir una apariencia, repugna y es incompatible con el desarrollo de la actividad del poder público.

El Estado y las demás entidades públicas, rodeados de las garantías constitucionales, actúan en el ejercicio de la soberanía seriamente, realmente, y sería absurdo que el funcionamiento del poder social se degradase hasta producir una colusión vulgar. No se trata aquí de que la simulación no sea presumible, sino de su imposibilidad dada la naturaleza pública de tales actos. Era, pues, distinto el concepto de los escritores antiguos, para los cuales quedaba excluida la simulación cuando el príncipe intervenía en el acto, por no deber suponerse en persona de tanta honorabilidad. Así, Deciano[143],

[143] DECIANI, *Respons.,* vol. I, resp. 2, n. 116, pág. 69 *(Venet.,* 1579).

en una célebre cuestión entre Maximiliano de Austria y algunos particulares, responde que la simulación no puede suponerse cuando interviene el príncipe: «quie immo eius presentia tollit omnem suspicionem fraudis et simulatio committi non potest. Suplet enim persona Principis defectus omnes, *cum enim Princeps praesumatur habere omnia jura in scrinio pectoris* (!)». Y Ansaldo[144], dice que no solo del Príncipe, sino de todos sus ministros, y en general de los oficiales públicos, *nefas est somniare collusisse*. De los actos administrativos deben distinguirse los negocios de derecho privado, celebrados por funcionarios públicos o administraciones públicas en su gestión patrimonial; en los cuales no puede considerarse *a priori* que la simulación está excluida y, aunque sea rara, debe admitirse su posibilidad, que, por otra parte, ha demostrado la práctica[145].

II. Actos con una intervención integrante de la autoridad pública. Los contratantes no siempre pueden producir por sí solos, con su acuerdo privado, un efecto jurídico, y así, cuando la naturaleza del acto exija una constatación sólida, o roce intereses públicos, o la sociedad quiera asegurarse un juicio preventivo de su legitimidad, el Estado impone para la perfección del acto el concurso de órganos suyos y de oficiales públicos[146]. Esta cooperación, sin

---

[144] ANSALDO DE ANSALDIS, *De commerc. et mercat.*, disc. 47, n. 6 y sigs. (Romae, 1689).

[145] Un caso interesante y tal vez único, se encuentra en nuestra jurisprudencia (Cass. de Turín, 20 octubre 1887, *Giur. Ital.*, 40, I, 1, 72). El Municipio de Mondoví había obtenido por decreto de 20 de agosto de 1873 la concesión para la construcción y explotación de un ramal de línea férrea, con la facultad de ceder la concesión a una sociedad, declarándose tal cesión exenta de los derechos proporcionales de Registro. No encontrando, sin embargo, el Municipio de Mondoví una sociedad única que asumiera simultáneamente la construcción y explotación del ferrocarril, y queriendo, por otra parte, ahorrar a la Sociedad el pago de los derechos de Registro, que hubiera debido hacerse en el caso de encargar los trabajos a otra empresa -puesto que la exención del impuesto se limitaba a la primera cesión-, consintió en conferir aparentemente a los Ferrocarriles de la Alta Italia la sola explotación de la línea y a la Sociedad de los Trabajos públicos la construcción de la misma, cuando en realidad se cedía la explotación y la construcción a la primera de dichas entidades, la cual, a su vez, encargaba por su propia cuenta a la otra Sociedad la construcción de la línea. El Tribunal de casación de Turín tuvo que declarar la simulación del contrato.

[146] REGELSBERGER, *Pandekten,* pág. 498.

embargo, se realiza de diverso modo a medida que los fines varían: la función puede ser meramente *certificadora, integrante, autorizante o constitutiva.*

En el primer caso, el funcionario público está frente a las partes, llamado tan solo a constatar y documentar el acuerdo de las mismas: es una actividad casi pasiva que no toca a la esencia del acto, sino que sirve tan solo para suministrarle una prueba. Tal es el caso de los notarios y otros oficiales públicos llamados en circunstancias determinadas o por ciertas personas al ejercicio de la función notarial. Se comprende que en estos casos puede ocurrir simulación porque, permaneciendo extraño el notario al acto jurídico que se limita a constatar, puede extender lo mismo un acto real que un acto ficticio, ya que el defecto de voluntad no resulta de la apariencia extrínseca del negocio.

Otra cosa sucede cuando el oficial público interviene como parte en el acto jurídico, completándolo y perfeccionándolo con su declaración de voluntad: aquí el acto no nace sino con el concurso del oficial público, el cual interviene para garantía de la ley, integrándolo y dándole existencia jurídica. Así, en el matrimonio. Aquí es imposible la simulación, porque, aun en el supuesto de que los contrayentes no tengan intención de realizar el acto y quieran simplemente producir su apariencia, el oficial público ignora sus engaños y permanece extraño a los mismos, por lo cual el acto tiene plena eficacia; existiendo tan solo una doble reserva mental, no una simulación, que exigirá el acuerdo de todas las partes en la ficción realizada.

Además, la autoridad pública puede intervenir en interés social o para un fin de protección de los mismos contratantes, autorizando o aprobando los actos llevados a cabo por aquéllos. Así, en el caso de contratos de menores, personas sujetas a interdicción, inhabilitados, personas morales, etc., etc.

O bien la autoridad social quiere reservarse un juicio preventivo sobre la oportunidad y legitimidad de estos actos y subordina la realización de los mismos a su permiso (autorización); o se limita a reconocer ***ex post*** esta legitimidad –especialmente porque preceden otras garantías– y a dar su aprobación sucesiva (homologación). En ambas formas esta actividad permanece extraña al contenido intrínseco del acto, **y**, por tanto, no sirve para modificarlo o purificarlo. El acto que se autoriza u homologa puede haberse realizado seriamente o en apariencia por las partes, y la intervención de la autoridad pública no impide la posibilidad de simulación. Por eso, algunos autores medievales consideran inexactamente como un obstáculo a la simulación el *decretum principis*, rechazando toda impugnación en tal respecto[147].

Finalmente, el poder social puede reservarse el conceder, según su libre apreciación de las circunstancias, una fuerza jurídica que, sin embargo, no está obligado a prestar, ejercitando una función constitutiva de los derechos. Tal es el caso característico del reconocimiento de las personas jurídicas. Declaro, ante todo, que no presto homenaje a la teoría de la ficción, desdeñada ya y casi retirada: acepto plenamente el fondo del pensamiento de Gierke, de que la persona jurídica no es un ser creado de la nada por la omnipotencia del legislador, sino qua tiene un substratum real en aquel grupo de personas que reunidas y organizadas quieren perseguir un fin colectivo[148]. La persona jurídica, antes del reconocimiento, es un organismo o un instituto social, un conjunto de fuerzas y voluntades que obran y tienden a un fin común; pero ello no excluye ni elimina la profunda diferencia jurídica que se produce respecto de este *substratum* después del reconocimiento.

No es ya un grupo de individuos, sino una unidad distinta e independiente de ellos: no una institución destinada fácilmente a disolverse, sino un sujeto nuevo, duradero, permanente. Los miembros del antiguo grupo no existen ya, pero el grupo perdura; cambian sus células constitutivas, pero el organismo jurídico vive. Antes, un poder jurídico en tal sentido solo se concebía como la suma de las facultades correspondientes a cada uno de los particulares, cuyo ejercicio acumulado podía concederse por representación a uno de los miembros: ahora, corresponde a la entidad como tal una capacidad íntegra, de tal modo, que puede produ-

147 V. Beccius, *Consilia*, n. 52 (sin fecha ni lugar de impresión): «*Decretum iudicis habet praesumptionem* PRO *se quod ex iusta et vera causa et solemniter fuit interpositum.*»

148 V. cuanto dije en mi *Respons. contratt.*, p. f. a. (*Archiv. giur.*, 1903, página 116).

cirse el fenómeno singular de relaciones jurídicas entre los miembros y el ente. Así, pues, el reconocimiento opera una transformación profunda, puesto que eleva el organismo social a la categoría de organismo jurídico, prestándole una capacidad nueva, atribuyéndole un poder que antes no tenía. Se trata, por tanto, de una función constitutiva.

Me parece exagerado, por lo que respecta a nuestro derecho, el llevar hasta sus últimas consecuencias la teoría de la realidad de la persona jurídica, diciendo que el reconocimiento es simplemente declarativo[149]. Esto supone que el ente existe antes de! reconocimiento con personalidad propia y clara, y que el reconocimiento no hace más que constatar su existencia, lo cual no es cierto y lleva además a admitir un *derecho* al reconocimiento, a esa afirmación legal de la personalidad jurídica, cuando se observen todas las condiciones y requisitos, siendo así que, en verdad, no existe tal derecho y la autoridad gubernativa es árbitro de conceder o no el decreto según apreciación discrecional.

No puede ser un argumento la comparación con las personas físicas, porque la existencia de un ente real no implica necesariamente su capacidad jurídica potencial: también la concesión de la ciudadanía a un extranjero encuentra un individuo real y, sin embargo, todos los publicistas están de acuerdo en que ese acto tiene el carácter de una concesión.

Aplicando a nuestra materia los principios expuestos, nos preguntamos: ¿es posible simular la constitución de una persona jurídica? No; porque para su existencia es necesaria la cooperación del poder social, que es quien atribuye la personalidad.

Y es notable que, en materia afín -concesiones de feudos y beneficios-, De Luca sostuvo la misma opinión: «In feudis attenditur nudum factum prout est in facie extrinseca. Idque habemus in materia officiorum... Ita pariter in beneficiis.» La razón de ello está en que en tales contratos no intervienen solo las

---

149 Fadda y Bensa, notas a Windscheid, I, pág. 813. V. mi *Trattato sulle persone giuridiche*, I, n. 78 *(Collezione di Dir. civ. ital. de Fiore).*

partes, sino el Rey, *qui praebit assensum,* y cualquiera que sea la voluntad de los contratantes, esta voluntad no basta *nisi accedat illa Regis*[150].

Encontramos, también, una función atributiva de la autoridad pública y, por lo mismo, una imposibilidad de simulación, en el caso de adquisición de la nacionalidad, que, según las diversas leyes, está subordinada siempre a una concesión directa del Estado. Así, pues, algunos publicistas se expresan inexactamente cuando hablan de *naturalización* simulada[151]: la naturalización es siempre real, aunque el fin de su obtención pueda ser fraudulento. Por otra parte, la simulación quedaría excluida también por la unilateralidad del acto.

Después de esta ojeada sumaria y comprensiva de las varias especies de cooperación de la autoridad pública en la formación de los negocios, y de los efectos que de ellas se derivan en relación con nuestro instituto, debemos someter a un examen especial los actos no simulables por intervención integrante de los oficiales públicos.

Ante todo, el *matrimonio.* Que en el Derecho romano podía simularse el matrimonio, resulta de un texto bastante conocido, fr. 30 D. 23, 2: *Simulatae nuptiae nullius momenti sunt;* y es también opinión conforme de los escritores que en el derecho canónico el matrimonio podía contraerse igualmente en apariencia. Pero esto nace del *carácter privado* que el matrimonio tenía en esas legislaciones, pues se realizaba simplemente por el acuerdo de las partes: *solus consensus iacit nuptias.* Pero hoy la institución del matrimonio ha cambiado de naturaleza. Por su elevada categoría social de contrato constitutivo de la familia, se ha convertido en un contrato solemne, público, que se realiza merced a la cooperación de un funcionario del Estado. No basta el consentimiento de los esposos; es precisa la intervención *integradora* de un oficial público que, en nombre de la ley, declara celebrado el matrimonio.

---

150 De Luca, *Theatrum veritatis ac iustitiac* (Venet, 1706), lib. I, de feud. disc. 7, n. 19 y 20, lib. II, de regal., disc. I, n. 3.

151 V. Febozzi, *La frode alla legge nei rapporti di dir. int. priv.* (*Riv. Science giuridiche,* XXX, pág. 83, 148).

Para evitar las dudas y equívocos que nacían de las uniones privadas y secretas, la autoridad social ha querido asistir a la realización de este acto, revisando sus condiciones de existencia, y ha impuesto, bajo pena de nulidad, la celebración ante el oficial encargado del estado civil.

Esta intervención del oficial público no obedece al solo fin de certificar, de constatar la existencia del matrimonio, como la cooperación del notario y los testigos, sino que tiene *carácter integrante,* de realización del matrimonio mismo[152]. Así como en la *in iure cessio* romana la propiedad no pasaba hasta que el magistrado, después de las discusiones reales o fingidas de las partes, procedía a la *adjudicado,* así en el matrimonio moderno el vínculo se establece cuando el oficial del estado civil, después de las preguntas a los esposos, declara en nombre de la ley que el matrimonio se ha celebrado. Es esta declaración solemne, que parte de la autoridad pública, la que perfecciona el contrato: la voluntad de los esposos es solo un supuesto previo. Por eso se comprende que es imposible la simulación, pues aunque las partes pretendan hacer tan solo un matrimonio aparente, representar una comedia, y hayan llegado a depositar su secreto en un acta notarial, el oficial público, extraño *a* sus colusiones, no participa en su acuerdo simulatorio, obra en realidad y declara, por tanto, válidamente la conclusión del matrimonio.

Köhler observa exactamente que aquí se trata de una reserva mental de ambos esposos respecto del oficial del estado civil, no de una simulación; pero aquélla no tiene influencia sobre la eficacia jurídica del acto1[153].

En cambio, Dernburg[154] ha sostenido que, aun siendo inadmisible respecto de los terceros de buena fe la excepción de simulación de matrimonio, el esposo aparente no puede adquirir derechos fundados en esa cualidad; y cita, al efecto, el caso de una mujer del *demimonde* que celebra un matrimonio simulado solo por tener un

---

152 Una simulación solo sería posible en el caso extraño de que también el oficial del estado civil, violando los deberes de su oficio, estuviese de acuerdo con los esposos en la ficción: entonces el matrimonio sería inexistente.

153 Ob. cit., pág. 169.

154 *Pandekten,* § 100, nota 7.

nombre. Tal restricción, sin embargo, es infundada, porque, como ha respondido muy bien Köhler, ese matrimonio que se pretende ser fingido es un matrimonio *real* que produce todas las consecuencias ordinarias. ¿Podría, pues, ese marido fingido -continúa el citado escritor- volver a casarse y dejar plantada a su mujer? Sus hijos ¿son legítimos o no? Si son legítimos, ¿no tiene, acaso, la obligación de mantenerlos? Y si el esposo asume las obligaciones del matrimonio, ¿por qué no ha de tener también los derechos?

Por otra parte, la opinión que admite la simulación de matrimonio lleva a consecuencias desastrosas para la familia y la sociedad. La misma garantía que debe representar la intervención del funcionario público en la celebración del matrimonio vendría a ser ilusoria y ridicula. Imaginemos el caso[155] de dos jóvenes a quienes sus padres fuerzan a casarse, pero cuyo consentimiento falta. Puestos de acuerdo para celebrar un matrimonio aparente, se presentan ante el oficial del estado civil. Concluido el matrimonio, reciben las felicitaciones de los asistentes, mientras los padres se muestran radiantes de alegría. Los recién casados parten para hacer su viaje de novios, y, una vez en el tren, el marido abandona la primera clase y se pasa a segunda. A la llegada, los padres reciben un telegrama participándoles que las partes no se han casado, y el oficial del estado civil se informa de que ha sido engañado en un matrimonio aparente. Pregunto -concluye Köhler- si el orden jurídico puede tolerar situaciones semejantes.

El matrimonio sufriría una sacudida profunda en su misma base y perdería la seguridad que le presta la forma pública; el concubinato se ocultaría bajo la apariencia del matrimonio y volverían a la sociedad actual las dudas de aquel tiempo en que se admitían los matrimonios secretos. Añaden los *Motivos* del Código alemán -en el cual la simulación ha dejado de ser causa de impugnación- que el admitir la existencia de matrimonios simulados haría completamente inútiles los principios y límites establecidos para la disolución y crearía situaciones muy parecidas a la de un matrimonio por tiempo determinado[156].

[155] Köhler, ob. cit., pág. 167.
[156] *Motive zum bürg. Gesetzbuch,* IV, pág. 55.

La misma jurisprudencia se muestra unánime al rechazar la excepción de simulación contra matrimonios celebrados legalmente, aunque no hubiera existido en los esposos la *intentio nubendi* y la boda sirviera ya para eludir una prohibición de la ley, ya para que resultara realizada una condición *in fraudem* de la voluntad del disponente[157].

Un tal Broisin, médico, a fin de eludir la prohibición de la ley francesa que establece la incapacidad de los médicos para aprovecharse de las disposiciones testamentarias de aquellos a quienes han asistido en su última enfermedad (art. 990 del Código de Napoleón), se casa con su cliente la señorita Rey, tísica en el último grado, que lo instituye heredero y muere poco tiempo después. Los herederos impugnaron el matrimonio como simulado y realizado en fraude a la ley; pero se declaró válido por los Tribunales, considerando que la simulación resultaría en tal caso imposible y absurda.

A una tal Ardizzoni le habían dejado una dote para el caso de que contrajera matrimonio. Para conseguir la dote, se casó por poder con un cierto Lucas Admiranti, mendigo de profesión, recluido en un asilo y enfermo. El resultado fue que ella no vio nunca a semejante marido, el cual murió pocos años después. Reclamada la dote a los herederos, éstos respondieron impugnando el matrimonio como simulado. La Corte de Aix, con ciertas vacilaciones, no declaró el matrimonio fingido, aunque dio la razón a los herederos, rechazando la demanda de la Ardizzoni[158].

En general, debe observarse que el admitir la validez del matrimonio no excluye el que, debiéndose interpretar en cada caso la verdadera intención del donante, se considere, según las circunstancias del hecho, que no se ha cumplido la condición si,

---

[157] MERLIN, *Rép.*, «*Simulation*», § II. GLASSON, *Théorie de la simulat.*, página 95.

[158] Frente a estas sentencias debe examinarse una decisión reciente de la *Congregatio Concili* que, de acuerdo con los principios canónicos, declara simulado el matrimonio (*Acta Sanctae Sedis*, Romae, 1885, 18, pág. 14). Un americano, Augusto Mugués de Livandois, contrajo matrimonio en París con una amante suya, Magdalena D'Auvilliers, solo para obtener una suma de 15.000 francos que le había prometido su madre para el caso de matrimonio. La *Congregatio Concilii* anuló el matrimonio por falta de consentimiento.

como es de presumir, la voluntad del testador o donante no tendía tan solo a que se realizara la forma jurídica extrínseca del matrimonio, sino a que se diera realmente el contenido práctico y social de esta institución, es decir, la unión efectiva con la otra persona para el fin de constituir una familia y tener descendencia. Por un razonamiento análogo, aunque en sentido inverso, la doctrina ha estimado incumplida la condición de viudez cuando se contrae matrimonio puramente religioso, aunque éste, jurídicamente, no sea matrimonio.

Lo mismo que respecto del matrimonio, y por iguales motivos, se ha estimado en Francia que no existe posibilidad de simular el *divorcio;* varias sentencias rechazan la impugnación por simulación, aun cuando no se pronuncien explícitamente sobre la cuestión principal[159].

Tenemos también un concurso *integrante* del funcionario público, que hace que el acto no pueda simularse, en la misma *adopción,* la cual se realiza, no simplemente por el acuerdo entre el adoptante y el adoptado, que constituye tan solo uno de sus requisitos, sino por la intervención de la autoridad judicial, es decir, de la *Corte de Apelación,* que, después de instruir un expediente para asegurarse de la legitimidad y conveniencia del acto, declara o no realizada la adopción pedida ante ella. En una sentencia de la *Corte* de Caen[160] se decide, de conformidad con lo que acabamos de decir, que, aun cuando la adopción se funda en un contrato que requiere el consentimiento de las partes, no hay para qué investigar si este consentimiento fue real o fingido, y no puede proponerse con tal fin la prueba de actos secretos o contradeclaraciones de que resulte la voluntad contraria a la adopción.

Finalmente, la simulación no cabe tampoco en los *juicios.* Los distintos móviles y estados subjetivos que determinan a las partes a realizar un acto jurídico se dan también en el procedimiento; y, así como las partes pueden hacer declaraciones por broma,

---

159 Glasson, op. cit., pág. 100.
160 *Journal du Pulais,* 1821, 2, 92.

para fines didácticos o para conseguir una finalidad distinta de la que resulta inmediatamente del acto, así también puede utilizarse la forma del juicio para una función diferente de la que representa la composición de los derechos privados en conflicto, como, por ejemplo, para obtener la solución de un problema científico, para asumir fraudulentamente una obligación en daño de los acreedores, etc., etc.

Es, además, inexacto el formar un *haz* con todos estos casos diversos para agruparlos bajo el concepto genérico del proceso simulado[161], cuando, en realidad, la característica de éste consiste en la producción de una apariencia con fines de engaño, cosa que no sucede en el caso de un juicio intentado con un objeto frívolo, no destinado a producir en el público una ilusión engañosa[162]. Aquí se incurre en el mismo error de aquellos que refieren al instituto de la simulación todas las declaraciones que no puedan reputarse verdaderas. El juicio simulado se circunscribe a aquellos procedimientos que se intentan, no para obtener la defensa de un derecho violado, sino para conseguir un resultado jurídico distinto que coincide con las consecuencias procesales.

No existe entre las partes contienda alguna que haya necesidad de resolver; pero ellas se sirven del juicio como *medio* para conseguir otro fin. Tratan, principalmente, de obtener con los pronunciamientos de la sentencia el que alguno quede obligado a ceder un derecho o a tomar sobre sí una obligación, aunque en realidad, por las relaciones de derecho material existentes entre los litigantes, semejante transferencia u obligación sea infundada y solo querida en apariencia. Lo cual no obsta para que la voluntad recíproca de simular no influya en el desarrollo y efectos jurídicos del procedimiento por medio del cual la sentencia viene a fundar en realidad la transferencia o vínculo obligatorio que solo ficticiamente quisieron las partes.

---

161 SINTENIS, *Der simulierte Prosess (Zeitschr. f. deutsches Civilprozess,* XXX, pág. 361). MSSSINA, *Contributo alla dottrina della confessione,* pág. 63 (Sassari, 1920).

162 Se tendrán aquí las figuras análogas del procedimiento por broma, con fines instructivos, etc., las cuales tendrán de común con el proceso simulado el fundar realmente relaciones jurídicas sobre la base de la sentencia que se dicte, pero, en otros respectos, seguirán siendo diferentes.

La relación procesal es, en efecto, una relación de derecho público que se desarrolla por grados entre el actor, el juez y la otra parte, ligados unos a otros por vínculos especiales de diversa naturaleza y contenido; es una relación *trilateral,* como ya hizo notar Bülow, porque se desenvuelve entre tres sujetos procesales distintos[163]. Y, en el caso de que las partes estén de acuerdo en que la acción no es más que aparente y en proceder con simulación en el juicio tal voluntad es desconocida para el juez que permanece extraño a los proyectos de aquéllas; con lo cual falta un requisito esencial para que exista la simulación, o sea la participación de todos los sujetos de la relación de que se trata[164]. Aquí, dice Köhler, existe simplemente una reserva mental sin ningún valor jurídico[165].

Así, pues, el llamado juicio simulado es un juicio verdadero, real, efectivo, que produce todas las consecuencias ordinarias y determina un cambio en la posición jurídica de los litigantes, aun cuando esté en antítesis con la voluntad de los mismos[166].

Entonces, si no cabe la simulación, ¿cómo deberá concebirse tal procedimiento?

Las partes provocan voluntariamente un juicio y, por medio de él, originan consecuencias procesales efectivas, si bien quieren

---

163 V. Simoncelli, *Lezioni di diritto giudiziario civile* (1903). Diana, *Rapporti processuali*, pág. 19 (Extr. Monit. dei trib.).

164 Solo sería posible la simulación -dice Sintenis, ob. cit., pág. 417- si el Tribunal estuviera de acuerdo en seguir un juicio aparente; caso rarísimo y no comprobado. Pero admitida en hipótesis esta posibilidad, ¿podrá anularse el juicio o quedará la sentencia simulada frente a las partes como una verdad jurídica inatacable? El derecho judicial no da recurso alguno, pero la sentencia debe estimarse nula. Se trata aquí de una anomalía, de un caso que el legislador no ha previsto ni querido prever; pero, si el caso llegara, podría llegarse a aquel resultado por criterios de analogía. El orden jurídico no puede estimar posible que una sentencia simulada tenga validez. Si se admitiese lo contrario tendríamos injusticia legalizada y provista del contraste *«del derecho».*

165 *Prozess als Rechtsverhältnis,* pág. 93. De esta reserva recíproca de los litigantes en el juicio se ocupa la ley hablando de *colusión* (art. 512, Cód. civ. italiano); la cual, sin embargo, es una forma de dolo en perjuicio de tercero, no una simulación.

166 V. Sintenis, ob. cit., pág. 393. Kohler, *Ungehorsam und Vollstreckung im Civilprozess (Archiv. f. civ. Prax.*, 80, pág. 15). Engelmann, *Der deutsche Civilprozess*, pág. 185. Messina, ob. cit., pág. 63. Pestalozza, ob. cit., pág. 67.

servirse de ellas limitadamente o para un fin determinado. El demandado que, de acuerdo con la otra parte, se deja condenar al pago, sin ser deudor, asume una obligación en favor del demandante, aun cuando haya mediado el acuerdo de servirse de ella, por ejemplo, para el solo fin de aumentar el pasivo en fraude de acreedores. Aquí tenemos el hecho de que una persona toma sobre sí una deuda voluntariamente y por la vía del procedimiento, y el compromiso del acreedor de usar de su derecho para el solo fin convenido, y, por tanto, el uso de un medio jurídico más amplio y enérgico para un fin más restringido, operación que únicamente puede llevarse a cabo mediante una situación de *fiducia* creada al titular. Me parece, pues, que el llamado *jucio simulado* ha de concebirse exactamente como un *juicio fiduciario,* en el cual los litigantes dan lugar, procesalmente, a consecuencias jurídicas, de que quieren usar para una finalidad limitada y diversa, extraña al juicio.

Esta construcción aclara muchas dudas y dificultades. Y, ante todo, con ella se atenúa una diferencia esencial que se ha querido notar entre proceso aparente y proceso simulado. El proceso aparente, en su origen histórico, no fue otra cosa que un proceso fiduciario, que, recibido por el uso general y la costumbre, fue aceptado por el Derecho y transformado en esquema jurídico.

La *in iure cessio* romana, la *Auflassung* germánica, los juicios del Derecho italiano de la Edad Media para obtener un documento con garantía, no tienen funciones distintas de las que desempeñan los juicios fiduciarios modernos; allí, como aquí, se emplea el procedimiento judicial para valerse de sus consecuencias, con un fin distinto del perseguido en el juicio mismo, o para disfrutar ventajas que, eventualmente, se derivan de la sentencia del juez. La diferencia empieza y se hace visible solamente cuando estos procesos, de simples *expedientes privados,* se convierten en formas jurídicas. Por eso dice, inexactamente, Sintenis[167], y con él Mesina[168], que mientras en el proceso aparente se emplea el juicio para obtener *consecuencias jurídicas,* y no consecuencias pro-

[167] Ob. cit., págs. 365-366.
[168] Ob. cit., págs. 61-62.

cesales, en el proceso simulado se trata de conseguir un *estado de hecho,* las más de las veces para beneficiarse de las consecuencias jurídicas que provienen del mismo. No; en ambos se emplea el juicio para conseguir, merced a sus consecuencias procesales, otro fin jurídico que trasciende de los límites y fines del procedimiento. No es verdad que en el juicio simulado se quiera conseguir tan solo un estado de hecho, un resultado material, y así lo demuestra precisamente el caso que citan dichos autores, o sea el del juicio provocado para aumentar ficticiamente el pasivo ante la inminencia de una quiebra. ¿Esto es un *estado de hecho...?* No; es un *estado jurídico* lo que las partes quieren obtener: la disminución del patrimonio en perjuicio de los otros acreedores de la quiebra. No es, pues, adecuado el otro ejemplo que citan Sintenis y Messina, tomándolo de la resolución de un interesante problema jurídico, porque, como hemos visto, no pertenece a la categoría de los juicios simulados.

Si, pues, tanto en el proceso aparente como en el fiduciario, se quiere obtener un resultado jurídico, desaparece toda diferencia *substancial* entre ambas formas, y la distinción se reduce a hacer notar que el procedimiento aparente, acogido en el sistema, ha llegado a ser una forma jurídica, mientras el procedimiento fiduciario sigue siendo un medio empleado por las partes para obtener por la vía procesal un resultado al que la ley no presta forma adecuada o que prohíbe directamente.

Otra consecuencia que se deriva de nuestro punto de vista se refiere a la posibilidad de las partes de remediar o precaverse contra la eficacia del juicio en el caso de que el titular del derecho adquirido haga un empleo abusivo de este derecho, fuera o en contra del fin convenido al intentar el procedimiento. Sintenis cree que puede señalarse la figura de un acuerdo de las partes, perfectamente lícito y obligatorio, por el cual el actor se obliga a no promover la ejecución[169]. Messina niega la validez de esta convención exclusiva sobre la ejecución y opina que, procesalmente, contra el juicio simulado no existe entre las partes remedio algu-

[169] Ob. cit., pág. 400.

no de tal clase[170]. Reservándome para más adelante el desenvolver la cuestión con mayor amplitud, me limitaré por el momento a hacer notar que la solución del problema resulta del concepto del juicio fiduciario. Si el actor es titular del derecho, y solo personalmente está obligado a valerse del mismo para el fin convenido, cuando abusa de su posición fiduciaria **y** pide la ejecución de la sentencia o viola de otro modo el acuerdo existente, es responsable del resarcimiento del daño. Esta es la única sanción que puede lograr el condenado en juicio contra el actor que traicionó su confianza.

Y, así como no es posible simular el procedimiento, considerado en su integridad, no cabe tampoco simular cada uno de sus actos. Por esto -y sin más que esto- la confesión judicial, prescindiendo de su carácter unilateral, no es simulable, mientras que en la extrajudicial la conclusión es distinta.

Admitó, como dice Schulze[171], que exista y deba existir en una cierta medida el formalismo, como inherente por necesidad a todo organismo de tutela judicial; pero considera exagerada la opinión de Messina cuando cree que nuestra ley está totalmente penetrada por aquel principio riguroso de la *autorresponsabilidad objetiva,* que imprime un carácter formal a todos los actos del juicio y quita valor en todo caso a la voluntad de las partes[172]. Admito, sí, que el principio de la autorresponsabilidad actúe en todas las omisiones o actividades de las partes que se relacionan necesariamente con el desarrollo del procedimiento, de tal modo, que cada parte deba sufrir las consecuencias de la posición procesal tomada por ella; pero no creo que semejante formalismo, tan rígido, haya de extenderse también a aquellas declaraciones de voluntad que se injertan en el proceso para producir inmediatamente un efecto jurídico, es decir, a los llamados *negocios jurídicos de orden procesal.*

La figura del negocio jurídico es una figura general que se da tanto en el derecho privado como en el derecho público; pero,

---

[170] Ob. cit., pág. 63.
[171] Cit. en MESSINA, pág. 47.
[172] Ob. cit., n. 14, págs. 46 y sigs.

precisamente por eso, lleva en todas sus distintas aplicaciones los elementos que esencialmente la constituyen y, sobre todo, la voluntad. Si es lícito que las partes, en el campo del derecho procesal, obtengan, mediante negocios jurídicos, relaciones de derecho propiamente dichas, ello supone que se hayan llenado los requisitos de la causa determinante del cambio en la posición de aquéllas.

Por otra parte, la teoría de Messina encuentra un obstáculo en el mismo terreno de la confesión, o sea la revocabilidad de ésta por error de hecho (1360); lo que demuestra, para no hablar de otra cosa, que la ley no prescinde por completo de los vicios del querer, cuando, por el contrario, de atender exclusivamente al carácter formal del negocio jurídico, no debería tener significación alguna. Messina evita el obstáculo diciendo que se trata de un remedio jurídico especial contra la confesión ya realizada, una especie de condictio, si no me equivoco. Pero esto no puede admitirse, porque entonces no se trataría únicamente de una mera retractación de lo que se declaró, sino de la anulación o neutralización de los efectos procesales operados ya sobre la base de una confesión válida formalmente. Contra esa suposición está la misma letra de la ley, cuando en un caso paralelo, al negar eficacia al error de derecho en materia de transacciones, habla expresamente de impugnación.

Otra cuestión importante que debemos discutir es la de si cabe simular una adquisición por sentencia adjudicatoria. Esta nos lleva a señalar el problema gravísimo, y poco estudiado en el derecho procesal, del carácter que tiene la intervención de la autoridad judicial en el procedimiento ejecutivo. Sin entrar en la discusión amplia de un problema que no se refiere directamente a nuestro objeto, nos limitaremos a observar que las opiniones más extendidas, según las cuales el juez es, o un mandatario del acreedor ejecutante[173], o un representante del deudor[174], son inadmisibles. El juez no es un simple instrumento de una de las partes; no está llamado a defender el interés de uno solo, sino a

173 FÖRSTER ECCIUS, *Preuss. Privatrecht.*, II, § 130.
174 GAUPP, *Normen des Würtemb. Landrechts*, pág. 79.

realizar con su autoridad el estado de hecho que resulta conforme al derecho y se impone por éste. Aquella concepción del derecho privado que quiere explicar la actuación de la justicia desde el punto de vista exclusivo de la representación debe rechazarse; el juez que guía la ejecución tiene una misión pública, que consiste en dar realidad al derecho violado, sin dejar de proteger los intereses de todos[175]. No por esto participa directamente en el procedimiento, sino que ejercita más bien un poder de dirección y vigilancia del mismo para que se ajuste a las prescripciones legales y no viole el derecho de nadie. La autoridad judicial no coopera integrando con su presencia el procedimiento, sino que permanece como por encima de él, asistiendo, para el fin de tutelar la ley, al desarrollo variado y dramático de la ejecución. Este carácter lo mantiene especialmente en el momento en que la ejecución se consuma, o sea en el de la adjudicación. Al llegar a este punto se habla, con impropiedad, de una venta forzosa. Es cierto que ni vende el acreedor ejecutante ni puede considerarse como enajenante al deudor, cuando la enajenación se lleva a cabo contra su voluntad. La expropiación se ordena por el Tribunal para realizar de este modo el derecho de los acreedores; pero no por esto es vendedor el Tribunal. Este concepto de la venta se apoya sobre una ficción y debe rechazarse, porque la venta no existe donde falta el consentimiento. La relación de que nos ocupamos debe concebirse más bien del modo siguiente: la autoridad judicial, a instancia de los titulares del derecho, ordena la enajenación de los bienes del deudor, enajenación que éste *tiene que sufrir* en beneficio de quien resulte mejor postor en la subasta. Sobre la base de este acto *unilateral* se lleva a cabo la adjudicación. En resumen: para mí, no hay diferencia alguna entre lo que ocurre en el caso de que nos ocupamos y lo que acontece en el procedimiento para la expropiación forzosa por causa de utilidad pública, si bien en este último el adquirente es conocido de antemano, mientras que en aquél resulta indeterminado, aunque determinable en el mejor postor de la subasta. La sentencia de adjudicación tiene carácter *constitutivo*[176]. El que el adjudicatario ad-

---

175 DERNBURG, *Das biirgerl. Recht*, III, § 252.
176 SCHMIDT, Lehrbuch des deuts. Civilprozessr., pág. 527.

quiera los mismos derechos que tenía el deudor, se explica muy bien, porque la pérdida de propiedad ordenada por el juez no puede ir más allá del derecho mismo que tenía el propietario[177].

Aplicando estos principios a nuestro objeto, llegamos a la conclusión de que la adquisición por subasta judicial no puede simularse en modo alguno, porque no se basa sobre un contrato, y es imposible un concierto sin un vendedor[178]. Pero es cuestión distinta la de si el adjudicatario puede o no ser testaferro de otra persona: aquí el acuerdo existiría entre el adjudicatario fingido y el que quiere ser verdadero propietario en la subasta. La resolución de este problema depende del carácter jurídico que se atribuye a la intervención de la autoridad judicial en la ejecución. Y como hemos dicho ya que tal autoridad no coopera directamente, sino que dirige, vigila y ordena los actos del procedimiento, a que pertenece extraña, nada se opone a que el adjudicatario, que tiene su título de adquisición en la sentencia adjudicatoria, demuestre sucesivamente su cualidad ficticia y sustituya en su lugar al verdadero adquirente. Pero sobre la posibilidad de oponer a los terceros contradeclaraciones de esta clase, nos remitimos a los principios que más adelante tendremos ocasión de desenvolver[179].

---

177 Stobre, *Deuts. Privatrecht*, II, § 92. Krech, *Komm. zur Subbastation's Ordnung*, pág. 111. Coviello, *Trascrizione*, vol. II, págs. 121 y sigs., y los autores por él citados.

178 Es notable, en este sentido, una decisión del Tribunal de apelación de Chambery de 13 de enero de 1853 (*Bett.*, 2, 157), que considera imposible que exista simulación en las adquisiciones en subasta, por las siguientes consideraciones: «Considerando que la simulación supone una inteligencia entre las partes para ocultar bajo el velo de un acto aparente compromisos de distinta naturaleza. Que, por tanto, no es posible hallarla en una adjudicación donde no hay más que una parte actora, de un lado, y de otro, el mandatario de la ley y la justicia que defiere a lo pedido. Que, cualquiera que sea el fin que se haya propuesto el que expropia, el acto solemne que le adjudica la propiedad no es susceptible de otra interpretación que la que resulta de sus propios términos. Que la inteligencia de las partes para no dar a este acto efecto alguno no podría tener ningún valor, etc., etc., confirma el fallo apelado.»

179 La jurisprudencia, en general, admite la posibilidad de simulación de persona en la adquisición por adjudicación, aun cuando no siempre parte de un punto de vista exacto, para justificarlo. V. una decisión de la *Chambr. Req.*,

Debe distinguirse claramente de este caso la *déclaration de commande,* del Derecho francés, y la *adquisición para persona que habrá de declararse,* de nuestro Derecho. Aquí no hay simulación, porque en la adquisición misma se anuncia ya la posibilidad de substituir el comprador, con lo cual falta el propósito de engañar[180].

Los autores alemanes recuerdan, entre los actos que no pueden simularse por efecto de la intervención *integrante* de un funcionario público, la *suscripción de acciones*[181]. Se cita una sentencia del *Reichsgericht,* en que se dice[182]: «La normalidad exclusiva de la declaración debe tener mucho valor cuando esta última lo es de participación y se emite frente a la autoridad que ha de revisarla; entonces produce efectos jurídicos que alcanzan a intereses públicos y son irrevocables. Si después que la sociedad está inscrita pudiera un socio retirarse de ella, alegando que quiso cosa distinta de la que declaró, llegaríamos a hacer completamente ineficaces las normas establecidas para la constitución de las sociedades.»

Para comprender esta opinión hace falta indicar que, en el Derecho alemán, las acciones suscritas se someten a una especial *causae cognitio* de un juez del Registro, el cual, una vez que comprueba que se han cubierto todas las acciones y se han cumplido los demás requisitos para la constitución de la sociedad, ordena la inscripción de ésta, dándole así vida jurídica. Se habla, pues, con exactitud de la imposibilidad de simular, porque la declara-

---

27 juin 1883 (*Dalloz,* 1884, I, 229), de la *Corte* de Apelación de Casale, 4 marzo 1857 *(Bett.,* IX, 2, 193) y de la Casación de Turin de 24 febrero 1858 *(Bett.,* X, I, 155). Entre las sentencias más recientes debe señalarse la de la *Corte* de Cas. de Turin, de 20 de julio de 1883 *(Giur. Torin.,* 1883, 988), que reconoció explícitamente la posibilidad de probar aun con simples indicios y presunciones que el rematante de un inmueble fue un simple testaferro que adquirió en provecho de otra persona.

180 PLANIOL, *Droit civil,* II, n. 1240. Cita, pues, inexactamente GLASSON este caso entre los de simulación judicial (ob. cit., pág. 161).

181 REGELSBERGER, *Pand..,* pág. 517, nota 10. KÖHLER, *Ueber den Willen im Privatrecht (Jahrbücher f. Dogmat.,* 28, 181). SONNTAG, *Das simulierte Rechtsgeschäft,* pág. 26. WETTE, *Mentalr., Simulat, und agere in fraudem legis,* pág. 23.

182 *Entscheid.,* IX, pág. 16.

ción de participación se dirige al juez, extraño a los convenios de las partes. Pero ¿cabe admitir la misma opinión dentro de nuestro Derecho?

La adhesión a formar parte de una Sociedad que se está constituyendo mediante suscripción de acciones es un negocio que se desenvuelve entre los promovedores y los suscriptores, y en él no interviene autoridad alguna; de donde resulta que no cabe evitar que alguien pueda suscribir simuladamente una o más acciones, de acuerdo con el Comité que promueve la suscripción y, alegando la simulación, consiga que se le borre del número da los socios, sin perjuicio de la responsabilidad penal en que por tales artificios pueda incurrirse (246, Cód. de Com.). Todo esto, sin embargo, podrá ocurrir mientras estemos en los momentos preparatorios de la constitución de la Sociedad mercantil; porque tan pronto como se convoque la asamblea general y se estipule el acto constitutivo, ya no es lícito hablar de simulación, pues los socios fingidos que pudieran haber asistido a la asamblea se encontrarían frente a socios reales que no han participado en el acuerdo de simular. Más difícil es el problema de si podrá simularse verdaderamente una Sociedad mercantil cuando todos los socios estén de acuerdo para crear una Sociedad aparente. La solución depende del valor diverso que se atribuya a las formalidades de los artículos 90 y siguientes del Código de Comercio. Los que las consideran como simples normas de publicidad podrán admitir la simulación de la Sociedad mercantil. Pero el que vea en ellos –y ese es mi pensamiento– condiciones formales a que se subordina la adquisición de la personalidad jurídica, es decir, una forma general y abstracta de reconocimiento por el Estado y, por tanto, una intervención integrante de la autoridad pública, debe negar la posibilidad de la simulación. Podrá ciertamente simularse el contrato social que prepara el *substratum* de la persona jurídica, pero como este grupo de personas quiere convertirse en *«un ente colectivo distinto de las personas de los socios»* mediante la cooperación de la autoridad del Estado –que es extraña a la ficción– no llega a perfeccionarse y vuelve a caerse en la hipótesis, antes señalada, de la simulación de una persona jurídica.

III. ¿Actos unilaterales. Como la simulación requiere el concurso de varias partes contratantes, está excluida del campo de los actos unilaterales; y si el declarante tiene una voluntad opuesta a lo que declara, esto constituye reserva y no simulación. Ni siquiera importa que manifieste a otros que no quiere el acto que, sin embargo, crea eficazmente con su declaración, porque esta protesta confidencial, o publicación en su caso, de su voluntad negativa, no quita su propio carácter a la reserva mental, aun cuando sirva para establecer la prueba de su existencia. Sería lo mismo -dice Köhler- que si alguno, al poner un sello y echar al correo una carta de negocios, declarase a un amigo que lo que contiene la carta no representa una intención seria[183]. Y en nada modifica nuestra opinión el que aquel tercero en cuyo favor o perjuicio se lleva a cabo el acto unilateral sepa el carácter aparente del mismo, porque ello significará el *conocimiento de la reserva mental,* no la simulación. El concepto de ésta implica el de *participar* en la realización del acto ficticio, y el tercero no coopera de modo alguno a su formación.

Opone a ello Barassi[184] que, en las declaraciones de aceptación que hace el destinatario, coopera a la formación del acto, lo mismo aceptando que percibiendo -elementos ambos integrantes de la declaración de voluntad-, y, por ello, debe contemplarse aquí también la posibilidad de una simulación.

En todo caso, no puede negarse que si el destinatario se adhiere a la notificación divergente de la intención real, estamos dentro de los términos precisos para un acuerdo simulatorio. Observaré, por el contrario, que no me parece que se aprecia con exactitud el momento de aportarse la declaración a la esfera de la perceptibilidad del que la recibe, cuando se supone que con ello el destinatario viene a ser parte en el negocio jurídico. Lo que

---

183 *Studiem,* cit., pág. 116. V. también *Jahrb. f. Dogm.,* 28, 176.

184 *La notificazione nelle dichiarazioni stragiudiziali,* pág. 179 (Milán, 1908). En el mismo sentido, MESSINA, *La simulazione assoluta (Riv. di dir. comm.,* 1907, 508), y NATTINI, *La dottrina gen. della procura,* pág. 196 (Mil., 1910). V., en contra: PESTALOZZA, *La simulazione de negozi giurid.,* pág. 15 (Mil. 1919). el cual, sin embargo, exceptúa el caso de negocios unilaterales complejos (p. ej., deliberaciones de una Asamblea de socios).

integra la declaración de voluntad es fruto *exclusivo* de la actividad del declarante, que perfecciona y hace autónoma su declaración: el *accipiente* no hace otra cosa que recibir pasivamente la noticia, sin cooperar en modo alguno; es más, sin poderse substraer al hecho de que tal declaración resulte perfecta. El destinatario no coopera, no *sufre* la declaración de la otra persona.

La posibilidad de una inteligencia con el tercero para el cual se declara la voluntad, y de que este último ponga en circulación lo declarado, reproduce una situación *análoga,* no idéntica, a la del negocio simulado: tanto es así, que en un acto unilateral y no destinado a la inmediata recepción, como lo es el testamento, cabría también la misma inteligencia[185].

Por eso no son simulables el otorgamiento de un poder, la revocación de mandato, el constituirse en mora, la emisión de un título al portador, la confirmación de una obligación anulable, la confesión extrajudicial, etc., etc.[186]. Por otra parte, no sería tampoco susceptible de simulación el establecimiento de un domicilio de sociedad, con apariencia de sociedad nacional, siendo extranjera. Aquí falta el acuerdo simulatorio, aunque existe la declaración engañosa de un hecho que puede constituir un *fraus legis*1[187].

Huyen también del campo de la simulación aquellos negocios de familia o de sucesión que tienen carácter unilateral. Así, el reconocimiento de hijos naturales, el *desconocimiento*[188], la emancipación, la legitimación, la repudiación de la herencia. Por eso, aunque el renunciante se pusiera de acuerdo con los coherederos para que tal declaración lo fuera solo en apariencia, perdería el derecho a la sucesión, pues de aquel acuerdo solo pueden derivarse efectos obligatorios entre las partes que lo celebraron.

La misma solución debe adoptarse por lo que respecta a la aceptación de la herencia. También aquí la eficacia del acto de-

---

185 Manigk, *Willenserklärung und Willensgeschäft,* pág. 308.

186 Inexactamente habla de simulación en este caso la *Corte* de Venecia, 17 enero 1916 *(Foro ven.,* 1916, 120).

187 V. D'Amelio M., en *Riv. di dir. comm.,* 1916, II, 734. Pestalozza, página 105.

188 Es decir, la declaración rechazando la paternidad; sobre todo tratándose de alimentos. (Nota de los traductores.)

pende de la sola voluntad del aceptante; y, por tanto, cualesquiera que sean los móviles que impulsan al llamado a aceptar, la adquisición de la herencia se realiza en favor suyo y no puede ser atacada o revocada por efecto de su reserva mental. Esta consecuencia que tan lógicamente se deriva de los principios, ha sido combatida en el derecho común sobre la base de un texto, muy discutido, del Derecho romano: el fragmento 6, § 4 D, 29, 2: «Celsus libro quinto décimo digestorum scripsit, eum, qui metu verberum vel aliquo timore coactus *fallens* adierit hereditatem, sive liber sit, heredem non fieri placet, sive servus sit, dominium heredem non facere.»

Todas las controversias de los romanistas giran alrededor de la interpretación de aquel *fallens* que impide adquirir la herencia. Algunos explican el *fallens* como *simulans,* poniéndose en contradicción evidente con la teoría que niega eficacia a la reserva mental. Pero hoy esta interpretación es generalmente rechazada[189]. Mommsen ha sustituido precisamente *fallens* con *nolens.* Más probable y digna de tenerse en cuenta es la interpretación de Schlossmann[190] y Köhler[191]. Entienden que *fallens* quiere decir secretamente (Xafkóv) y explican el texto del siguiente modo: «Aquel que por temor acepta la herencia oculta y secretamente, cuando por la ***cretio*** se requiere una cierta publicidad, presencia de testigos, etc., no realiza una aceptación válida.» En el derecho moderno, dice Köhler, sucede también lo mismo: una palabra que dejé escapar en la conversación familiar, o una carta a un amigo, no bastan a imponerme un efecto jurídico: el acto debe realizarse en tal forma, que tenga en sí mismo un cierto carácter de negocio: el que acepta la herencia ante su ayuda de cámara difícilmente puede entenderse que acepta con eficacia jurídica. (V., por lo que respecta al Derecho italiano, el art. 934.) Finalmente, entre los actos no simulables debe recordarse el acto unilateral por excelencia, el testamento. Es perfectamente posible que un testador disponga por broma, o lo haga fingidamente con el propósito de engañar;

---

[189] V. PERNICE, ob. cit. *(Zeitschrift f. Handelsrecht,* 25, 95).

[190] *Zur Lehre vom Zwange,* pág. 46.

[191] *Studien,* pág. 123.

pero esta falta de voluntad de que el derecho se hace cargo dentro de ciertos límites (829) no lleva en sí los elementos de la simulación[192].

IV. Actos formales. Por último, la simulación es incompatible con aquellos negocios jurídicos que, por su carácter abstracto, operan formalmente un efecto jurídico sin atender a la intención de las partes. Pero como en la doctrina existe disparidad de opiniones sobre el concepto de los actos formales y su reconocimiento por el derecho, se hace precisa una revisión breve y completa de la teoría.

Dije ya en otro lugar[193] que por contrato formal se entiende aquel en que se hace abstracción de la causa. La obligación nace y tiene eficacia jurídica con independencia de todo fundamento de derecho material, prescindiendo y haciendo abstracción de las razones que la justifican. La obligación existe por sí misma. Falta toda conexión o dependencia respecto del motivo de la deuda; se disuelve el vínculo causal; la obligación vive aislada, autónoma, libre.

Messina ha hecho observaciones en contra de la exactitud de este concepto; pero carecen de fundamento y ante ellas no ha vacilado en lo más mínimo mi convicción[194].

Opone Messina, ante todo, que la abstracción de la causa *subjetiva* no es absoluta, porque el enlace inicial con ella es una necesidad psicológica. En cambio, lo que caracteriza los negocios formales es que la ley, con un proceso analítico de separación, considera un solo aspecto de la voluntad de las partes y conexiona con él ciertos efectos, substrayendo precisamente el lado constituido por la causa subjetiva al contenido del negocio jurídico y descartándolo entre los elementos que *a priori* carecen de importancia. En suma, en el proceso de abstracción, la ley no rompe enteramente los hilos que ligan los negocios formales a la rela-

---

192 La venta simulada para que los bienes hereditarios vayan a parar a persona que no tiene derecho a ellos es una donación, no un testamento simulado (Ap. Venecia, 15 mayo 1913, *For. ven.*, 1914, 19).

193 V. mi *Negozio illecito,* n. 126, pág. 301.

194 *Contr. alila dottrina della confessione*, págs. 108-10.

ción causal subjetiva, por lo cual no puede excluirse de ellos en absoluto el examen de la ilicitud de la relación. La función característica de los negocios abstractos consiste en que el negocio permite plenamente, con solo haber llenado su forma, el ejercicio de todas las acciones que nacen de él, y arroja sobre el demandado la carga de la prueba de la inexistencia de la causa subjetiva, la cual no puede investigarse en ningún caso sino bajo la forma de un remedio jurídico especial *(condictio).*

Contra tales argumentos debe observarse, en primer lugar, que al hablar de abstracción de la causa quiero decir –como resulta ya de la discusión que figura en mi estudio antes aludido– de la *causa jurídica,* del *fundamento justificativo de derecho material (Rechstgrund),* no de la causa subjetiva. Para que nazca un vínculo obligatorio no basta la voluntad de las partes, sino que se necesita una razón de derecho material que haga legítima la tutela de la ley. El derecho solo permite que broten efectos jurídicos del acuerdo de los particulares cuando encuentra que tal acuerdo merece su protección y, por tanto, cuando concretamente existen elementos objetivos que justifican el nacimiento de la relación obligatorio. Y a este *substratum* de hecho, determinable objetivamente y con el cual se enlaza la eficacia positiva del negocio, se le llama causa. Para referirme a nociones ya expuestas [195], recordaré que esta causa consiste, para los contratos onerosos, en la contraprestación de la otra parte y, para los gratuitos, en la falta consciente y voluntaria de toda prestación equivalente. Así, pues, cuando en los negocios formales se habla de abstracción de la causa, se trata de la causa objetiva, de esta razón que justifica la protección legal. Se comprende que, en todo negocio, hay siempre una razón subjetiva: a no ser que contrate un loco, es inconcebible psicológicamente que las partes establezcan una relación sin un fin determinado. Pero estas razones íntimas que se pierden en la esfera subjetiva de la voluntad no tienen importancia alguna frente al derecho; carecen jurídicamente de valor. Por eso es innegable, y nadie lo ha negado nunca, que el negocio abstracto, considerado psicológicamente, se enlaza con un motivo de las

---

[195] *Negozio illecito,* n. 116.

partes: lo que se quiere significar es que en él se prescinde de todo fundamento de derecho material,

Esto sentado, insisto en sostener que el negocio abstracto en su forma *típica* y *genuina* lleva a la abstracción absoluta de la causa. Del contenido total del contrato se ha separado una *parce,* la promesa, y ésta, libre de todo vínculo de conexión o correlación con los otros elementos del acuerdo, existe aisladamente, con plena eficacia jurídica. Este apartamiento es cabal, esta separación es completa: la promesa funda por sí misma el derecho del acreedor sin que lazo alguno la ligue con la relación causal: *Promisisti, solve.*

La obligación persiste, abstractamente, en su validez formal y obliga por lo mismo al deudor a pagar al acreedor aunque no exista una razón material justificativa de la deuda. El deudor no tiene en su favor recurso alguno y debe sufrir las consecuencias de la promesa como un mal irreparable.

Este es el concepto puro, típico, rígido del negocio abstracto. Así sucedía originariamente en el Derecho romano antiguo con la *stipulatio*[196]: después que el deudor había pronunciado las palabras solemnes, estaba obligado a pagar, aunque las razones por las cuales se había producido la obligación fueran infundadas o vanas.

Hice notar, sin embargo, cómo este concepto *puro* de los negocios abstractos vino modificándose gradualmente por una influencia cada vez más decidida que, muy pronto, comienza a ejercitar la causa material: frente a la iniquidad de los resultados a que conducía el sistema de la obligación abstracta, se trató de oponer un remedio que viniera a mitigar y disminuir las asperezas punzantes de aquel rigorismo. Así, en el Derecho romano se admitió que el deudor demandado pudiera oponer la *exceptio doli,* y aun rescindir mediante una *condictio* el enriquecimiento indebido que se obtuvo a costa suya. Esta influencia de la causa material se vino haciendo cada vez más viva y exigente, hasta lograr la desaparición del contrato formal reduciéndolo a un contrato concreto. Bähr ha escrito páginas espléndidas describiendo este desenvolvimiento gradual por lo que se refiere a la *stipulatio.*

---

[196] Gneist, *Die formellen Verträge des neuer, röm. Obligationenrechts*, página 137. Dernburg, *Pand.*, II, § 22, pág. 62.

Así, pues, el contrato abstracto, según el *rigor iuris,* se transforma en concreto por una evolución histórica no interrumpida: uno y otro son punto de partida y de llegada en esta evolución. La concesión de una *condictio* para neutralizar indirectamente los efectos de la promesa, como en el Derecho romano clásico y en el Derecho germánico actual, representa solamente una etapa intermedia, un momento de descanso en esta carrera evolutiva.

Pero si queremos experimentar con la figura jurídica de una institución, es preciso que volvamos a acomodarnos a su forma pura, originaria, a su expresión típica y genuina, sin tomar en cuenta los influjos e injerencias exteriores que desfiguran y modifican el concepto de aquélla. Messina, al dar la idea de los negocios abstractos, los ha considerado en un momento de su evolución, en una de sus fases históricas y, seguramente, según la regulación jurídica que tienen, en el momento actual, en las legislaciones que los reconocen. Pero esta concepción, contingente y mudable, no puede elevarse a tipo general; mucho más, cuando el proceso de abstracción no es siempre igual ni en las varias legislaciones, ni aun dentro de la misma legislación para todos los negocios, ni tampoco se encuentra en el mismo grado evolutivo, sino que unas veces es más rígido y otras más atenuado; lo cual obliga a los autores a ocuparse de varias clases de negocios formales.

Por eso estimo más correcto mi pensamiento de establecer como característica de los negocios abstractos la abstracción completa de la causa, como ocurría en su forma originaria, tomando en cuenta solo de una manera eventual aquellas modificaciones que tienden a corregir efectos muy rigurosos, y que –nótese bien– representan siempre desviaciones, criterios extraños al concepto, y son como una marcha hacia los contratos materiales[197].

---

[197] En todo caso, es infundada la opinión de MESSINA cuando *cree que* en los negocios formales no queda excluido *a priori* todo examen de la ilicitud de la causa. El mismo reconoce que esta opinión es ilógica (pág. 109), pero *cree* que la RAZÓN de ella ha de buscarse en la preeminencia que procede otorgar, entre los distintos fines, al de la eliminación de los elementos disolventes del orden jurídico. Contra ello debemos hacer presente que el remedio para evitar el enriquecimiento indebido, dependiente de la falta o ilicitud de la

Más grave es la dificultad que entraña el problema de si nuestro derecho positivo reconoce o no los contratos abstractos aun dentro de esa forma atenuada. Yo he negado ya que puedan admitirse salvo algún caso excepcional. Y me parece débil y poco afortunada la demostración que Messina intenta en contra de este punto de vista. Confiesa que la tradición y los precedentes históricos son contrarios a los negocios formales -al desaparecer la *stipulatio* en el derecho común no hubo ya más que contratos concretos-; pero esto, dice, no constituye un obstáculo cuando existen en el sistema considerado en conjunto. Es verdad; mas la cuestión está en comprobar su existencia real dentro de la legislación. Por eso trata de buscar un apoyo en cualquier texto legal y lo encuentra precisamente en el artículo 1.119 -»la obligación sin causa o fundada sobre causa falsa e ilícita no puede tener efecto alguno»-, diciendo que la palabra «causa» que emplea dicho artículo se refiere también a la *causa formal.* He aquí una interpretación que hay que rechazar como arbitraria en absoluto.

Dejemos los precedentes legislativos -que son todos contrarios en este caso y que, si no tienen importancia cuando están en oposición con el texto legal, la adquieren muy grande cuando concuerdan con sus normas-, y detengámonos en el terreno jurídico. ¿Cómo podría hablarse nunca, en el Derecho moderno, de causa formal? Si el negocio formal es, precisamente, aquel que hace abstracción de la causa, que existe independientemente de la causa, ¿cómo puede subordinarse a tal concepto? Y aunque el proceso de abstracción no sea completo, como pretende Messina, resultará siempre que la separación de la causa es la característica del negocio abstracto y, por tanto, implica contradicción el hablar de una causa formal.

Esto no parecía mal en Derecho romano, porque la *causa civiles* era el conjunto de las formalidades externas que garantizaban

---

causa material, se manifiesta siempre bajo la forma de *condictio,* que viene a rescindir *a posteriori* la adquisición formalmente válida. Así fue en el Derecho romano, con las *condictiones ob injustam vel ob turpem causam,* y así, también, en el Derecha germánico actual (§ 817). De otro modo, en materia de ilicitud, desaparecería toda diferencia entre contratos formales y contratos concretos.

la esencia; pero en el Derecho moderno la causa tiene otra significación, constituyendo la razón material del contrato, el fundamento justificativo de la obligación. La causa es, siempre, material, porque el derecho moderno, abandonando el rigor de las formas, quiere encontrar una garantía para la validez del negocio, no en la exterioridad sino en el contenido intrínseco de la obligación. Y aunque alguna vez subordina las declaraciones de las partes a la observancia de ciertas formas, esto obedece a diversos motivos: o para garantizar la determinación seria de la voluntad, o para que aparezca explícito y claro el tenor de lo declarado, o para los fines de la prueba procesal. Que no nos induzca a error la expresión equívoca *negocios formales,* en el sentido de abstractos, porque con ella no se quiere significar negocios ligados necesariamente a una forma, sino negocios que, por estar desligados de todo fundamento material, se reducen casi a la forma; y téngase presente que aprobamos el sistema de los que rechazan por impropia aquella denominación[198]. En cambio, la abstracción de la causa es elemento esencial de los negocios formales, y por eso, hablar de causa formal carece de sentido, es una contradicción en los propios términos.

No es solo esto. Aun admitida la hipótesis de Messina, no puede olvidarse que la ley habla también, en el artículo citado, de causa *falsa e ilícita,* y yo quisiera saber cómo podríamos tener una causa formal falsa o ilícita. No cabe esquivar la cuestión: si se afirma que en el art. 1.119 la causa tiene también este otro sentido -contrario en absoluto a su origen histórico y a su naturaleza jurídica-, es preciso aceptar todas las consecuencias de esta opinión. Pero si no puede hablarse de causa formal ilícita o falsa, hay que convenir también en que la causa, en el art. 1.119, no tiene aquella otra significación. Ni puede sostenerse que la misma palabra tenga en el mismo artículo dos sentidos diversos, susceptibles de adaptarse elásticamente según las circunstancias.

Apoyado en este grave argumento exegético y fundado en que, como quiera que sea, los contratos formales existen en el sistema, Messina pasa tranquilamente a establecer los corolarios.

---

[198] WINDSCHEID, *Pandek.*, § 319, nota: REGELSBERGER, *Civilrechtl. Erörter.*, I, pág. 138.

Una vez -dice- que se reconocen los negocios formales será preciso admitir la concesión de una *condictio* o de una *exceptio*. Pero este razonamiento descansa sobre una *petitio principii,* porque, dando por demostrado lo que había de probarse, se llega ya al remedio, a la rescisión del enriquecimiento indebido. Por el contrario, el argumento podría retorcerse en esta forma: puesto que nuestro Derecho no reconoce en ninguna parte el remedio especial de las *condictiones,* que existían en el Derecho romano, o de las *Bereicherungsklagen,* expresamente sancionadas en el Derecho germánico, hay que concluir que los negocios formales *no* existen en nuestro sistema: si falta el antídoto es porque no se considera posible el mal, a no ser que se pretenda ahogar toda investigación sobre el fundamento y licitud del contrato, reduciendo al juez a una posición pasiva frente a una obligación formal vacía de contenido, cosa que el mismo Messina estima dura y cruel, y censurable por lo tanto.

Las *condictiones* son medios jurídicos especiales para corregir el enriquecimiento injusto; o, lo que es lo mismo, son acciones rescisorias que se dirigen contra un negocio formalmente válido, para destruir aquella ventaja pecuniaria y poner de manifiesto el daño patrimonial equivalente que de ella se deriva y está en relación defectuosa con la causa material de la adquisición. Son a manera de corrección protectora de los negocios abstractos, alrededor de los cuales están como satélites que neutralizan las malas influencias, y tienen una figura completamente propia y característica que hace de ellas un tipo substantivo. Pero el intérprete, a falta de un reconocimiento del derecho positivo, no está autorizado a crear con su fantasía jurídica, aunque sea por un cierto afán de coherencia sistemática, estos remedios especiales, pues con ello se expone a hacer penetrar en el sistema ideas y conceptos extraños al mismo. En las *condictiones,* aquel que ha sufrido una pérdida legítima se revuelve para obtener la *repetición* de lo que dio: es decir, que, permaneciendo firme y perfecto el contrato real, aquél hace valer un *crédito personal* para la repetición. Y pregunto: este crédito ¿de qué fuente nace? ¿En qué título se funda su ejercicio? No es el contrato ni el delito. Es, pues, la ley. Bien; pero el Código ¿dónde lo sanciona?

Este silencio del legislador es el que demuestra precisamente lo infundado de la opinión contraria. Si el negocio abstracto, en su forma moderna, se sintetiza, como dice Crome[199], en el *solve et repete,* en nuestro derecho se pagaría, pero con la esperanza de no repetir, y, faltando todo medio jurídico en caso de necesidad, se llegaría a aquellas consecuencias extremas de injusticia económica que hemos notado en otro lugar.

Ni sirve sostener, como lo han hecho Unger[200] y Windscheid[201], que, según los principios modernos de la libertad contractual, debe estar permitido a las partes el crear con su voluntad negocios abstractos; porque, como ha objetado con exactitud Hasenöhrl[202], si los contratantes son libres de celebrar los contratos más diversos, no por ello pueden fraccionar un contrato y, separando una parte, pretender para la misma, aislada, el reconocimiento del derecho.

Esto es tanto más inadmisible en nuestro sistema cuanto que la tutela jurídica solo se concede en aquellos casos en que el negocio descansa sobre una base causal. Admitir que la voluntad de las partes pueda producir la abstracción de la causa, es admitir que las partes puedan dispensar de un requisito impuesto coactivamente por la ley.

Créase, pues, que el negocio abstracto es extraño a nuestro sistema: es una planta exótica que no ha nacido ni germinado en nuestro terreno jurídico y no corresponde a nuestra conciencia, por lo cual no es de alabar un intento de importación. El propio Código alemán no lo acepta como figura general, reconociéndolo tan solo en casos determinados; y, entre los mismos alemanes, empieza ahora una corriente que reacciona contra aquella fascinación irresistible que, dominando a los autores y al legislador, había ejercido la obra de Bähr. Neubecker, últimamente, escribía[203]:

---

199 *System des deutsch. bür. Rechts,* § 75, pág. 332.
200 *Die rechtliche Natur des Inhaberpapiere,* pág. 68.
201 *Kritische Vierteljahrschrift,* I, pág. 105.
202 *Das österr. Obligationenrecht,* I, pág. 382, nota 77.
203 *Der abstrakte Vertrag,* en el *Archiv, f. bürgerl. Recht,* 1903. Véase la recensión en la *Riv. di dir. comm.,* 1904, entrega 1.ª, pág. 83.

Estaba reservado para nosotros, los alemanes, para el pueblo de la razón pura, del imperativo categórico, el honor de crear en el mundo moderno el contrato obligatorio abstracto, el contrato puro, el contrato categórico: *promisisti, solve!*

La discusión que precede sirve para hacernos aceptar con seguridad los resultados a que hubimos de llegar en otro estudio, o sea, que en el Derecho italiano solo puede hablarse de negocios abstractos respecto de los títulos al portador[204], los cuales, por lo mismo, no pueden simularse –simulación que, además, excluye de ellos el carácter unilateral del negocio.

En cambio, cabe la simulación de la letra y el endoso: cosa que, por otra parte, ha tropezado, en principio, con una verdadera resistencia de escritores y tribunales[205]. Regelsberger[206] recuerda que en muchas sentencias se niega esta posibilidad, porque en la letra de cambio, atendida su cualidad de contrato literal rigurosamente contenido en el documento, hay que atender tan solo a la declaración emitida; pero censura esta jurisprudencia diciendo que semejante opinión va demasiado lejos. No debe olvidarse que, en los negocios de cambio, la validez jurídica del acto no se regula únicamente por la mera declaración escrita. De no ser así, habría que rechazar la misma excepción de que la letra se libró para dar una broma o para fines de enseñanza en una escuela de derecho; y un formalismo semejante ni tiene un fundamento jurídico ni representa una necesidad del comercio:

Goltz[207] dice que hay que distinguir dos clases de negocios formales: una más rígida y otra más débil, el negocio absolutamente formal y el relativamente formal. El negocio absolutamente formal opera con la forma y *solo* con la forma, siendo inadmisible toda excepción. En cambio, en el negocio relativamente formal, la forma solo sirve para dar al público una prueba cierta de la existencia del negocio que en sí y de por sí es válido y en el

---

204 *Negosi illecito,* n. 127.

205 Consideran imposible la simulación de los instrumentos de cambio: WERTHAUER, ob. cit., pág. 628. HARTMANN, *Wechselsrecht,* pág. 524.

206 *Beiträge sur Lehre v. Cession,* págs. 182-183.

207 *Das fiduziarische Geschäft,* pág. 38.

cual es también de esencia la voluntad de las partes. En estos últimos negocios, la forma no puede sustituir la más mínima partícula de la voluntad que en ella va presumida; pero así como en los negocios sin forma determinada es libre la contraprueba de la ausencia de voluntad, aquí esta contraprueba es, aunque admisible, mucho más difícil. A este segundo tipo pertenece la letra de cambio.

Es evidente que en esta segunda categoría falta el carácter del negocio astracto y debe reconocerse la existencia de un negocio material, aunque la ley, en interés de la rapidez del comercio, limite el número de las excepciones a oponer, reduciéndolas a las que son susceptibles de resolución segura y pronta. Si bastara la simple restricción de la prueba contraria para convertir en formal un negocio jurídico, sería preciso, en la misma proporción, considerar, por ejemplo, como negocio de tal naturaleza, dentro de nuestro derecho, el mismo contrato de bienes con ocasión del matrimonio, ya que en él todo cambio o modificación necesita una forma rigurosamente determinada (1.383, 1.384).

El contrato de letra de cambio es un contrato material que necesita la existencia, aunque no la *mención* de la causa (251, último párr. Cód. de Com.), y para el cual el legislador, en benefició de la rapidez de las operaciones comerciales, simplifica el procedimiento ejecutivo.

No importa que vaya unido a una forma solemne y que a ella se incorpore el derecho, porque esto, por sí solo, no lo transforma en un contrato abstracto. La causa puede tener aquí también una influencia en las relaciones de las partes e impedir o frustrar la acción si su existencia resultara de una contraescritura, como en el caso de simulación. Y lo mismo debe decirse del endoso por lo que respecta a las relaciones internas entre el endosante y el endosatario.

La letra de cambio reviste solamente un carácter formal frente a los terceros de buena fe; pero esto es un efecto reflejo de la exclusión de toda clase de excepciones respecto de ellos, o sea de la protección que el derecho les concede para tutelar la seguridad en la circulación de los títulos de crédito.

Por otra parte, este resultado se explica por el mismo mecanismo de la transmisión en los instrumentos de cambio, que no se opera merced al tránsito puro y simple del derecho *literal* a la persona del que lo recibe sino mediante la constitución de nuevas obligaciones autónomas que, si bien enlazadas con la primera, no se fundan en ella. Existe aquí una agrupación indefinida de nuevos negocios de cambio, de la cual resulta que el deudor de la letra no puede oponer a un tercero las excepciones que nacen de la relación con el primer tomador y a las cuales permanece ajeno dicho tercero. La declaración contenida en la letra, dice Köhler[208], es una declaración de *creación,* no solo a favor de una persona, sino en beneficio de un número de personas indeterminadas que pueden resultar titulares a causa de los futuros endosos. Y se comprende que no sea posible oponer la excepción de simulación, porque si, en efecto, fue simulado el contrato fundamental de cambio, no por ello están afectados de igual vicio los contratos sucesivos que se enlazan con aquél; y, así, no cabe oponer la simulación a quien no tomó parte en ella ni trae su derecho del autor de la misma, sino que ostenta un derecho nuevo, original[209].

[208] *Ueber den Willen im Privatrecht (Jahrb. f. Dogm.,* pág. 175).

[209] Sobre la simulación en los títulos de crédito y, especialmente, en la letra de cambio, v. PESTALOZZA, 112 y sigs., 212 y sigs., y los autores por él citados.

CAPÍTULO II

DESARROLLO HISTÓRICO DE LA TEORÍA DE LA SIMULACIÓN EN EL DERECHO ROMANO

11. En el Derecho romano, lo mismo que en el derecho actual, para que una declaración de voluntad tuviera eficacia jurídica se requería que fuera seria, es decir, que expresara un contenido de voluntad querido realmente. Por eso, las declaraciones por broma o para fines didácticos no producían un vínculo jurídico: «nec enim si per iocum, puta, vel demostrandi intellectus causa, ego tibi dixero: spondes? et tu responderis: spondeo, nescetur obligatio» (3, § 2 D. 44, 7). Lo mismo decimos de la simulación. Si se ha concluido aparentemente un negocio con fines de engaño, cuando en realidad las partes no han querido dar existencia a ninguna relación jurídica, el acto es nulo. Este acto se llama *simulatus, fictus, imaginarius, nudus*[1].

El principio de la nulidad de los actos simulados se expresa enérgicamente en varios pasajes de las Fuentes.

Así, en el fragmento 54, D. 44, 7: «Contractus imaginari *iuris vinculum non optinent,* cum fides facti simulatur non intercedente veritate» (Modest.).

Y en el frag. 55 D. 18, 1: «Nuda et imaginaria venditio *pro non facta est,* et ideo *nec alienatio eius reí intelligitui»* (Paul).

No sólo no se obtiene efecto jurídico alguno, sino que ni siquiera se concibe pueda tenerlo un disfraz de negocio que no

---

[1] V., por lo que respecta a la terminología de las Fuentes, 3 C. 4, 38: *simulatus* contractus; 17 C. 4, 29: *simulata* gesta; 10 C. *eod: simulata* emtio; 3 § 1, C. 5, 17: *fictum* repudium, 10 C. 1, 5: *fictitia* venditio; 55 D. 18. 1: *nuda et imaginaria* venditio; 3 § 3 C. 5, 17: *imaginarii* nuntii; 54 D. 44, 7: contractus imaginarii, etc., etc.

corresponde a la realidad. Así, pues, si se celebra un matrimonio aparente, no tiene valor. «Simulatae nuptiae *nullius momenti sunt*» (30 D. 23, 2).

El mismo principio aparece repetido en varios textos del Código, entre los cuales basta citar la L. 21. C. 2, 4: «Quae simulatae geruntur, *pro infectis habentur*»[2].

Procede ahora que investiguemos el motivo de esta nulidad en las Fuentes citadas. Una de las cosas que más nos llaman la atención es que ninguno de los fragmentos que hablan de simulación invoca la falta de voluntad como causa determinante de la ineficacia. Los juristas romanos prescindían de este análisis psicológico del negocio simulado, deteniéndose en una concepción material y objetiva, a saber: el negocio simulado es nulo porque no es verdadero, porque no corresponde a la realidad. La antítesis que ellos establecían era la que existe entre *simulata gesta y veritatis substantia;* y puesto que la verdad debía prevalecer sin que la obscureciera la ficción, el acto fingido no debía tener eficacia alguna. Forrer[3] que ha observado con mucha perspicacia todo esto, formulando conclusiones que debemos aceptar, comprueba el principio con varios pasajes de las Fuentes. Basta recordar la L. 2 C. 4, 22: «acta simulata... *veritates substantiam* mutare non possunt»; y 8 C, 4, 49: «ñeque, si simulatum factum intercesserit, *veritatem mutare potuit*». En el mismo fragmento ya citado, de Modestino, *Contractus imaginarii,* la razón de la nulidad que se indica al final del texto es *non intercedente veritate.*

Los juristas romanos constataban en el acto simulado, no una discrepancia entre la voluntad y la declaración, sino entre la realidad y la apariencia, entre la substancia y la ficción: no entraban, como psicólogos, en el examen de la situación de hecho, sino que, prefiriendo la consideración práctica al decidir cada caso concreto, se contentaban con partir de un punto de vista puramente objetivo para afirmar la nulidad: el problema era el de ser o no ser[4]. Debemos reconocer que esta construcción de la nulidad, aun

---

2 V. también 3 § 3 C. 5, 17; 20 C. 5, 16.

3 *Simulation und Mentalreservation,* pág. 28.

4 Forrer, ob. cit., pág. 32.

partiendo de una observación material del acto simulado, está, sin embargo, en armonía con su esencia jurídica. Queda, realmente, el problema de qué sea la apariencia y en qué consista la *no verdad* del acto. Puesto que el negocio simulado, como fenómeno jurídico externo, tiene para sí la realidad de su mentira, los juristas entendían y presuponían que no tenía una realidad económica y jurídica y que, por tanto, no debía producir ningún efecto en las relaciones entre las partes: que las partes no lo habían llevado a cabo realmente, ni habían tenido la *voluntad* de hacerlo eficaz.

12. Pero la simulación se emplea muchas veces para ocultar un negocio que las partes realizaron seriamente: tras del negocio fingido se esconde otro verdadero cuya existencia quiere substraerse al conocimiento de los terceros. De este modo se entra en el campo de la simulación relativa o disimulo. Las Fuentes no tienen una expresión técnica para designar el negocio disfrazado con la apariencia de otro: se dice *quod actum, quod gestum est,* en oposición a *scriptura, verba.* La cuestión que surge en este caso es la de qué efectos jurídicos hayan de atribuirse al acto verdadero oculto bajo el aparente. Los juristas romanos partían también aquí de un punto de vista objetivo y decidían que debía prevalecer el *actum* sobre el *dictum* y la *rei veritas* sobre la *scriptura.* Por eso encontramos los principios siguientes: *In contractibus rei veritas potius quam scriptura prospici decet* (1 C. 4, 22). *Non quod scriptum sed quod gestum est inspicitur* (3 C. *eod.). Plus valere quod agitur quam quod simúlate concipitur* (Rubr. Cod. *eod.).*

Así, pues, se prescindía de la apariencia de la convención fingida, empleada por las partes con el fin de ocultar el acto realmente querido por ellas y se atendía a este acto únicamente. Si el acto real reunía todos los requisitos substanciales exigidos para su validez, era eficaz: en otro caso, era nulo. Esto tenía especial importancia cuando el negocio oculto era *contra legem* y la simulación se había empleado para substraerlo a la sanción de las prohibiciones legales. Pero, una vez levantado el velo del engaño, el negocio caía bajo el peso de la prohibición y era ineficaz. Esta doctrina la encontramos sancionada muchas veces respecto de lasdonaciones entre cónyuges disfrazadas bajo la forma de ventas: «Venditionem donationis causa inter virum et uxorem factam, *nullius esse momenti»* (5 § 5 D. 24, 1). «Si uxor a marito suo praedia emerit eoque emtio donationis causa facta dicatur, *nullius esse momenti»* (7 § 6 D. *eod.).*

Examinemos ahora, si no todos, la mayor parte de los casos de simulación relativa que encontramos esparcidos, sin orden, en el *Corpus iuris.*

1° *Venditio donationis causa.-* «Cum in venditione quis praetium rei ponit, *donationis causa* non exacturus, non videtur vendere» (36 D. 18 I). «*Si donationis causa* venditionis *simulatus* contractus est, emptio in sui deficit substantia» (3 Cod. *de contr. empt.).*

En estos casos, la falta del precio excluye la voluntad de contratar a título oneroso y hace, por lo mismo, inconcebible la existencia de la venta. Aún queda la posibilidad de que, en su defecto, resulte realizado otro negocio jurídico cuando concurran los elementos necesarios para su vida. En efecto, en los casos citados, si falta la intención de vender, existe, en cambio, la de donar; y allí donde concurra la tradición real de los bienes que se quiere transmitir, podremos tener una liberalidad válida y eficaz. La cosa transmitida se adquiere entonces por título de donación y no por título de venta. «Donationis causa facta venditione, non *pro emptore* sed *pro donato* res tradita usucapitur» (6 D. 41, 6). Por otra parte, la adquisición queda sometida a todas las normas restrictivas y prohibitivas que rigen en materia de donaciones. Por tanto, si el valor de los bienes transmitidos excede de 500 sueldos y la donación no se ha insinuado, será nula esta última. Si la donación oculta bajo el disfraz del contrato oneroso se realizó entre cónyuges, será igualmente nula. Finalmente, es posible que un *modus* se agregue a una donación disfrazada. «Sane, si in possessionem rei *sub specie venditionis* causa donationis, *ut te aleret,* induxisti, sicut donatio perfecta rescindi non potest *ita legi quam tuis rebus donans dixisti, parere convenit»* (3 C. 4, 38).

Hay que distinguir de la venta simulada, que implica una liberalidad, la venta *donationis causa praetio valiore facta.* A veces se fija un precio con seria intención, aunque sea más bajo del que corresponde al valor de la cosa; y, en tal caso, tenemos un contrato oneroso, mixto de donación, no una donación disimulada. Junto con la venta existe una liberalidad por lo que se refiere a la reducción en el precio, a la disminución del equivalente. La diferencia entre ambas figuras jurídicas es muy importante y fue observada ya, con mucha precisión, por Ulpiano: «Si quis, donationis causa, *minoiis vendat,* venditio valet; totiens enim dicimus venditionem non valere, quotiens *universa venditio donationis causa facta est:* quotiens vero *viliore praetio* res donationis causa distrahitur, dubium non est venditionem valere» (38 D. 18, 1).

Y las consecuencias de esta distinción son las siguientes: mientras la donación simulada entre cónyuges debe ser nula, la venta real con precio inferior es válida hasta donde éste corresponde al valor de la cosa transmitida, siendo nula tan sólo por lo que respecta al exceso, *quatenus facta est locupletior.* Ulpiano, sin embargo, no acepta esta diversidad de efectos y, en el mismo fragmento, añade: «Hoc inter ceteros, inter virum vero et uxorem donationis causa venditio facta *praetio viliore nullius momenti est.*» En el mismo sentido se pronuncian Africano (17 D. 16, 1) y Juliano (5 § 5 D. 24, 1).

Pero esta doctrina no se da cuenta exactamente de la estructura del *negotium mixtura cum donatione,* y lo confunde con el simulado. Más exacta es la opinión de Neracio, que sigue Pomponio. Copiemos la L. 5, § 5 D. 24, 1: «Venditionem donationis causa inter virum et uxorem factam *nullius esse momenti,* si modo cum animum maritus vendendi non haberet, idcirco venditionem commentus est, ut donaret –(donación disimulada)–: enimvero si, cum animum vendendi haberet, ex praetio ei remisit, *venditionem quidem valere, remissionem autem hactenus non valere, quatenus facta est locupletior.*» Y como resultado de este fallo, tenemos la particularidad de que, siendo la venta parcialmente nula, el marido se hace copropietario con la mujer en aquella parte de cosa para la cual no se estipuló una equivalencia justa en el precio (31, § 3 D. *eod.).*

2° *Locatio donationis causa.*- «Si quis conduxerit *nummo uno,* conductio nulla est, quia et hoc *donationis instar,* inducit» (46 D. 19, 2). Así también el frag. 10, § 2 D. 41, 2.

Sin embargo, esta concepción, según la cual debe estimarse que tanto el arrendamiento como la venta hechos por un precio irrisorio son simulados, no es justa sino desde el punto de vista económico, porque jurídicamente existe siempre un negocio mixto en que prepondera la donación. No puede, en efecto, ponerse en duda que, cuando menos, el *nummus unus* ha sido objeto de acuerdo entre las partes. Pero es lo cierto que, atendiendo con preferencia al resultado práctico del negocio y a la intención de las partes, los juristas romanos prescindían de aquella pequeña parte de precio que se había convenido, para extender a todo el negocio el carácter predominante de liberalidad. Conforme con esta concepción inexacta, Papiniano decide que una donación de tal naturaleza entre cónyuges debe ser nula. «Si vir uxori *donationis causa* rem *vilius* locaverit, locatio nulla est» (52 D. 24, 1).

3° *Societas donationis causa.*- «Si quis societatem *per donationem* mortis causa inierit, dicendum est *nullam societatem esse»* (35, § 5 D. 39, 6). En este caso, la ineficacia se hace depender de la circunstancia de que al contrato de sociedad repugna el carácter de donación, y no se toma para nada en cuenta la incapacidad de los contratantes para recibir. «Donationis causa societas recte non contrahitur» (5, § 1 D. 17, 2). Y claro está que si la donación bajo la forma de sociedad es nula entre extraños, tanto y más habrá de serlo entre marido y mujer (32, § 24 D. 25, 1).

4° *Aestimatio donationis causa.*- «Si res aestimata post contractum matrimonium *donationis causa* approbetur, nulla est aestimatio» (12 D. 23, 2). Aquí tenemos la hipótesis de la donación entre cónyuges encubierta bajo la forma de una estimación exagerada de los bienes de la dote aportada por la mujer, con la consecuencia de la obligación del marido de restituir mayor valor al disolverse el matrimonio. Por eso se establece la nulidad. Análogo es el caso de una.

5° *Confessio dotis donationis causa.*- «Multum interest, si ea quae donat vir futurus tradiderit uxori et postea in dotem acceperit, an vero *donandi animo* dotem auxerit, *ut videatur accepisse,* quod non accepit: priore enim casu donatio non impeditur, posteriore autem, *nihil actum est donatione,* et quod in dotem non est: non potest repeti» (1 C. 5, 3). La diferencia está clara. En el primer caso, la donación, anterior al matrimonio, está permitida; en el segundo, la declaración falsa con que se pretende aumentar la dote, *animo donandi,* es nula.

6° *Confessio prohibitae donationis, donationis causa.*- En la L. 7 C. 4, 38, se contiene un caso elegante de simulación: «Si ancillam ex emptione sibi quaesitam, mater tua donatione a secundo marito postea *se simulaverit accepisse,* titoli falsi figmentum dominium ei duplicare aut auferre non potuit.» La mujer que ha comprado, efectivamente, una esclava, declara con engaño haberla recibido en donación del marido, y, como la donación entre cónyuges resulta nula, da, por ese procedimiento, al marido el derecho de reclamar la esclava y obtener una liberalidad de modo indirecto.

7° *Venditio transactionis causa.*- «Cum ea quae *transactionis causa* dari aut retineri convenit, *velut emptorem* eumquem accipere placuerat obtinere praescribitur, his quae simulate geruntur pro infectis habitis frustra ficti praetii postulatur numeratio» (21 C. 2, 4). En realidad, se ha llevado a cabo una transacción, pero se finge que lo que se da con tal objeto se entrega a título de venta; mas no por ello el vendedor aparente podrá reclamar el precio de la venta fingida.

8° *Venditio pignoris causa.*- «Emptione *pignoiis causa* facta, non quod scriptum, sed quod gestum est inspicitur» (3 C. 4, 22). Por eso, una vez descubierta la simulación, el deudor podrá reclamar el fundo con la *actio pignoraticia.* Téngase presente que muchas veces, en este caso, se trata, no de una enajenación simulada, sino de una enajenación fiduciaria para fines de garantía.

9° Por último, vamos a recordar algunos casos en que la simulación se emplea para eludir un precepto legal o para ocultar su violación. Para eludir la *lex Julia et Papia Poppaea,* que limitaba la capacidad de los *coelibes* y los *orbi* para recibir a título de legado, el testador declaraba falsamente en el testamento ser deudor del incapaz por mutuo, depósito o servicios prestados (27 D. 22, 3; 37, § 6 D. *de leg.,* III). Para huir el rigor de la *lex Anastasiana,* que prohibía el comercio de los derechos litigiosos, se recurría a una *donatio venditionis causa;* es decir, que la cesión se disimulaba bajo la forma de donación, o bien se hacía una cesión en parte onerosa y en parte gratuita. «Sed cum hi, invenientes machinationem *ut paitem* quidem debiti *venditionis titulo* transferant in alium creditores, reliquam autem partem *per coloratam cedant* donationem, generaliter Anastasianae constituni subvenientes sancimus, nulli licere», etc. (27 C. 4, 35). «Sed et si quis *donationem quidem omnis debiti facere-adsimulaverit»* (27 § 1 C. *eod.).*

13. Como forma especial del negocio simulado aparece el que se realiza con interposición de persona. El engaño consiste entonces en que comparezca un contratante distinto de aquel que entra realmente en la relación jurídica. Se llamaba persona *interposita, supposita* o *subiecta,* aquella que se colocaba entre los verdaderos contratantes, obrando por cuenta de uno de ellos. Esta doctrina es, sin embargo, bastante complicada y requiere algunas aclaraciones. Hay que rechazar ante todo la opinión de Scheiff, el cual sostiene que no puede hablarse de simulación cuando en «1 contrato figuran personas distintas de los verdaderos contratantes, porque al hacerlo así se olvida la doctrina romana de la representación. La verdad es que, a veces, la persona interpuesta es un representante y que bajo aquella denominación se reúnen varias figuras jurídicas que precisa distinguir con claridad. Bechmann[5] cree que en las Fuentes -reuniendo los varios elementos de las mismas- pueden distinguirse cuatro casos de interposición, a saber: 1.°, la persona interpuesta contrata en su propio nombre, sin tener interés en el negocio; 2.°, le falta una intención seria de contratar; 3.°, obra con representación directa, y 4.°, se interpone como contratante ficticio, porque el verdadero no quiere ser conocido.

Forrer[6] reduce estos casos a tres: el obrar por persona interpuesta *in fraudem legis,* el obrar por persona interpuesta lícitamente y el obrar por persona interpuesta como caso especial característico de negocio simulado.

A mí me parece que la doctrina puede simplificarse más reduciendo a dos los tipos de interposición:

Interposición *real* (lícita o fraudulenta);

Interposición *simulada.*

En el primer caso, la persona interpuesta interviene en el negocio jurídico como *verdadero contratante* y adquiere los dere-

---

5 *Der Kauf,* II, pág. 291, nota 3.

6 *Simulation und Mentalr.,* pág. 79.

chos y obligaciones del contrato, aun cuando, fiduciariamente, esté obligado a traspasar a otro el contenido de los derechos adquiridos. Sólo en sentido económico puede decirse que dicha persona no tiene interés y permanece extraña a la relación establecida, pues *jurídicamente* será siempre una parte contratante, y esta situación no se modificará aunque se pruebe que obró por cuenta de otro. En tal caso, no es posible que el verdadero interesado substituya a la persona; pero puede existir una *transmisión de los efectos jurídicos del contrato,* que sólo desde el punto de vista del derecho de obligaciones se impone a la persona interpuesta. Y si ésta la rechaza, violando su compromiso de consentir la transferencia, su situación jurídica resultante del contrato en que se interpuso es inatacable: permanece siempre en su condición de propietario y acreedor, y está obligada tan sólo al resarcimiento de los perjuicios.

La figura del testaferro es muy distinta. El testaferro no interviene realmente en la relación; es un contratante fingido, aparente, imaginario, en lugar del cual y detrás de él se encuentra el verdadero contratante, que permanece escondido. Los efectos jurídicos recaen desde un principio sobre este contratante oculto; el otro, la persona interpuesta, es un fantoche, un hombre de paja, un simple medio para el engaño. No adquiere derecho ni contrae obligación, y, una vez descubierta la simulación, su figura se disuelve sin dejar huellas; en su lugar *se substituye* desde un principio el verdadero contratante, que permaneció entre bastidores. No existe, como en el primer caso, una transmisión indirecta o mediata de la persona interpuesta al verdadero interesado, sino que la adquisición se realiza directa e inmediatamente *para* el patrimonio del contratante oculto.

Los casos de interposición de persona que se encuentran en las Fuentes deben agruparse con separación, siguiendo esa doble categoría. A la primera de ellas pertenecen con toda seguridad los casos citados en los fragmentos 5, 5 § 2, 11 § 6-8 D. 24, 1; 3 § 9 D. 24, 1; 5 § 3 D. 26, 8; 9 D. 27, 9; 4 D. 39, 5; 46 § 2 D. 49, 14; 26 § 5 C. 4, 32; 6 C. 5, 6; 2 C. 10, 34, etc., etc.

Pero los casos que más nos interesan son los de la segunda categoría. Aplicando el concepto según el cual no debe estarse a la apariencia, sino a la realidad, los juristas romanos establecían el principio siguiente: *Si quis gestum a se fecerit alium agisse scribi, plus actum quam scriptum valet* (3 C. 4, 22). Veamos ahora algún ejemplo de esta forma jurídica.

La L. 2 C. 4, 22 recuerda una adquisición por persona interpuesta: «Acta simulata *vel non ipse sed cius uxor* conparaverit, veritatis substantiam mutare non possunt.» Así, también la ley 6, § 2 C. 4, 50: «*Quod* si emisti *quidem tu* et tibi tradita possessio est, *tantum autem nomen instrumento uxoris quondam tunc scriptum est,* res gesta potior quam scriptura habetur.»

En la L. 6 C. 5, 15 se habla de un depósito *por persona interpuesta:* «Etiamsi *uxoris tuae nomine* res quae *tui iuris* fuerunt depositae sunt, causa proprietatis ea ratione mutari non potuit.» Otro caso de interposición de persona con simulación se encuentra en la L. 10, § 1-3 C. 8, 27. El acreedor con prenda no puede adquirir la cosa empeñada, ni por sí ni por persona interpuesta. Si compra por medio de un adquirente fingido, la enajenación no se realiza, a causa de la prohibición legal: «Et qui *sub imagine alterius personae* quam supposuerat, iugiter tenet, cum sibi negotium gerat, *alienasse non videtur*» (§ 2). «Si igitur poteris evidentibus probationibus monstrare creditorem *per suppositam imaginarii emptoris personam* semper possesionem tenuisse», etc.

Llamo especialmente la atención sobre dos frases de estos fragmentos, que graban profundamente el carácter de] testaferro, a saber: es una *imago* del verdadero contratante, un reflejo de una persona, e interviene en el negocio como contratante *imaginarius.*

DERECHO INTERMEDIO

14. Conviene ahora que hagamos una reseña de toda la literatura jurídica antigua, para seguir así paso a paso el concepto de la simulación a través del derecho intermedio, es decir, en la larga serie de glosadores, comentaristas, *decisionistas*[7], etc., de los distintos siglos. Con ello podremos darnos cuenta de la evolu-

---

[7] Conservamos la palabra, con la cual se quiere indicar a los autores de *Decisiones,* como asimismo la de *consilistas* –autores de *Consilia*–. (Noa de los traductores).

ción gradual del concepto y de las nuevas aplicaciones del mismo que han venido a madurar y completar la doctrina. Este período histórico ofrece extraordinario interés para el estudioso, pues su examen nos dará la preparación necesaria para comprender el derecho actual sobre la materia, advirtiéndonos en esa larga elaboración diferencias profundas, que parecerían inexplicables o quedarían inobservadas si no parásemos mientes en los diversos factores y elementos históricos que han contribuido a determinarlas. Y comenzamos esta investigación con gusto y atención tanto mayores cuanto que hasta ahora nadie la ha emprendido, y nos movemos, por lo mismo, en un terreno virgen e inexplorado.

Glosadores.- Los datos contenidos en la Glosa de Acursio -que resume toda la labor exegética de los glosadores precedentes- son escasos y fragmentarios. Respecto a la simulación absoluta, se nota la ausencia completa de efectos jurídicos: «Si fingam vendere cum non vendam, talis dicitur nuda venditio, *unde non valet et pro non íacta habetur, neque intelligitur res ex tale venditione alienata*»[8]. En cuanto a la simulación relativa, encontramos más aclaraciones. En el mismo epígrafe del título *Plus valere*, del Código, aparece como encabezamiento el principio siguiente: *Veritas praevalet scripturae et simulationi*, del cual se siguen diversas consecuencias. Si se simula una donación bajo la forma de una venta, esta última es la que vale, porque *licet verbis emptionem exprimant corde tamen aliud sapiunt*[9]. Si se fija un precio *donationis causa non exacturus*, la venta es nula; pero «secus si poneret exacturus et postea remitteret» -o, lo que es igual, si tuvo ánimo de exigir el precio y lo perdonó luego-, la venta vale. Y aún se presenta otra cuestión: ¿Qué sucederá si el vendedor tenía intención de no exigir el precio, pero la otra parte ignoraba semejante propósito, no manifestado por aquél? A ello se contesta: *uterque alteri obligatur licet enim tibi proposui donare, non tamen donavi*, en donde se distingue con exactitud entre los efectos de la simulación y de la reserva mental[10]. En cambio, no

---

[8] Ad. leg. 55 Dig. *de contr. empt.*, 18, 1.

[9] Ad. leg., Cod., 4, 38, gloss. *Substantia.*

[10] Ad. leg. 36 Dig., 18, 1.

se concibe con precisión la persona interpuesta, y prueba de ello que Accursio explica las palabras *eum interposuit,* del fragmento 5, § 2 D. 24, 1, *scilicet procuratorem ad recipiendum donum;* con lo cual el testaferro aparece como mandatario del *dominus.* En la *Glossa* encontramos ya una novedad: una especie distinta de simulación relativa, que luego ha sido aceptada por los autores. Discurriendo sobre el fr. 4, § 2 D. 40, I, se dice que un contrato es también simulado *quando parvo tempore sit duraturus,* opinión evidentemente errónea, por cuanto en tales hipótesis existe solamente un negocio de carácter fiduciario.

Azo[11] nos ofrece después una primera clasificación de las varias formas de simular en fraude de la ley: «Fit fraus legi quandoque *de re ad rem,* quandoque *de contráctil ad contractual alterum,* quandoque *de contracta ad contractum eundem.* Et in omnibus talis *magis spectamus veritatem ut praevalet falsitati quod vere actum est.»*

Este período, muy apegado a los textos romanos, no pudo dar un desarrollo substantivo e independiente a la teoría de la simulación, como tampoco a las otras doctrinas jurídicas. En él encontramos solamente algún germen que habrá de ser fecundado más adelante y que hemos indicado ya; por lo cual consideramos inútil detenernos más en los juristas de esta época y pasamos a los de los siglos posteriores.

15. *Comentaristas de los siglos XIV y XV.-* Esta escuela es muy importante, desde el punto de vista de la evolución jurídica, porque, al satisfacer las necesidades de la práctica, tiende a poner en contacto el Derecho romano con el canónico, el feudal y el estatutario, y en esta obra de adaptación consigue a menudo ensanchar y transformar las instituciones jurídicas.

Alberico[12] trata principalmente la cuestión desde el punto de vista teórico. Se pregunta: *an simulatio sit peccatum?* Y entiende que sí lo es, puesto que la simulación *proprie est mendacinm in exteriorum factorum signis consistens.* Distingue la simulación de la

---

11 SUMMA ad. tit. *Plus valere,* n. 1 y 2, pág. 91 (Lugd.. 1564).

12 *Dictionaire iuris civilis,* sub. v. *Simulatio* (Venet., 1581).

hipocresía, y divide la simulación en *buena* y *mala,* etcétera. Notaremos tan sólo un principio jurídico que este comentarista señaló por primera vez con fina intuición, a saber: que la simulación no puede oponerse a los terceros de buena fe, los cuales no deben sufrir perjuicio alguno por los engaños ocultos de los contratantes: *Nulli praeiudicat dolosa simulatio.*

En Bartolo[13] encontramos un estudio jurídico muy extenso de la simulación.

Enumera cuatro especies de simulación: 1.ª, *quandoque eliquid agi simulatur et tune in veritate nihil agitui,* y entonces, sin duda alguna, no vale lo que se hace ni lo que se simula; 2.», *quandoque unum agitur et aliud agi simulatur,* y entonces, lo que en realidad se hace, vale, si es lícito jurídicamente; 3.ª, *quandoque illud quod agitur non valet,* y entonces el acto es nulo, y 4.ª, *quandoque illud quod agitur est invalidum eo modo quo agitur ser validum corto modo,* ut in 1. Lucius Titius.

La última especie no se aplica, sin embargo, a la materia de la simulación, porque, como resulta del fragmento citado (24 D. 16, 1), se trata allí de interpretar un contrato nombrado con error, lo cual destierra el *animus simulandi.*

Baldo[14] es más preciso. Graba la idea del negocio simulado con la célebre frase: *sicut corpus sine spiritu, quia consensus est remotus,* y hace una brillante aplicación de su concepto a la falta de efectos del negocio mismo. «Quaero: numquid in contractu simulato transeat possessio? Resp.: *tune non transferi,* cum *simulans remanet dominus, ut prius, rei suae.»* Y más adelante: *Non tenet praecarium neque pignus.* Nos define la simulación en los términos siguientes: «Simulatio est *machinado quaedam per quam aliud exterius ostenditur a partibus aliud vero intenditur intrinsecus*»[15]. En cuanto a la simulación relativa, empieza por establecer que un escrito puede contener la verdad e incluir una mentira, y contener lo no verdadero. Ejemplo del primer caso es un reconocimiento de deuda que no existe, en donde es verdadero el hecho de la confesión

[13] *In sec. Dig. Vet. partem,* ad. leg. 24, 1, 16 tít. 1, pág. 98 (Venet., 1565).
[14] In Codicem Comm. ad tit. Plus valere, I, 1 y 2, pág. 64 (Venet., 1586).
[15] Op. cit., ad. leg. 18 C., *de probation.*

y falso el contenido de ésta. La escritura puede contener lo no verdadero de tres maneras: *per erroris interventionem propter falsi fabricationem, per simulationem.* La simulación, a su vez, se subdivide en otros tres casos, según que el contratante quiera mostrar cosa distinta de la que en realidad se propone, o de aquello que en otra ocasión quiso realizar, o, finalmente, de lo que otra persona ha hecho. Aun aceptando esta división, no se comprende el valor de la distinción primera con motivo de una escritura verdadera que contiene mentiras, caso que también cabe dentro del concepto de simulación. Nótese cómo Baldo precisa el concepto de la simulación, distinguiéndolo del de la falsedad: *aliud est falsum aliud simulatum.* Finalmente, propone la cuestión de si el contrato simulado *firmetur iuramento,* decidiéndose por la negativa, y se ocupa de la prueba de la simulación y otras materias secundarias.

Sin duda que en esta fase histórica la materia de la simulación adquiere gran interés, porque la práctica la emplea mucho, sobre todo, para huir así las prohibiciones relacionadas con la usura, como las enormes cargas fiscales que pesan sobre los particulares, como, finalmente, el peligro de las confiscaciones. El mismo Baldo dice: «materia simulationis *est utilis et quotidiana.*»

Ancharano[16] añade algunas aclaraciones sobre este particular. Refiriéndose a las varias clases de simulación, entre ellas cuando «contractus apparenter fit, ex mente autem contrahentium nil agitur», dice que esto sucede frecuentemente por varios motivos: «puta *cum aliquis timet tyrannum vel propter fugienda onera communis vel ut fraudet creditores praesentes vel futuros*». En cuanto a la impugnación del acto simulado, observa que no puede intentarla el mismo contratante, «quod allegatio *continet inhonestam professionem, unde non debet audiri*», pero sí los terceros, por los cuales *procul dubio allegari potest.*

Paolo Castrensis[17], sustenta la misma opinión: «Ipse contrahens non potest hoc allegare, quod fuerit contractum simulatum in fraudem alterius, *quia allegaret turpitudinem* suam.»

---

16 *Consilia,* n. *226* (Venet., 1575).
17 *Super Codicem* ad. tit. *plus valere,* pág. 199 (Venet., 1575).

Ni aun el mismo heredero del contratante, a no ser que hubiera sufrido perjuicio en su legítima. Paolo de Castro se propone, entre otras, la cuestión de si un marido que no se inscribió en el censo de ciudadanos, y que, por ello, no puede adquirir bienes inmuebles con arreglo a los estatutos, podrá llegar al mismo fin valiéndose de su mujer, inscrita en debida forma. Y se decide por la afirmativa, encontrando una desviación de la regla contenida en la L. 2, C. *plus valere*. «Contrarium servatur, quia cessat ratio prohibitionis», ya que de tal manera no se defraudan los derechos fiscales del Municipio, pues «ista emtio *radicatur* in illius persona, et *sic non censetur nomen uxoris dumtaxat accomodatum in instrumento*». Nótese la claridad con que distingue la interposición real, mediante la que un derecho arraiga en la persona interpuesta, del caso en que no se hace más que prestar el nombre. Otra cuestión, relativa también al derecho estatutario, es la siguiente: «Statutum dicit quod contra instrumentum guarentigiatum nulla exceptio admittatur»; y, en su consecuencia, ¿quedará excluida también la excepción de simulación? Decide que aquella norma no contiene obstáculo para la excepción de simulación, pues por ella se demuestra la inexistencia del instrumento con garantía. La impugnación de los actos simulados ha de admitirse siempre para combatir los fraudes, y no debe ser eficaz ni la misma renuncia escrita en el contrato simulado, ni siquiera el juramento.

En los *consilistas* Tartagna y Decio se encuentran varias aplicaciones de contratos simulados de carácter usurario. El contrato que en este período atrae más la atención de los estudiosos, por su gran difusión, es la venta *cum pacto de retiovendendo*. Tartagna[18] dice que no puede afirmarse la existencia de la simulación sólo porque medie dicho pacto y el precio sea injusto; se precisa, además, la concurrencia de otras conjeturas. Ni aun basta el hecho *quod venditor remansit in possessione*. En cambio, las cláusulas no acostumbradas contenidas en el *contrato inducunt suspicionem simulationis*. Decio[19], ocupándose de la misma cuestión, dice que la sospecha nacida de la circunstancia de que el enajenante conti-

---

[18] *Consilia*, lib. V, cons. 28, n. 4, 10, 12 (Venet., 1583).
[19] *Consilia*, n. 443 *y* 463 (Venet., 1575).

núe en posesión del fundo enajenado se destruye *si venditor respondet emptori de fructibus.* Por el contrario, deberá suponerse la simulación *si ipse percepit íructus et commoditates.* Y después recuerda que cuando se impugna un acto público, a fin de que *recedatur a contracto illo solemniter celebrato,* se necesitan *probationes efficaciores.*

Socino[20] merece una atención especial. Refiere el caso interesante de una donación hecha por un tal Bianco a un hermano suyo, sacerdote, don Nicolás, y se propone resolver las cuestiones siguientes: 1°, si la donación es simulada y de qué clase; 2°, si la donación transfirió el domino de los bienes; 3°, si el donante podrá alegar en todo caso la simulación, y 4°, si la simulación puede alegarse también contra el tercero de buena fe que adquiera del donatario a título oneroso.

En cuanto a la primera dificultad, comienza con la premisa de que el contrato contenido en un instrumento debe, a *priori,* reputarse sincero, a no ser que, por conjeturas verosímiles, se demuestre lo contrario. En el caso especial de que se ocupa, induce la simulación de la liberalidad por indicios numerosos, que analiza con gran agudeza y que habremos de pasar por alto. Dice que esta simulación es de aquellas en que se finge realizar un acto y, en realidad, no se hace nada: *licet habeat figuram instrumenti, nihil est, cum effectu careat.*

Y, una vez admitida la simulación absoluta del negocio, decide con justeza que «ex isto contractu nullo et simulato *nullum fuit translatum dominium*». Y llegamos al problema de si puede oponerse la simulación al donatario. Para resolverlo, Socino hace un largo razonamiento, distinguiendo los casos según que la persona que alega la simulación se funde o no en la propia *turpitudo* -con motivo de lo cual incurre en un cierto equívoco y confunde los actos simulados y los fraudulentos-, y decide, en consecuencia, que el donante puede oponer la simulación e intentar la reivindicación, porque no se funda en un acto torpe suyo, sino en su falta de consentimiento.

---

20 BARTH. SOCINI, *Consilia,* II. n. 264 (1545).

Muy grave aparecía el último problema -el de si podía oponerse la simulación a los terceros de buena fe-; pero Socino desciende con rigurosa lógica a la consecuencia afirmativa. Dice que la *exceptio simulationis* «non officeret neque respiceret personam sed *obligationem*», y que, por ello, la obligación pasa al adquirente o cesionario con el vicio que la afecta.

Hace notar, sin embargo, que otro escritores, como Paolo de Castro y Angelo degli Ubaldi, entienden que la simulación no puede oponerse al tercero, porque no fue partícipe en el fraude.

Debemos recordar también a Jason del Mayno[21], cuya fama proviene, no tanto de haber aportado a la doctrina principios nuevos, cuanto del relieve que dio al concepto de la simulación con imágenes vivas e impresionantes. «Simulatio appellatur *imago quae habet superficiam veri sed non medullam.* Simulata donatio dicitur *colorata seu depicta,* quae extrinsecus habet aliquid, *sed intrinsecus non habet substantiam.*»

Este período termina con Barth. Cepolla[22], el autor de la primera monografía sobre nuestro asunto. Se ocupa de un contrato simulado muy frecuente en su época, como dijimos antes: el contrato pignoraticio. El mismo hace notar que *«multi et infiniti* pene contractus huiusmodi celebrati sunt in civitate Varonae *ac etiam quotidie celebrantur».*

De ahí el gran interés práctico de la cuestión: saber si se trataba de un contrato válido o de un mutuo con prenda. No he de traer a este lugar la extensa discusión, farragosa y pesada, que el autor desenvuelve con tal motivo; toda ella entretejida de distinciones, subdivisiones y limitaciones, según el método escolástico. Pero no se crea que todo es lastre en este folleto; el análisis sutil de las conjeturas de simulación revela un exquisito sentido: práctico y gran experiencia, y así la lectura puede resultar de gran interés aun para los modernos.

Para ilustrar este período hay que tener en cuenta, además, otras clases de contratos usurarios que utilizaron la simulación para

---

21 *In primam Cod. Partem Comm. ad tit. «de transact.» y Consilia,* n. 170.

22 Barth, Caepolla, *De contractibus emptionum et locationum cum pacto de retrovendendo simulati* (Varii tractatus, Venet., 1571).

ocultarse o que, para lograr su objeto, pidieron prestadas sus formas a otras instituciones jurídicas. Puede decirse que todo el desarrollo de la teoría de la simulación en este período se debe al esfuerzo de los particulares para eludir la prohibición de la usura, y que el contrato de prenda no era más que una forma, quizá la más usual, para ocultar el préstamo con interés. Debemos advertir, sin embargo, que, a pesar de que los autores hablan genéricamente de simulación en todos esos casos, muchas veces se trata de negocios reales de carácter fraudulento y en alguna ocasión de una simple denominación falsa del contrato realizado.

Tomaré estos casos de dos tratadistas sobre la materia, Leotardi[23] y Lupi[24], enemigos encarnizados de la usura y cuyas ideas debemos recordar a título de curiosidad.

La fantasía exaltada de estos escritores se manifiesta, no sólo en imprecaciones furiosas contra la usura, sino también en parangones tan crueles y espantosos, que a veces resultan grotescos. Se dice: *«usura est bellua quaedam quae semper currit et omni hora pecuniam parit; ut enim serpens mordet ita usura vivos devorat debitores, usura latet velut anguis in herma et inopes su o veneno trucidat.»* En otro lugar se afirma que la usura es el parto resultante de la fornicación de la avaricia con la iniquidad.

Vengamos ahora a las varias artes a que se acudía para estipular intereses, eludiendo las fulminaciones de las leyes canónicas. Ya se llevaba a cabo un contrato de depósito de dinero otorgando al depositario la facultad de servirse de él, si bien con la obligación de devolver algo más por razón de mora; ya el arrendamiento de un fundo, estipulando una merced mayor para compensar los intereses de un mutuo gratuito contratado simultáneamente; ya se fingía una *datio in solutum,* en lugar de una prenda, para dar al acreedor una manera de percibir los frutos de la cosa; ya un contrato de cambio en que no había un encargo real de trasladar el dinero, asignándose la compensación por el goce del capital recibido; ya, finalmente, una anticresis con la cual se autorizaba al deudor a percibir los frutos en especie.

---

23 *De usuris et contract. usurat. cöercendis* (Lugd., 1662).

24 *De usuris et commerc. illicitis* (Venet., 1582).

Pero las figuras más típicas son el contrato de *mohatra,* la *compra de censos* y el *contrato trino.* El primero consistía en una venta a plazo que el mutuante hacía al mutuario de un objeto, seguida casi inmediatamente de la reventa por un precio menor, que se pagaba al contado; y en este contrato la diferencia de los precios representaba el interés del mutuo realmente consentido por las partes. Así, *A* vendía a *B,* a crédito, y por precio de 5.000, ciertos muebles, que el adquirente revendía al vendedor por precio de 4.000 entregado de presente, quedando deudor del exceso en virtud del primer contrato. Otro medio era la compra de censos. Censo era el derecho de recibir una renta anual; se llamaba *personal* o *real,* según que la obligación pesara sobre el deudor o sobre un fundo de su propiedad, y se distinguía en *reservativo y consignativo,* según que el propietario de un fundo transmitiera éste reservándose el derecho a la renta, o conservara el fundo obligándose a pagar la renta a otra persona.

El fraude se urdía algunas veces mediante la compra de un censo consignativo. *A* vendía un censo que pesaba sobre su fundo, reservándose el derecho de redimirlo. El precio recibido era el capital que tomaba en préstamo, y el censo representaba el interés. 'Rescatando más tarde el censo, se restituía la suma recibida y el deudor se libraba de la obligación. Este contrato se compara por Lupi «instar pallii seu clypei pro subterfugiendis usuris»[25].

Finalmente, el *contractus trinus* se denominaba de esta suerte por resultar de la combinación de tres contratos:

1° «*A* entraba en sociedad con *B,* aportando uno el dinero y otro el trabajo.

2° *B, receptor pecuniae,* aseguraba el capital recibido contra los riesgos de la empresa, tomando éstos a su cargo;

3° ° Y, además, *B* hacía un tercer contrato *-assicurationis lucri-*, en el cual garantizaba a su socio una utilidad determinada.

Por último, debo hacer notar que Leotardi, en su estilo cálido y lleno de imágenes, compara los contratos simulados *«veluti fu-*

[25] Op. cit., *Comm.,* II, § 2, n, 62.

gaces et inanes inferorum umbrae», «veluti picarum voces vanae denique litterae et praeterea nihil»[26].

16. *Renovación de los estudios jurídicos y doctrina italiana del siglo XVI.*- Con el Renacimiento surge también en el estudio del Derecho un movimiento nuevo, en que se abandonan los métodos escolásticos, se vuelve a las Fuentes, la interpretación se hace más científica a la luz de la Historia y la Filología, y la exposición es más clara, más desenvuelta, más vigorosa.

Se comprende, sin embargo, que la teoría de la simulación no podía esperar nada de esta regeneración de la doctrina jurídica, por cuanto la vuelta a los principios puros del Derecho romano no representaba para ella sino un retroceso al punto de partida, una parada en su evolución. A esto obedece el que los escritores de esta escuela no nos enseñen nada nuevo y, en general, se limiten a indicaciones breves y fugaces.

Alciato calla sobre la materia; Cujas, en sus obras, tan voluminosas como preciadas, sólo una vez indica algo, observando que *rerum veritas non potest labefactari scriptura simulata*[27]; Duareno aporta algunas noticias de pasada y de escaso interés[28]; y Donello, que es el que habla más de la materia, sumergido en la contemplación del Derecho romano, cae en confusiones en que n habían incurrido sus contemporáneos[29]. Y, en efecto, concibe la simulación como una *afirmación unilateral falsa,* tal como se emplea la palabra en la definición del dolo de Servio y Labeon, y, en su consecuencia, distingue una simulación *verbal* (fallacia) y una simulación *real* (machinatio). Además, confunde la simulación con la falsedad. «Instrumentum falsum esse, in quo de sententia contrahentium *aliud scriptum et simulatum est quam revera gestum.*» En su *Commentario iuris civilis*[30] da una idea exacta de los contratos simulados, diciendo «*imaginem et speciem* contractus prae se ferunt, sed *hanc dumtaxat;* re autem non sunt contractus». Respec-

---

[26] Op. cit., quaest. VII, n. 37, pág. 33; quaest. VIII, n. 9.
[27] CUJAII, *Opera,* IX, pág. 291 (Neap., 1758).
[28] DUARENI, *Opera ad tit. «Plus valere»,* pág. 278 (Lugd., 1579).
[29] DONELLI, VII, *ad tit. «Plus valere»,* pág. 1.366 (Lucae, 1765).
[30] Lib. XII, cap. VII.

to de los motivos de la validez del negocio oculto bajo la simulación, hace también observaciones muy interesantes. Defiende la eficacia del negocio oculto, porque, a su juicio, no importa que los contratantes hayan afirmado una mentira con la cual no pueden cambiar la verdad ni borrar lo que realmente haya ocurrido. No cabe oponer a esto que hay que atenerse a lo convenido, porque el acuerdo de las partes existió sólo en cuanto a la *declaración* del acto ficticio, no en *quererlo,* y la convención no obliga más allá de sus límites. Ni, finalmente, importa que lo que se concluyó realmente no figure en título alguno, porque también *sine instrumentis valet quod gestum est.*

Pero tal vez sea más interesante para nuestro objeto el examen de todos los *decisionistas* y *consilistas* que pululan por doquier en este período y que en su trabajo obscuro de adaptación del Derecho a las exigencias de la vida y de la práctica, hacen una elaboración fecunda de los materiales jurídicos. Recordaremos tan sólo aquellos que merecen ser recordados especialmente desde nuestro punto de vista:

Natta[31], Ruino[32] y Parisio[33] se ocupan de la prueba de la simulación y, sobre todo, de las conjeturas e indicios que hacen presumir su existencia[34].

Cefalo[35] dice que la excepción dura siempre *et quandocumque opponi potest;* y, además, nos advierte que «suspicio simulationis *purgatur per qualitatem personae*» y no debe considerarse admisible cuando interviene un noble, opinión que más tarde vuelve a sostener Deciano[36], reforzándola y excluyendo en absoluto la simulación cuando en el contrato interviene el Príncipe.

Rolandus del Valle[37] declara que es opinión común de los doctores, en cuanto al juramento confirmatorio del contrato si-

---

31 *Consilia,* nn. 198 y 628 (Venet., 1571).
32 *Consilia,* IV, n. 132 (Venet., 1570).
33 *Consilia,* n. 55 (Venet., 1570).
34 Así, también, PURPURATI, *Consilia,* 358, 478 (Venet., 1578), y CRAVETTA, *Consilia,* 145. 156 (Venet., 1575).
35 *Consilia,* 163, ns. 21 y 325 (Venet., 1629).
36 *Responsarum,* vol. I, resp. 2, n. 116 (Venet., 1579).
37 *Consilia,* n. 47 (Lugd., 1576).

mulado, que tal juramento es nulo *quia non habet consensum et dicitur carere anima;* Hondedeo[38] recuerda como forma de simulación *quando fit contractus modico tempore duraturus, ut quia cito sit facienda remissio;* y Beccio[39] dice que el instrumento público tiene a su favor las tres presunciones de ser verdadero, solemne y en consonancia con la voluntad de las partes, por lo cual sólo puede ser destruido *apertissimis et plenis probationibus.* Entre las conjeturas que excluyen la sospecha de simulación fiugura el *decretum iudicis,* con lo cual se sostiene que aquellos negocios jurídicos en que ha intervenido una autorización judicial son inatacables.

Este autor distingue con claridad la simulación y el fraude. «Et simulatus quidem est quando fingitur contractus *et re vere nihil fit.* Contractus autem in fraudem est, cum *fit quidem vere* sed in fraudem fisci vel alterius *et sunt necessariae actiones revocatoriae.»* En cambio, el contrato simulado es nulo *ipso iure, ut actio etiam mero iure non competit;* le falta substancia y ni siquiera merece el nombre de contrato: *est umbra sine effectu.* Y las cláusulas que el tal contrato contiene se consideran también simuladas e ineficaces.

Mateo de Afflictis y Baldo Perugino, en su tratado *De iure prothomiseos,* hablan de la simulación en fraude del *ius congrui,* en que la venta se disfraza bajo la forma de donación o de *datio in solutum*[40]. Finalmente, Menocchio[41] y Mascardo[42] se ocupan difusa y minuciosamente de la prueba de la simulación.

Después de este análisis podría parecer superfluo el acudir a los *reconcinnatores iuris,* o compiladores de misceláneas para la práctica, como Bertacchino y Sabello.

Sin embargo, no es inútil una breve ojeada. El primero[43] advierte que la simulación puede alegarse por los mismos contratantes y sus herederos, y que vicia incluso *sententiam* (!) *iuramentum*

---

38 *Consilia,* n. 46 (Venet., 1604).
39 *Consilia,* n. 52 (sin fecha ni lugar de impresión).
40 *Tract. de iure prothomiseos,* págs. 75 y sigs. (Venet., 1573).
41 *De praesumptionibus et coniecturis,* III, praes. 122 y 125 (Venet., 1597).
42 *De probationibus,* vól. I, concl. 557, y vol. III, concl. 1124 (Venet., 1584).
43 Bertacchini, *Repertorium iuris,* sub. v. *Simulatio* (Venet., 1577).

et transactionem. Después, nos da una noticia curiosa, a ber: que «simulatio Bononiensibus est naturalis et in usu». Sabello[44] distingue entre simulación y disimulo «quia dissimulatio celat quod est, simulatio autem quod non est indicat». Dice que para probar la simulación han de aducirse presunciones verosímiles y bastantes, y que el interés en librarse de las molestias de los acreedores es de por sí presunción *suficientísima.* Añade que la simulación puede alegarse, por vía de acción, durante treinta años y, por vía de excepción, perpetuamente. Puede aducirse por los mismos contratantes, pues lo que ellos alegan no es su propia *turpitudo, sed potius defectum consensus.* Finalmente nos hace saber por primera vez que la excepción de simulación no puede retrasar la ejecución del Fisco.

17. *Doctrina holandesa y alemana de los siglos XVII y XVIII.* Los escritores holandeses, secuaces y continuadores de la renovación jurídica inaugurada en Francia por Cujas, siguen el ejemplo de los autores de la escuela erudita, callando sobre la institución que nos ocupa o refiriéndose a ella de pasada. Así, Vinnio y Huber nada dicen respecto a la simulación -omisión notable, sobre todo en el primero, autor de un curso de instituciones-; Noodt indica algo, a propósito de las presunciones; y Voet hace también alguna manifestación sobre el particular, comparando la simulación con la ficción. «Fictionis non absimilis simulatio est quod fictiones iuris sunt et effectum in iure sortiuntur et simulationes hominum magis et effectu carere debent, ubi deteguntur»[45].

Es preciso llegar a los prácticos alemanes para encontrar tratada la materia con alguna amplitud; aunque, en realidad, esos escritores reflejan y copian en gran parte la doctrina italiana.

Brunemann[46] distingue la simulación en *desnuda* y *vestida.* Esta última es la simulación relativa, que puede ser de varias clases según se oculte la naturaleza del contrato, su contenido o los contratantes. Dice que el instrumento simulado no tiene la fuerza *ut rei veritatem convellat.*

---

44 *Summa divers, tractat.,* sub. v. *Simulatio* (Venet., 1697).

45 *Ad Pandectas,* III, lib. 22, tít. 3, n. 10 (Bassan., 1827).

46 *Ad Pandectas,* ad I. 55 D. 18, 1 y *ad Cod.,* tit. *Plus valere.*

Lauterbach[47] distingue el negocio *simulado* del negocio *disimulado,* diciendo que este último, de ordinario, debe considerarse como no realizado, si bien el acto que se ocultó tras él tiene la misma eficacia que si se hubiera practicado abierta y francamente: «illud vero, quod sub specie huiusmodi contractus agitur, eandem vim et effectum habet, *quam haberet si aperte fieret*».

Leyser[48] habla de un caso de interposición simulada para eludir el derecho de retracto. Como es sabido, algunos estatutos impedían a los extranjeros la adquisición de bienes, ya por contrato, ya por sucesión, y estos bienes se devolvían al Fisco y se llamaban *detractui obnoxios.* El extranjero, para escapar a tal rigor, acudía a la interposición de un ciudadano; siendo frecuente que el extranjero vendiera al ciudadano la herencia que le correspondía, para substraerla a la confiscación. Pero el remedio resultaba inútil, porque el derecho a detraer los bienes se consideraba como una hipoteca tácita que seguía a los bienes dondequiera que estuviesen, y el Fisco podía reivindicarlos aun contra los terceros de buena fe. He aquí, cómo se expresa Leyser: «Cives qui in civitate manent, detractui non esse obnoxios, sciunt omnes. *At aliquando hi cum peregrinis colludunt.* Exemplum tale esto. Peregrinus integram hereditatem sibi delatam, quam detractui obnoxiam scit, civi vendit. Hunc ergo magistratus suus de detractu interpellât. lile civem se esse et a detractu inmunem obtendit. Sed nihil proficiet. Competit fisco ubi propter alia onera publica etiam propter detractum hypotheca tacita, quae contra quemvis bonorum hereditariorum possessorem transit.»

Mas, para tener un cuadro completo de la teoría de la simulación en Alemania hay que acudir a las monografías que en este, tiempo florecen en las escuelas bajo la forma de discusiones doctorales. Se conocen tres monografías sobre la materia, que he tenido la suerte de poder consultar.

La primera de ellas es de Juncker[49]. Después de una introducción filosófica y teológica que no nos interesa, dice que existe simulación «cum aliud vel verbis vel factis ostenditur, quam revera

47 *Collegium thear. Pract.* Lib. XVII, tít. I, § 115 (Tubing., 1726).
48 *Med.it. ad Pandect.,* vol. VI, specim. 432.
49 CONR. JUNCKER, Disp. *De simulatione* (Altdorff., 1676).

intenditur». Es de advertir que este escritor considera también como simulación la declaración unilateral no verdadera y, con ello, confunde la simulación y el dolo. En efecto, distingue la simulación en *simplex* y *dúplex,* según que en el acuerdo fingido intervenga un solo contratante o intervengan los dos, cuando, en realidad, sólo en el segundo caso puede hablarse de simulación en sentido jurídico. Juncker distingue también la simulación en *bona et mala, personalis et realis.* Es personal, cuando alguno simula ser libre o mayor de edad: real, cuando mira al objeto mismo del contrato (!). Con un concepto tan amplio de la simulación no debe extrañarnos que, más adelante, hable de ella en relación con los testamentos, los testimonios, los delitos y las penas. Pero en toda esta mezcolanza se encuentran algunas ideas exactas cuando el autor se limita a los contratos simulados. Dice que el contrato simulado *est cadavei sine anima;* que la simulación puede darse *a persona ad personam, a re ad rem, a contractu ad contractum;* que es imposible renunciar a la excepción de simulación, etc., etc.

Viene luego la *disputatio* de Metzger[50], escrita en estilo prolijo y farragoso. Define el contrato simulado *conventio in speciem factam ad fallendum alterum, y,* la simulación, *inexistens aliqua et vitiosa qualitas in contractu;* entendiendo sin embargo que puede existir simulación por parte de uno solo de los contratantes. Después de una digresión relativa a las personas que pueden otorgar contratos simulados -personas que, naturalmente, son las mismas que tienen capacidad de contratar-, llega a un estudio más útil, cual es de los contratos en que puede existir simulación, aunque al hacerlo recuerde las donaciones, los pactos dótales, el mutuo, el depósito, etc., perdiéndose en disquisiciones que carecen de interés jurídico. Reconoce que el contrato simulado es nulo, como lo son igualmente sus accesorios, y que no tiene eficacia la renuncia a la excepción de nulidad aunque se haya confirmado con juramento; y, por último, discute los varios medios de prueba de la simulación. Concluye, enfáticamente, en estos términos: «Ubi est fides, ibi est lux, ubi fallaciae, ibi tenebrae. Ubi est veritas, ibi est consensio mentis: *Ubi est dissensus in consensu, ibi est simulatio».*

---

[50] ELIAS METZGER, *De contractu simulato* (Jenae, 1692).

La mejor entre todas estas *disputationes* es la de Junge[51], inserta en la *Exercitat, curiosar,* de Coccejo, al cual fue atribuida falsamente. Empieza definiendo la simulación como el acto por el cual se hace cosa distinta de la que se muestra; y la distingue de la mentira y la falsedad. Dice que la simulación *«est mediae naturae et in se indifferens* potestque non tantum iniustitia carere sed vitio et imperfectione»; y al llegar a este punto se refiere a la Sagrada Escritura citando el sacrificio de Abraham, etc., etc.

La simulación es de tres clases: 1.ª, «gestum non est quod simulabatur geri»; y, en este caso, el negocio es nulo, no tanto porque falta el consentimiento *sed quia omnis negotii et actionis substantia deficit;* 2.ª, «vere gestum est sed inter se clam testis id egere partes ut aut pro non gesto esse aut inde iterum recederetur.» En este caso, el acto realizado es válido a pesar de la simulación, que no puede destruir la verdad; por lo cual si se ha escrito cosa distinta de la que se realizó *«valet quod actum* cum substantia negotii *in gestione ipsa* non in scriptura consistit, quae probationis tantum gratia eccedit». Aquí, sin embargo, se estima que existe también simulación cuando el contrato debe resolverse pasado un cierto tiempo, siendo así que en realidad se trata de un negocio jurídico real, de carácter fiduciario; 3.ª, vere *gestum est sed aliud gestum fingitur:* y aquí también vale *quod vere gestum, y* no *quod simulatum.* Es el caso en que las partes simulan una permuta o una enfiteusis para encubrir una venta y excluir a un agnado del *ius congrui.* Los mismos principios rigen cuando se simula, no el negocio, sino la persona del otro contratante.

El negocio simulado no existe jurídicamente ni puede ser ratificado y las cláusulas accesorias *corruere necesse est.* La excepción de simulación «est *in rem* et datur etiam heredibus, fideiussoribus quin et succesoribus singularibus», y aun al mismo simulante, *a no ser que él solo conozca la simulación.* Finalmente, «exceptio simulationis *perpetua est,* falsumque omnino quod triginta annis, nedum breviore tempore, finiatur».

18. *Doctrina francesa de los siglos XVII y XVIII.*- Desde el siglo anterior, la doctrina francesa –que no había participado del movi-

---

[51] ANT. JUNGE, *De simulatione,* 1693 (COCCEIJ, *Exercit. curios.,* disp. 891).

miento renovador de los estudios jurídicos-, tomó un carácter local, fundiendo las leyes con las costumbres y tratando de reducir el derecho nacional a doctrina científica. Esta dirección fue iniciada en Francia por Dumoulin y Tiraqueau, los cuales sólo fragmentariamente se ocupan de nuestra institución. Dumoulin dice que el acto simulado es el no sincero, que la verdad vale más que la apariencia y que si el acto oculto se realiza en fraude de tercero o de la ley, es nulo[52]. La simulación sólo puede alegarse por el contratante en casos determinados y aun el mismo heredero podrá impugnar únicamente cuando el difunto hubiera podido hacerlo, a no ser que obrara por su propia cuenta, como para defender los derechos que la ley le reserva[53]. Finalmente, distingue la simulación de la falsedad, diciendo que no hace falta impugnar por falsedad un acto simulado. «Nec tenebitur arguere de falso, *quia aliud meium falsum, aliud simulatio*»[54].

Tiraqueau confunde la simulación con la reserva mental, diciendo que si uno solo de los contratantes simula -»si ex duobus contrahentibus alter tantum simulat»-, el otro puede constreñir al simulante a estar a lo convenido, quiera o no quiera[55]. Una cuestión interesante que decide con acierto es la de si se da el retracto gentilicio en el caso de simulación de la venta. «Quid autem si venditio simulata est?» Dice: *«non est locus retractui,* cum per eam venditionem non voluerit venditor alienare nec dominium a se abdicare quia *titulum simulatum non est titulum nec transferre possessionem»*[56].

Un jurista saboyano, muy profundo, de esta época, es Favre. Formula definiciones sintéticas y precisas de nuestra institución que consideramos útil recordar[57]:

Definición I. «Contractus simulatus quoniam contrahentium voluntate, quae omnium conventionum anima est, destuitur, *usque*

---

[52] *Opera, «Des fiefs»,* tom. I, gloss. 2, § 33.
[53] *Sur la coutume de París,* § 15, gloss. 3.
[54] *Sur la coutume de Nivernais,* cap. 31, art. 3.
[55] *De legibus connub., gloss.* VIII, n. 90 *(Opera,* I, 252) (Venet., 1591).
[56] *Du retrait lignager,* gloss. 2, n. 12-15 *(Opera,* III, 36).
[57] *Codex Fabrianus,* ad. L. 4, tít. 22.

adeo nullus est, ut pro infecto habeatur, neque contractus nomen mereatur. Is qui per collusionem possessor factus est ex simulata causa praecedentis emptionis, *perinde haberi debet ac si neque possessor esset».*

Definición II. «Simulationem contractus non modo contrahentes obiicere possunt, *sed eorum heredes adeoque singulares successores, quin et tertii possessores,* si eorum intersit.»

Definición III. «Contractus simulatus valet secundum id quod actum est, *si eo modo valere possit.»*

D'Argentré distingue una simulación *absolue y* una simulación *relative:* la primera, cuando los contratantes no tenían intención seria de obligarse, y entonces el contrato era nulo; la segunda, cuando los contratantes querían ocultar una obligación verdadera bajo el contrato simulado. Pone también de manifiesto la distinción entre la simulación y la falsedad diciendo que en la segunda, como el fraude se urde por un contratante en perjuicio del otro, falta el concurso de las partes, necesario para que exista simulación[58].

Pothier habla poco de nuestra materia: no hace la menor indicación directa respecto de ella en su *Tratado de las Obligaciones* que debía ser la *sedes materiae* para la discusión. Sólo incidentalmente, a propósito de las personas incapaces para suceder, dice que si la liberalidad aparece disfrazada bajo la forma de otro contrato, o mediante persona interpuesta, es nula; y, más adelante, tratando de la venta, afirma que si el marido vende a su mujer una cosa por bajo precio se presume que quiso donar y ocultar la donación bajo aquella forma, y que, por lo mismo, él o sus herederos podrán *se faire remettre en possession de l'héritage*[59].

También incidentalmente se habla de la simulación, en Francia, en los antiguos repertorios de Denisart y Ferrière, a propósito de las *contre-lettres,* que se consideran como actos secretos en que para engañar a los terceros *se modifica* dolosamente la convención realizada en apariencia.

[58] *Comment, sur la coutume de Bretagne,* art. 265, cap. 7, y 269, n. 4.
[59] *De la vente,* n. 39.

Toda esta producción -si se exceptúa Favre, que es un ilustre solitario, continuador ecléctico de la escuela de Cujas- se resiente, en lo que toca a nuestro objeto, de la decadencia que va preparando aquel practicismo mezquino que durante mucho tiempo caracterizó en Francia la doctrina y la jurisprudencia. La misma concepción de las *contre-lettres* -que difiere el momento de la consumación del acto simulado, mediante el acto posterior secreto, en que se desfigura y altera el realizado anteriormente- contrasta con la teoría, sostenida ya por Donello, de que la simulación existe cuando originariamente, en el contrato simulado, *aliud scriptum est quam revera gestum.* Los prácticos alemanes extraen, por lo menos, sus enseñanzas de los autores italianos y citan frecuentemente las obras de Menocchio, Trentacinque *y* Maranta; pero la escuela francesa, encerrada en el derecho local, ignora por completo el movimiento de los estudios extranjeros.

19. *Doctrina italiana de los siglos XVII y XVIII.*- Vengamos a Italia, que es donde la doctrina de la simulación ha encontrado su verdadero desarrollo y donde el mismo trabajo de los *consilistas* y *decisionistas,* con el rico material práctico que fueron acumulando, ha servido para elaborar una teoría completa de nuestra institución.

En el siglo XVII son dos las figuras que culminan en la doctrina: el cardenal Mantica y el cardenal De Luca. El primero se ocupa especialmente de la prueba de la simulación por conjeturas e indica las varias clases de presunciones que pueden hacerla inducir, añadiendo que «*cum agitur de praeiudicio tertii,* simulado facile praesumitur»[60]. En cambio, De Luca, trata de la simulación en los feudos, en los beneficios y en los oficios. Aplicando con exactitud los principios, declara imposible la simulación en esta materia por cuanto interviene una tercera persona ajena al engaño. En efecto, en la concesión del feudo, del beneficio o del oficio, la relación no se desenvolvía tan sólo entre el enajenante y el adquirente, sino que se necesitaba también el consentimiento del Rey o del obispo. Así, pues, si alguien adquiría un feudo por

---

[60] *De tacitis et ambiguis conventionibus,* II, lib. XIII, tít. 35 y 36, páginas 77 y sigs. (Romae, 1609).

persona interpuesta, era siempre el verdadero feudatario aquel que fue investido: *Spectatur illa persona in cuius iaciem cantat investitura.* Y si con el dinero de uno se compra un oficio apareciendo como comprador otra persona, el oficio permanece siempre en la persona del titular, *quem principis officialem agnoscit.* Lo mismo, respecto de los beneficios: «spectanda non est persona, de qua ipsae partes sentire voluerunt, *sed illa de qua sensit Papa beneíicii collator...*»[61].

Otra corriente vital de este siglo es la doctrina mercantilista. Straccha -que vivió, sin embargo, en el siglo anterior- habla ya de la prueba de la simulación, y, en su tratado *De decoctoribus,* se ocupa de las varias clases de fraude que empleaban los quebrados para substraer su activo a los acreedores, ya por vía de enajenación, ya contrayendo obligaciones[62]. Ansaldo, habla de una adjudicación por medio de persona interpuesta, a que aplica la regla siguiente: «Contrahens simulata persona alterius censetur ipse contraxisse»[63]. Scaccia distingue la simulación lícita de la ilícita entendiendo que existe la primera cuando un contrato válido se substituye por otro como *si de mutuo fingimus cambium, o* si, en vez de mutuo, se simula un depósito para tener la ejecución más expedita[64]. Casaregis se ocupa de varios casos de simulación, a saber: de una confesión de dote no recibida hecha por un comerciante durante el matrimonio, en perjuicio de sus acreedores[65]; de una aceptación de herencia pasiva en fraude de acreedores hereditarios «*quia admissa collusiva fictione* ex solo fraudandi et obcoecandi creditores obiecto machinata»[66]; y, finalmente, de la supuesta *datio in solutum* de un establecimiento mercantil hecha por deu-

---

61 V., respecto a toda esta materia, De Luca, *Theatrum veritatis et Justitiae* (Venet., 1706), lib. I, *de feudis,* disc. 7, nn. 19 y 20, II, *de regalib.,* disc. 1, n. 3, disc. 15, n. 6, disc. 17, n. 9, disc. 38, n. 9.

62 *De mercatura,* dec. 184, pág. 331 (Lugd., 1608) y *De decoctoribus,* III, n. 29 y sigs.

63 *De comercio et mercatura,* disc. 47, n. 6 y sigs. (Romae, 1689).

64 *Tr. de commerciis et cambio,* § I, quaestio 7, pars. 2, ampl. 10, n. 29 (Venet., 1650).

65 *Discursus legales,* n. 104 (Venet., 1740).

66 Ob. cit., disc. 210.

dor comerciante, seguida al poco tiempo de la reventa del acreedor al deudor por igual precio y con reserva de dominio, todo ello con el fin de asegurarse el pago íntegro de su haber y excluir la concurrencia de los otros en caso de quiebra[67]. Casaregis excluye el carácter ficticio de tales negocios y sostiene la realidad y validez de los mismos, opinión que sólo puede aceptarse en su primera parte.

En este siglo encontramos, además, un conjunto de estudios monográficos que no son ciertamente despreciables; y en este sistema de trabajo concentrado en un punto los escritores, no sólo llegan a darnos un cuadro de toda la elaboración doctrinal sobre la materia, sino que aportan al mismo tiempo algún elemento nuevo. Por eso no estará de más que les demos una rápida ojeada. Fulgineo recuerda una controversia acerca de los medios de prueba de la simulación en el contrato de enfiteusis, respecto del cual muchos exigen que la simulación resulte de un acto escrito, *non nisi per scripturam probari possit*[68]. Cencio habla de mutuos disfrazados bajo la forma de ventas de censos[69]. Pacioni advierte que «in iudiciis possessoriis non satis est opponi exceptionem simulationis», y que no basta la prueba de presunciones[70]. Finalmente, Corradini decide la cuestión *an piaelactio locum habeat in venditione simulata,* afirmando que la venta es nula ac *proinde praelationem negandam*[71].

Pero al entrar en el siglo XVIII, en que la teoría de la simulación alcanza su máximo desarrollo y perfeccionamiento, no nos satisface ya seguir la doctrina fragmentariamente en los prácticos y en los repertorios, sino que, para dar una visión clara y precisa del estado de la teoría jurídica en Italia, creemos más útil resumir sintéticamente las concepciones de los varios escritores en una construcción esquemática de la institución de que nos ocupamos y del modo como el derecho lo regula.

---

67 Ob. cit., disc. 216.
68 *Tr. De iure emphyteutico, de prael.,* quaest. 14, n. 23 (Fulgin, 1644).
69 *De consibus,* pág. 109 (Venet., 1621).
70 *De locat. et coduct.,* cap. XI, n. 18 y sigs. (Venet., 1666).
71 *De iure praelectionis,* quaest. 16, n. 10 (Venet., 1713).

Advierto de antemano que voy a utilizar principalmente los trabajos de Altimari[72], Tusco[73] y Farinaccio[74], en los cuales encontramos exposiciones excelentes que trataré de fundir en un todo único ofreciendo las líneas principales de la doctrina íntegra.

I. *Concepto*.- «Simulado est quando aliquid fingitur fieri, illud tamen in re vera non fit. Contractus simulatus *apparens est velut umbra sine effectu, corpus sin espiritu:* ex tali contractu nullum transfertur ius et dominium.»

II. *Distinción de otras instituciones afines*.- «Aliud est *falsum* aliud simulatum. Falsum instrumentum est illud a quo removentud verba et mens contrahentium, simulatum a quo removetur mens sed non verba contrahentium.»

La simulación se distingue también del fraude : «Contractus simulatus non est contractus, *nec opus est ad illum rescindendum accionibus revocatoriis sed sufficit sola voluntas declaratoria.*» En cambio, el contrato fraudulento es verdadero y real y necesita ser revocado.

III. *Clases*.- La simulación es de tres clases: 1.ª, *quando in veritate nihil agitur, o* sea, la simulación propiamente dicha; *tunc deficit origo et fundamentum obligaticnis et deficit in effectu;* 2ª, *quando unus contractus transfertur in alium,* y, entonces, si las partes quisieron otro contrato lícito y concurrieron los requisitos necesarios para el mismo, *valet.* (Por eso, si se requieren formas especiales, el contrato simulado no vale *propter simulationem; neque verus, propter deficientem formam et substantiam);* 3.ª, *quando ab initio contrahens vere non vult nominali sed facis constare instrumentum in personam alterius;* y esto puede ocurrir «sine dolo vel fraude» o también «ad fraudandum vel legel vel creditores».

Cuando la interposición es válida y lícita, por el contrato *adquiritur ei pro quo revera contractus est celebratus.*

Otros escritores distinguen las clases de simulación con un sistema descriptivo-enumerativo : «simulatio fit *de re ad rem, de*

---

[72] *De nullitate contractum,* sect. 3, quaest. 1, págs. 80 y sigs. (Neap. 1700).
[73] *Practic. Conclusión.,* tom. VII, concl. 207 y sigs., *simulatto* (Romae, 1605).
[74] *Opera,* lib. V, tít. XVI, *de fallitale et simulatione,* quaest. 162 (Venet., 1603).

persona ad personam, de contractu ad contractum, de modo ad modum, de nomine ad nomen, de tempore ad tempus», etc.

IV. *Efectos.*- El contrato simulado *nullum est, irritum est, iure non subsistit.*

Non transfertur dominium nec possessio. Pero el contrato simulado en parte, *non reddetur in totum simulatus et invalidus.*

«Quando contractus est simulatus, omnia pacta et clausulae in eo contentae *eodem vitio laborant ac eadem labe inficiuntur.»*

Y la nulidad llega asimismo a lo accesorio : *«Nec valet praecarium,* neque valet *obligatio bonorum,* ñeque *hypoteca.* Nec exigi potest *poena adiecta* in contractu simulato.»

No cabe la ratificación o confirmación: *«Nec consetur approbatus et ratificatus* contractus ex quo contrahentes aliquid fecerunt in executionem eius.»

«Et renuntiatio exceptionis simulationis *nihil operatur.»*

«Nec iuramentum *validet contractum simulatum,* praesertim quando agitur de praeiudicio tertii.»

Este punto es bastante discutido en la doctrina. Sostienen la invalidez Cino, Bartolo, Saliceto, Cepolla. Aretino y un grupo de *consilistas* (Riminaldo, Rolando, Mascardo, Mantica, etc.). La opinión contraria aparece sostenida por Baldo y algún canonista, pero tiene pocos partidarios. Otros admiten que el que juró puede oponer la simulación, si bien *absolutione petita,* es decir, después de obtener previamente la absolución del juramento.

Probada la simulación, *debet res cum fructibus restituí.*

El contrato simulado, además de la nulidad, puede ocasionar la imposición de algunas penas: las canónicas contra la usura, si el contrato es usurario (Tusco): las penas por dolo o fraude, si se trata de enajenación simulada *in fraudem fisci* -como en el caso del delincuente que vende o dona en apariencia sus bienes para evitar la confiscación (Lucas de Penna)-, y, finalmente, en ciertos casos, las penas por falsedad (Farinaccio).

V. *Prueba.*- «In dubio consetur actum *sincere et legaliter factum.»* Y esta presunción de verdad se hace aún más vehemente cuando se pretende que el acto se realizó *in fraudem legis.*

Incumbit onus probandi al que alega la simulación.

La simulación se prueba *per instrumenta, per confessionem partís* -aun la extrajudicial (Vitalis de Combanis)- y *per testes.* Sin embargo, la prueba testifical sólo se admite en el contrato que no requiere la escritura para su existencia. En general, si no concurren otras circunstancias, no basta un solo testigo (Ancarano y Decio). Según Mascardo, el testimonio de uno solo hace prueba semiplena. En todo caso, para probar contra el instrumento *testes debent esse idonei et excellentes.*

Finalmente, la simulación se prueba *per coniecturas et praesumptiones.*

La simulación ha de probarse *in specie,* no *in genere.* El que la oponga habrá de especificar de qué simulación se trata y en qué se funda. Habrá que demostrar, ante todo, la *causa simulationis.* La causa tiene que ser *sufficiens et idonea* y existir en el momento del contrato, *quia superveniens non suffficit;* pero no es preciso que se haya producido realmente, bastando que *sit a partibus opinata* (Decis. Rota Rom.). Si el contrato puede realizarse también como verdadero, *suspicio simulationis cessat.*

Las sospechas de simulación han de ser *urgentes et perspicuae.* No faltan, sin embargo, autores que se contentan con presunciones *leviores* (Deciano, Menochio, Tusco).

En cuanto al número de conjeturas que se necesita, existe disconformidad de opiniones. La más general es la de que se necesitan tres. Otros se contentan con dos, y hay quien cree que basta una sola. Pero una opinión más inteligente sostiene que debe quedar al *arbitrio iudicis* el número de sospechas o conjeturas necesario en cada caso: el juez decidirá según las circunstancias (Cravetta, Menochio).

Según algunos, la prueba de conjeturas no es suficiente en contra de un instrumento cuya simulación *est dilucide, perfecte, concludenter probanda;* se necesita *liquidissima probatio* (Paolo de Castro, Graciano). Otros, en cambio, rechazan esa limitación. Hay una opinión intermedia que distingue la simulación alegada por los contratantes de la que invocan los terceros. En este último caso pueden hacerse valer las presunciones, y lo mismo cuando la simulación se realizó *in fraudem legis.* «Nam et tune probatio praesumptiva habetur *pro patenti probatione.*»

La simulación no puede oponerse contra el instrumento garantizado, ni contra la obligación contraída con la Administración de la Hacienda pública, *nisi* fuerit *patens ex inspectione instrumenti.*

Lo mismo sucede tratándose de los juicios posesorios (Pacioni).

Finalmente, las conjeturas sirven, en ocasiones, para completar una prueba semiplena, por el principio *quod si non prosunt singula, multa collecta iuvant* (Cepolla).

No estamos en el caso de ocuparnos de las conjeturas por las cuales se infiere la simulación, materia de que se ocupan de un modo muy difuso Menochio y Farinaccio.

Por último, la simulación se prueba *per publicam vocem et famam,* especialmente en el caso de contratos usurarios.

VI. *Acciones y excepciones contra la simulación.-* Hay mucha disparidad de opiniones sobre si el contratante puede o no argüir de simulación el contrato en que interviene. El mismo Bartolo dice: *non auditur, quod allegaret propriam turpitudinem* (Graciano, Farinaccio). Otros, en cambio, admiten esta impugnación (Aretino, Mascardo, Riminaldo). Otros, finalmente, distinguen unos casos de otros, decidiendo que si el partícipe en la simulación confiesa haber contratado en fraude de los particulares o del Fisco, no puede alegar la simulación, y que en caso contrario *potest simulationem allegare* (Altimari, Trentacinque, Tusco).

Si el contratante no puede alegarla, tampoco su heredero, *qui non potest venire contra factum defuncti.*

La simulación puede excepcionarse, ora en la vía civil, ora en la criminal (Farinaccio).

«Exceptio simulationis *perpetua est.*»

VII. *Competencia.-* Las causas por simulación competen a los magistrados del orden civil, a no ser que el contrato se impugne como usurario, en cuyo caso corresponde la decisión a la autoridad eclesiástica (Tusco).

20. He aquí, pues, la síntesis de la doctrina de la simulación en el derecho intermedio; doctrina que, por la riqueza y exactitud de los principios, puede, salvo en algún concepto abandonado ya, trasladarse al derecho moderno.

Y, por lo mismo, podemos afirmar con plena seguridad que en la elaboración de la teoría de la simulación, el primer lugar corresponde a la *doctrina italiana.* Los prácticos alemanes se ajustan a los principios alguna vez que otra, pero, en general, se mantienen rudos, incompletos y enredados en prejuicios tradicionales; los autores franceses permanecen extraños a este movimiento.

Y ahora permítaseme acabar con una reflexión melancólica.

¡Es triste pensar que todo este abundante material jurídico, toda esta elaboración exquisita, haya caído en olvido; que esta gloriosa tradición haya sido obscurecida, y que nuestros prácticos sólo muestren conocer algo de nuestra institución incidentalmente y con motivo de la acción pauliana, y, aun en este mismo respecto, se dediquen a mendigar y copiar los arreglos de los autores franceses!

LEGISLACIÓN COMPARADA

21. El Código austríaco establece el principio de la nulidad de los actos simulados, considerando como uno de los requisitos esenciales del contrato *la seriedad del querer* (§§ 565, 869).

Con respecto a los negocios disimulados, dispone el § 916: Si un negocio se celebra sólo en apariencia, se regulará con las normas que le serían aplicables de tener en cuenta su verdadera naturaleza.

En el Código sajón, los dos principios aparecen formulados de un modo más completo y preciso.

§ 828: Si las partes han tenido la intención de celebrar un contrato aparente tan sólo, sin haberlo querido, el contrato es nulo.

§ 829: Si se celebró realmente un contrato empleando la apariencia de otro, las reglas aplicables serán las correspondientes a la voluntad real de las partes.

El Código federal suizo de las obligaciones constituye un importante monumento legislativo respecto de la materia; sobre todo, en cuanto sanciona el principio de la protección a la buena fe de los terceros.

§ 16: Para juzgar un contrato, en cuanto a la forma o en cuanto al contenido, hay que indagar la voluntad verdadera y concorde de las partes con preferencia a la denominación o a las expresiones inexactas empleadas por error o con el fin de ocultar la verdadera naturaleza del contrato. El deudor no puede oponer la excepción de simulación al tercero de buena fe que posee una prueba escrita de la deuda.

Sigue este mismo camino el Código portugués, si bien extendiéndose mucho más sobre la naturaleza y efectos de la simulación.

Art. 1.030: Los actos o contratos que las partes realizan simuladamente con el fin de defraudar los derechos de los terceros pueden ser anulados o rescindidos, a petición de los perjudicados. Se llama simulado el acto o contrato en que las partes declaran o confiesan falsamente algo que en realidad no ha sucedido o que no se contrató entre los mismos.

Art. 1.031: Rescindiendo el acto o contrato simulado, se restituirá la cosa o el derecho a quien le pertenezca, con los frutos o intereses, si existieren.

Art. 1.037 : Si el adquirente primitivo transmitió a un tercero la cosa adquirida, aprovechará a éste su buena fe, quedando a salvo el derecho del acreedor de volverse contra el transmitente.

Finalmente, el Código alemán establece en su § 117: Si una declaración de voluntad respecto de otra persona se hace, de acuerdo con ésta, sólo en apariencia, es nula. Si bajo un negocio se oculta otro, se aplicarán las normas que rijan respecto del negocio disimulado.

Respecto a la buena fe de los terceros, no se establece un principio general; pero en muchos casos se protege aquélla.

Mientras las demás legislaciones extranjeras señalan más o menos las normas fundamentales de la institución, los Códigos francés e italiano callan por completo sobre el particular, y sólo contienen alguna indicación indirecta; lo cual echa sobre la doctrina la tarea, grave y delicada, de reconstruir con materiales sueltos y escasos una teoría que resulte conforme con los principios y satisfaga las exigencias de la vida económica actual.

CAPÍTULO III

SIMULACION ABSOLUTA

22. Es negocio absolutamente simulado el que, existiendo en apariencia, carece en absoluto de un contenido serio y real. Las partes no quieren el acto, sino tan sólo la «ilusión exterior» que el mismo produce. El negocio se limita a una forma vacía destinada a engañar al público; a un fantasma, como dice Kuntze[1] [2].

Por eso concuerdan las varias maneras de designar el negocio simulado. Unas veces se denomina *negocio ilusorio (Scheingeschäft)*; otras, *un no negocio (gar Kein Geschäft)*, como dice Bähr[3]; otras, finalmente, *un negocio vacío (ein leeres Geschäft)*, según la expresión de Regelsberger[4].

La teoría de la simulación absoluta en nuestro Código resulta, indirectamente, de los principios que rigen la formación de los contratos. Entre los requisitos esenciales para la existencia de éstos figuran el consentimiento válido de los contratantes y la causa lícita de obligar (1.104), requisitos ambos de que carece el negocio fingido; porque, si hay consentimiento para la ficción, falta el necesario para la obligación y, por tanto, el que se requiere

---

1 *Kursus des röm. Rechts*, § 354.

2 V. Fourcade, *De la Simulation*, pág. 5: «*L'acte n'a de vrai que l'apparence*». En cuanto a nuestra jurisprudencia respecto al concepto de los negocios simulados, v. Trib. Bari, 25 agosto 1891 (*Riv. giur.* Trani, 1891, 647): «Los contratos simulados son efímeros, porque en ellos no hay realidad jurídica alguna»; y Apel. de Milán, 4 agosto 1898 *(Mon. Mil.,* 34, 766): «El acto simulado se resuelve en la creación de un hecho imaginario con el cual, bajo apariencias engañosas, se trata de hacer creer que el hecho fue verdadero y conforme con la intención de las partes.»

3 *Urteile des Reichsgerichts,* pág. 60.

4 *Civilrechtl. Erörterungen,* pág. 17.

para que se establezca la relación jurídica; y así, faltando toda la esencia del contrato, la causa no existe tampoco. Pero no resulta exacto el invocar como justificación de la nulidad del negocio simulado la sola falta de la causa, porque el negocio simulado es algo más que un negocio sin causa. El contrato sin causa puede ser un negocio serio y completo, en cuanto a los elementos que lo estructuran, mientras que el negocio fingido está en absoluto vacío de contenido por la falta de voluntad: es una sombra de contrato.

Normalmente, la simulación absoluta tiene carácter fraudulento y tiende a causar un perjuicio a terceras personas, en cuanto que la apariencia creada se utiliza de ordinario para frustrar la satisfacción de legítimas expectativas. El negocio fingido no puede servir de arma contra la ley, pues, reduciéndose a una *no acción,* la transgresión no se concibe; en cambio, la simulación relativa sirve a menudo, como veremos más adelante, para disfrazar una ilegalidad.

23. - El fin principal que las partes se proponen al realizar un acto simulado es el de producir una disminución ficticia del patrimonio o un aumento aparente del pasivo para, de este modo, frustrar la garantía de los acreedores e impedir su satisfacción. El negocio simulado es el medio más frecuente y más terrible a que acuden los deudores para hacerse insolventes en apariencia escapar al cumplimiento de sus obligaciones, y toda su astucia se emplea en ocultar con cuidado su propósito secreto, dando a los actos que realizan un aspecto inocente, de tal modo que no pueda transparentarse la ficción. En el otro campo, la lucha de los acreedores consiste en romper la urdimbre sutil de los fraudes del deudor, arrancando el velo de las apariencias engañosas para mantener íntegra su garantía sobre el patrimonio del obligado, que sólo fingidamente se disminuyó o gravó.

Según esta tendencia, los casos más diversos de simulación absoluta pueden agruparse en dos categorías: negocios que tienden a una *disminución del patrimonio* y negocios que implican un *aumento del pasivo.* Estas son las formas simples de simulación; pero debe advertirse que no siempre aparecen en la práctica con este carácter genuino, sino más bien mezcladas y combinadas entre sí, puesto que multiplicando los fraudes se trata de evitar sospechas y de hacer que pasen inadvertidos.

Debemos ahora reseñar las varias clases de negocios absolutamente simulados; y en este examen, sin crear hipótesis fantásticas, nos proponemos tan sólo tomar los casos que ofrece la realidad de la vida judicial, tal como la muestra la jurisprudencia. Así, nuestra exposición será un espejo fiel de la práctica, y la simulación, bosquejada en sus trazas ordinarias, analizada en su envoltura habitual, revelada en sus formas constantes, perderá aquel carácter de secreta que la hace más temible, adiestrando el espíritu a reconocerla y descubrirla con facilidad.

1.- Comenzamos con los contratos de enajenación a título oneroso, que constituyen la forma más usual de la simulación. El deudor que se ve amenazado de una ejecución inminente y quiere substraer sus bienes a las acciones de los acreedores, conservándolos en provecho propio, se apresura a simular ventas de sus inmuebles a favor de terceras personas que, secretamente, están de acuerdo con él para figurar como adquirentes, cuando, en realidad, el enajenante fingido ha de conservar la propiedad de los bienes. Las partes no descuidan nada para que el negocio tenga toda la apariencia de verdadero y real. No se omite la redacción de un instrumento público y su transcripción normal, para hacer ver que el comprador es de buena fe y no teme publicar su adquisición: al contrato se le agregan cláusulas y particularidades que puedan manifestar una intención sincera en los contratantes: se fija un precio elevado para demostrar que el deudor ha vendido porque en ello encontraba su conveniencia; en una palabra, se despliega todo el aparato necesario para evitar las sospechas de fraude. Cuando los acreedores van a proceder ejecutivamente, encuentran que el patrimonio del deudor se ha liquidado ya y que los bienes que pertenecían al mismo, y con los cuales contaban para la satisfacción de sus créditos, se han disipado, y no les queda otro recurso que el de impugnar de simulación las ventas falsas para probar que los bienes no se han enajenado verdaderamente y siguen estando afectos a la garantía de sus derechos. Pero no se olvide que, si no demuestran el carácter aparente del acto, tienen todavía a su favor la acción Pauliana para perseguir las enajenaciones fraudulentas, si concurren los requisitos necesarios para que pueda intentarse esta acción y se está dentro de los límites que se señalan a su ejercicio. Este último remedio sólo se da a los acreedores anteriores, está subordinado a la excusión previa del deudor y, finalmente, se detiene ante los adquirentes de buena fe.

La enajenación ficticia de un inmueble se emplea también, con una especial finalidad fraudulenta, en materia de expropiación por causa de utilidad pública. Tomo este caso de la jurisprudencia alemana.

Un propietario, previendo que se le va a expropiar su fundo en fecha próxima, y deseando obtener una indemnización crecida, vende el inmueble a un testaferro por un precio enorme. El Estado inicia después el procedimiento de expropiación contra el comprador, el cual, sobre la base de su adquisición, pretende ser reembolsado del precio fingido. Se decidió que el Estado podía demostrar el carácter aparente de la venta, para no entenderse obligado por el precio de la misma al determinar la indemnización[5].

Además, en nuestra jurisprudencia se reconocen ventas simuladas de fundos, celebradas con el fin de obtener en contra del arrendatario la resolución del arrendamiento[6] y para conferir al adquirente el derecho electoral[7], etc., etc.

Es también frecuente en la práctica la distracción simulada de los muebles para sustraerlos a la acción de los acreedores. El deudor, durante el procedimiento ejecutivo, hace una venta per escritura privada, de fecha anterior, o se previene antes contra la

---

5 V. Sonntag, *Das Simulierte Rechtsgeschäft,* pág. 37. La hipótesis resulta práctica también en nuestro derecho, porque si bien con arreglo al art. 39 y siguientes de la Ley de expropiación por causa de utilidad pública, la indemnización del expropiado se estima por peritos, que han de determinar el precio que *hubiera podido obtener el inmueble* en una libre contratación de compra y venta; no puede negarse que habría de influir mucho en este juicio la alegación de un acto reciente de adquisición de que resultase un precio elevado.

6 Apel. de Palermo, 13 julio 1909 (*Mont. Trib.,* 793).

7 Casac. de Roma, 26 oct. 1909 *Foro ital.,* 1900, II, 137).

ejecución futura despojándose ocultamente de los bienes muebles que le pertenecen, y luego, en el juicio de ejecución de la prenda, o de secuestro, aparecen los adquirentes fingidos con demandas de tercería para reivindicar los muebles embargados o detenidos aun por el deudor a título de depósito, precario o alquiler, también simulados.

Las circunstancias del caso **y** la calidad de las personas son muchas veces indicio seguro del carácter ficticio del negocio. Así es como fue declarada la simulación de una venta de bienes muebles hecha por precio considerable a persona que nada tenía y quedando la posesión y el disfrute de los bienes en el vendedor, y así también se declaró simulada la enajenación de todo el mobiliario, ropa blanca, trajes, etc., hecha por un deudor, contra quien se habían decretado varios embargos y dictado varias sentencias condenatorias, a favor de un pariente próximo del mismo[8].

Pero a veces, para alejar la sospecha que brota de estas enajenaciones consentidas por un deudor agobiado de reclamaciones, se coloca la venta fingida bajo la forma de una *datio in solutum.* El acto, entonces, aparece a la vista de todos con una justificación objetiva, porque no hay nada más honrado que cumplir puntualmente las propias obligaciones, **y** la *dación* no es más que una forma de pago. Por eso el deudor finge librarse de una obligación -imaginaria- consignando en pago uno de sus fundos, cuando, en realidad, lo único que hace es justificar la distracción realizada de acuerdo con el acreedor aparente -que no dejará de recibir alguna compensación por su complacencia-. Más frecuentes aún son las daciones en pago hechas con bienes muebles que se quieren substraer a un embargo próximo, y, generalmente, se agravan con dos circunstancias que sirven para revelar la falta de seriedad del acto, a saber: la enajenación de todo el patrimonio mueble, aun aquel que, por ser indispensable para la satisfacción de las necesidades personales, hace más falta, y, además, la conservación del mismo por el deudor, a título distinto del de propiedad, lo cual pone de

[8] V. Apelac. de Turín, 18 nov. 1867 (*Giur. ital.,* 19, 2, 683); Apelac. de Turín, 27 mavo 1874 (*Giur. ital.,* 26, 2, 718); Casac. de Turín, 27 oct. 1897 (*Giur. ital.,* 50, I, 1, 32).

manifiesto una contradicción difícil de conciliar en la intención del que da y, sin embargo, conserva le enajenado[9].

Pero al discutir el carácter jurídico de la *datio in solutum* hay que examinar si existe o no el crédito que se pretende haber satisfecho, pues no basta afirmar su existencia: hay que probarla. Que la dación en pago es simulada resultará precisamente de la inexistencia del crédito, y a veces –cuando las partes, para apoyar el acto simulado hayan tenido la precaución de fingir un crédito de fecha anterior– de la impugnación del crédito. Por eso, los que simulan se esfuerzan en que el crédito, base necesaria de la dación en pago, aparezca indiscutible; y, cuando no inventan un crédito totalmente, se valen de otro verdadero, pero extinguido ya, ocultando su extinción [10]; y, en ocasiones, el deudor, de acuerdo con alguno de sus acreedores *verdaderos,* que se pliega a sus manejos fraudulentos con tal de cobrar algo de lo que se le debe, trata de engañar a los demás. Sin embargo, en esta hipótesis sólo será aplicable la acción revocatoria.

Estas ventas o daciones en pago, hechas amigablemente, y que sólo deben tener una existencia aparente, suelen realizarse entre personas ligadas por vínculos estrechos de parentesco o de afecto, porque ni los extraños se prestarían fácilmente a participar de un fraude, contrayendo la consiguiente responsabilidad personal, ni el deudor se fiaría de ellos colocándolos en una posición de que podrían abusar y en que experimentaría la verdad de aquel proverbio que dice que quien prepara la trampa para los demás es el primero en caer en ella. Por eso, estas enajenaciones fingidas se suelen combinar en familia y los protagonistas del contrato suelen ser marido y mujer.

En tal caso, la prueba de la sinceridad del acto, ya se trate de dación en pago, ya de venta, se complica con un nuevo elemento: hay que demostrar cómo la mujer ha obtenido un crédito o se ha

---

[9] V. Apelac. de Turín, 17 dic. 1867 *(Giur. Tor.,* V. 155); Apelac. de Lucca, 27 mayo 1874 (*Giur. ital.,* 26, 2, 718); Apelac. de Turín, 13 febrero 1881 (*Giur. Tor.,* 1884, 333); Apelación de Venecia, 31 dic. 1889 (*Giur. ital.,* 42, 2, 227); Apelac. de Catanzaro, 28 agosto 1894 (*Ibi.,* 48, I, 2, 125).

[10] Apelac. de Bolonia, 27 dic. 1881 *(Riv. giur.,* Bol, 1882, 53).

procurado un capital que pueda desembolsar como precio de los muebles adquiridos. Entonces, los acreedores, al impugnar, se encuentran en situación favorable, pues milita en su pro una presunción, la llamada *praesumptio Muciana,* que en nuestro Derecho sólo tiene el valor de una *praesumptio hominis,* según la que, normalmente, debe estimarse que los bienes de la mujer provienen del marido[11], pero sin que ello excluya la prueba en contrario de que tales bienes proceden de las rentas de los parafernales o de la actividad económica de la misma mujer. Una concepción diferente resultaría antisocial y llevaría a la absorción o supresión de la. personalidad de la mujer en el matrimonio.

Los mismos fines fraudulentos se realizan mediante la enajenación simulada de un derecho de crédito bajo la forma de cesión o cesión *in solutum.* Así, es frecuente en la práctica simular la cesión, de fecha anterior, de un crédito embargado para eludir los procedimientos de los acreedores[12], o la cesión de los derechos hereditarios a favor de una tercera persona o de un coheredero, para substraer la herencia adquirida a las acciones de los acreedores personales. A veces, la cesión se refiere a un crédito futuro y sirve de instrumento para constituirse artificialmente en una situación duradera de insolvencia **y** asegurarse de este modo contra el incumplimiento de las propias obligaciones. En un caso, objeto de decisión judicial, un secretario de Ayuntamiento había simulado la cesión de su sueldo por diez años consecutivos, pretextando tener que pagar un préstamo, para librarse de cumplir numerosas sentencias por deudas que le amenazaban[13]. Es innecesario que advirtamos aquí también que cuando se trata de cesión en pago y se alega simulación, no puede prescindirse del problema de la existencia real de los créditos que se pretende haber satisfecho[14].

---

11 V. frag. 51 D. 24, 1: «Quintus Mucius ait: Cum in controversiam veniat, unde ad mulierem quid pervenerit et verius et honestius est quod non demostratur unde habeat, existimari a viro, aut qui in potestate eius esst, pervenisse.»

12 Casac. de Turín, 21 marzo 1868 (*Giur. ital.,* 1868, I, 296).

13 Apelac. de Bolonia, 22 oct. 1868 (*Giur. ital.,* 38, II. 744).

14 Apelac. de Casale, 16 febrero 1889 (*Giur. Casale,* IX, 89).

El deudor puede llevar a cabo una enajenación fingida, de carácter limitado o eventual, constituyendo sobre sus bienes inmuebles *iura in re aliena* que, en una futura ejecución del fundo, quedarán a salvo o concederán una preferencia respecto del inmueble ejecutado. De aquí que no sea raro encontrar constituciones fingidas de usufructo, enfiteusis o superficie, con las cuales el deudor, mediante un testaferro, conserva casi el pleno goce de sus bienes, dejando solamente a los acreedores un derecho de nuda propiedad, de contenido limitado y de escaso valor comercial. En la concesión de enfiteusis puede ocurrir, además, una doble simulación cuando a la constitución fingida del derecho real sigue una redención, fingida también, con la cual, en el patrimonio del deudor, se sustituye aparentemente a la cosa un capital líquido que, por su naturaleza, escapa a la aprehensión de los acreedores.

No menos perjudicial resulta la constitución de una hipoteca a que puede haber precedido la simulación de una deuda, y por la cual el fingido acreedor hipotecario viene a realizar, en beneficio exclusivo del obligado, toda o la mayor parte de aquellos bienes inmuebles que debían ser la garantía de los verdaderos acreedores.

Finalmente, puede simularse una enajenación bajo la forma del contrato de sociedad. Los inmuebles del deudor aparecen como aportación a una sociedad imaginaria[15], formada con otra persona que no aporta más que su industria o su trabajo personal. Al disolverse la sociedad, el socio fingido o testaferro del deudor recibe una parte de los bienes aportados, es decir, de los inmuebles que se han querido sustraer parcialmente a la ejecución. A veces, fingiendo una sociedad con aportaciones iguales, se establecen cuotas desiguales en el reparto, y, naturalmente, el deudor será el que tome cantidad menor o reciba los bienes con mermas o gravámenes. Finalmente, en un contrato de sociedad puede hacerse aparecer que los asuntos no han ido bien y que el activo social se ha evaporado; los bienes inmuebles se habrán enajenado

---

[15] Y aun efectiva, para sustraerlos a los acreedores personales. V. un caso de esta clase -aportación de bienes a una sociedad colectiva- en Caac. de Nápoles, 30 junio 1917 (*Dir. e giur.*, 1918, 385).

a personas extrañas, supuestos acreedores de la sociedad, que, realmente, no son más que testaferros del deudor mismo.

24. Hablemos ahora de los contratos de enajenación a título gratuito. Advertiremos, desde luego, que en este terreno el engaño tiene menos probabilidades de éxito, porque la liberalidad de un deudor insolvente, en vísperas de la ejecución, revela con bastante evidencia el propósito fraudulento. Sin embargo, muchas veces se intenta presentar la donación bajo una forma inocente, dándole el carácter de recompensa de servicios o cumplimiento de un deber moral.

Pero la cuestión de las liberalidades simuladas reviste una importancia de primer orden en el contrato matrimonial. El punto más discutido de la controversia es el de la posibilidad de simular ese contrato o algunas de sus cláusulas. Yo he sostenido ya que nuestro derecho positivo excluye la simulación.

En efecto, nuestros legisladores, siguiendo las huellas de los franceses y penetrados de la importancia de la constitución de la familia, han establecido, ya en interés de los cónyuges, ya en el de la prole futura, y siempre para garantizar la buena fe de los terceros, el principio de la estabilidad absoluta de las convenciones matrimoniales; y, al mismo tiempo que han prohibido todo cambio de los pactos nupciales, posterior a la celebración del matrimonio, han hecho ineficaces indirectamente todos aquellos actos clandestinos que tendieran a modificar el contrato y oponerse a su contenido. Por eso, han ordenado la ineficacia de todas las alteraciones y contradeclaraciones con que se viniera a derogar, restringir o anular las convenciones matrimoniales, a menos que fueran hechas por documento público con el concurso simultáneo de cuantos intervinieron en el contrato y con anotación en el mismo (arts. 1.383 y 1.384).

Así, indirectamente, se han proscrito las contradeclaraciones cuyo carácter esencial está en el secreto. El efecto práctico de tales normas se reduce, en realidad, a excluir la prueba de la simulación y, por tanto, la simulación misma; ya que, si se permiten las contraescrituras, se hace en condiciones tales que contradicen la naturaleza de las mismas y el fin para el cual hubieran podido emplearlas los contratantes. Las partes quedan ligadas por su declaración solemne, que debe tener una eficacia incondicionada, y no pueden hacer eficaz, en forma alguna, su secreta falta de voluntad.

Pero, en los últimos tiempos, se han emitido opiniones disonantes y la misma jurisprudencia se ha dividido en este punto[16].

Yo, para combatir la opinión contraria, examinaré las doctas conclusiones del *Abogado general* Quarta, enérgico defensor de aquélla. Quarta, una vez comprobada la incertidumbre de la doctrina y la indecisión de la magistratura, se ciñe a la investigación de cuál fuera el pensamiento del legislador, infiriéndolo de la letra y el espíritu de nuestro Código.

Y acude ante todo a la interpretación literal. ¿Qué significan las palabras *alteraciones* y *contradeclaraciones,* que aparecen en el art. 1.383? Entre *alteración y contradeclaración* -dice- hay la misma diferencia que entre el género y la especie. Existe alteración cuando se aumenta o disminuye, o cuando se derogan las convenciones matrimoniales; hay contradeclaración cuando el cambio implica algo así como una contradicción o revocación de lo declarado anteriormente en el contrato. Surge, sin embargo, la cuestión siguiente: ¿Deben considerarse como contradeclaraciones las que se contraponen a declaraciones hechas ya y subsistentes en derecho, en cuanto expresaban la voluntad verdadera y genuina de las partes, o deben entenderse comprendidas también en el concepto las declaraciones destinadas a permanecer secretas y que tengan por objeto hacer constar la simulación de las declaraciones anteriores?

---

[16] La cuestión surgió principalmente para el caso de constitución de dote no pagada al tiempo de la celebración del matrimonio y que, para evitar el impuesto sobre la riqueza mueble, se declara infructífera, comprometiéndose el donante, en documento separado, a satisfacer los intereses. La decisión de la jurisprudencia es exacta, como veremos luego, pero la justificación es errónea. Por loo que respecta a la posibilidad de admitir la prueba de la simulación en el contrato matrimonial, V. Apelac. de Catanzaro, 12 nov. 1894 (*Temi Calabr.,* I, 105); Apelac. de Módena, 9 dic. 1897 (*Ann.,* 32, 3, 39); Casac. de Roma, 28 abril 1898 (*Foro ital.,* 1898, I, 662), con nota favorable del *Abogado general* Oronzo Quarta. En contra, en el sentido que yo defiendo: Apelac. de Protenza, 23 febrero 1904 (*Foro,* 1904, I, 707). Muchas veces se habla de constitución simulada de dote, en vez de hablar de dote constituida *in fraudem creditorum.* Así, Casac. de Turín, 9, febrero 1917 (*Mon. Tribun.* M. 1917, 267).

Quarta, siguiendo la argumentación inexacta del Tribunal de Bolonia, contra cuya sentencia se interpuso recurso, acoge la primera tesis sin ocultarse el atrevimiento de tal distinción.

Este es, precisamente, el error fundamental.

Decir que por contradeclaración se entiende tan sólo aquella declaración que introduce *modificaciones* en un contrato anterior y que, en cambio, debe excluirse la que *restablece* la verdad de los pactos fingidos, es desconocer toda la tradición histórica y la naturaleza jurídica de las contraescrituras. La contradeclaración no es una declaración que *puede* referirse a negocios simulados: es, *única* y *exclusivamente,* la declaración que mira al negocio simulado y, por tanto, excluye todo acto modificativo de un contrato anterior verdadero y real. La contradeclaración es, precisamente, *aquel documento probatorio de la simulación* que el Tribunal de Apelación de Bolonia excluía del concepto como si se tratara de cosa distinta.

Realmente, todos los antiguos escritores franceses que elaboraron la doctrina de las *contre-lettres* están de acuerdo, a pesar de los equívocos y generalizaciones vagas que llenan sus trabajos, en que, cuando menos, hay que entender por *contre-lettre* un acto secreto contrario a un acto manifiesto y simulado. Esta es la significación técnica y primitiva del término *contradeclaración,* aunque, sucesivamente, se haya extendido a los actos modificativos propiamente dichos.

Ferrière[17] dice que las contradeclaraciones son pactos secretos, que se realizan en oposición a un contrato, derogándolo, o contra algunas cláusulas del mismo; como si Ticio constituye una renta a favor de Mevio y, por acto separado, reconoce que la renta no se le debe. Una *contra-carta* es un acto contrario a la *carta,* obligación o contrato, *que prueba que aquello que parecía serio no lo es.* Se trata de un ardid concertado entre las partes para retener con una mano lo que se suelta con la otra: en una palabra, es una precaución astuta que se emplea en daño de terceras personas.

Dénisart[18] dice que las *contre-lettres* sirven para facilitar la mentira y el dolo y que por medio de ellas se consigue engañar a

17 *Dictionaire de droit et de pratique.* «Contre-lettre».
18 *Collectium des décisions,* V, pág. 491.

los acreedores *mostrándoles bienes que no se poseen* o créditos que no existen.

Merlin[19] declara: «La *contra-carta* es el reconocimiento de que el acto primero *no es serio,* en todo o en alguna de sus partes.

Finalmente, Bigot de Préameneu[20], en la exposición de motivos del Código de Napoleón, dice, hablando de las *contre-lettres,* que cuando los contratantes vuelven sobre sus compromisos suele ser con una intención culpable : la de engañar a los terceros *con un acto serio en apariencia.*

Es verdad que estos y otros escritores amplían luego el concepto hasta comprender en él modificaciones de un acto real precedente, pero esta extralimitación del concepto riguroso de la *contra-carta* no ha conseguido borrar su significación característica; tanto, que algunos escritores, como Bartin[21] han sostenido con gran calor que la doctrina del derecho común sobre las *contre-lettres,* a pesar de ciertas imprecisiones de lenguaje, es uniforme en cuanto a considerar que aquéllas son el acto secreto que deroga un acto aparente ; y otros, más perspicaces, como Lerebours-Pigeonnière[22], aun constatando que circulan diversos conceptos de las *contre-lettres,* reconocen que los autores, especialmente en los ejemplos de que se valen, suponen siempre un acto ostensible simulado.

Cuando el Código de Napoleón, recogiendo las tradiciones de la doctrina, quiso prohibir en el contrato de matrimonio toda clase de actos secretos que derogaran las convenciones de las partes, verdaderas o fingidas, para mantener así la inmutabilidad de ese estado familiar, usó deliberadamente la fórmula *alteraciones y contradeclaraciones,* repetida más tarde en nuestro Código; entendiendo significar con la primera las modificaciones reales de pactos verdaderos y, con la segunda, las declaraciones de que no fueron serios pactos meramente simulados.

Esta interpretación histórica se robustece con el examen lógico de los preceptos legales. Entendiendo por contradeclaración la

---

[19] *Répertoire «Contre-lettre»,* n. 2.

[20] LOCRÉ, *Legislation civile,* XII, pág. 395.

[21] *Théorie des contre-lettres,* págs. 86 y sigs. (París, 1885).

[22] *Du préte-nom,* pág. 179 (París, 1899).

retractación de un acto real y verdadero, obligaríamos a la ley a caer en repeticiones ociosas, pues tal concepto va incluido ya en el término *alteraciones.* Se altera, en efecto, no sólo modificando parcialmente, sino también revocando por completo una cláusula del contrato; y, si no puede suponerse que la fórmula legal peque de redundancia y sea, simplemente, un pleonasmo, hay que atribuir al término *contradeclaraciones* un significado propio y distinto que sólo puede ser el tradicional. Agreguemos, por otra parte, que nuestra ley usa también la palabra *contradeclaraciones* en el art. 1.319, y aquí la doctrina es unánime al reconocer que se trata del acto que sirve para hacer constar entre las partes la simulación del contrato; lo cual excluye la suposición de que la ley haya podido emplear la misma palabra en otro lugar con un sentido completamente opuesto. Por eso, seguimos sosteniendo con firmeza que la palabra *contradeclaraciones* que emplean los artículos 1.383 y 1.384 tiene el sentido ordinario de declaración secreta que contradice una declaración manifiesta simulada; lo que, por otra parte, habremos de comprobar más adelante al examinar la relación histórica de esta disposición especial en materia de matrimonio con la teoría general de las *contre-lettres.*

Veamos, ahora, si estos resultados contradicen o no la lógica del derecho. Se dice : el principio *plus valere* es un principio de razón, absoluta y no se concibe que surja entre las partes un vínculo contractual allí donde existe la negación de un consentimiento mutuo. Y si esto es verdad en todos los actos y contratos, ¿por qué ha de ser de otro modo tratándose de convenciones matrimoniales?

Verdaderamente que el argumento no puede ser más sencillo,, porque de ese modo no debería existir nunca un *ius singulare* o. sea, precisamente, aquel que *contra tenorem rationis introductum est.* El interés público exige que se mantengan las bases económicas y contractuales sobre que se erigió la nueva familia, y, por eso, el legislador subordina la prueba de la simulación a ciertas condiciones rigurosas que garanticen su inocuidad y sirvan, prácticamente, para hacerla inútil: Esta protección especial es lo que motiva que se dejen a un lado las consecuencias rigurosamente lógicas de los principios y, en su lugar, se apliquen otras normas inspiradas en consideraciones de utilidad. Ni debe admirarnos el que un negocio inexistente como privado de consentimiento quede eficaz y ligue jurídicamente a las partes, porque lo mismo sucede en otros supuestos y -para ceñirme a la materia de la simulación- en el caso de que el negocio simulado quiera oponerse por los contratantes a los terceros de buena fe. También aquí la ley, queriendo tutelar la fe comercial, establece expresamente que las contradeclaraciones sólo tienen efecto entre las partes (1.319) ; y, por eso, una adquisición simulada que, en sí misma, por falta de consentimiento, no es más que una pompa de jabón, permanece firme respecto a los terceros que adquirieron derechos del testaferro, surgiendo así la figura singular de un *dominus* que pierde su derecho sin haberlo transmitido y de un adquirente que lo recibe válidamente de quien no es su titular.

A esto se opone, sin embargo, que si tales motivos apremiantes de utilidad pública pueden motivar una derogación de los principios generales, el interés mismo de la familia exige que en los actos matrimoniales triunfe la verdad y prevalezca y se mantenga lo que fue realmente *estatuto concordado* entre las partes y, por tanto, la realidad declarada en la contraescritura. Por eso, si se convino aparentemente que para el pago de la dote no se tomaran en cuenta los intereses, cuando en realidad el capital debía ser productivo, interesa para la constitución real de la familia que prevalezca la declaración secreta y verídica.

Pero, al decir esto, se olvidan varias cosas. Ante todo, la ley quiere que prevalezca y se mantenga el estatuto concordado entre las partes; pero, entiéndase bien, el que se manifiesta con las *formas solemnes y la publicidad* previstas en la legislación y que constituyen precisamente la garantía de su contenido. La ley, en interés de la sociedad conyugal, prescribe la publicidad del contrato de matrimonio, la presencia de todas las partes, la asistencia de los esposos en determinados casos; en suma, una concurrencia de solemnidades tales que permita confiar en la ponderación, seriedad y madurez de los convenios. Y, por lo mismo, destierra las falsas apariencias, quitando eficacia a las contradeclaraciones cuando no reúnan las garantías que se requieren para el contrato principal y que son las que hacen imposible la sospecha de un perjuicio en los intereses familiares. La verdad triunfa porque la ley excluye la posibilidad de cualquier mentira o simulación, obligando a las partes a lo que han declarado pública y manifiestamente. No debe causarnos impresión el ejemplo que ponen los partidarios de la doctrina contraria, porque si es verdad que *a veces* el denegar la prueba de la simulación puede resultar dañoso a las partes, que, por lo demás, no obraron con lealtad ni se ajustaron a los preceptos de la ley, no es menos cierto que *infinitas veces* el excluir la prueba de la simulación es saludable y contribuye a mantener sobre bases más sólidas la familia creada. Pensemos en el caso de que se constituyera una dote y después se declarase por contraescritura que la dote es una mera ficción; o de que se constituyese una dote por un capital considerable, y luego en la contradeclaración se redujera a una suma irrisoria; o, finalmente, que, hecha una donación *propter nuptias,* se hiciera constar secretamente que la donación fue simulada y se hizo para ilusionar a los parientes del esposo. En estos y otros casos admitir la simulación, es decir, la *voluntad secreta* que se quiere que triunfe, conduciría a derrumbar o desorganizar el edificio de la familia[23], mucho más si se piensa que tales fraudes se generalizarían y se llevarían a cabo por los esposos, o por uno de ellos, secretamente, con el peligro de que el entusiasmo de los afectos, privado del consejo ilustrado y sereno de los ascendientes, que ya no podrían tutelar de modo seguro los intereses del contrayente respectivo, llevase a éste a consentir todo lo que se le pidiera. Precisamente estos peligros, cuya gravedad sintió la práctica, fueron los que obligaron al antiguo derecho francés a negar toda consideración a las contradeclaraciones ocultas y constituyeron el germen de las disposiciones del Código de Napoleón y del italiano.

Así desaparece aquella incongruencia que una observación superficial ha creído encontrar en el art. 1.383, interpretándolo

---

[23] Carece, por tanto, de fundamento jurídico sostener (V. QUARTA, loc. cit., pág. 668) que cuando las contradeclaraciones perjudiquen los elementos constitutivos de la *dote* deben considerarse ineficaces, según el art. 1.319, que les niega eficacia respecto a terceros: pues aquí se trataría de eficacia *entre las partes.* No comprendo tampoco que este principio pueda aplicarse *a fortiori* en las relaciones propias de las instituciones de orden público, como es la familia. Esta personificación jurídica del ente familia es equívoca y se reduce a una figura retórica sin consecuencias prácticas.

como relativo a la simulación. Observa el Tribunal de Casación de Roma[24] que el pretender que las partes, queriendo precaverse contra la simulación, hayan de declarar todas ellas simultáneamente en instrumento público que realizaron un acto simulado, es pretender algo ilógico: sin que pueda comprenderse con qué fin y con qué esperanza útil simularían los contratantes, para después tener que confesarlo públicamente.

Pero esto es precisamente lo que la ley ha querido; arrancando, por decirlo así, las uñas al fraude y colocando a la simulación en circunstancias que la inutilicen en la práctica. La ley, dice Troplong, admite las contraescrituras en esta materia, a condición de que se despojen de sus caracteres usuales[25]. Lo que, en definitiva, equivale a quitarles su carácter secreto, lleno de insidias y preñado de peligros.

Y llegamos ya al argumento de censura que aduce Quarta para sostener que las contradeclaraciones contempladas en el art. 1.383 son tan sólo aquellas que se refieren a un contrato anterior *efectivo* y *sincero,* que las partes quieren alterar, y no las que miran a los contratos simulados. De ser verdad -se dice- que las contradeclaraciones de que tratamos fueran las encaminadas a demostrar la simulación, resultaría *superflua y perjudicial* la norma contenida en el art. 1.384, según el cual, respecto a terceros, toda contradeclaración, aunque esté revestida de las solemnidades prescritas, queda sin efecto si al margen o al pie del original del contrato de matrimonio no se hizo la debida anotación. Sería *inútil,* en cuanto que los terceros están ya protegidos suficientemente, y quizá mejor, con la disposición general y absoluta del artículo 1.319, según el cual las contradeclaraciones no pueden nunca oponerse a los terceros; y sería *dañosa,* porque los terceros, que en ningún caso deben quedar perjudicados por las contradeclaraciones, las tendrían que sufrir si se hicieran públicamente y se anotaran.

La observación es aguda, pero se destruye fácilmente. Es más, comenzaré reforzando la objeción. ¿Qué razón habría para que la

[24] Sentencia citada. *Foro ital.,* 1898. I, 673.
[25] *Comm. du titre du Control de mariage,* art. 1.391, n. 230.

ley estableciese aquí una especial protección de los terceros, cuando ya en otro lugar les otorgó una protección general? ¿No habrá aquí una superabundancia viciosa, una incoherencia lógica, una redundancia legislativa? Sí, ciertamente. Nos encontramos aquí en presencia de un residuo histórico cuyo origen es interesante investigar.

Pero ante todo conviene poner de relieve que los Códigos -y especialmente el nuestro, que ha seguido el modelo del francés- no constituyen un todo sistemático coordinado orgánica y armónicamente, sino más bien el resultado de una compilación de normas de derecho vigentes en la jurisprudencia anterior, de origen distinto, que se enlazan con diversas corrientes históricas y se acogen si someterlas siempre a una selección severa y cuidadosa. Y esta visión del Código en su aspecto histórico es la que sirve al intérprete para determinar su contenido, para eliminar las antítesis y para explicar las redundancias. No debe, pues, extrañarnos el que sobre una misma relación se encuentren a veces muchas reglas distintas que proceden de fuentes diversas y se enlazan con diferentes tradiciones; y es cosa trivial pretender que la coexistencia de varias reglas obliguen a rechazar una de ellas. Esto sentado, haremos alguna breve indicación sobre el origen de cada uno de los arts. 1.319 y 1.384, sin perjuicio de dar luego, en su sitio, una explicación más detenida.

El principio de la ineficacia de las contraescrituras frente a los terceros, surge en la jurisprudencia. Hacia la primera mitad del siglo XVII encontramos dos decisiones del Parlamento de París, que enuncian el principio de que las contradeclaraciones no pueden oponerse a los terceros. Este principio se acoge en la práctica y se difunde con rapidez en la doctrina. Pero los sistemas de protección a los terceros son diferentes. Unos, más severos, sostienen el principio de la nulidad de las *contre-lettres.* A este grupo pertenece Domat. Otros, en cambio, opinan que la buena fe de los terceros está suficientemente protegida, cuando las *contre-lettres* revisten ciertos caracteres externos de publicidad que hagan imposible el engaño. Así, en una sentencia de 27 de julio de 1868 se sostiene que pueden oponerse a los terceros *les lettres passées devant notaires et enregistrées*[26]. También son de la misma opinión algunos escritores.

---

[26] DÉNISART, *Collection des décisions,* n. 6.

Así, Ferrière[27] dice : «Las *contre-lettres* no hacen fe sino cuando se otorgan ante notario y se reconocen en juicio.»

Dénisart[28] afirma aún más explícitamente : «Para que las *contre-lettres* puedan oponerse a tercero, se necesita que se hagan ante notario y quede una minuta de las mismas. Además, han de otorgarse contemporáneamente al acto que derogan o desmienten.»

Pues bien; precisamente en lo relativo al contrato matrimonial, había prevalecido esta segunda doctrina y era regla generalmente aceptada por la práctica que las *contre-lettres* matrimoniales, para tener eficacia respecto a terceros, habían de estar hechas mediante notario, registradas y con el concurso de todos los contratantes.

El Código de Napoleón se elaboró teniendo a la vista esta tradición varia y ondulante; y su art. 1.321 -equivalente al 1.319 del Código civil italiano- se introdujo en él por pura casualidad. El director de la Oficina de Registro[29], en sus repetidas exhortaciones, reclamaba, en interés de la administración fiscal, que se insertara un artículo declarando nulas todas las *contre-lettres,* medio facilísimo de defraudar a la Hacienda; que se pusiera el problema de la eficacia de las contradeclaraciones. A esto replicaron muchos que el sistema de la nulidad, que atacaba tan duramente la libertad contractual, era excesivo porque las partes podían tener razones legítimas para conservar el secreto en sus asuntos; y así surgió el art. 1.321, transacción entre las dos tendencias opuestas, estableciendo que las contradeclaraciones sólo pueden tener efecto entre las partes y sus herederos.

Pero cuando más tarde se trató de regular el contrato de matrimonio y se recogió el material jurídico relativo a esta institución, para la cual existía ya la regla especial sobre las *contre-lettres,* no creyeron los legisladores que debiera alterarse nada; y ya fuera un defecto de coordinación, o ya que pareciera útil y conforme al con-

---

27 *Dictionnaire de Droit,* «*Contre-lettres*».

28 *Collection* cit., V. pág. 491 (edic. 1786).

29 Oficina liquidadora del impuesto, equivalente en cierto modo a las que administran el nuestro de derechos reales y transmisión de bienes (*Nota de los traductores).*

trato matrimonial aquella especial protección, es lo cierto que allí quedó y ha quedado también en nuestro Código.

Pero de esto a negar que tal regla no se refiere a las *contre-lettres* características de las convenciones simuladas, hay una gran distancia. Los mismos requisitos especiales de publicidad, que tanto han hecho trabajar la fantasía de los intérpretes, se ve que tienen sus raíces en la evolución histórica de las contradeclaraciones, de que representan un mero aspecto o actitud.

Y así se explica la pretendida *superfluidad* del art. 1.384, que no es sino un sistema distinto de protección que *sobrevive* históricamente al sistema más amplio y general introducido con la ineficacia absoluta de las contradeclaraciones.

Vengamos ya al perjuicio que experimentan los terceros por efecto de esta disposición. Yo creo que no existe. Porque las contradeclaraciones que reconoce como eficaces el art. 1.384 deben presentar tantas y tales condiciones de legitimidad **v** publicidad, que el interés de los terceros no puede nunca ofenderse en modo alguno. Este segundo sistema de protección consigue indirectamente los mismos efectos prácticos de la inoponibilidad.

Pero yo voy más allá. Los terceros, con esta disposición especial, no sólo no sufren un daño, sino que obtienen una *ventaja.* Debemos pensar dos cosas: 1.°, que la disposición del art. 1.319 se aplica a los terceros de *buena fe,* bastando, por tanto, para que cese la protección, que los terceros conozcan la simulación y sepan que tratan con un testaferro. En cambio, las contradeclaraciones matrimoniales, aun realizadas por acto público y *conocidas* de los terceros, sólo pueden oponérseles en el caso de su *anotación,* que constituye una forma especial de publicidad; 2.°, que la protección del art. 1.319 se limita, por el arbitrio del legislador, a las contradeclaraciones *por documento privado;* de modo que loa terceros habrán de sufrir inexorablemente las contradeclaraciones hechas en escritura pública; o, lo que es igual, que la protección concedida a aquéllos por el art. 1.384 es más amplia en cuanto impone, además de la forma notarial, el concurso simultáneo de todas las partes y la anotación en el contrato matrimonial.

Así, pues, resulta insostenible el argumento *a contrario* que se quiso esgrimir.

Y, por eso, hay que concluir que la simulación no puede ocultarse en el contrato matrimonial, sino despojándose de sus vestiduras acostumbradas de secreto y fraude; y mostrándose abiertamente al público, lo cual equivale a imponerle una metamorfosis que la hace inútil en la práctica[30].

Debemos, sin embargo, precisar los límites en que hay que entender constituida esta doctrina.

La ley prohíbe las alteraciones y contradeclaraciones de los *convenios matrimoniales,* siendo, por tanto, el contrato matrimonial -la regulación del patrimonio que los esposos han establecido al constituir la nueva familia- lo que debe permanecer intacto e inalterado. Quedan excluidas todas aquellas declaraciones incidentales contenidas, sí, en el contrato, pero que se refieren a un negocio jurídico anterior, que publican o enuncian con tal motivo; y también los actos jurídicos posteriores al contrato de matrimonio, aunque estén con respecto a él en una relación de dependencia y causalidad. De aquí que, ante todo, puedan impugnarse de simulación con los medios ordinarios de prueba las llamadas declaraciones *enunciativas,* o sea aquellas en que se afirma o reconoce la existencia de un negocio anterior a la estipulación matrimonial, de la que no forma parte; por ejemplo, la declaración de que la entrega de la dote se realizó con anterioridad. En tal supuesto, la impugnación de lo afirmado no ataca en lo más mínimo las capitulaciones de las partes y la simulación se alega únicamente contra el pago de la dote que fue un acto jurídico anterior al contrato de bienes con ocasión del matrimonio, aunque tenga en el mismo su prueba.

Además, están sujetas a las reglas de derecho común sobre impugnación de los actos simulados las declaraciones posteriores a los pactos nupciales, aunque aparezcan en relación con ellos y

---

30 Por lo que respecta a la imposibilidad legal de simulación en las convenciones matrimoniales, véase: Brugi, *Istituz. di dir. civ.,* 3, pág. 708. Giovene, *Il negozio giuridico rispetto ai terzi,* pág. 605. Dusi, en Baudry-Lacantinerie, *Contratto di matrimonio,* I, 876. Pestalozza, ob. cit., pág. 103.

dependientes de los mismos. Así, por ejemplo, el recibo que, pasado algún tiempo, libra el marido por la dote que no se le había entregado.

Por otra parte, no pueden considerarse como contradeclaraciones y alteraciones, ni, por tanto, necesitan someterse a las solemnidades prescritas por los arts. 1.383 y 1.384, los actos siguientes: 1.º «, las convenciones que se limitan a interpretar el contrato matrimonial[31]; 2.°, los actos que tienden a regular su cumplimiento[32], y 3.°, las disposiciones *nuevas* añadidas al mismo[33].

Conviene que fijemos la atención en la última categoría. Nada impide que los esposos, después de las capitulaciones, reciban otras liberalidades aun de los mismos donantes. La inmutabilidad de las capitulaciones matrimoniales no es un obstáculo para que se aumenten las donaciones y a las adquisiciones obtenidas por efecto de los pactos nupciales se agreguen otras nuevas. En ellas no puede verse una derogación o retractación del contrato anterior, porque en ninguna parte se ha dicho que la posición económica de los esposos haya de permanecer invariable y no puede desenvolverse o aumentarse en lo futuro. Las capitulaciones matrimoniales no sufren por ello cambio alguno; solamente los esposos resultan favorecidos con nuevas liberalidades.

Así, se ha resuelto con justicia que los esposos puedan recibir otra donación de la persona que dio la dote; que es lícita la constitución de una hipoteca para asegurar los bienes dótales, aunque en el contrato matrimonial se hubiera convenido que los dotantes no estaban obligados a proporcionar ninguna garantía, y que se puede renunciar ulteriormente a un derecho de reversión estipulado en el contrato de matrimonio por el dotante en provecho propio.

Precisamente en esta serie de aplicaciones aparece el acto que ha motivado tanta desviación de los principios cuando se ha tra-

---

[31] GUILLOUARD, *Contrat de mariage,* I, n. 245.

[32] Así, las disposiciones sobre el pago de la dote, como si, en vez de dinero, se conviniera aceptar la dación de un fundo, etc. (V. AUBRY y RAU, V. § 513-bis, nota 27.)

[33] LAURENT, *Droit civil,* XXI, n. 74 y sig.; BIANCHI, *Contratto di matrimonio,* n. 51.

tado de explicar su validez, a saber: la obligación de pagar intereses de una dote que en el contrato matrimonial se declaró infructífera[34]. El dotante, en tal caso, hace una nueva promesa, una nueva disposición gratuita, *añadida* a las convenciones matrimoniales, que de por sí permanecen intactas, pues si hay alteración es en el efecto económico resultante de la ventaja ulterior y no en la esencia jurídica. Así, pues, en vez de pensar en una simulación precedente, que por su naturaleza queda excluida del contrato matrimonial, el acto posterior debe interpretarse, legítimamente, como otra disposición de carácter gratuito que constituye de por sí un nuevo título de los derechos de los esposos y cuya validez se impone reconocer.

Ni se crea que esto es un expediente para llegar al mismo resultado a que podría llegarse si se admitiera libremente la simulación en el contrato matrimonial, porque el resultado no es, realmente, el mismo, ya que, si es posible que los esposos obtengan nuevas ventajas, no lo es que renuncien o deroguen por este medio los beneficios establecidos en la capitulación. Su posición, que puede resultar favorecida, no puede ser empeorada.

Esta me parece la única doctrina aceptable.

A propósito de la simulación en las convenciones matrimoniales, debemos recordar que en Francia varios autores, **y** aun alguna sentencia, sostienen la nulidad absoluta de las *contre-lettres* que sirven para eludir los reglamentos militares en cuanto a la obligación de la mujer que casa con un oficial de aportar una renta al matrimonio. Una sentencia del Tribunal de Limoges, famosa en la jurisprudencia, dice que precisamente por un interés de orden público, que toca a la dignidad del ejército, la Administración del ramo de Guerra exige que los contratos de matrimonio de los oficiales se presenten a su examen, y no autoriza el matrimonio si la esposa no aporta una dote suficiente para proporcionar la renta exigida. Y si un acto ulterior reduce la cifra estimulada en el contrato nupcial, es un acto fraudulento, subrep-

---

[34] Esta misma razón fue invocada por la Casación de Roma y por el ilustre *abogado general* en la sentencia antes citada; pero con carácter subordinado cuando, en realidad, era la decisiva.

ticio y contrario al orden público, y su nulidad es absoluta y puede oponerse por los mismos esposos.

Pero esta doctrina no goza de mucho favor. Bartin observa que aquí el fraude recae sobre un simple reglamento administrativo que protege a una clase limitada de personas, y que, por tanto, no existe una violación del orden público[35]; y Planiol, por su parte, encuentra también excesiva la nulidad, y dice que el caso es discutibl[36].

La cuestión ha perdido importancia en nuestro Derecho, después de las leyes de 17 de febrero de 1907 y 25 de junio de 1911, que han eximido al oficial que quiere contraer matrimonio de la prueba -que antes se exigía para obtener la Real licencia- de poseer, además de su sueldo, una cierta renta anual asegurada con garantía hipotecaria, a favor de la mujer y de la prole futura, sobre valores públicos o sobre bienes inmuebles; circunstancia que podía reemplazarse con la dote aportada por la mujer. Derogada dicha exigencia legal, falta la base para apreciar el fraude, y, por lo mismo, omitimos toda discusión sobre el particular[37].

25. Sigamos el examen de los varios casos de simulación absoluta en relación con los contratos cuyo objeto es la prestación de un valor de uso. Como forma típica de los mismos, nos aparece el arrendamiento.

El contrato arrendaticio se presta mucho, en manos de los que simulan, para consumar fraudes, pues con él se pueden substraer durante largo tiempo los frutos de un fundo, bajo la apariencia de su atribución obligatoria a una persona, con daño de los acreedores y de los que adquieran después algún derecho sobre la cosa. Así, el deudor, ante la inminencia de una condena judicial, y previendo la subasta de sus propiedades, simula el arrendamiento de las mismas a un pariente o amigo, de modo que, aun cuando se inicien y consumen los procedimientos de ejecución, pueda conservar, por medio del testaferro, el goce de los bienes, acaso por mucho tiempo, si es larga la duración del

[35] *Théorie des contre-lettres,* pág. 178.

[36] *Traite élém. de droit civil,* II, n. 1131.

[37] Por lo que respecta a las cuestiones que se promovían en el derecho anterior, puede verse la tercera edición de esta obra, págs. 165 y sigs.

arrendamiento[38]. Pero con más frecuencia todavía interviene simulación ai llegar el momento de la ejecución forzosa. E! deudor sometido a ella se apresura a simular el arrendamiento del fundo amenazado de ejecución, para sustraer los frutos a la inmovilización que subsigue a la inscripción del embargo. Un acto que suele acompañar a estos arrendamientos fingidos y que sirve para completar el engaño es la liberación o cesión de los plazos, con lo cual, además del disfrute en especie, se viene a substraer también la equivalencia en dinero. En todos estos casos, el ejecutante, o cualquier otro acreedor hipotecario o escriturario, pueden impugnar el contrato por simulación, y la falta de seriedad y el carácter fraudulento del acto resultarán evidentes de circunstancias numerosas, entre las cuales vamos a recordar las más salientes.

Ante todo, estos arrendamientos precipitados se hacen siempre por deudores que están en vísperas del procedimiento de ejecución o ya dentro de él, y suelen realizarse con parientes o amigos, reteniendo el mismo arrendador la posesión del fundo, con uno u otro motivo. En una ocasión se indujo la simulación fraudulenta, entre otras circunstancias, por la fecha del arrendamiento, convenido en una estación impropia, es decir, cuando los frutos estaban pendientes, y porque el pago de los plazos quedaba a cargo de los hijos del arrendatario con pacto alimenticio a favor del arrendador[39]. Otra vez, el carácter ficticio del negocio se descubrió por el absoluto descuido con que se redactó el contrato, pues ni se hizo mención alguna de las plantas vivas o muertas, ni se dispuso nada acerca de los animales, los pastos, etc., ni se entró en los particulares relativos a la ejecución del arrendamiento, que, por otra parte, se convino en tiempo inoportuno -pasada la mitad del año agrícola-, sin determinar si el arrendatario haría suyas o no las cosechas pendientes, y, por último, merced a la circunstancia importantísima de que el pretendido arrendatario nunca había cultivado, ni por sí ni por otros, los terrenos arrendados, y, en cambio, siempre estuvo en el fundo una persona dependiente del antiguo propietario, la cual siguió recogiendo los frutos[40].

---

38 Trib. de Módena, 5 dic. 1881 (*Rivis. leg.*, 1882, 2).
39 Apelac. de Turín, 12 sept. 1866 (*Giur. tal.*, 18, 2, 504).
40 Apelac. de Perusa, 16 febr. 1879 (*Giur. ital.*, 32, 2, 177).

Pero, a veces, estas convenciones fingidas provocan otro conflicto: el fraude se prepara contra el adjudicatario, el cual, en el momento de tomar posesión del fundo adquirido en pública subasta, ve cómo se le oponen contratos de arrendamiento que le impiden por largo tiempo el disfrute del inmueble.

Una garantía primordial a su favor nace de la norma del artículo 1.932, con arreglo al cual, los contratos de arrendamiento por más de nueve años y las redenciones y cesiones de rentas de más de tres deben transcribirse, para que tengan eficacia contra terceros que hayan adquirido o conservado un derecho sobre la cosa; y así, una simulación fraudulenta por acto fechado con anterioridad sólo puede realizarse en perjuicio suyo mediante un arrendamiento o liberación estipulada por tiempo inferior.

Pero la ley establece también normas especiales a favor del adjudicatario. En primer lugar, declara que los arrendamientos convenidos por el deudor ejecutado sólo pueden oponerse al adjudicatario cuando tengan una fecha indubitada *anterior* al requerimiento; por lo cual, todos los arrendamientos sucesivos celebrados durante el procedimiento de ejecución no tienen valor alguno con respecto a él. Además, establece una presunción de fraude si la merced es inferior en una tercera parte a la normal, según tasación de peritos o arrendamientos anteriores. Finalmente, derogando los principios comunes, limita la oponibilidad de los pagos de plazos y cánones anticipados a los hechos con arreglo a las costumbres locales (art. 687 del Código de procedimiento civil).

A pesar de la gran protección que la ley le concede, el adjudicatario está expuesto al fraude en el caso de arrendamientos registrados con anterioridad al requerimiento, cuya duración sea inferior a nueve años, en que la merced, aunque escasa, no se disminuya en un tercio con respecto a la normal, o en que se contengan anticipos de acuerdo con la costumbre local. Pero en estos casos cabe siempre impugnar por simulación.

Lo mismo que el arrendamiento, se declaró simulado un contrato de aparcería, induciéndose la simulación de las circunstancias siguientes: no se describieron los animales comprendidos en el contrato, ni se indicaba quiénes eran los propietarios de los fundos; se pasó de una aparcería a otra antes de haberse terminado la primera; el supuesto propietario no se preocupó nunca del ganado entregado en aparcería, ni lo examinó, ni pagó los impuestos[41].

26. Puede encontrarse también simulación en los contratos reales. Las figuras más frecuentes son el depósito o comodato simulados, hechos por un tercero con objetos de la propiedad del deudor para que aparezca que pertenecen a otro y justificar al mismo tiempo su posesión por el obligado[42]. La prenda se utiliza también para los mismos fines. El deudor simula una constitución de prenda, con fecha anterior, haciendo aparecer que los muebles que tiene en su poder le han sido entregados por un tercero en garantía de un crédito.

Todas estas simulaciones sirven luego, en el procedimiento ejecutivo, para justificar las demandas de tercería con que los testaferros tratan de substraer al embargo los bienes muebles del deudor.

En cambio, no puede utilizarse el préstamo mutuo para los fines de la simulación, pues con él se adquiere un crédito en vez de perder elementos patrimoniales en fraude de acreedores. Sin embargo, esta misma figura contractual fue empleada en un caso especialísimo. Una persona amenazada de interdicción contrató, fingidamente, la víspera de pronunciarse la sentencia, un préstamo mutuo con un pariente anciano para procurarse dinero en lo sucesivo, con independencia de su tutor; así, las entregas sucesivas de dinero, nulas por la incapacidad del interdicto, aparecían cubiertas por el mutuo anterior que servía de garantía[43]. Pero aquí, realmente, existía más bien un negocio fiduciario.

27. - Finalmente, la simulación se encuentra en los mismos actos declarativos.

Puede simularse la confesión o el reconocimiento contractual de una relación jurídica. Son frecuentes las declaraciones secretas

---

41 Apelac. de Bolonia, 26 abril 1897 (*M. giur. Bol.*, 1897, 142).
42 Apelac. de Venecia, 15 sept. 1876 (*Temi ven.*, 1876, 324).
43 Casac. de Turín, 5 enero 1858 (*Beit*, X, 2, 27).

en que el marido reconoce que todos los muebles existentes en el domicilio conyugal -adquiridos con dinero de la dote, con lucros resultantes del propio trabajo o con dinero tomado a préstamo- pertenecen a la mujer, y esas declaraciones se hacen con el fin de substraer los bienes a la ejecución de los acreedores[44]. Más frecuentes aún son las declaraciones de deudas, de cantidades recibidas en préstamo, de obligaciones nacidas de la compensación de servicios, etc.

Un fraude peligroso consiste en simular transacciones para fundamentar la enajenación de inmuebles o la renuncia de derechos con efectos traslativos. Sobre la falsa alegación de una contienda imaginaria, para dar aspecto a la cual se inicia a veces un juicio convenido, se procede a hacer una transacción, y, merced a ella, las partes renuncian o se conceden derechos recíprocamente. En realidad, es el deudor el que transfiere los bienes o créditos, asegurándolos en poder del supuesto contendiente, que no es sino un testaferro.

También puede combinarse una división simulada. Los acreedores de los comuneros están en parte protegidos por la ley, por cuanto tienen el derecho de oponerse a la división que se lleva a cabo sin su intervención, y de intervenir a su propia costa; y, por otra parte, pueden impugnar las divisiones realizadas a espaldas suyas, no obstante su oposición formal y aun las consumadas en fraude de los mismos, aunque no se hubieran opuesto a ellas (artículo 680).

Pero esta protección especial, que a veces resulta inadecuada, no impide que puedan impugnar también un simulacro de división preparado en perjuicio suyo, demostrando que continúa el estado de comunidad. Y ésta es jurisprudencia constante.

Los fines para los cuales se realiza la simulación son muy distintos. O se exagera fingidamente el pasivo, de tal modo que la masa a dividir resulte menor, o se atribuye a uno de los comuneros una cuota inferior, o, finalmente, se hace aparecer que la cuota se entrega en dinero contante; siempre en daño de los acreedores,

---

[44] Pret. Vico Equense, 23 febrero 1883 (*Monit. Pret.*, 1883, 128).

que encontrarán en el patrimonio del condominio una porción de bienes inferior a la que debe corresponder a su cuota, o tal vez nada, cuando el dinero que se dice entregado haya desaparecido o sea inaprehensible. Otras veces, la simulación lleva consigo un intento especial de fraude. Cuando un copropietario enajena una cuota determinada de bienes comprendidos en la comunidad, la enajenación queda sometida a la condición suspensiva de que en la división toque al enajenante aquella porción específica, siendo nula en otro caso la cesión (art. 636). Y se podrá combinar de tal modo la división de los bienes que falte la condición suspensiva y se evapore la adquisición del cesionario del partícipe.

Finalmente, puede simularse una contradeclaración, existiendo entonces la simulación de una simulación, el *non plus ultra* en este género. El deudor propietario de un fundo puede, de acuerdo con el que se lo vendió, fingir una escritura de fecha anterior a la deuda, en que se declare que la venta fue aparente, que no se pagó el precio y que el adquirente no es más que un testaferro[45]. Así, el antiguo enajenante viene a entrar en posesión del fundo, aunque éste, en realidad, siga perteneciendo al deudor. Con el mismo medio puede hacerse que aparezca como simulada una concesión de derechos reales, o de crédito, en beneficio del obligado. A veces, la contradeclaración, aun permitiendo la subsistencia de la enajenación, establece que el deudor es testaferro de otro, por cuya cuenta adquirió, con dinero suministrado por el mismo. Puede, por último, hacerse una contradeclaración aparente, en que se confiese que el precio de venta es inferior al declarado y que al enajenar se concedió el derecho de retracto. Oponiendo esta contradeclaración fingida, el enajenante recobra el fundo por un precio irrisorio las más de las veces, y el bien sale aparentemente del patrimonio del deudor.

---

[45] PESTALOZZA, pág. 94, n. 1, considera erróneo el referir la simulación de las contradeclaraciones a la simulación absoluta, cuando, en realidad, debería estimarse relativa. No me parece bien. Si alguien declara que debe un precio que ha pagado ya, finge una obligación de modo absoluto; y no sería posible determinar dónde está el acto desfigurado, porque el pago fue real y la *disimulación* intervino *después* sólo para dar el carácter de apariencia a lo que nació como negocio verdadero.

28. II.- Debemos examinar ahora la segunda categoría de negocios absolutamente simulados cuya finalidad es aumentar el pasivo de una manera ficticia, multiplicando los acreedores y sacrificando a los verdaderos con los fingidos o defraudando el Fisco[46].

Aquí se agrupan todas las formas posibles de obligación: vínculos contractuales, declaraciones de deudas, préstamos imaginarios, etc.[47].

Un medio muy expedito para obligarse, y que goza de la preferencia de los deudores, consiste en emitir letras y otros títulos a la orden, que, por estar fechados con anterioridad, resultan más funestos, por lo difícil que es probar el acuerdo engañoso. Se ha decidido que los mismos créditos cambiarios de los Bancos pueden ser simulados, pues no es exacto que estos entes morales no sean capaces de propósito fraudulento[48]. También son comunes entre los comerciantes, como forma de obligarse simuladamente, el contrato de traspaso y la apertura de cuenta corriente.

En estos y en otros casos, la prueba de la ficción resulta muy difícil; y, si no fuera porque la calidad de los interesados y las circunstancias en que el acto se realiza dan a veces alguna luz, sólo en casos muy extraordinarios podría tener éxito la impugnación del negocio como simulado. Por eso los acreedores, cuando no tienen plena certeza de que se trate de un acto aparente, prefieren el camino más cómodo y seguro que representa el ejercicio de la acción Pauliana.

29. - En materia de quiebra, estas ficciones de deudas para substraer el activo a los acreedores adquieren proporciones extraordinarias. Es la quiebra un estado patológico del comerciante -provocado a veces artificialmente-, en que actúan astucias de toda clase, se cometen todos los fraudes, se ponen en juego todas las simulaciones, para que lo menos malo del desastre económico

---

[46] Ejemplo: Simulación de deudas hereditarias para defraudar los impuestos sucesorios.

[47] V. una especie de simulación de cambio marítimo en la sent. de la Apelac. de Génova, 23 mayo 1893 (*Temi gen.*, 1893, 397).

[48] Apelac. de Trani, 9 abril 1896 (*Legge*, 36, 2, 167).

del quebrado sea el hecho de quebrar y el daño recaiga exclusivamente sobre los acreedores. Es cierto que la ley crea garantías especiales, como el procedimiento de comprobación de los créditos que pueden figurar en el pasivo, procedimiento en que existe libertad de impugnar y se admiten presunciones especiales de fraude; pero no por ello se elimina el peligro de maniobras ilícitas y prelaciones indebidas. Y para poner de manifiesto cómo se acumulan en este campo las simulaciones de los deudores, apoyándose unas en otras, referiré -faltando, por excepción, a mi costumbre de no citar jurisprudencia en el texto de mi trabajo- un caso clásico que, en verdad, merece recordarse: la quiebra Gustaedt[49].

Después de un largo juicio, que duró varios años, se declararon, por fin, simulados o fraudulentos los siguientes contratos, que el quebrado combinó para substraer el activo a las reclamaciones de los acreedores: 1.°, un instrumento en que vendía a su mujer todos los inmuebles, fundos rústicos, casas y una cuota de derechos hereditarios; 2.°, un segundo instrumento por el cual vendía a un trabajador de su almacén de relojería en Chiaia -un tal Jenner- todo el material y muebles del almacén, cuyo precio figuraba como pagado ya al vendedor; 3.°, otro instrumento en que Gustaedt y su mujer se declaraban deudores de una suma considerable a favor de un sobrino suyo por un supuesto préstamo, otorgando hipoteca sobre uno de los fundos traspasados ya a la mujer en la primera venta, en forma tal que el importe de la hipoteca absorbiera todo el valor del fundo; 4.°, otro instrumento por el que la mujer vendía el fundo adquirido e hipotecado por ella a un tal Samonà, el cual pagaba el precio al acreedor hipotecario inscrito (el sobrino) y entregaba el resto a la vendedora; 5.°, un quinto instrumento en que Samonà contraía un préstamo con Jenner para procurarse la suma que había que pagar y hacerla llegar indebidamente al quebrado; 6.°, finalmente, otros documentos de venta en que Jenner traspasaba todo el material adquirido a otra persona, y el comprador, a su vez, lo enajenaba a otro adquirente más lejano aún.

[49] Apelac. de Nápoles, 24 febrero 1871 (*Giur. ital.*, 23, 2, 112).

Véase en este admirable tejido de simulaciones y fraudes el intento sutil de hacer llegar los bienes, mediante la multiplicación de los negocios, a terceros adquirentes de supuesta buena fe, y la combinación, verdaderamente ingeniosa, de la declaración simulada de deuda con hipoteca que viene a satisfacerse por el tercer poseedor, fingido, del fundo hipotecado.

30. - La disipación aparente de los bienes o el aumento del pasivo puede convertirse en daño de los acreedores, no sólo disminuyendo la garantía con que creen contar para la satisfacción de sus créditos, sino también logrando otras consecuencias fraudulentas relacionadas con una situación jurídica especial. Entre ellas debemos recordar la separación de dote *in fraudem creditorum.* La ley concede a la mujer el derecho de pedir la separación de los bienes dótales cuando, por efecto del desarreglo económico del marido, sea de temer la pérdida o disminución de la dote. Por efecto de tal reclamación, el marido es condenado a restituir los inmuebles y a pagar anticipadamente la estimación de la dote, pago que a menudo rebaja considerablemente su patrimonio, tanto más si se tiene en cuenta que ciertas declaraciones de dote de bienes muebles son exageradas y envuelven una donación a la esposa. El marido, a veces, fingiendo deudas y enajenaciones, trata de crear un desorden en sus asuntos, una situación jurídica complicada, que represente un desarreglo económico y justifique, con sus peligros fingidos, la petición de la mujer[50]. Pero los acreedores, que verían de este modo disminuida o extinguida su garantía y, además, no podrían contar para la satisfacción de sus créditos con las rentas de los bienes dótales, pueden oponerse a la demanda de separación, y aun reclamar contra la misma separación de dote decretada ya judicialmente (1.422). Este último recurso no es más que una aplicación de la acción revocatoria; pero no cabe dudar de que compete también a los acreedores, los cuales, para oponerse al desarreglo económico del marido, pueden provocar incidentalmente acciones de simulación.

31. - Estas son las formas jurídicamente posibles de fingir disminuciones del patrimonio y aumento del pasivo; porque no de-

---

[50] BIANCHI, *Contratto di matrimonio,* n. 303.

bemos enumerar entre las simulaciones los casos en que se pierde un derecho o se adquiere una obligación *por inacción dolosa y colusión del obligado.*

El deudor, voluntariamente, persigue con su inercia la pérdida de su derecho, rehusando cooperar al mantenimiento de su situación jurídica. Así, por el no uso, se permite que se extinga una servidumbre; por el no ejercicio, se deja que un crédito prescriba; por el incumplimiento de una condición potestativa, se rehúsa una adquisición; por dejar que pase un plazo, se incurre en una caducidad; por la omisión de ciertas formalidades necesarias, se pierde una garantía, etc., etc.

En todos estos casos, aunque la inacción del deudor sea deliberada y dolosa, no cabe hablar de simulación; la pérdida es real, porque la ley atribuye determinadas consecuencias a ciertos hechos, considerados objetivamente y sin tener para nada en cuenta el elemento intencional. Así, cumplida la prescripción, opone un obstáculo al ejercicio del derecho, y en contra de ella carecen de eficacia las convenciones o renuncias de las partes. Si, dolosamente, omite el deudor la inscripción de una hipoteca a título de separación de patrimonio, queda expuesto realmente al peligro de perder el crédito por la concurrencia de los acreedores del heredero.

Aquí la simulación es imposible, porque se trata de *hechos,* no de *actos jurídicos.* La pérdida del derecho ocurre por la actuación de ciertos elementos materiales, a que da lugar, mediata y ocasionalmente, la inactividad del titular. Es el transcurso del tiempo, el no realizarse el acontecimiento, la falta de ciertas medidas, lo que, en su realidad objetiva, determina la modificación jurídica. El deudor coopera pasivamente, en cuanto asiste con indiferencia al espectáculo de su ruina y no se apresura a remediarla; pero contra su *no acto,* los acreedores no tienen siquiera el recurso de la acción Pauliana, porque no se sabe qué es lo que habría que rescindir[51]. Y menos aún cabría alegar simulación, porque ésta se dirige contra negocios jurídicos, no contra simples omisiones. La circunstancia de que el beneficiado por la pérdida del derecho

---

51 V. Bonelli, *Fallimiento, n.* 407, pág. 681.

esté de acuerdo con el deudor no puede ocasionar la figura del contrato simulado, pues aquí la pérdida no depende de la voluntad de las partes, sino de hechos jurídicos determinados por la ley, y actúa realmente, aun cuando las partes hubieran de antemano renunciado a su eficacia.

Análogas observaciones pueden hacerse cuando se trata de la obligación de indemnizar daños y perjuicios nacida del incumplimiento, deliberado, de un contrato anterior. La responsabilidad más grave que, voluntariamente, ha echado sobre sí el deudor –quizá protegido en secreto contra los efectos del incumplimiento– es un resultado jurídico que tiene verdadera realidad y que los mismos acreedores no pueden impedir, salvo en casos excepcionales y valiéndose de la acción subrogatoria. Aquí no hay simulación, sino violación real de una relación obligatoria para agravar la propia responsabilidad *fraudandi causa.*

Lo mismo decimos respecto a los juicios. Si el demandado no se defiende o se defiende mal para sufrir la condena, no finge; observa una mala conducta para obtener un fin fraudulento. La sentencia hace eficazmente una declaración de derechos, y, por tanto, el demandado pierde en realidad la propiedad del fundo reivindicado o toma sobre sí la carga del crédito que se le reclamó. Si, pues, se obtiene un efecto jurídico real, no puede hablarse de simulación. Y aunque el mismo demandado que se expone a la sentencia condenatoria hubiera estipulado que se le volviera a entregar la cosa enajenada judicialmente o la liberación de la deuda, tendríamos una nueva transmisión o una extinción del derecho: retransmisión o extinción a que el demandante vencedor sólo estaría obligado personalmente y que, en caso de incumplimiento, se traduciría en un derecho a ser indemnizado. No así en la simulación, donde un derecho no *vuelve* a transmitirse, porque nunca se transmitió, ni se extingue, porque no ha nacido. Por eso, los acreedores que, ignorando estos manejos secretos, no intervinieron en el juicio para defender sus intereses, pueden impugnar la sentencia con el recurso llamado de oposición de tercero.

CAPÍTULO IV

LA SIMULACIÓN RELATIVA

32. La simulación relativa consiste en disfrazar un acto: en ella se realiza aparentemente un negocio jurídico, queriendo y llevando a cabo en realidad otro distinto. Los contratantes concluyen un negocio verdadero, que ocultan bajo una forma diversa de tal modo que su verdadera naturaleza permanezca secreta. La figura aparente del negocio sólo sirve para engañar al público; pero detrás de esa falsa apariencia se esconde la verdad de lo que las partes han querido realizar y substraer al conocimiento de los terceros. De aquí que con frecuencia se le designe, ya como negocio *disimulado* (Dernburg), *enmascarado* (Euffter), *velado* (Bekker), ya, como decían los escritores medievales, *coloratus, figuratus, depictus,* de donde proviene el aforismo *colorem habet, substantiam vero alteram.*

El principio de que está permitido a las partes conseguir un cierto fin económico ocultando la forma jurídica empleada al efecto, descansa en el de la libertad de la contratación. Suele decirse que la persona capaz de realizar un negocio directamente puede realizarlo también de modo indirecto, lo cual se aplica en verdad al uso de una forma contractual distinta o a la combinación de varias formas contractuales para conseguir un cierto resultado que la ley refiere a un tipo especial de negocio jurídico. En efecto, la ley enumera y regula una larga serie de formas contractuales que ofrece a la actividad de los particulares y que éstos no están obligados a adoptar, pudiendo conseguir por otro medio el efecto a que aspiran. Se trata de normas meramente dispositivas que pueden derogarse por la voluntad de las partes. Análogas consideraciones son las que, en general, determinan la licitud del procedimiento simulado. El disfraz de un negocio jurídico no puede reprobarse en sí mismo mientras no se ofenda con él la ley o el derecho de los demás. El mantener secreto un acto puede constituir un interés legítimo y respetable, y no hay razón alguna de orden público que prohíba substraer a la observación de los terceros la verdadera naturaleza del negocio realizado. Si se produce un engaño, si se emplea una mentira, esto, que puede ofender ciertos principios de moral a que la ley otorga una mera protección negativa, no puede constituir una violación jurídica. Y como la ley no es quien manda que las personas sean leales, no puede obligar a los contratantes a ser sinceros ni castigar con la pena de nulidad los acuerdos ocultos. Mientras el engaño es inocente, la ley no puede alarmarse de sus consecuencias y no puede prohibirlo; y es sabido, por otra parte, que en el campo de lo lícito jurídicamente entran ciertos actos que no responden al rigor de los ideales éticos.

Examinemos íntimamente el mecanismo de la simulación relativa. De su análisis resulta que existen dos negocios: el manifiesto, fingido, y el oculto, serio; de ellos, el primero sirve para disimular el segundo. Los contratantes, para que no se conozca su acuerdo secreto, lo disfrazan bajo un ropaje engañoso: la simulación, aquí, no se limita a crear la apariencia, sino que produce esta última para encubrir un acto verdadero[1]. El negocio simulado sirve de capa, de máscara, al negocio realmente celebrado: es como una etiqueta falsa, como un fantasma que se exhibe al público para apartar la vista del acto verdadero que quiere conservarse oculto. Se comprende por ello que en la valoración jurídica del acto simulado no se tome en cuenta el primero de los dos negocios, que constituye el disfraz exterior. La apariencia producida con él no puede tener eficacia jurídica alguna: cuando se desgarra el velo engañoso, no queda huella de su existencia, y, una vez descubierto el negocio oculto, la ilusión creada se disipa como la niebla en el aire. Y queda el negocio verdadero, en su forma genuina y sincera, que es el fruto de la voluntad de las partes: lo único que tiene importancia jurídica.

---

[1] V. Forrer, *Ueber Simulation u. Mentalr.*, pág. 62.

Esto es precisamente lo que los autores quieren significar cuando dicen que en el examen de los actos disimulados no debe tomarse en cuenta el acto fingido debiendo abstraerse la apariencia y atender tan sólo al negocio verdadero.

La simulación es, pues, indiferente desde el punto de vista jurídico: lo que importa es el negocio verdadero que las partes quisieron ocultar. Ese negocio debe ser sometido a un atento examen, pues el que no esté prohibido proceder con simulación no significa que los negocios disimulados sean siempre lícitos y válidos. Antes al contrario, el hecho mismo de ocultar la voluntad contractual, de seguir caminos tortuosos y obscuros, despierta la sospecha de un fin ilícito. Así, pues, hecha la abstracción del negocio aparente, que carece de valor, hay que examinar el negocio a que las partes dieron vida real y, suponiendo que tenga los requisitos esenciales para su existencia y validez, se impone comprobar su carácter jurídico. Si el negocio disimulado es inocente, es indiscutible su eficacia y estamos en el terreno de la llamada simulación *lícita.* Pero es más frecuente que el negocio oculto tienda a defraudar el derecho de los terceros o constituya una violación legal; y, en este caso, entramos en el campo de la simulación *fraudulenta e ilícita.* Entonces se aplicará aquella sanción, cualquiera que sea, que la ley establezca, lo mismo que si el negocio se hubiera realizado abiertamente —revocabilidad, reducción, nulidad[2]—. Las más de las veces la sanción será la nulidad porque el negocio disfrazado suele ser ilegal o inmoral y el manto de la simulación se emplea para ocultar el negocio ilícito. Y es fácil de comprender que si el negocio era nulo desde el principio, por su contenido contrario a la ley, la nulidad seguirá existiendo por más ocultaciones y mentiras que se empleen: el vicio radical que lo

[2] Nuestra ley ha aplicado varias veces este concepto. Así, cuando nuestras leyes de guerra establecen el secuestro de los bienes pertenecientes a súbditos enemigos o entidades de nacionalidad enemiga, preocupándose de que tales bienes no se enajenen aparentemente a ciudadanos italianos o de Estados neutrales para sustraerlos al secuestro; y cuando disponen (Decreto-ley de 18 enero 1918, artículo 5): «El secuestro puede aplicarse igualmente a los bienes que, perteneciendo a súbditos de Estados enemigos, aparezcan, por efecto de actos simulados, como pertenecientes a súbditos italianos o de Estados neutrales.»

invalida no puede subsanarse con el cambio de forma. No cabe concebir una solución distinta porque, entonces, bastaría que los contratantes se tomaran el trabajo de ocultar sus designios para que pudieran eludir impunemente todos los preceptos legales. Dice Glasson: «Si la simulación no es de por sí causa de nulidad .no por ello preserva de la nulidad los actos viciados en sí mismos: lo contrario equivaldría a permitir que se realizara indirectamente lo que no puede hacerse de modo directo, es decir, autorizar y legitimar el fraude»[3].

Vamos ahora a justificar estas afirmaciones dentro de nuestro derecho positivo.

Que la simulación no se reprueba en sí misma lo demuestra indirectamente la falta de una prohibición explícita. Y aún puede decirse, teniendo presente la norma que declara eficaces las contradeclaraciones entre las partes y sus herederos (artículo 1.319), que la ley, dentro de ciertos límites, otorga validez a los contratos disimulados. La duda podría surgir mejor por lo que respecta al principio, bastante equívoco, según el cual la obligación fundada en una *causa falsa* no puede tener efecto alguno (art. 1.119). La doctrina está conforme en reconocer que la falsedad de la causa puede resultar de *error* o *desfiguración;* es decir, que la causa expresada puede no ser verdadera, o porque las partes están equivocadas o porque han producido la falsedad deliberadamente, con propósito engañoso. Esta segunda categoría coincide con el *disimulo:* el negocio simulado relativamente es un negocio con causa falsa. Queriendo tomar al pie de la letra el inciso del artículo citado, resultaría que todo contrato en que existe disfraz habría de ser nulo. Pero es lo cierto que el legislador, al formular su pensamiento, no estuvo muy afortunado en la expresión, y que cuando se habla de falsedad de la causa lo que se quiere significar es una manera de faltar la causa. El negocio es nulo si carece de causa, o porque ésta no exista en absoluto, o porque resulte inexistente aunque se exprese con falsedad; pero el motivo de la invalidez es, en todos los casos, la falta de un fundamento causal. De lo cual resulta que allí donde, a pesar de la expresión de

[3] *Théorie de la Simulation*, pág. 49.

una causa falsa, exista una causa verdadera y real no viciada, el negocio será eficaz por completo. No importa, por tanto, que el negocio exprese una causa simulada siempre que exista oculta una causa seria que pueda servir de base al acuerdo contractual. Esta causa puede ser lícita o ilícita: donde aparece la distinción que antes hicimos entre la simulación lícita y la simulación fraudulenta. El negocio con causa ilícita sigue siendo nulo, a pesar del disfraz, y la nulidad resulta, no de la apariencia engañosa que las partes han querido dar al contrato, sino del contenido del contrato mismo.

Encontramos una confirmación de estos principios en el texto de los artículos 773 y 1.055. El primero dice que la disposición testamentaria en beneficio de personas incapaces de suceder es nula, *aun cuando* se hubiera simulado *bajo la forma* de un contrato oneroso; y el segundo establece que es nula toda donación a favor de persona incapaz, *aun cuando* se hiciera *bajo la apariencia* de contrato oneroso. De ello resulta, en primer lugar, que la simulación por sí misma no tiene influencia jurídica y puede emplearse lícitamente, pero no salva de la nulidad a un negocio jurídico substancialmente nulo por ser contrario a una prohibición de la ley; y, argumentando *a contrario,* que un negocio sigue siendo válido *aun cuando* se haya realizado *bajo la apariencia* de otro contrato.

33. - La comparación con figuras afines nos dará una visión más precisa del negocio relativamente simulado. En primer lugar, no debe confundírsele con el negocio *denominado con error.* A veces, las partes atribuyen al contrato un *nomen iuris* que no corresponde a su naturaleza; lo titulan, por confusión o ignorancia, con una denominación falsa. Esta no tiene importancia porque es regla común de interpretación que debe atenerse a la voluntad real de las partes, no a las palabras y expresiones empleadas con impropiedad. La imprecisión del lenguaje jurídico deja intacto el contenido práctico a que se quiere llegar según la intención de las partes.

Pero aquí no estamos en el terreno de la simulación. Si se manifiesta en el exterior una apariencia contraria a la esencia, ello ocurre involuntariamente, por error de las partes, mientras que en la simulación la apariencia se prepara de antemano con un fin engañoso[4].

El negocio calificado erróneamente contiene de ordinario los elementos que se necesitan para inducir y reconstruir la voluntad real de las partes, mientras el negocio relativamente simulado, con su limpia precisión y exactitud, suele hacer imposible, no ya adivinar la voluntad real de las partes, pero ni siquiera sospechar una divergencia. Al negocio disimulado le conviene una acción de simulación que venga a *descubrir* su verdadero carácter oculto tras de falsos oropeles: al negocio calificado erróneamente le basta que la interpretación normal *rectifique* la denominación impropia.

Análogas consideraciones sirven para distinguir el negocio relativamente simulado del negocio de *redacción oscura*. Puede haber dificultad en precisar el carácter jurídico de un negocio que contenga tales elementos contradictorios, tales cláusulas ambiguas, tales modalidades anómalas, que resulte incierta la verdadera voluntad de las partes y se vacile ante la calificación jurídica del acto.

Pero aquí se trata de una cuestión propia del intérprete y no puede hablarse de impugnación.

La importancia de estas distinciones se refleja en la prueba necesaria para establecer el acuerdo real de las partes. Mientras en lo relativo a la simulación el sistema probatorio concedido a los contratantes es tan limitado como riguroso, en materia de interpretación de contratos la prueba no tiene limitación alguna. En cambio, me parece inexacta otra consecuencia práctica que Mirabelli[5] quiere obtener, cuando observa que, así como en los contratos redactados con error u oscuridad es imprescriptible la acción para establecer su verdadero carácter, en los contratos simulados la acción de impugnación prescribe a los treinta años. Esta última afirmación es más que discutible, como veremos luego, dada la naturaleza de acción de reconocimiento que tiene la de simulación. Aquí nos limitamos a afirmar que no aceptamos

4 PESTALOZZA, 134, cree que puede existir un negocio denominado falsamente con intención deliberada. Y, en efecto, esto es posible en algún caso raro, sin caer por ello en el propósito de simular.

5 *Del contratti simulad rispetto ai terzi (Diritto dei tersi,* I, pág. 438).

la distinción porque entendemos que la acción para impugnar lo simulado es también imprescriptible.

Hay otra distinción más interesante aún: la de los negocios relativamente simulados y los *negocios reales indirectos,* de cuya figura general nos hemos ocupado ya[6]. Falta en la doctrina una exacta diferenciación entre los dos conceptos, y más aún en la jurisprudencia que forma un haz con todas estas distintas figuras, amalgamándolas confusamente en el concepto de simulación. Pero entre las dos especies existe una clara separación; ya que, mientras en la simulación relativa hay dos negocios, uno aparente y otro serio, de los cuales el primero sirve para disfrazar el segundo, en los negocios reales indirectos no hay siquiera sombra de ficción, siendo el acto verdadero en su totalidad, aunque produzca efectos complejos. Por otra parte, mientras el negocio disimulado trata de conseguir un efecto mediante una forma jurídica directa, aunque oculta bajo otra forma aparente, el negocio indirecto aparece claro y manifiesto aunque resulte de un tejido de varios actos que se unen y combinan y que, por su acción compleja, llegan a producir un efecto equivalente análogo al de otro tipo de contrato. No es que las partes disfracen este contrato, sino que tienden a conseguir idénticos efectos empleando simultáneamente varias formas jurídicas. De esta diferencia teórica se derivan consecuencias prácticas importantes, y entre ellas señalaré una muy principal, cual es la de que, para juzgar el negocio indirecto no se toma en cuenta si en él existen o no los requisitos esenciales para la validez del acto que produce efectos análogos a los que se quiere obtener, cosa que, en cambio, ocurre en el negocio disimulado. Precisamente por esto el negocio indirecto puede tener eficacia aun cuando no reúna las condiciones necesarias para la validez del otro contrato cuyos efectos se buscan con la combinación empleada.

Pero estas diferencias resultarán más claras examinando varios casos en que se trata de negocios indirectos aunque la jurisprudencia hable de simulación relativa.

---

[6] Recordaré que en esta categoría, tan extensa, se comprende, como subespecies, a los negocios fiduciarios y fraudulentos (V. más atrás, n. 8, pág. 95).

Me fijaré en algún ejemplo característico.

Un propietario de bosques había conferido mandato a un comerciante en maderas para la tala de sus montes. El mandatario garantizaba a la tala un producto de 65.000 liras y, por su parte, el propietario concedía a su apoderado, a título de remuneración, el exceso que obtuviera sobre el lucro señalado. Se resolvió que se trataba de una venta oculta bajo la forma de mandato[7].

Pero no me parece exacto. No hace falta acudir, de una manera forzada, al concepto de simulación cada vez que el resultado práctico no corresponde a la forma contractual adoptada. En el caso expuesto se trataba de una combinación de varios actos jurídicos -arrendamiento de obra con determinación compleja y aleatoria del precio, seguro, etc.–, para conseguir efectos análogos a los de una enajenación.

Un fabricante tomó en arrendamiento una vasta zona de terrenos para construir -como lo hizo, levantando un establecimiento industrial–, con la cláusula onerosa de que la falta de pago de uno solo de los plazos de renta ocasionaría la resolución del contrato, con pérdida, en beneficio del arrendador, de todo lo edificado y sin obligación de indemnizar daños y perjuicios. También en este caso se resolvió que se trataba de una venta en fraude de acreedores disimulada bajo la forma de arrendamiento[8], cuando, en realidad, existió un arrendamiento *ad aedificandum,* con la cláusula penal, muy onerosa, de la pérdida de lo construido, la cual contenía en sí, indirectamente, una posible enajenación que, en caso de fraude, sería impugnable con la acción Pauliana.

Pero las formas indirectas son más frecuentes en las liberalidades: en lo que los autores franceses llaman *donations deguisées* y los italianos *donazioni mascherate.*

El caso más común es el de la venta por un precio de favor. Cuando la venta se ha convenido por un precio muy bajo y con tales cláusulas y condiciones ventajosas que en ellas se vea claramente la intención de beneficiar, se habla generalmente de dona-

---

7 Cassation française, 29 mai 1876 (*Dalloz,* 1876, I, 361).

8 Cassat. franç., 31 julio 1872 (*Dalloz,* 1873, I, 340).

ción simulada[9]. Lo cual no es exacto, pues la donación en tal caso no sería simulada, sino indirecta: una donación contenida en un acto de venta verdadero y real, y dependiente del mismo. Mientras podamos hallar algún motivo de correspondencia seria entre el valor de la cosa y el precio, la venta subsistirá en su propia constitución jurídica, pues no tiene fundamento, dentro de nuestro derecho positivo, la doctrina que exige, para que haya venta, una rigurosa equivalencia económica del precio con el valor en cambio de la cosa vendida. No podría decirse lo mismo si el precio faltara en absoluto o fuera tan vil que careciera de toda correspondencia posible con la cosa *(nummus unus),* pues entonces, no existiría venta, sino liberalidad.

También suele hablarse de arrendamiento simulado cuando la merced se rebaja notablemente, *causa donandi*[10]. Aquí se trata, realmente, de un contrato verdadero que contiene una ventaja indirecta para el arrendatario. En un caso que hubo de examinar el Tribunal civil de Rennes, y en el cual se reconoció la existencia de una *donation deguisée,* los padres, ya de edad avanzada, habían consentido a favor de sus herederos un arrendamiento de bienes inmuebles, a condición de que los mantuvieran durante nueve años, y con el pacto de que, en caso de muerte de los arrendadores, los arrendatarios seguirían disfrutando gratuitamente los bienes arrendados[11]. A nuestro juicio, éste es un caso de donación indirecta por lo que respecta a la estipulación de prestarse la merced en forma de alimentos y en cantidad notablemente inferior al producto de los inmuebles; y, además, de liberalidad clara y manifiesta, en cuanto a la concesión gratuita del disfrute de los bienes después de la muerte de los arrendadores.

También se habla inexactamente de donación disfrazada bajo la forma de préstamo, en el caso de que, convenido un mutuo, se establezca después entre las partes que la suma prestada no se

---

9 DEMOLOMBE, *Cours, XX,* nn. 97 y 98. DUVERGIER, *Traité de la venïte,* I, n. 148. GIORGI, *Obblig.* V. Apelac. Venecia, 13 julio 1877 *(Temi ven.,* 1877, 370).

10 Riom, 4 julio 1892 (*Dalloz,* 1893, 2, 341).

11 Rennes, 4 mayo 1875 (*Dalloz,* 1877, 2, 173).

devolverá nunca[12]. Aquí, la donación no está oculta en el mutuo; está clara y manifiesta en la renuncia a la devolución de la cantidad prestada.

Lo mismo podríamos decir de un mandato para cobrar con dispensa de la obligación de rendir cuentas[13].

Finalmente, no creo tampoco que se trate de donación simulada en el caso, bastante frecuente en la práctica, de una adquisición hecha en nombre del donatario, pagándose el precio por el donante; como cuando el padre compra bienes en nombre de los hijos, el marido en nombre de la mujer, etc. Si analizamos las relaciones creadas en tales casos, encontramos una adquisición real por parte del beneficiado y un pago del precio, sin derecho de repetición a favor del que quiso beneficiar al adquirente. La donación resulta de entrelazar los dos actos jurídicos, y aunque el último pueda permanecer oculto, no por eso deja de existir junto al primero. Si el adquirente pagase en realidad con dinero que le anticipó el donante, tendríamos una simple donación de cantidad; pero la adquisición, en sí misma, no sería ni donación disfrazada ni donación indirecta; pasando, por tanto, válidamente la propiedad al comprador, y quedando reducido el derecho del donante y sus herederos, en el caso de nulidad de la donación del precio por incapacidad, defecto de forma, etc., a una mera acción personal de repetición del dinero donado, pero quedando firme e inatacable la adquisición de la cosa comprada. Por eso me parece errónea la jurisprudencia que, en casos análogos, considera que la adquisición se hizo por el donante y existe, por tanto, a su favor una acción reivindicatoria. Una cosa es dar dinero para adquirir, y otra, distinta, donar la cosa adquirida; y aunque, a veces, el efecto económico pueda ser el mismo, la esencia jurídica difiere sustancialmente.

Sin embargo, en estos casos, y aun tratándose de formas análogas de actos fraudulentos, se sigue hablando siempre de contratos simulados y es difícil que la práctica llegue a librarse de

---

12 Toulouse, 17 junio 1891 (*Gaz. des Trib. Midi,* 28 junio 1891).
13 Dijon, 20 febero 1893 (*Rev. Bourg. de l'enseign. Super.,* 1893, pág. 830).

este tecnicismo equivocado. ¿Pero existirá algún motivo para que tales actos se hayan venido refiriendo tradicionalmente a la doctrina de la simulación? Se da, sí, en parte, una idéntica regulación jurídica. En efecto: como los actos disimulados, estas combinaciones contractuales indirectas son válidas cuando no ofenden a la ley ni al derecho ajeno; pero, cuando sirven para cometer una transgresión, se rigen por el mismo principio que preside la represión de la simulación ilícita, o sea que las transgresiones de la ley, combinadas indirectamente, u ocultas, deben sufrir la sanción del orden jurídico. En su consecuencia –y éste es también un punto de contacto–, los contratantes no tienen tasada la prueba para demostrar o revelar la violación de su derecho.

Esta confusión entre las dos formas jurídicas no es indiferente, sin embargo, y más adelante habremos de ver los equívocos y errores que ha provocado.

34. - Debemos estudiar ahora los requisitos necesarios para la eficacia del negocio relativamente simulado. Hemos visto que en la simulación relativa figuran dos negocios: uno, constituido por la forma externa y aparente que las partes han adoptado con un fin engañoso, y otro, el negocio verdadero disimulado bajo aquel ropaje ilusorio. El primero no tiene valor jurídico alguno, y es, por tanto, el segundo el que debemos considerar. Despojado el negocio verdadero de su falsa vestidura, hay que examinar si encierra o no todas las condiciones esenciales para su existencia y validez, y de este examen depende el problema de su eficacia[14]. En una palabra, hecha abstracción de la apariencia, se considera el negocio disfrazado como si se hubiese concluido de un modo claro y manifiesto y se ve si tiene o no todos los requisitos esenciales y formales. Dice Regelsberger: «A la validez del negocio oculto no le perjudica la envoltura engañosa, si, con todo, reúne los requisitos materiales y formales como si se hubiera celebrado abiertamente»[15].

Por tanto, habrá que demostrar el consentimiento de las partes respecto del negocio oculto; un objeto sobre que recaiga el

[14] V., por lo que respecta a la jurisprudencia, Apelac. de Venecia, 5 diciembre *1905* (*Legge*, 1906. 219).

[15] *Archiv für civil. Praxis*, V, pág. 161.

acuerdo secreto de aquéllas; una causa lícita de obligarse y, en su caso, que se hayan observado los requisitos de forma prescritos por la ley *solemnitatis causa* para dar a la voluntad contractual su expresión adecuada. Además, para que el negocio no pueda impugnarse, habrá que probar la ausencia de vicios del consentimiento y la capacidad de las partes para consentir el negocio disimulado.

Por eso dice Forrer[16] que la validez del negocio disimulado no puede decidirse de un modo categórico, sino tan sólo hipotéticamente; pues únicamente se nos dice que el negocio disimulado *puede* ser válido si llena los requisitos necesarios para su eficacia[17].

Será útil que comprobemos brevemente el valor de estos conceptos en un caso importantísimo y muy frecuente de simulación relativa, cual es el de la liberalidad disfrazada bajo la forma de un contrato oneroso. La jurisprudencia ha resuelto que una donación oculta bajo la forma de una venta sólo puede ser eficaz si se demuestra el consentimiento de todas las partes en la liberalidad como tal; y, por tanto, que la donación será nula si de las circunstancias del caso resulta claro que no había intención de beneficiar gratuitamente[18]. Además, se ha decidido que para la validez del contrato secreto es necesaria una causa lícita y que, por tanto, la donación es inexistente cuando se demuestra que tuvo una causa inmoral[19]. También es doctrina común la de que al acto disimulado le son aplicables las reglas corrientes sobre error, dolo y violencia, y que, por lo mismo, el donante puede impugnar la donación por tales motivos de anulabilidad. En cambio, se ha estimado con justicia que la rescisión por lesión no cabe en una venta de inmuebles que se dis-

---

16 *Ueber Simulation u. Mentalr.*, pág. 64.

17 V. *Motive zum Entwurfe des bürgerl. Gesetz.*, I, § 96, pág. 193: «El negocio ficticio contiene A veces otro negocio que las partes quieren seriamente. La ocultación de este último puede obedecer a una finalidad ilícita, pero no es necesario que así ocurra. El disfraz en sí mismo no es un obstáculo a la validez del negocio.»

18 Cassat. franç., 28 janvier 1879 (*Sirey*, 1880, I. 112).

19 Cassat. franç., 29 mai 1889 (*Sirey*, 1889, I, 471).

fraza como donación[20]. Así, pues, a la liberalidad oculta se le da el mismo trato jurídico que a la liberalidad manifiesta. Una donación disfrazada hecha en consideración al matrimonio, queda sin efecto si el matrimonio no se realiza[21]. Es revocable por causa de ingratitud[22] y por superveniencia de hijos[23] está sujeta a colación[24] y a reducción si perjudica la legítima[25], y, finalmente, puede impugnarse por los acreedores con el ejercicio de la acción Pauliana sin necesidad de probar la complicidad en el fraude[26].

35. - Esta teoría, por su misma sencillez, no debería provocar duda de ningún género. Sin embargo encuentra un obstáculo muy grave para su aplicación, en lo relativo a los requisitos formales del negocio oculto. Se propone la cuestión siguiente: ¿el negocio simulado, para ser eficaz, necesita, además de los requisitos esenciales, los requisitos formales que la ley establece para su existencia?[27]. Al que se formule esta pregunta con el espíritu libre de

---

[20] Montpellier, 18 mai 1894 *(Mon. Trib. Midi,* 21 octubre 1894).

[21] Cassat. fránç., 7 mars 1820 *(Sirey chron.).*

[22] Cassat. franç., 20 juillet 1893 *(Dalloz,* 1893, I, 598).

[23] Nimes, 21 février 1887 *(Rec. Nimes,* 1887, 162), y Cassat. franç., 3 décembre 1895 *(Journ. du Pal.,* 1897, I, 234). Por lo que se refiere a sentencias más antiguas, V. MONTPELLIER, 12 juin 1834 *(Sirey,* 1835, 2, 24); Lyon, 7 avril 1870 *(Sirey,* 1871, 2, 237); Aix, 11 mars 1874 *(Sirey,* 1875. 2, 173). En cuanto a la doctrina, v. AUBRY et RAU, *Cours,* VII, § 709 y nota 19.

[24] Este es un punto discutido.

[25] Orleáns, 29 juin 1892 *(France jud.,* 1892, 363); Bruxelles, 22 janvier 1895 *(Pasiet.,* 1896, 2, 149). V. también LABRÉ, nota a la sentencia de la Cassation, 29 octobre 1890 *(Journal du Pal.,* 1891, 1, 241).

[26] Dijon, 11 aoüt 1858 *(Journ. du Pal.,* 1858, 884).

[27] En este sentido, v. Cass. de Florencia, 31 julio 1913 (*Giur. Tor.,* 1913, 625). «Cuando la ley requiere para LA existencia legal del contrato la forma escrita, bajo pena de nulidad, la prueba de la simulación del dicho contrato debe resultar igualmente de un documento». Estos principios se han formulado hace poco, con mucha precisión, en una sentencia de la Cass. de Turín, de 16 diciembre 1918 *(Giur. ital.,* 1919, 22): «Por lo común, la simulación relativa no anula el contrato entre las partes; por lo cual puede pedirse en juicio que para regular las relaciones de éstas entre sí se reconozca la voluntad verdadera y disimulada y se sustituya a la aparente y simulada. Se precisa, sin embargo, para ello, que el juez pueda hallar en el contrato los elementos esenciales de que resulte la existencia de la voluntad verdadera y disimulada, no bastando que más tarde se afirme su existencia, o que pueda

prejuicios doctrinales y reminiscencias históricas, le producirá asombro que haya podido existir duda semejante. En efecto: ¿qué motivo puede haber para distinguir entre requisitos de sustancia y de forma, cuando ambos constituyen los supuestos necesarios establecidos coactivamente por la ley para que el negocio obtenga un reconocimiento en el derecho? Y, sentado el principio de que la apariencia se borra y hay que considerar en sí mismo el negocio oculto, aislándolo de aquélla, ¿cómo puede, imaginarse que, privado de la forma que la ley prescribe como condición de su vida, debamos estimarlo eficaz? ¿O es que la máscara, que de por sí no tiene influencia jurídica alguna, puede, servir para dispensar de un requisito de carácter coactivo convirtiéndose en medio legítimo de eludir la ley?

El que se haga estas consideraciones debe estimar *a priori* como ilógica semejante doctrina y señalarla como una aberración de la jurisprudencia. Es, en efecto, la jurisprudencia francesa -cuyas huellas ha seguido la nuestra durante largo tiempo- quien con unanimidad y firmeza extraordinarias ha establecido ese pretendido *jus receptum,* según el cual es válido el contrato disimulado aunque no llene los requisitos de forma prescritos para el acto manifiesto; o, lo que es igual, que una donación bajo la apariencia de un contrato oneroso -punto céntrico de la discusión- es eficaz aunque no se haya hecho mediante la escritura pública que la ley prescribe bajo pena de nulidad.

Esta teoría es el fruto de una tradición secular mantenida por la fuerza de la inercia en los mismos momentos en que, por haber cambiado el ambiente jurídico, resultaba insostenible ya. Los escritores y las resoluciones de los Tribunales han seguido repitiendo los proverbios antiguos sin tratar de comprobar su valor jurídico y han creído que aplicaban derecho vigente invocando principios robustecidos con la autoridad del tiempo. El vicio fun-

presumirse la intención de las partes de realizar un acto distinto del aparente. Y estos extremos de la voluntad verdadera disimulada deben haberse traído a la vida en la forma prescrita por la ley bajo pena de nulidad. Cuando NO se comprueben las condiciones Y requisitos expresados, la prueba de la simulación, aunque ésta sea relativa, conduce A declarar la completa ineficacia del contrato.

damental de esta teoría consiste en prescindir del estado actual de la legislación y querer aplicar hoy día principios que tuvieron vigor hace cinco o seis siglos. Es, pues, anacrónica.

Pero una discusión amplia y profunda del problema requiere el examen de todos los aspectos del mismo y la crítica ordenada de cuantas razones se han alegado para defender la doctrina. Estos argumentos pueden agruparse en tres órdenes distintos: son *históricos, exegéticos* y *racionales.*

I. Argumentos históricos.- En cuanto a los argumentos históricos, esta teoría se contenta con alguna invocación vaga de Derecho romano, citando fragmentos del Digesto en que se dice que la donación puede simularse bajo la forma de una venta (36 D. 18, 1, 6 D. *pro donato).* En esta mera cita, desprovista de todo espíritu crítico, se apoya la jurisprudencia para sostener la exactitud de su sistema; omitiendo la comparación entre las dos legislaciones, descuidando sus diferencias, callando por completo sobre la elaboración jurídica posterior y saltando, por decirlo así, a pie juntillas al campo del derecho moderno.

La verdad es que esta doctrina desconoce la historia; y trataremos de exponer cómo se ha desenvuelto, porque nos urge combatirla en este terreno, señalando el error de su origen.

No debe extrañarnos que en el Derecho romano antiguo la donación pudiera realizarse simuladamente bajo la apariencia de un contrato oneroso, pues entonces no estaba sometida a requisitos de forma. Donación, en sentido amplio, era toda atribución patrimonial a título gratuito, y, más que un tipo especial de contrato, constituía una figura general que caracterizaba por su fin los negocios más distintos en que se encarnaba; y de aquí que los mejores pandectistas coloquen sistemáticamente su estudio en la parte general[28]. Más que de un contrato de donación procede hablar de una *causa donationis* que informaba los varios actos jurídicos realizados con fines de liberalidad; como la transmisión de un derecho real o de crédito, la constitución de un *ius in re aliena,*

[28] V. BURCKHARD, *Die Stellung der Schenkung im Rechtssystem,* 1891. REGELSBERGER, *Pandekten,* pág. 614. FERRINI, *Pandette,* pág. 844.

la extinción voluntaria de una relación jurídica para beneficiar a otros, la creación de un vínculo obligatorio *animo donandi*, etc. La donación no era, pues, un negocio jurídico especialmente determinado como la venta o el mutuo, sino que podía realizarse y aparecer bajo formas muy variadas y producir efectos en toda clase de relaciones patrimoniales[29].

Y como consecuencia de este carácter universal y multiforme, la liberalidad se realizaba asumiendo el aspecto de cualquier negocio jurídico y sin necesidad de una forma especial. Las más de las veces la liberalidad se llevaba a cabo mediante la tradición. El donante transmitía real y efectivamente los bienes que quería donar y la *traditio* operaba por sí misma el tránsito de la propiedad con independencia de la *causa transmissionis*. Se comprende, pues, que, realizada la entrega a título de venta, aun siendo ésta fingida, pudiera conservar su eficacia el negocio a título de donación.

Y cuando, más tarde, influyendo en ello la prohibición de las donaciones entre cónyuges –según una cierta teoría–, se llegó a elaborar un concepto específico y restringido de la donación, sobre la base del enriquecimiento, subsistió aún ese carácter que podríamos llamar *amorfo* de la liberalidad y ésta pudo seguir llevándose a cabo bajo las formas jurídicas más variadas. Con este sistema se explica muy bien que una donación pudiera lícitamente ocultarse tras de un contrato oneroso como no sujeta a formalidad de ningún género.

Pero, ya en el mismo período romano, la donación, por su carácter peligroso, atrae la atención del legislador, que la somete a normas muy severas, entre ellas el documento escrito y la insinuación cuando excede de 500 sueldos. La omisión de estos preceptos se sancionaba, en absoluto, con pena de nulidad. «Quoniam si quod fuerit praetermissum nullius momenti videtur esse donatio» (8 § 1 Cod. Theod., VIII, 12). Una vez introducidos estos requisitos ya no era posible que la donación se disimulara bajo la forma de un contrato oneroso, omitiendo tales formalidades; y de

29 UNGER, *System des osterr. Privatrechts*, II, § 95, pág. 199.

aquí que deba entenderse que, para ser eficaz, la donación disfrazada necesitaba hacerse por escrito e insinuarse. Así, pues, en el mismo Derecho romano de una época avanzada no rige ya el principio de la libertad del disfraz de las donaciones, admitido cuando la donación no estaba sujeta a forma alguna. La introducción de formalidades obliga a los contratantes a su observancia aunque oculten el negocio bajo otro tipo contractual. Con ello se comprueba que el argumento que se quiere derivar del Derecho romano, y que encuentra un mentís en el mismo Derecho romano posterior, no tiene importancia en nuestro sistema, en el cual la donación, no sólo no tiene libertad de forma, sino que se ha convertido en un contrato solemne que debe realizarse por instrumento público bajo pena de nulidad. Pero no debemos detenernos en el Derecho romano, sino proseguir el estudio de la evolución y transformaciones que experimenta la donación en siglos sucesivos hasta llegar a su forma actual.

La importancia de este acto, que ocasiona un sacrificio patrimonial sin equivalente; el interés de proteger a los donantes contra sus propios impulsos rápidos e irreflexivos y defenderlos de las insidias y añagazas de los demás; la utilidad social de mantener la posición económica de las familias, acentuaron más y más aquel movimiento restrictivo y protector que se iniciara en el Derecho romano, promoviendo una legislación encaminada a rodear la donación de garantías, medidas de prudencia y formas solemnes. Así, en el derecho estatutario italiano, la donación debía hacerse públicamente, en presencia del magistrado o con la intervención de dos o tres notarios y la concurrencia de testigos. En algunos lugares se requerían avisos, bandos y otros medios de publicidad; debiendo en ciertos casos anunciarse las donaciones ante el Concejo en pleno, y, muchas veces, insinuarse el acto en los registros municipales[30].

Más interesante para nosotros es el examen del antiguo Derecho francés, en que se origina la opinión que combatimos. Hasta el siglo XV, el Derecho francés, dominado por la tradición romana antigua, admitía la validez de las donaciones disfrazadas.

[30] PERTILE, *Storia del diritto italiano,* vol. IV, págs. 579 y 383 y sigs.

En efecto, no existiendo en este período precepto alguno sobre las donaciones, se comprende que no pudiera hablarse de nulidad por falta de forma. Era regla común, repetida por los juristas y las sentencias, y tan extendida y potente que su eco ha llegado hasta nuestros días, la de que es lícito hacer indirectamente aquello que puede llevarse a cabo de modo directo.

Pero, después, el derecho *cambió*. Y, precisamente, el no haber tenido en cuenta esta transformación es lo que constituye el vicio de origen de la teoría que combatimos.

En efecto, los países de derecho consuetudinario fueron los primeros en lamentar el daño gravísimo que producían en la práctica las donaciones disimuladas, sobre todo en relación con las legítimas.

Dada la posibilidad de ocultar el acto oneroso y la dificultad consiguiente de poner en claro su verdadero carácter, los derechos de los legitimarios estaban expuestos a riesgos constantes y las más de las veces quedaban frustrados. Por eso, se necesitaba una disposición que acabara con tal desconcierto. Y Francisco I, en 1539, dictó una Ordenanza prescribiendo que las donaciones debían hacerse en presencia de notario y testigos, que era precisa la aceptación pública del donatario, y, finalmente, que debían registrarse e insinuarse en las Cortes y Tribunales de la jurisdicción ordinaria: *autrement elles sont reputées nuiles et n'auront leur effet* (art. 132).

Posteriormente se dio la célebre Ordenanza sobre las donaciones, del año 1731, en la cual volvieron a afirmarse estos mismos principios. Su artículo primero —convertido luego en el 931 del Código de Napoleón y 1.056 del Código civil italiano— dice así: *Tous actes portant donation entre vifs seront passés devant notaire, et il en restera minute, apeine de nullité.*

Modificada la legislación en esta forma, la consecuencia natural de ella es que una donación, aun disimulada, es nula si no se otorga mediante escritura pública y se acepta por el donatario. Esta fue, en efecto, la conclusión de la mayor parte de los comentaristas de dicha Ordenanza, entre los cuales recuerdo a Boutarie, Damours y Sallé. Y no es cierto el que otros escritores hayan formado partido contra la nulidad de las *donations deguisées* hechas sin la intervención del notario, diciendo que la Orde[1] nanza no se refería a ellas. Se cita a Furgole y Serres, pero sin razón, porque ambos escritores hablan de las donaciones tácitas y no de las donaciones simuladas.

Furgole se expresa en estos términos[31]: «La intención del legislador no ha sido la de suprimir o abrogar las *donaciones tácitas,* en los casos en que se presumen, ni los recibos o renuncias por escritura privada cuando contienen pactos recíprocos... Nuestro texto, al decir *todos los actos que implican donación,* da a entender que no se refiere sino a las donaciones expresas, respecto de las cuales se acostumbraba a extender un documento que sirviera para probar la donación.»

Y Serres[32]: «La disposición de la Ordenanza no se aplica ni a las donaciones que consisten en adquisiciones o renuncias, ni a las que se presumen por circunstancias o conjeturas, como en el caso de alimentos prestados por un pariente *animo donandi*»[33]. Así, pues, casi todos los escritores están de acuerdo en que, bajo el imperio de la Ordenanza de 1731, una donación disimulada carece de eficacia si no se atiene a las formas prescritas. Por último, Pothier, que fue el que inspiró el Código de Napoleón, sostiene también la misma doctrina: «Una donación que se califica falsamente como venta debe estar sujeta a todas las formalidades de las donaciones y no puede ser válida sino entre personas capaces de donarse recíprocamente»[34].

Esta es la tradición histórica; pero la jurisprudencia, extraña a este movimiento y acostumbrada a repetir los principios antiguos, ha seguido en su sistema de pronunciar la validez de las donaciones de que tratamos. Las sentencias se han acumulado hasta formar una mole imponente y nadie ha osado rebelarse contra esta práctica secular. Hoy -dice Glasson[35] - esta tesis ya no se discute ante los Tribunales.

---

[31] *Comment. de l'Ord.* de 1731, art. 1.
[32] *Comment. de l'Ord.* de 1731, art. 1.
[33] He tomado estas dos citas de Glasson, *Théorie de la Simulation,* página 108.
[34] *Théorie de la vente,* n. 19.
[35] *Théorie de la Simulation,* pág. 106.

No se discute, pero debería discutirse.

II. Argumentos exegéticos.- Para apoyar la tesis que combatimos, se han querido aprovechar también algunos textos de nuestro Código. Los artículos citados se pueden considerar en dos grupos: algunos artículos de carácter general, que vendrían a liberar de las formas solemnes a las donaciones disfrazadas y a. reconocer, en principio, la eficacia de éstas; y otros de carácter especial, que son a manera de casos particulares de donación simulada, a que la ley atribuye validez. Veamos dichos textos, exponiendo en resumen las razones de nuestros contrarios.

El art. 1.056 prescribe que los *actos de donación* deben hacerse por instrumento público: pero no todas las liberalidades, son actos de donación. Se deberán revestir de formas solemnes las donaciones directas, claras: no las otras, que están exentas de tales solemnidades. Además, el art. 1.055 dispone que toda donación a favor de persona incapaz es nula, aunque se haya hecho bajo la forma de un contrato oneroso; de lo cual se induce a *contrario* que la donación hecha por contrato oneroso a favor de persona capaz debe ser válida. Y, por ello, la ley, en tesis general, reconoce la eficacia de las donaciones disfrazadas, sin exigir la forma del instrumento público.

Y la verdad de este principio resultará de una serie de aplicaciones hechas por el mismo legislador. En efecto, en el artículo 811 se declara sujeto a imputación y colación el valor de la plena propiedad de los bienes enajenados a un legitimario a *fundo perdido* o con reserva de usufructo, pues la ley presume que dicha enajenación envuelve una donación enmascarada; en el artículo 1.001 se declara también sujeto a colación todo lo que el descendiente ha recibido por donación del ascendiente difunto, directa o *indirectamente;* según el art. 1.010, deben asimismo traerse a la masa hereditaria todas las utilidades que se deriven de convenios con el causante y que contengan cualquier beneficio *indirecto;* y, finalmente, el art. 1.091 dispone que están sujetas a reducción, en cuanto excedan de la parte disponible, las donaciones, *cualquiera que sea su naturaleza.* Y, evidentemente, en todos estos casos existen liberalidades distintas de los *actos de donación* de que se ocupa el art. 1.056; liberalidades indirectas, disimuladas, que revisten otra forma contractual o se contienen en ella, y que, esto no obstante, se declaran *eficaces* por el mero hecho de someterlas a colación o reducción; precepto inconcebible si hubiera de estimarse la nulidad por defecto de forma.

Esta es, en síntesis, la manera de razonar de la doctrina contraria.

Procedamos ahora metódicamente en la crítica de los distintos argumentos.

Y, ante todo, nos ocuparemos de aquellos textos que se aducen como demostración de que, en tesis general, se reconoce la eficacia de las donaciones disfrazadas. La fórmula del artículo 1.056: *todos los actos de donación,* es tan lata y comprensiva, que no admite las distinciones que ha querido hacer al doctrina contraria, mucho menos teniendo en cuenta que la ley considera como donaciones las mismas liberalidades por agradecimiento, por méritos del donatario o simplemente remuneratorias (art. 1.051). Por eso, el intérprete no puede distinguir y excluir de la forma solemne ciertas donaciones sólo porque se hayan ocultado bajo otra forma contractual, ya que no es de suponer que la ley, que ha rodeado de tantas garantías las disposiciones a título gratuito, quiera luego permitir que se la eluda con tanta facilidad e impunidad. Tiene, pues, razón Vitali cuando dice que este argumento es una *sutileza* sin base jurídica alguna[36]. En efecto, cuando tuviéramos que admitir que algunas formas de liberalidad escapan al concepto legal del contrato de donación y, por ello, quedan libres de la forma del instrumento público, no podrían ser nunca las liberalidades disfrazadas, ya que el disfraz, de por sí, no tiene influencia jurídica de ningún género, y un acto de donación seguirá siendo acto de donación, a despecho del velo que lo oculta.

Tampoco es serio el otro argumento que se saca a *contrario* del artículo 1.055. Desde luego, hay que observar que las deducciones fundadas en la regla *inclusio unius est exclusio alterius* son a menudo falaces y dan lugar a errores groseros. Pero ya el mismo

[36] *Della simulazione in generale e piú sfecialmente delle liberalité palliate sotto forma di un contratto a titolo oneroso* (*Annuario critico,* 1889, pág. 125)

procedimiento de interpretación representa aquí una equivocación técnica, por cuanto es sabido que semejante argumento debe usarse con gran cautela, y sólo cuando se trata de reglas taxativas y excepcionales, y no cuando, como ocurre en nuestro caso, se trata de una disposición de derecho normal. De todos modos, el origen histórico del precepto revela lo infundado de la deducción. La verdad es que el legislador, para prevenir las dudas y contestaciones que podían producirse sobre si el disfraz del acto lo sustraía a la prohibición legal, creyó útil intervenir con una declaración explícita, diciendo en los *Motivos* del art. 911 del Código de Napoleón[37]: *C'était étouffer le germe de tout procès.* Se trata, pues, de una regla puramente interpretativa y de carácter doctrinal, agregada para confirmar el principio de que la donación entre personas incapaces no escapa a la nulidad, aunque se vista un disfraz. No es, por tanto, verdad que la ley reconozca en tesis general la validez de las donaciones simuladas.

Quedan, por fin, los casos especiales de los arts. 1.001, 1.010, 1.091, etc., en que se habla de beneficios *indirectos,* de *donaciones de cualquier naturaleza.* Estos artículos parecen decisivos a nuestros adversarios, porque se refieren evidentemente a liberalidades que no son actos de donación. Esto último no puede negarse; pero es que nosotros sostenemos que esas liberalidades exentas de las formas solemnes no son donaciones disfrazadas.

Y, al llegar aquí, entramos en una investigación difícil, cual es la de precisar el concepto de la donación en el Derecho moderno, elaborado mediante vicisitudes históricas sucesivas, como un negocio especial dentro del amplio círculo de las liberalidades. Las proporciones de nuestro trabajo no nos permiten dan a la cuestión un gran desarrollo, y debemos contentarnos con exponer nuestras ideas de un modo esquemático y resumido.

Lógica y jurídicamente debemos admitir que en el Derecho moderno existe un concepto amplio de la donación, como figura general que informa los negocios y los actos más diversos de la vida humana. Los elementos esenciales de estas liberalidades se

---

37 Fenet, *Observations du Tribunal sur l'art. 16 du projet devenu l'art. 911 du Code Nap.*

reducen a dos: *atribución gratuita de una ventaja* y *animus donandi.* Dondequiera, pues, que se realice conscientemente una acción de beneficiar a otro nos encontraremos frente a una donación en sentido lato; el pago de una deuda ajena sin adquirir los derechos del acreedor, la gestión de los negocios de otro *animo donandi,* los gastos que hacemos para mejoras en bienes que no nos pertenecen, etc., etc., corresponden a esta categoría. Pero, desde el momento en que, como dice Arndts[38], la ley establece principios jurídicos especiales (forma, revocabilidad para algunos modos de donación), viene a elaborarse una doctrina es-

pecial, formándose dentro del ancho círculo de las donaciones, en sentido lato un concepto específico, limitado, técnico, de las donaciones en sentido estricto. Los requisitos y caracteres de estas donaciones varían según las legislaciones y los fines que se pretende conseguir, y de aquí que su examen deba hacerse separadamente dentro de cada sistema legislativo.

En nuestro Derecho, la antítesis se da entre *donación* y *contrato de donación.* Para nosotros, la donación en sentido estricto tiene una base contractual, y por eso, *a priori,* se eliminan de su concepto las donaciones realizadas mediante actos unilaterales o por meros hechos jurídicos. Pero debemos precisar más aún este concepto.

Los requisitos que debe reunir el contrato de donación son los siguientes:

1° Que exista un acto de liberalidad, es decir, que la prestación sea gratuita y espontánea, no obligatoria.

2° Que la disposición venga a disminuir el patrimonio del donante y a aumentar el del donatario; por lo cual no son donaciones, de un lado, el depósito, el precario y la omisión de un acto de adquisición, que no implican un sacrificio patrimonial, y de otro, la concesión de garantías, que no produce aumento.

3° Que haya *animus donandi,* es decir, que la disposición sea consciente y voluntaria y carezca de equivalente, sin que

[38] *Pandekten,* § 80, nota 4.

se necesite voluntad definida de beneficiar, por cuanto pueden ser otros los motivos subjetivos determinantes de la liberalidad; *y*

4º Que a la disposición siga la aceptación del donatario.

Pero el concepto del acto de donación, tal como resulta de nuestro Código, es más circunscrito aún en cuanto a la naturaleza de la disposición patrimonial. Me apresuro a advertir que esta restricción, que no parece bastante justificada desde un punto de vista racional, está conforme con la tradición histórica. En efecto, debería ser posible que la disposición patrimonial que forma la base del contrato de donación ocurriera en las más diversas formas; pero nuestra ley se ha detenido en la forma fundamental y principal de disposición, excluyendo, al parecer las otras. La donación, en nuestro Derecho, tiene carácter *translativo,* implicando un *despojo actual* de la cosa dada por el donante al donatario (arts. 1.050 y 1.062). Este carácter lo debe a su formación dentro del derecho común. Hemos dicho antes que el modo más frecuente de donación en el Derecho romano era el que se realizaba efectivamente por medio de la *traditio.* Este modo material de donación subsistió casi exclusivamente en el Derecho intermedio, exigiéndose también la entrega efectiva de los bienes donados. Más tarde, al debilitarse y desaparecer la forma de la tradición, y al surgir el principio de que la propiedad se transmite por el simple consentimiento, la donación fue también un contrato consensual; pero quedaron en él las huellas de su antiguo origen, como se ve en la concepción del legislador, en cuanto exige que la donación contenga una transmisión de bienes.

Esto sentado, creo decir verdad cuando afirmo que el contrato de donación, según nuestro Código, puede tener como contenido la transmisión de un derecho real, o de crédito, y la constitución de un *ius in re aliena,* que entra también en el concepto de enajenación. Pero dudo que entre también la donación de carácter obligatorio o promesa *animo donandi,* aun cuando aquí, forzando el argumento, podría entenderse que existe el despojo de un crédito contra sí mismo, hecho en favor del contrario. Y me parece seguro que está por completo fuera del concepto estricto de la donación en nuestra ley el acto de extinción voluntaria de un derecho en beneficio de otros, como el abandono de una servidumbre, el perdón de una deuda.

Delimitado con rigor el campo del contrato o acto de donación -como erróneamente dice nuestro Código, siguiendo las huellas del francés-, resulta que todas aquellas liberalidades que no llenan sus requisitos o escapan a su contenido entran en el círculo de las donaciones en sentido lato. Esta clasificación tiene un gran interés jurídico, por cuanto las donaciones en sentido lato se substraen a la disciplina de las donaciones propiamente dichas en sentido técnico. No requieren, por tanto, forma determinada, ni obligan a la aceptación, ni se revocan por ingratitud o supervivencia de hijos. No por eso carecen de importancia jurídica las donaciones en sentido amplio, pues la ley, para fines determinados, puede tomar en consideración estas disposiciones, aunque no revistan la forma típica de los contratos solemnes de donación. Y, para indicar alguno de los efectos que se les atribuyen, recordaré la *prohibición de donaciones entre cónyuges (art. 1.054)*[39], *la obligación de colacionar y reducir (arts. 1.101 y 1.091*[40] *y la impugnación con la acción Pauliana*[41].

Pero, entre las mismas donaciones propiamente dichas, hay algunas que, según el concepto de la ley, escapan a las reglas ordinarias del derecho. Son las donaciones *indirectas.* La ley, al exigir la forma solemne del instrumento público y dictar otras normas protectoras, ha pensado siempre en las donaciones típicas, las que producen directa e inmediatamente una ventaja patrimonial, las que conservan íntegramente el carácter fundamental de liberalidad. Pero no ha querido comprender en esta disciplina las ventajas que resultan accidentalmente de otro contrato o se operan con la intervención de una tercera persona.

---

[39] No importa que este artículo esté colocado en el título de las donaciones: téngase presente que en él se habla de *liberalidades,* que es un concepto genérico y seguramente más amplio que el de *donación* -especie y no género, como resulta de la comparación con el art. 1.050.

[40] V. las expresiones que aparecen en dichos artículos «donación *indirecta*», «donación *de cualquier naturaleza*».

[41] El artículo habla de *actos a título gratuito.* La expresión resulta indeterminada e imprecisa, pero comprende seguramente las donaciones en sentido lato.

Además, para esta categoría de donaciones, que ordinariamente son menos importantes que una donación directa, no existen los mismos motivos ni se hacen sentir las mismas necesidades de aplicar una ordenación rigurosa, llena de garantías y publicidad. Esto concuerda también con la tradición histórica. Desde la misma Ordenanza de 1731, todos los comentaristas han venido excluyendo de entre los actos de donación las *donaciones tácitas,* que, substancialmente, corresponden a las que nosotros llamamos donaciones indirectas. Por otra parte, la propia ley, en un caso especial, nos ofrece la afirmación de tal principio, que es susceptible de generalización por analogía. En efecto, en el art. 1.794 se dice que la renta vitalicia constituida en beneficio de un tercero, aunque tenga el carácter de liberalidad, no requiere las formalidades prescritas para las donaciones. Y no se diga que se trata de una disposición anómala y excepcional, como creen los que no han sabido ponerla en relación con el sistema, pues, por el contrario, mira a una categoría general de negocios distintos de los actos de donación, adaptándole una regulación jurídica más adecuada y sencilla. Está, pues, *al lado* del art. 1.056, como disposición autónoma, y no representa una excepción del mismo.

Sea como quiera, nos queda por fijar lo que debemos entender por donaciones indirectas. Los escritores han contribuido mucho a la confusión reinante en esta materia, pues, entre otras cosas, enumeran como donaciones indirectas meras liberalidades en sentido lato.

Gabba considera como *donaciones indirectas:* las que se llevan a cabo mediante una relación jurídica no establecida directamente con el donatario, sino con otras personas, y por vía de condición agregada al acto, c las que, si bien se establecen en relación directa con el donatario, tienen más bien naturaleza extintiva de un derecho que constitutiva de una obligación, como, por ejemplo, la remisión de la deuda[42].

Windscheid, estudiando la influencia jurídica que tiene la ineficacia de una prestación en las prestaciones correlativas, sin-

---

[42] *Della donazione larvata sotto forma di un contratto oneroso, mancante delle forme dell'atto pubblico* (*Giur. ital.,* 1903, I, 1, 1.027).

tetiza la doctrina en esta fórmula conceptuosa: es prestación *indirecta* la que se hace *por la* persona de otro o *en la* persona de otro[43].

Yo creo que son donaciones indirectas:

1° Aquellas que representan un beneficio dentro de un contrato real oneroso *(negotium mixtum cum donatione)*[44].

2° Aquellas en que la liberalidad se produce, de modo reflejo, por medio de otra persona.

A la primera categoría pertenecen todos los contratos onerosos en que existe una disminución intencionada de la equivalencia de alguna prestación o median condiciones favorables, y que, por tanto, implican parcialmente liberalidad para alguno de los contratantes. En tal caso, la liberalidad viene a ser un elemento accidental del acto, un accesorio del negocio, que, absorbido en la totalidad, sigue la forma del negocio principal.

En la segunda categoría se enumeran los contratos a favor de terceros (art. 1.128), de los cuales constituyen aplicaciones especiales el caso antes citado de la renta vitalicia y las liberalidades por delegación (art. 1.267). En estos casos, la disposición patrimonial no se lleva a cabo directamente, del donante al donatario, sino de modo indirecto, por intermediario, el tercero -contratante o delegado- que realiza la liberalidad.

Resumiendo lo dicho hasta aquí distinguiremos en nuestro sistema:

---

43 *Die indirekte Vermögensleistung,* págs. 3 y sigs. (*Festgabe für* O. MÜLLER, Leipzig, 1892).

44 Sobre la estructura jurídica de esta relación existen varias concepciones. Mientras DERNBURG (*Bürg. Recht,* II, 138), cree que la relación resulta de la combinación de una venta con una remisión parcial del precio, otra teoría -la más seguida y casi dominante (V. KÖPPEN, *Dass negotium mixtum cum donationes,* más seguida y dominante Berl. Diss., y WAIRAUCH, en GRUCHOT'S *Beiträge,* 48, 229 y sigs. y los Aut. Allí citados)-, sostiene que el negocio se divide, siendo en parte venta y en parte donación; es decir, que la cosa resulta simultáneamente vendida, en lo que se refiere a una cuota ideal, y donada, en lo que se refiere a otra cuota ideal también. Contra este fraccionamiento de la relación ha opinado, últimamente, W. MÜLLER, *Die gemischte Schenkung* (en los *Jher. Jahrb.,* 1904, 217), sin que nos satisfaga su conclusión de que se trata de un contrato *sui generis.*

1º *Las liberalidades o donaciones en sentido lato* (pago por cuenta de otro, gestión gratuita, hechos beneficiosos de carácter voluntario, confesión falsa en juicio *animo donandi,* remisión de deuda, renuncias unilaterales, etc., etc.).

2º Los contratos de donación; *y, como subespecie,*

3º Las donaciones indirectas.

Sólo deben hacerse mediante instrumento público, bajo pena de nulidad y con las formalidades establecidas en el art. 1.056 y siguiente, *los contratos de donación,* quedando exentas de estos requisitos las donaciones en sentido lato y las donaciones indirectas. Para ser completos, debemos añadir que se libran también del instrumento público y de las normas limitativas de las liberalidades aquellas donaciones módicas que, por su función económica y social, se consideran como deberes impuestos por los usos y conveniencias. En este concepto se funda la llamada *teoría de los regalos de mano a mano,* la cual, procediendo racionalmente, debe extenderse también a las promesas de pequeñas donaciones, como ocurriría en el caso de subscribirse por una exigua cantidad a favor de tales o cuales personas o para cualquier fin altruista. La teoría, limitada a meras donaciones reales y efectivas, resultaría arbitraria.

Fijados estos conceptos, vamos a ocuparnos brevemente de la interpretación de los arts. 1.001, 1.010 y 1.091, que se citan, como prueba de que el legislador italiano reconoce la validez de las donaciones disfrazadas.

¿Qué quiere significar el legislador cuando dice que el hijo debe traer a colación todo lo que ha recibido por donación, tanto directa como *indirectamente?* La contestación me parece muy sencilla. Se refiere, sin duda, a las verdaderas donaciones indirectas y, en general, a las donaciones en sentido lato; es decir, a los contratos onerosos favorables al hijo, a las liberaciones de deudas, etcétera, etc. Y la confirmación de ello la tenemos en el otro artículo, el 1.010, citado también por los contrarios, pues en él encontramos una ejemplificación del mismo principio. Establece, en efecto, que están exentas de colación las utilidades que un heredero haya podido obtener por convenios hechos con el causante, *con tal que éstos no contuvieran alguna ventaja indirecta en el momento en que se celebraron.* Así, pues, una *ventaja indirecta* es la utilidad resultante de una convención seria y real. La misma idea se refleja en el artículo 1.011, con el cual se argumenta *a contrario* para afirmar que se consideran como donaciones indirectas las ventajas obtenidas de una sociedad formada fraudulentamente por el causante y el heredero. Finalmente, el art. 1.091 confirma también las mismas observaciones. Cuando la ley dice que están sujetas a reducción las *donaciones, cualquiera que sea su naturaleza,* hechas por cualquier motivo o a favor de cualquier persona, se refiere a toda clase de liberalidades, esto es, no únicamente a los contratos solemnes de donación, sino también a las donaciones indirectas y a las no contractuales realizadas mediante meros actos unilaterales o por hechos jurídicos: las donaciones en sentido lato.

Para garantizar la legítima, la ley quiere que todas las formas deliberalidad queden sujetas a reducción, cualquiera que sea la manera como se hayan realizado, ya tomando la figura directa de un contrato de donación, ya ligándose accesoriamente a un contrato oneroso, ya, finalmente, de modo no contractual.

Por eso me parece indudable que cada vez que la ley habla de donaciones *indirectas o de cualquier naturaleza,* o alude a ellas, quiere significar realmente las donaciones indirectas propiamente dichas y las donaciones en sentido lato, ninguna de las cuales debe confundirse con las donaciones disimuladas.

Ni cabe oponer que desde el momento en que la ley ha roto la unidad del principio admitiendo la validez de las donaciones indirectas sin la solemnidad del instrumento público, lo mismo deba suceder tratándose de las donaciones enmascaradas, pues, de lo contrario, la cuestión se reduciría a criterios cuantitativos, olvidando además que la liberalidad accesoria incluida en el negocio oneroso puede tener una importancia económica igual o mayor que la del negocio que se llama principal[45].

---

[45] V. Cass. de Roma (*Sez. unite),* 16 febrero 1917 (*Foro ital.,* 1917, I, 1225).

La donación indirecta se substrae a la disciplina general de las donaciones, atendiendo, no al más o al menos del elemento gratuito, sino a su distinta naturaleza, pues fundamentalmente sigue siendo un contrato oneroso en condiciones favorables. La liberalidad se absorbe en el contrato fundamental, sin conseguir una valoración automática. Por otra parte, no hay que considerar como *negotium mixtum cum donatione* todo contrato en que el elemento de liberalidad es el más importante o prevalece sobre el negocio principal, porque en tal caso tendríamos, por el contrario, una donación onerosa mezclada con una cierta equivalencia y sometida a las reglas de la donación propiamente dicha (art. 1.077). De todos modos, hay que separar de las donaciones indirectas las donaciones disfrazadas, que son *donaciones puras y simples* cubiertas por el velo de la apariencia, y es absurdo pensar que baste un disfraz al arbitrio de las partes para substraerse a las normas de la ley. No es lícito, pues, argumentar comparando unas y otras para admitir la validez y excluir la aplicación de la forma impuesta coactivamente por el art. 1.056.

III. Argumentos racionales.- Sin un apoyo histórico y sin base exegética, la teoría que combatimos recibe el golpe de gracia desde el punto de vista racional.

¿Por qué reconocer la eficacia de las donaciones disfrazadas, hechas en documento privado, cuando para las manifiestas impone la ley el instrumento público, bajo pena de nulidad? ¿Por qué, si la ley ha querido rodear las disposiciones a título gratuito de tanta precaución y cautela, ha eximido a las donaciones disfrazadas de todo requisito de forma? He aquí un enigma que será siempre indescifrable.

Hay en ello una incoherencia evidente, porque una de dos: o la ley ha querido que la donación fuera libre en su forma, o la ha sometido a ciertas formalidades por motivos de interés general.

Si lo primero, el edificio de la donación, construido con tanto cuidado, hace en nuestro Código la figura de un espantapájaros que no espanta a nadie; y si esto no quiere admitirse, es preciso convenir que el legislador no puede haber procedido con tanta falta de lógica, prohibiendo severamente, por una parte, y permitiendo con ternura por otra. ¿*A* qué tanto rigor si había de permitirse a todo el mundo substraerse a la regla?

Y si la ley, por razones de interés público^ quiere someter las donaciones a formalidades rigurosas, la donación disfrazada que contenga una negación de las mismas tiene que ser *nula.*

Se opone el estribillo acostumbrado de que cabe hacer indirectamente lo que puede hacerse de modo directo; pero esto aquí no viene a cuento, porque lo que cabe hacer directamente es la donación por acto público, no la mera donación, y el disfraz no puede servir para eximirse de una norma imperativa. La simulación, de ese modo, dejaría de ser un medio indirecto de realizar lo que está permitido en vía directa, y se convertiría en un procedimiento para dar eficacia a lo prohibido manifiestamente. La simulación, más que causa de nulidad, viene a ser, como decía Bufnoir con palabra vigorosa en la exposición de sus lecciones, una causa *de validez* del acto que no contiene todos los requisitos necesarios para su existencia.

Una resolución muy autorizada[46] ha sacado un argumento especioso de las *donaciones remuneratorias.* Se dice: nuestra ley clasifica las donaciones remuneratorias entre las propiamente dichas, y, por tanto, si se declara donar a quien por sus servicios *hubiera tenido derecho a reclamar una cantidad inferior,* no es lícito prescindir de la formalidad del instrumento público, mientras que si aquella misma suma se da en pago de los propios servicios, no es necesaria la escritura pública. Así, pues, aunque en un caso se necesite la formalidad del instrumento público porque las partes declaran que quieren donar, si el mismo acto *se disfraza* (?) con la apariencia de otro contrato, no existirá ya tal necesidad, y de aquí que debamos concluir que sólo tiene aplicación el art. 1.056 *cuando el título y la forma aparente corresponden a la naturaleza intrínseca del acto,* bastando, en cambio, para las donaciones encubiertas que concurran los requisitos formales del contrato aparente.

Con todo el respeto debido al Supremo Tribunal, nos permitimos disentir de su doctrina. Ante todo, el argumento se apoya sobre una concepción falsa de las donaciones remuneratorias,

---

[46] Sent de la Casac. de Roma, cit. (*Foro ital.,* 1917, I, 1227).

porque si alguien recompensa servicios susceptibles de valoración económica por *los cuales tendría otra persona el derecho de obtener una compensación,* no dona, aunque lo diga, sino que paga. La donación remuneratoria sólo puede concebirse cuando el que tiene derecho a la compensación no quiere esta última, *renuncia a ella, y* entonces se comprende que la recompensa de una obligación extinguida sea donación, como lo es cuando se trata de servicios inestimables, que no se pueden pagar, como si, por ejemplo, alguien hubiera salvado la vida al donante.

Debe, pues, distinguirse la *donación remuneratoria* de la *remuneración de servicios* [47].

Esto sentado, resulta evidente que el caracterizar el negocio como donación remuneratoria o pago, no queda exclusivamente al arbitrio de las partes, ni, por tanto, a la expresión empleada, sino a la naturaleza real de la relación de que se trate. Y, en especial, cuando alguien tiene derecho a obtener una compensación, la largueza de que se usa para satisfacerla no tiene carácter de liberalidad ni lo adquiere por la circunstancia de que las partes hablen de donar. No es, pues, lícito el concluir, como lo ha hecho el Tribunal de Casación, que las reglas de las donaciones sólo rigen cuando *corresponden al acto el título y la forma aparente que las partes le atribuyen,* o sea, cuando las partes quieren que rijan. Tal conclusión contradice la naturaleza coactiva del derecho.

En resumen: la doctrina que distingue entre *règles de forme* y *règles de fond,* declarando que una donación disfrazada es eficaz aunque no se haga por instrumento público, es infundada histórica, exegética y lógicamente: no es más que un error tradicional[48].

---

[47] Esta distinción se acepta con unanimidad por *la* doctrina antigua y moderna. V. las hermosas explicaciones de Ascoli, *Donazione,* págs. 120 y sigs.

[48] He aquí el estado de la doctrina y la jurisprudencia: En contra de la opinión que combatimos: En Francia, los tratadistas Duranton, VII, n. 325; Mourlon, II, n. 681; Demolombe, XX, n. 99 y sigs.; Laurent, XII, n. 304; Huc, VI, n. 191; Baudry-Lacantinerie et Colin, *Des donations entre vifs,* I, n. 123; y los autores de monografías Gabr. Demante, *De la loi et de la jurisprudence en matière des donations déguisées (Recucil de l'Académie de législation de Toulouse,* IV, págs. 6 y sigs.; Lafontaine, *Des donations déguisées et de leurs effets (Rev. crit.,* X, pág. 63); Vernet, *Des donations déguisées et faites par personnes interposées (Revue pratique,* XV, págs. 193 y sigs.); Labbe, nota en Sirey, 1881, 2, 19; Chesneloxg,

La consecuencia que se deriva de estas premisas es la de que la donación disfrazada, no hecha por instrumento público, es nula; pero, si se revistió de tal forma, no puede negarse su validez.

Ascoli llega a una conclusión más severa, que yo sostuve un tiempo, a saber, que la donación disfrazada es siempre ineficaz aunque se haya hecho en instrumento público, porque la ley quiere que del acto resulte, no solamente la atribución del derecho, sino también la causa, para evitar que las garantías establecidas se re-

---

Des donations déguisées, pág. 100); Noirot, *Des dons man. et dés donations déguisées*, pág. 155 y sigs.; Riviere, *Variations de la jurisprudence de la Cour de Cassation*, n. 280; Schmitz, *Des donations sans forme et spéc. des donations déguisées*, págs. 58 y sigs. En Italia, Ricci, *Dir. civ.*, IV, n. 205; Borsari, *Comm.*, art. 1.056, n. 2216; Fulci, *E valida una donazione indiretta che non é fatta con le forme prescritte per le donazioni? (Giorn. Leggi*, XIII, página 305); Vitali, *Della simulazione in generale e più specialmente delle liberalità palliate sotto forma di un contratto a titolo oneroso (Ann. crit.*, 1889, págs. 124 y siguientes); Emm. Bianchi, en *Foro ital.*, 1891, I, 726; Gianturco, *Sistema*, página 166; Ascoli, *Trattato delle donazioni*, págs. 394 y sigs.; Gabba, en *Giurispr. ital.*, 1897, 2, 264 y 1903, I, 1, 1025 y sigs. Los que sostienen la validez de las donaciones disfrazadas sin necesidad de instrumento público invocan erróneamente la autoridad de este último autor. Por el contrario, Gabba sostiene la validez de las donaciones indirectas, no la de las simuladas. Segre, *Obligazioni commer. (Cód. de comercio italiano, anotado,* I, n. 208); Coviello, Man. 356; Pacchioni, *Eleni, di dir. civ.*, n. 194; Pestalozza, 166 y sigs. En cuanto a la jurisprudencia, es rara la sentencia de los Tribunales franceses que sostiene la nulidad, por defedo de forma de las donaciones disfrazadas, pero existe alguna en este sentido: Metz, 7 agosto 1812 (Sirey chron.). En cambio, en Italia tenemos: Casac. Roma, 31 enero 1881 (*Foro, Rep.*, 1881, v. *Donazione*, n. 19); Apelac. Florencia, 14 noviembre 1896 (*Foro ital.*, 1897, I, 277); Apelac. Nápoles, 18 febrero 1898 (*Foro,* 1898, I, 305 ; Apelac. Genova, 9 diciembre 1898 *(Giur. ital.*, 1899, I, 267); Casac. Turin, 6 noviembre 1905 (*Foro ital.*, 1906, I, 164); Apelac. Venecia, 30 de julio 1907 (*Foro ital.,* 1907, I, 1495); Casac. Florencia, 4 junio 1908 (*Foro ital,* 1908, I, 1126); Apelac. Roma, 27 marzo 1909 (*Foro ital.,* 1909, I, 537, con nota de Angeloni, *La donazione dissimulata sotto forma di contratto oneroso*); Casac. de Nápoles, 6 abril 1912 (*Foro ital.,* 1912, I, 757); Casac. Nápoles, 26 marzo 1914 (*Foro ital.,* 1914, I, 870); Casac. Palermo, 29 julio 1915 (*Foro ital., Rep.,* 1915, *Donazione,* n. 17-25). Esta es la tendencia que prevalece en los Tribunales italianos, aunque no faltan vacilaciones y arrepentimientos.

A favor de la opinión que combatimos, o sea en pro de la validez de las donaciones disfrazadas en que no ha mediado instrumento público, militan en Francia, Grenier, *Donations,* I, n. 180; Troplong, *Comm. d. t. Donations,* II, nn. 730 y 1082; Marcadé, *Explic. du Code Nap.,* art. *931,* n. *2:* Aubry et Rau, *Court de droit civ. franc.,* VII, § 659, nota 24; Vigié, en *Riv. crit.,* 2.ª serie, t. 24, pág. 402, año 1895; y además una jurisprudencia imponente por el número duzcan a la nada[49]. Es verdad que las garantías se debilitan en cierto modo, pero no puedo creer que desparezcan totalmente. La forma solemne del instrumento público, que requiere la presencia de funcionario competente y testigos, representan, de por sí, una garantía de que el acto de disposición ha de ser, a un tiempo, meditado y espontáneo, y no, por tanto, el fruto de un impulso del momento y de una generosidad súbita e irreflexiva. Por otra parte, la publicidad del acto aleja el peligro de que el donante sea víctima de sugestiones o seducciones que, en cambio, son muy frecuentes cuando la liberalidad se realiza entre dos personas con un simple documento privado. Además, si la ley ha considerado suficiente la forma externa del instrumento público, no es posible negar validez a los contratos disimulados que se han sometido a esta prescripción. Sabemos, por último, con cuánta cautela debe procederse al aplicar los principios del *fraus legis* y estimar la nulidad de ciertos actos no contemplados expresamente por la norma, pero que pudieran entrar en su contenido potencial. Por eso creo exagerado proclamar el principio de que la donación no puede, en absoluto, ocultarse bajo la forma de otro contrato: con ello se suprimiría el modo más común y frecuente de simulación relativa, rompiendo una tradición sostenida de muy antiguo en Italia y fuera de Italia y sacrificando intereses dignos de consideración.

---

y conformidad de las sentencias. Para recordar las más recientes citaremos las siguientes: Bordeaux, 24 mai 1883 *(Journ. Bordeaux,* 18, 330); Aix, 26 mars 1887 *(Ree. d'Air,* 1887, 139); Tr. Lyon, 1 juin 1888 *(Mon. jud. Lyon,* 15-16 octobre 1888); Amiens, 9 mai 1889 *(Journ. des audiences,* 1889, 112); Nimes, 6 avril 1891 *(Gazz. des Trib.,* 28 avril); Rouen, 21 novembre 1891 *(Rec. Rouen,* 1891, I, 140); Trib. Bruxelles, 22 janvier 1895 *(Pasicr.,* 1896, 2, 149); Cass. franc., 11 février 1896 *(Journ. Pal.,* 1896, I, 69). En Italia, son favorables a la validez de las donaciones disfrazadas sin obligación de forma: PACIFIZI-MAZZONI, *Instituz.,* IV, n. 326; MIRABEIJJ, *Diritto dei terzi,* I, pág. 444; LOSANA, *Succ. leg. e test.,* n. 487; MELUCCI, *Collazioni e imputazioni,* I, n. 65 y sigs.
En cuanto a la jurisprudencia, v. Casac. Nàpoles, 9 marzo 1881 *(Foro ital.,* 1881, I, 605); Casac. Palermo, 13 diciembre 1892 (*Foro ital.,* 1893, I, 513); Casac. Palermo, 30 diciembre 1899 (*Giur. ital., Rep.* V. *Donazione,* n. 6); Casac. Nápoles, 31 diciembre 1902 *(Riv. prat. di dottr. e giur.,* 1903, pág. 214), y la misma Casac. en otras sentencias sucesivas de 10 enero y 5 sept. 1905 *(Foro, Rep.:* 1905. v. *Donazione,* n. 10-12); y, finalmente, Casac. Roma, sez. un. un., 16 febrero 1917 *(Foro ital.,* 1917, I, 1225).

[49] *Trattato delle donazioni*, pág. 399.

36. - Pero si el negocio relativamente simulado debe reunir los requisitos de fondo y de forma necesarios para su existencia, no se precisa, en cambio, que contenga los propios del acto cuya apariencia adopta. Y aquí debemos llamar la atención sobre una jurisprudencia reciente de los Tribunales franceses, a que se adhiere en gran parte la doctrina y que sostiene que el acto oculto no es válido sino a condición de que reúna todas las formalidades requeridas para aquel de cuya apariencia se vale[50]. Así, se ha resuelto que una donación disfrazada bajo la forma de venta debe reunir todos los requisitos necesarios para la venta[51]; y si se ocultó tras un contrato de arrendamiento, habrá de presentar los que son propios de la locación[52]. Y, por igual motivo, se ha decidido: que si la liberalidad tomó la forma de un contrato bilateral de los que, según el Código francés, deben redactarse en un doble ejemplar, habrá de hacerse un doble original bajo pena de nulidad[53]; que si la donación se ocultó bajo una promesa de pago, es preciso que ésta sea de puño y letra del firmante o esté provista del «visto bueno» y «aprobado», pues de otro modo sería nula[54]; y, finalmente, que la donación que se esconde tras un contrato de sociedad es ineficaz si resulta del acto que uno de los socios no hizo aportación alguna[55].

Esta teoría es indefendible. El acto exterior simulado no tiene significación jurídica alguna y sólo sirve para producir una apariencia destinada a desaparecer. Nada importa, pues, que sea válido o no lo sea. Y, además, no comprendo el que se exija con tanto cuidado que se presente en la forma determinada por la ley, cuando, en realidad, es un acto inexistente por falta de consentimiento. ¿Para qué unas vestiduras que cubran un *no no ser?* Acaso esta teoría parte de una errónea confusión entre negocios indirectos y negocios disimulados. Por lo que respecta a los pri-

---

50 Cassat. franç., 2 avril 1884 *(Dalloz,* 1884, I, 227); 24 décembre 1884 *(Sirey,* 1887, I, 307); Lyon, 12 aoüt 1885 *(Mon. jud. Lyon,* 3 fevritr 1886).

51 Riom, 12 janvier 1891 *(Dalloz,* 1892, 2, 25).

52 Douai, 1 mars 1886 *(Jurispr. Douai,* vol. 44, pág. 130).

53 DEMOLOMBE, *Cours,* XX, n. 104.

54 París, 7 décembre 1871 *(Dalloz,* 1872, 5, 149).

55 GUILLOUARD, *Société,* n. 61.

meros –resultado de la combinación de varios negocios serios y reales–, se comprende que deban ser todos ellos formal y sustancialmente perfectos; pero no puede decirse lo mismo en cuanto a la simulación relativa, pues en ella sólo hay un negocio que tiene valor, y ése es el verdadero oculto tras el fingido. En este sentido, la teoría francesa podría aplicarse a las donaciones indirectas, en las cuales hay un acto *real* oneroso que contiene en sí la donación y se requiere, por tanto, para la validez de esta última, accesoria y dependiente del negocio principal, que el contrato oneroso sea también existente y eficaz. Pero no puede seguirse el mismo razonamiento tratando de las donaciones disfrazadas. Si el acto ostensible público que sirve para disimular el negocio verdadero y oculto no tiene valor alguno; si no es más que un velo que se desgarra con la prueba de la simulación, y de que no queda vestigio de ninguna clase; si el negocio fingido desaparece por completo para dar lugar a que se vea el negocio real, es evidente que los requisitos necesarios para la existencia y validez del acto han de ser los que exige este último y no los del primero. De donde se deriva la consecuencia, opuesta a la que sostienen actualmente algunos escritores y magistrados franceses, de que un acto simulado nulo puede encubrir un acto verdadero eficaz. Y así como una venta sin precio puede resolverse en una donación válida, así también una sociedad sin aportación puede encubrir una venta eficaz. Ello no crea obstáculo alguno a la validez del negocio incluido: quiere decir, sencillamente, que las partes, para disimular su intento, se han servido de un mal disfraz, de un negocio defectuoso; pero la máscara, buena o mala, no influye lo más mínimo en la validez del negocio verdadero encubierto.

37. - Determinado el concepto y señaladas las condiciones para la eficacia de los negocios relativamente simulados, debemos examinar brevemente sus formas de más relieve.

Los contratos disimulados pueden agruparse en tres categorías, pues la simulación puede existir *en la naturaleza,* o *en el contenido, o en los sujetos del contrato.*

I. *Simulación de la naturaleza del contrato.-* Muchas veces la venta se desfigura bajo la forma de permuta o de transacción –

para impedir la rescisión por lesión, que no se da en estos contratos (arts. 1.554 y 1.772) –, o de división –para librarse del impuesto sobre transmisión de bienes[56] –. Otras veces, para el mismo fin de eludir los efectos de la lesión, se acude a la forma de liberalidad. Además, para que no se pueda intentar la acción Pauliana o para dificultar, en su caso, el desenvolvimiento de la misma, la venía suele tomar el aspecto de una *datio in solutum*. La cesión a título oneroso puede adoptar la apariencia de una cesión gratuita para huir de las prohibiciones de carácter personal relativas a la venta, que enumera el art. 1.458. El mismo medio de disfrazar la cesión puede utilizarse para excluir el retracto litigioso (art. 1.546).

Un caso notable de simulación relativa se refiere a la división de la cosa común. Los contratantes pueden tener interés, quizá fraudulento, en ocultar la división bajo otra forma jurídica, ya para sustraerla a la acción de rescisión por lesión en más de la cuarta parte, ya para frustrar los derechos del cesionario de uno de los condueños, ya, finalmente, para impedir que el fundo indiviso se venda en pública subasta. Por lo que respecta a la primera de dichas finalidades, la ley tiene establecido que cualquier acto que haga cesar la indivisión está sujeto a la acción rescisoria. En efecto, el art. 1.039 admite la acción de rescisión contra todo acto que tenga por objeto hacer cesar entre coherederos la comunidad hereditaria, *aunque fuese calificado* de venta, permuta, transacción o con otro título cualquiera. Se discute que tal disposición pueda referirse a la simulación relativa, porque en tal supuesto hubiera sido superflua, y se dice, en cambio, que la ley ha querido establecer el mismo derecho rescisorio para garantizar la igualdad en la división, sin preocuparse del medio que se emplea para deshacer la comunidad[57]. Como quiera que sea, a mí me parece, ateniéndome a la fórmula, tan expresiva, del Código, que en ella se comprende el caso de la división simulada.

---

[56] V. Apelac. Casale, 14 junio 1916 (*Giur. Tor.*, 1916, 1080); Casac. Roma, 29 diciembre 1915 (*Giur. ital.*, 1916, 138).

[57] LAURENT, *Principes*, V, n. 481.

Otra forma frecuentísima de negocio disfrazado aparece en el campo de las obligaciones, promesas de pago, declaraciones de deuda proveniente de mutuo, recompensa de servicios, etc., etcétera, que ocultan una equivalencia ilícita. La jurisprudencia refiere a este apartado los casos de remuneración a las concubinas, obligaciones nacidas del juego, contratos relativos al contrabando, ventajas prometidas a un acreedor a cambio de su voto favorable al convenio, etc., etc.[58]. En estos casos se habla de obligaciones con causa falsa; pero no debe olvidarse que la falsedad de la causa constituye simulación relativa[59].

Es frecuente también la simulación de un contrato de mutuo, bajo la forma de una venta[60].

38. - Pero el terreno propio de estas ficciones es, sin duda, el de la donación. Dondequiera pongamos el pie podemos encontrarnos con la simulación, y no vacilo en afirmar que todo negocio puede emplearse para disfrazar una liberalidad. Con frecuencia, la intención de las partes al ocultar la naturaleza gratuita del acto es una intención lícita, pues el donante podría donar de un modo claro y manifiesto sin ofender norma alguna jurídica, y sólo quiere sustraer la donación a la curiosidad de los demás, para evitar insidias y celos al favorecido y enfados a sí mismo. Pero las más de las veces el fin que se proponen los contratantes es el de eludir las incapacidades legales para recibir a título gratuito o defraudar los derechos de los herederos forzosos.

Sabemos que las personas *inexistentes* no pueden recibir nada por donación, y que la jurisprudencia francesa e italiana ha desenvuelto ampliamente el principio respecto a las corporaciones religiosas suprimidas, a otros institutos sin personalidad jurídica y a los mismos cónyuges.

La ley establece asimismo incapacidades relativas para los hijos naturales, los adulterinos e incestuosos, el cónyuge del bínubo y los funcionarios públicos ante quienes se otorga la donación.

---

58 V. Apelac. Milán, 21 diciembre 1885 (*Mon. Trib.*, 27, 102); Apelac. Turín, 4 junio 1892 (*Giur. Tor.*, 29, 193).

59 Planiol, *Droit civil*, II, n. 1242.

60 V. Apelac. Palermo, 30 junio 1916 (*Circ. giur.*, 1916, 331).

Por otra parte, las donaciones no pueden exceder de la porción disponible, lesionando la legítima.

Ahora bien: ya para otorgar liberalidades a quienes no pueden adquirirlas válidamente, ya para excluir las acciones de reducción, las partes se valen de donaciones disfrazadas. Examinemos sus distintas clases.

El contrato que más suele emplearse es la venta con precio fingido, *donationis causa non exacturus.* La venta puede ir acompañada de la reserva de usufructo o de un gravamen de renta vitalicia, modalidades que tienen verdadera realidad y afectan con plena eficacia la donación oculta. Sin embargo, las circunstancias del caso pueden revelar claramente la verdadera naturaleza del acto. La posición de cada una de las partes, las relaciones de afecto existentes entre las mismas, la imposibilidad del supuesto adquirente de disponer de la cantidad representada por el precio, etc., etc., demostrarán, en su caso, que se trata de una enajenación gratuita. La donación puede vestir también el ropaje de un arrendamiento, si la merced no existe en realidad y el arrendatario obtiene el disfrute gratuito de la cosa arrendada[61].

Además, una donación puede tomar la forma de sociedad, si la aportación es puramente fingida y la finalidad del contrato está en conferir un beneficio a alguno de los socios[62].

Lo mismo diremos de la transacción. Si lo que se da en ella como equivalente se entrega, no para terminar o prevenir una contienda judicial, sino por puro ánimo de liberalidad, tendremos también una donación disfrazada[63].

La donación puede ocultarse igualmente bajo la forma de la división. Así ocurre cuando la cuota que se atribuye al supuesto dividente se le da con carácter de gratuidad y no como asignación del derecho indiviso que corresponde al condómino[64].

---

[61] Gand, 7 juillet 1856 (*Pasicr.*, 1856, 2, 362).

[62] GILLOUARD, *Société,* n. 65.

[63] Cass. belge, 19 novembre 1838 (*Pasicr.*, 1839, 1, 175).

[64] Apelac. Catanzaro, 6 septiembre 1888 (*Foro ital.*, 1889, I, 82).

Son muy numerosas las donaciones ocultas bajo la forma de un reconocimiento de deuda que no proviene de obligación anterior, sino que crea una nueva *animo donandi*[65].

Son también frecuentes las liberalidades bajo la forma de pago, recibo falso y liberación[66].

Una vez es el padre quien da a su hijo descargo de la gestión de sus negocios, sin haber recibido las cantidades que resultan a su favor del cierre de cuentas de la administración[67]. En otro caso es la hija quien, al casarse, hace una donación a su padre, simulando un pago para impedir la revocación por superveniencia de hijos[68].

Una suma que parece entregada en mutuo puede haberse dado realmente con causa de donación, como la cosa entregada en depósito puede, en realidad, resultar donada, según la intención de las partes.

Es muy interesante el caso de la donación disfrazada bajo la forma de un depósito confiado a una persona con la orden de restituirlo a un tercero que se designa como mandatario y que, en realidad, es un donatario. Así, un acto que por su esencia es irrevocable va envuelto en un acto esencialmente revocable. Sin embargo, por lo que respecta a este punto, se han suscitado algunas dificultades, sobre todo en el caso de que el depositante muera antes de la devolución del depósito. ¿Habrá que entender extinguido el mandato y, por tanto, aplicable la disposición estricta del art. 1.855, según el cual, en el caso de muerte del depositante, la cosa depositada sólo puede restituirse al heredero? Los trabajos preparatorios del Código francés parecen a favor de esta opinión, pues dicha regla fue establecida precisamente para que el depósito no sirviese a los fines de una fideicomiso con transgresión de las leyes prohibitivas[69]. Los autores, o han declarado nula

---

65 Bruxelles, 20 janvier 1885 *(Pasicr.,* 1896, 2, 243); Cass. franç., 29 mars 1889 *(Journ. du Pal.,* 1889, I, 1176).

66 Amiens, 21 octobre 1893 *(Rev. d'Amiens,* 1893, 30).

67 Paris, 8 août 1850 *(Journ. du Pal.,* 1850, 2, 616).

68 Casac. Nápoles, 30 junio 1885 (*Giur. ital.,* 38, I, 84).

69 FENET, XIV, pág. 515.

semejante forma porque la donación mediante el mandato sería revocable contra su naturaleza, o se han extraviado entrando en la cuestión de la admisibilidad del mandato *post mortem*[70].

No me parece dudosa la solución. Si la forma simulada a que se acude para disfrazar el acto carece en sí misma de importancia jurídica, es inútil hablar del mandato y querer aplicar los principios relativos al mismo; lo que existe es la donación, no el mandato. La relación, por tanto, hay que estudiarla tal como es en realidad, es decir, teniendo en cuenta que el depositario está obligado a restituir la cosa depositada a un tercero que la recibió en donación. Por eso, la muerte del depositante no altera los términos del problema; el mandato fingido se revoca y la donación permanece en su plena eficacia.

Finalmente, la donación disimulada puede resultar de una *fideiussio*[71], si la obligación subsidiaria -onerosa por su naturaleza, ya que el fiador que pagó tiene acción contra el deudor principal y se subroga en los derechos del acreedor (arts. 1.915 y 1916) - fue contraída voluntariamente, *animo donandi* y, por tanto, sin derecho a repetición.

39. - Merecen una consideración especial las donaciones disimuladas en el contrato de capitulaciones matrimoniales y en el testamento, *y* las realizadas mediante la emisión de un título a la orden o la transferencia de títulos de renta.

La donación puede disfrazarse en las convenciones matrimoniales, ya mediante un reconocimiento de aportación de bienes y valores que en realidad no existen, ya exagerando la estimación de los bienes que se aportan en cantidad menor[72]. Así, el contrayente declara recibir de su futura esposa una dote que ésta no aporta, o una dote considerable cuando, en realidad, se reduce a proporciones modestas.

El contrato matrimonial no excluye la simulación relativa corno excluye la simulación absoluta, puesto que el disfrazar dispo-

---

[70] V. LAURENT, XXVII, n. 118.

[71] Cassat. franç., 4 décombre 1867 (*Journ. du Pal.*, 1868, 628).

[72] Cassat. Franç., 14 avril 1886 (*Dalloz*, 1887, 1, 169); Trib. Narbonne, 29 avril 1890 (*La Loi,* 1 juin 1890).

siciones de carácter serio no implica en sí variación o retractación, y, permaneciendo firme el contrato nupcial en sus bases jurídicas y económicas, se revela, sin embargo, la verdadera naturaleza de los pactos establecidos. El peligro que la ley quiere evitar ordenando una forma solemne y pública para las contradeclaraciones es el de que se altere el estatuto nupcial; y hay que tener en cuenta que éste no sufre el menor embate porque se descorra el velo de la apariencia y, subsistiendo las convenciones establecidas, se muestren a su verdadera luz y recobren su propia fisonomía. Añádase a esto que la simulación absoluta, es decir, la invención de pactos que no existen en modo alguno, en cuanto es peligrosa, afecta siempre a intereses privados, mientras que el disfraz de la donación bajo los pactos nupciales se emplea de ordinario para frustrar la aplicación de una norma legal prohibitiva o imperativa, ya porque se quiere eludir la incapacidad parcial de uno de los cónyuges, ya porque se pretenda sustraer la liberalidad, en daño de los legitimarios, a las acciones de reducción. De aquí el interés de intervenir que tienen los mismos contratantes para reprimir la violación de su derecho.

A menudo, los autores y las resoluciones judiciales hablan de donaciones disfrazadas con el testamento. Así, por ejemplo, cuando en una disposición testamentaria se reconoce la existencia de una deuda que carece de realidad. Esta doctrina es inexacta, porque el testamento, como acto unilateral, no es susceptible de simulación. No puede concebirse un acuerdo de simular allí donde la disposición emana de la sola voluntad del disponente, y el conocimiento que el donatario pudiera tener del acto que le favorece no basta para transformar en negocio bilateral la declaración aislada del testador.

Debemos, sin embargo, considerar más atentamente el valor jurídico de las declaraciones de deuda hechas en los testamentos *animo donandi*. Yo creo que son meras confesiones extrajudiciales que proporcionan un simple indicio respecto a la relación jurídica afirmada en ellas (art. 1.358), relación que puede subsistir también si se prueba la intención del donante de hacer una liberalidad. Y, aun interpretando la voluntad del testador, podrán valer como legado de deuda con causa falsa, ya que ésta, de ordinario, no influye en la eficacia jurídica de la disposición testamentaria (art. 828).

Finalmente, tenemos que ocuparnos de las donaciones realizadas mediante la transferencia de un título nominativo o la firma de una letra u otro título a la orden.

Ante todo, hemos de advertir que aquí estamos fuera del campo de simulación, pues se trata de donaciones claras y manifiestas, no de donaciones disimuladas. La cuestión principal que se suscita con este motivo es la de si la donación realizada en tal forma necesita o no el instrumento público para ser eficaz. En Francia se admite sin discusión que el simple *transferí* de títulos de renta y la expedición de una letra pueden constituir donación sin necesidad de instrumento público[73]; pero esta opinión está en íntimo enlace con la doctrina errónea acerca de la dispensa de los requisitos formales en las *donations deguisées.* En Italia se ha tratado de la cuestión principalmente respecto de la transferencia de títulos de renta, y se han manifestado contrarios a la eficacia del acto, a falta de instrumento público, Ascoli[74] y Gabba[75].

El primero estima que las transferencias de renta constituye un modo formal de transmisión de la propiedad, por el cual la Administración de la Deuda pública, a continuación de las declaraciones unilaterales de los propietarios, inscribe los nombres de los nuevos titulares, operándose el tránsito con independencia de la causa. Si la causa de este acto formal fuera nula, por falta de forma, al transferente corresponderá una *condictio* para revocar la propiedad transmitida.

Gabba declara, con más rigor, que si la causa de la prestación fue una donación nula por defecto de forma, la propiedad podrá *reivindicarse* sin necesidad de más.

Sólo definiendo la esencia y valor jurídico del *transferí*[76] podremos encontrar la solución del problema.

---

73 París, 25 mars 1891 (*Journ. du Pal.,* 1892, 2, 129).

74 *Foro ital.,* 1897, I, 227, y *Donazioni,* págs. 366 y sigs.

75 *Giur. ital.,* 1897, II, 264.

76 Son muchas y muy distintas las opiniones sobre la naturaleza jurídica del *transfer.* Prescindiendo de los escritores que lo consideran como un acto abs-

Yo creo que el *transferí*, por sí mismo y con independencia de toda convención, no produce la transferencia de los títulos nominativos, pero sirve para hacer perfecto y eficaz frente a todos un negocio traslativo anterior. La ley requiere para la transmisión de los títulos nominativos el concurso del deudor o de la entidad emisora, la cual debe anotar el traslado en sus registros. Sin esta anotación, el traspaso de los títulos nominativos no puede oponerse al deudor ni a los terceros, pues continúa figurando el titular antiguo. Por eso el *transfert* sirve para hacer efectiva *erga omnes* la transferencia de la propiedad del título, invistiendo de ésta públicamente al sucesor del titular. Es una función análoga a la de la notificación al deudor en las sesiones ordinarias. Y si el *transfert* no es más que un medio de publicidad que sirve para hacer perfecta la eficacia de una transmisión que presupone siempre, su validez estará subordinada a la del negocio traslativo que le sirve de base. Y allí donde el traspaso de los títulos sea nulo por defectos intrínsecos, la nulidad influirá sobre la investidura exterior de la propiedad del título.

Análogas observaciones cabe hacer por lo que respecta al endoso de títulos a la orden y a la entrega de títulos al portador, libramiento y entrega que sirven de medios formales para reconocer la transmisión realizada. Es decir, que cuando los terceros vean que una persona resulta favorecida por una letra de cambio o investida con la posesión de un título al portador, reconocerán que se ha realizado una enajenación del título en beneficio de tal persona; enajenación que, sin embargo, en sí misma, y como ne-

---

tracto, o un compromiso unilateral, o una forma de novación, deben recordarse, entre las doctrinas MÁS ingeniosas, la de MINARD, que considera el *transfert* como una convención tripartita -resultado de una renuncia, una liberación y una obligación nueva- y la de JULLIOT, que quiere incluir esta figura entre las estipulaciones a favor de terceros. V. en este último autor una revisión de la doctrina (*Rev. trimestr. de droit civil,* 1904, págs. 31 y sigs.). Entre las teorías más serias debe citarse la que considera el *transfert* como forma de publicidad para que la transferencia sea eficaz respecto al deudor y a los terceros, análoga a la notificación al deudor en las cesiones ordinarias de crédito y a la transcripción en las transmisiones de inmuebles. Entre otros, ha sostenido esta teoría LABBÉ (*Sirey*, 1874, I. 409). YO la admito en sus líneas generales. Pero no es éste el lugar adecuado para profundizar esta grave cuestión.

gocio jurídico, es distinta del endoso o entrega, que pueden ser actos unilaterales. Pero, como estos actos se basan en el negocio jurídico fundamental de la transferencia, necesitan, para ser válidos, que la transferencia lo sea con arreglo a los principios del derecho común. Y si fuera nula, no cambiará jurídicamente la titularidad del derecho, aunque aparezca al exterior un desplazamiento patrimonial, y el transferente podrá ejercitar una acción reivindicatoria o pedir que se declare la nulidad del traspaso y se rectifique por medio de la correspondiente anotación, o en otra forma, el nombre del propietario del título.

En cuanto a la donación, sabemos que requiere esencialmente el empleo del instrumento público; y de aquí que sea nula por completo una enajenación con causa de liberalidad que se realice sin la forma indicada. Así, pues, para donar válidamente un título nominativo, a la orden o al portador, se necesita que al *transferí,* endoso o entrega del título, preceda un instrumento público de donación.

Ni siquiera creo que la letra de cambio sea instrumento adecuado para perfeccionar una donación. La letra de cambio no es un negocio abstracto que prescinde de la causa, sino un modo genérico de obligación en que existe la causa, aunque resulte indiferente su calificación[77]. Por eso, una letra de cambio *donationis causa* es nula por falta de forma pública[78].

40. - II. *Simulación en el contenido del contrato.-* O, lo que es igual, del objeto, del precio, de la fecha, de las modalidades y de los pactos accesorios.

El objeto del contrato puede disimularse bajo la apariencia de otro, de tal manera que se produzca un engaño acerca de la identidad de la prestación. Así, el deudor propietario de varios fundos, de acuerdo con otra persona, produce un engaño celebrando con ésta la permuta de un inmueble de gran valor por otro cuya inferioridad es evidente. Sin embargo, en la

[77] Vi. mi artículo sobre los *Negocios abstractos y su reconocimiento jurídico,* en la *Riv. di dir. comm.,* 1904, cuaderno IV, págs. 9 y sigs. (del extracto).

[78] En sentido contrario, la decisión citada de la Casación de Roma, Rec. unid., 16 febrero 1917 *(Foro ital.,* 1917, I, 1225).

contradeclaración se establece que la permuta no tiene por objeto el fundo A, sino el fundo B. Los acreedores que hayan intentado sin éxito la acción de simulación absoluta, o la acción Pauliana, tienen aún la posibilidad de atacar la permuta por simulación en el objeto. Asimismo, consentida por un condómino la venta o la hipoteca de un bien determinado que está todavía en la masa común indivisa, para frustrar el derecho del comprador o del acreedor hipotecario se procede a la división y se hace aparecer que el bien enajenado o gravado toca a persona distinta del vendedor o hipotecante, cuando en realidad es a él a quien se adjudica. Y el adquirente no tiene otro recurso que el de atacar la división en su totalidad, por simulación absoluta, o el de ejercitar la acción ex *simulatione,* por lo que respecta al objeto de la división misma.

41. - La simulación puede limitarse al precio estipulado en el contrato. Así, a veces, se hace aparecer un precio exagerado para excluir o hacer muy gravoso el ejercicio del retracto legal. El retrayente tendría que entregar un precio enorme, y, ante esto, prefiere renunciar; pero tiene el derecho de impugnar por simulación el precio que aparece convenido[79]. La jurisprudencia alemana nos presenta un caso curioso. Se había celebrado un contrato de compraventa, estableciéndose un precio elevadísimo. El intermediario que arregló el negocio, y que conocía la simulación, pretendió después que se calculara su comisión sobre la base del precio que aparecía en el contrato. Pero el Supremo Tribuna[1] decidió, en justicia, que debía tenerse en cuenta el precio serio, convenido en realidad, y no el aparente, por exigirlo así el principio *plus valet quod actum quam quod simúlate concipitur* [80].

Otras veces, el precio se *disminuye* para ahorrarse en parte si pago del impuesto por transmisión de bienes u otro derecho fiscal[81]. Esta simulación ha llegado a ser tan corriente, que hoy día apenas hay contratación que se libre de ella.

En éste, como en otros casos, en que se disfraza la naturaleza

---

[79] Casac. Turín, 1.° marzo 1852 *(Bett.,* IV, 1, 191).
[80] SEUFFERT'S, *Archiv.,* vol. XXXI, n.. 201.
[81] Apelac. Turín, 2 marzo 1883 (*Giur. tor.,* 1883, 638).

del contrato para defraudar a la Administración en sus derechos fiscales, existe ciertamente una simulación *contra legem;* pero no por ello debe creerse que el contrato haya de ser nulo. Tuvimos ya ocasión de decir que, al quitar su disfraz al negocio, debe aplicarse a éste la sanción, cualquiera que sea, que hubiera debido aplicársele si se hubiera celebrado manifiestamente. Es sabido que no todos las leyes prohibitivas tienen el mismo alcance, pues mientras unas se inspiran en un interés muy general, otras protegen un interés más limitado, y otras finalmente, obedecen a meras finalidades de disciplina, financieras o de policía; y así, según la importancia de la prohibición, las sanciones serán unas u otras. La transgresión de las leyes de orden público produce la nulidad total del acto; la de las leyes de la segunda clase, una mera anulabilidad, y la de las últimas, una pena para el autor. En el tercer grupo figuran precisamente las leyes financieras, que establecen el pago de un impuesto a favor del Estado, según la naturaleza del acto, y al eludir sus normas se comete una *contravención* castigada con una simple *multa.*

No siempre fue así. En Francia, la ley de 22 de frimario del año VII estableció la nulidad de toda contradeclaración que contuviera un aumento del precio que, para defraudar los derechos del Fisco, se declaró en el acto manifiesto. Pero la publicación del Código de Napoleón vino a derogar virtualmente, con el artículo 1.321, el rigor de aquella ley. En la misma discusión de la ley posterior de *registro*[82], de 23 de agosto de 1871, se consideró inmoral el que, por un interés de la Hacienda, los particulares quedaran libres de sus obligaciones voluntariamente contraídas, y se sancionó con simple multa el caso de simulación en el precio[83].

Otro de los casos en que se acude a una disminución ficticia del precio es el que se presenta en el juicio de purga o liberación cuando se quiere defraudar a los acreedores hipotecarios. Una persona adquiere un inmueble sujeto a varias hipotecas por un precio muy bajo en apariencia. Inmediatamente incoa el jui-

[82] Registro de documentos para una finalidad fiscal; no inmobiliaria. *Nota de los traductores.*

[83] Planiol, *Droit civil,* II, n. 1247, nota 3.

cio de liberación ofreciendo el precio en que adquiere, y los acreedores no tienen más remedio que acudir a la subasta, muchas veces inútil, porque ninguno de ellos querrá tomar la iniciativa de una oferta superior, con depósitos, fianzas, etc., y con el riesgo de ser tal vez el adjudicatario del inmueble. Se ha resuelto que, en tal caso, los acreedores defraudados podrán, una vez descubierta la simulación, demandar al tercer poseedor que promovió el juicio de purga para que pague el complemento del precio[84].

42. - Puede existir simulación en la fecha. Hay que distinguir la fecha *fingida* de la fecha *falsa.* La primera está en oposición a la verdad por acuerdo deliberado de las partes; en la segunda, la verdad se altera, o por un tercero, dolosamente, o por uno de los contratantes, en perjuicio del otro. En los instrumentos públicos, donde la ley reserva al funcionario autorizante la determinación del momento objetivo en que el negocio jurídico surge a la vida, sólo puede hablarse de fecha falsa y nunca de fecha fingida.

En cambio, la ficción de fecha es propia de todos aquellos casos en que tal declaración forma parte de las contenidas en el negocio privado, y, como ellas, puede alterarse intencionalmente con un fin engañoso[85].

La simulación de fecha puede realizarse de dos maneras: o fingiendo que un acto se remonta a un tiempo pasado *(antidata)* y haciendo aparecer que el acto se ha realizado en una fecha posterior a la verdadera *(postdata).* Esta indicación falsa no puede tener valor alguno jurídico entre las partes, pues para ellas subsiste e impera la fecha real en que se realizó el negocio, pero sí quiere provocar un engaño en los terceros para aprovecharse de él con fines fraudulentos.

---

84 Cassat. franç., 21 juillet 1857 (*Dalloz,* 1857, I, 404).

85 En contra de lo que opina PESTALOZZA, 96, el cual considera la indicación de fecha como una mera *declaración de ciencia propia,* de las partes. Me parece, por el contrario, que la fecha, cuando forma parte del negocio jurídico, no es la mera afirmación de un hecho histórico, extraño al acto, sino un momento, determinante del contenido de la declaración de voluntad.

Otra cuestión distinta es la de si las partes pueden *realmente*, con su propia voluntad, diferir o retrotraer los efectos de un negocio jurídico fijando una fecha que no sea la verdadera[86].

En el Derecho antiguo eran muy frecuentes y peligrosas las simulaciones de fecha; pero hoy han perdido en gran parte su importancia con la institución de la publicidad de los derechos reales y con el principio de que los actos sin fecha no pueden oponerse a terceros.

No dejan, sin embargo, de usarse con frecuencias las *antefe*chas en el campo de las obligaciones, sobre todo en las propias del cambio, o para excluir la acción rescisoria de los acreedores preferentes contra obligaciones reales contraídas después, o para sustraer, ya a la sanción de la nulidad, ya a la presunción de fraude, las deudas que el quebrado toma sobre sí después de la declaración de quiebra o en el período en que se sospecha que los actos pueden ser fraudulentos.

Son también frecuentes todavía las *antefechas* y las *postfechas* empleadas para eludir incapacidades legales. Así, un interdicto vende o se obliga en una fecha anterior a la sentencia de interdicción. Los acreedores del interdicto que vean cómo se disipa su patrimonio podrán ejercitar la acción Pauliana o, mejor aún, valerse de la acción subrogatoria para rescindir el contrato, impugnando la fecha del mismo. Un menor puede reconocerse obligado fijando en el acto una fecha posterior a la verdadera, con lo cual la obligación aparecerá contraída durante la mayor edad. También aquí tienen los acreedores la posibilidad de ejercitar la acción de simulación de fecha. En todos estos casos, las acciones podrán ejercitarse también por los mismos menores o interdictos; cuando sean ya capaces, o por sus legítimos representantes, pues no debe olvidarse que se trata de una ley de orden público[87].

---

[86] Por lo que respecta a la imposibilidad de que así ocurra, V. la observación, muy aguda, que hace SEGRÉ en *Riv. di dir. comm.*, 1904, cuaderno IV, página 302, *La data apposta nei titoli al portatore.* Sobre la cuestión, en general, V. la discusión extensa y erudita que promueve SALEILLES con motivo del testamento, *Des formes du testament olographe,* en la *Revue trim. de droit civil,* 1904, n. 89 y sigs.

[87] V., por lo que se refiere a un caso análogo, Apelac. Turín, 10 diciembre 1866 (*Giur ital.,* 1867, 2, 640): «El menor que llegue a la mayor edad puede im-

43. - Finalmente, la simulación puede recaer sobre un elemento accidental del contrato o alguna cláusula especial. Así, puede simularse una condición, un plazo, un *modus,* etc.[88].

44. - Procede ahora que tratemos de la tercera categoría de negocios simulados, o sea de la simulación en los sujetos o interposición de persona; pero esta materia tiene capital importancia y constituye por sí una doctrina sustantiva y autónoma, por lo cual merece nos ocupemos de ella en capítulo aparte.

---

pugnar de simulación la fecha del documento aprobando la gestión del tutor, ya que el descargo debe ser posterior a la rendición de cuentas, y el casa discutido fue anterior o contemporáneo de la misma.»

[88] Se ha decidido (Apelac. Trani, 20 julio 1883, *Foro ital.,* 1884, I, 54), para un caso en que el usufructuario había consentido un arrendamiento verdadero, estableciendo fingidamente condiciones y pactos gravosos, que el propietario podía impugnar estos últimos demostrando su inexistencia.

CAPÍTULO V

LA INTERPOSICIÓN DE PERSONA

45. El concepto de *persona interpuesta,* como forma de simulación, es de los más intrincados en la doctrina. Hay en éste una confusión, muy difícil de desenredar, entre relaciones de índole heterogénea que se pretende reducir a un concepto único, sometiéndolas a la misma ordenación jurídica. Y esta falta de claridad al agrupar ideas distintas bajo una misma disciplina ha sido siempre fuente de equívocos y contradicciones. La causa de todo ello hay que buscarla en una extensión errónea del término *testaferro*[1], que, en su significación primitiva y pura, quería expresar el contratante fingido, a otras figuras jurídicas, y especialmente al caso del mandatario que contrata en realidad en su propio nombre respecto de un derecho que retiene en virtud de un acto imaginario, o sucesivamente, a todo mandatario que obra en nombre propio, aun investido de un título no aparente[2]. Se notaba, en efecto, una cierta analogía entre el contratante que interviene en el negocio jurídico de un modo aparente y el mandatario que, por obrar en nombre propio, se convierte en titular nominal de los derechos adquiridos, derechos que más tarde habrá de restituir al mandante. Esta analogía es, sin embargo, tosca y superficial, porque el mandatario que actúa en nombre propio se convierte jurídicamente en *verdadero* titular de los derechos resultantes del contrato. Pero la práctica no emplea tanta sutileza al analizar las relaciones, e, impresionada por la afinidad material, siguió hablando el mismo len-

---

1 *Prestanombre* en francés e italiano (*Prete-nom, Prestanome.* (Nota de los traductores.)

2 Lerebours-Pigeonniere, *Du Pret-nom,* págs. 5-7.

guaje, con lo cual la terminología no se limitó a la jurisprudencia y penetró insensiblemente en la doctrina. La denominación igual de testaferro aplicada a relaciones diversas tenía que inducir a error sobre la identidad de las figuras, y determinó que, en cuanto era posible, se trasladaran a los dichos casos de mandato las reglas de la simulación y que, en cambio, ciertos principios del mandato se retorcieran para aplicarlos al caso de la simulación.

Así es como se ha producido una influencia recíproca de dos instituciones diversas, un intercambio de principios a que obedece el que hoy se considere como un mandatario simulado al que obra en su propio nombre y, por otra parte, se acepte como un verdadero mandatario al testaferro, que es un contratante fingido. Y todo ello ha creado un tejido tal de incoherencias, un sistema tan híbrido de principios en pugna, que no puede imaginarse nada semejante.

Así, pues, la confusión, que procediendo de las palabras pasó a las ideas, era inevitable. Pero cuando un hábito es fecundo en errores, no creo que pueda decirse, como lo hace Lerebours-Pigeonnière, que es inútil discutir las nuevas costumbres de lenguaje jurídico y que debemos limitarnos a tomar nota de ellas. Y puesto que no hay nada que sirva mejor para aclarar las ideas que la corrección del lenguaje, juzgo deber de todo jurista el rebelarse contra esas prácticas irracionales y proscribir una terminología que, desfigurando la verdadera naturaleza de las relaciones, les aplica un sistema falso de reglas de Derecho. Y aún voy más lejos: esta mezcolanza de ideas y conceptos diversos, apartando de su camino la elaboración jurídica de la figura del testaferro con elementos extraños a la misma, ha impedido su natural desarrollo, por cuanto ha hecho perder de vista el carácter que, fundamentalmente, tiene el testaferro de contratante ficticio que se interpone entre dos contratantes reales.

Por eso, para determinar con precisión la figura jurídica de la persona interpuesta, necesitamos hacer una crítica paciente y minuciosa; y en este examen tomaremos en cuenta muy especialmente la doctrina francesa, que es la que más se ha cuidado de la materia, mientras las de otros países se limitan a aceptar los resultados de la misma.

46. - Pero, antes de entrar en la crítica de los varios sistemas que se han ideado sobre la institución del testaferro, juzgamos útil combatir en general dos ideas preconcebidas que enuncian o agitan casi todos los escritores y constituyen la base de sus concepciones. El primer equívoco consiste en estimar que el mandato ha de ser necesariamente representativo; que la representación es elemento esencial suyo, y que, por tanto, toda relación que produce sus efectos directamente para el que contrata no es mandato. Esta opinión, que hoy día pierde terreno entre los principales juristas franceses[3], está muy arraigada en la antigua doctrina, la cual se funda también sobre la expresión inexacta de la ley (art. 1.984 del Cód. de Napoleón).

Pero esta doctrina descansa en la confusión de mandato y poder de representación, que son dos relaciones distintas por su esencia y que pueden no coexistir la una junto a la otra. La doctrina alemana tiene el mérito de haber distinguido entre ambos conceptos mediante un análisis profundo de los mismos, que ha puesto de relieve su diversidad esencial. Jhering, antes que nadie, hizo notar que el mandato no es más que el lado *interno* de la relación jurídica a que nos referimos, mientras la representación forma su lado *externo,* el que tiene eficacia respecto a terceros, y que las dos partes son indiferentes entre sí y coinciden por casualidad, pudiendo suceder que haya mandatarios sin representación y representantes no mandatarios[4]. Esta distinción, seguida y desarrollada por otros, se ha ido acentuando cada vez más, hasta llegar a establecer que se trata de relaciones diversas en su esencia, con requisitos, contenido y eficacia diferentes[5]. Y en verdad, mientras que el mandato surge del acuerdo entre mandante y mandatario, el poder de representación se deriva de la declaración unilateral de voluntad del mandante, declaración

---

[3] V., por otra parte, PLANIOL, *Droit civil,* II, 2266.

[4] *Mitwirkung für fremde Rechtsgeschäfte,* en sus *Jahrbücher,* II, pág. 131.

[5] STROHAL, en *Jehr. Jahrb.,* 27, 442; LABAND, en *Goldschmidt's Zeitschrift,* 10, pág. 208; ZIMMERMANN, *Lehre von der steilvertret, negotiorum gestio,* págs. 88 y siguientes; REGELSBERGER, *Pand.,* § 163, pág. 592; PILON, *Theor. gén. de la répresentation,* nn. 182 y sigs.; TARTUFARI, *Rappresentanza,* nn. 295 y sigs., páginas 345 y sigs.

que se sobrepone o añade al contrato en que se confiere el encargo y que podría faltar igualmente. Por otra parte, mientras en el mandato la declaración va dirigida al otro contratante, que la acepta, en la representación el poder se confiere para los terceros, para el público, para todos aquellos que quieran contraer con el mandatario relaciones jurídicas. De donde resulta posible que exista representación sin que el representante conozca el poder que se le ha atribuido. Las condiciones para que exista el mandato y la representación son, por igual causa, también distintas: el mandato es una relación que nace del concurso de dos voluntades -la del mandante y la del mandatario-; la representación brota del concurso de *tres* voluntades -la del representado, el representante y el tercero-. En efecto, es muy sabido que para que se opere el fenómeno de representación se necesita la *contemplado domini,* es decir, la voluntad concorde del representante y el tercero de que los efectos del contrato se produzcan directa e inmediatamente para el patrimonio del representado. Es más: los efectos que nacen de cada una de las dos relaciones tienen vida separada, porque, así como del mandato sólo surge la obligación de uno de los contratantes de poner en ejecución y llevar a buen término el asunto con la diligencia debida -obligación correlativa a la del otro contratante, de indemnizar al primero de las pérdidas sufridas, reembolsarle los gastos y pagarle una compensación por el cumplimiento del encargo, si así se estipuló-, en cambio, de la representación surge el efecto característico de que se produzcan inmediatamente en el patrimonio del representado todas las consecuencias activas y pasivas del contrato celebrado por el representante.

Esta diferencia en la estructura y funciones de la relación jurídica, en ambos respectos, se ve con mayor relieve y precisión contemplando los casos en que no coinciden el mandato y la representación. Hay que notar, ante todo, que el conferir las facultades de representación no es cosa exclusiva del mandato, puesto que puede darse en otras relaciones diferentes, como son el arrendamiento, la sociedad, etc., etc. Además, en el mismo caso del mandato, las dos relaciones pueden tener distinto alcance, como sucede cuando la facultad de representación es más amplia que la derivada del mandato, por haberse estipulado cláusulas secretas que restrinjan el poder y que, sin embargo, no quitan su eficacia al acto celebrado. Por otra parte, la representación puede sobrevivir al mandato, como en el caso de revocarse o extinguirse el último sin conocimiento de los terceros (arts. 1.759 y 1.762). Finalmente, puede existir un mandato sin representación, bien sea porque el encargo tenga por objeto la prestación material de servicios -ya que la representación se concibe tan sólo en los actos jurídicos-, bien porque el mandante haya excluido voluntariamente el poder de representación, imponiendo al mandatario que actúe en nombre propio.

Este es precisamente el caso que más nos interesa, y del cual encontramos un ejemplo, en el Código de Comercio, en la figura del comisionista.

Puede darse el caso de un mandatario que despliegue su actividad jurídica en nombre propio y adquiera para sí los derechos y las obligaciones que se derivan de los contratos celebrados por él, si bien obrando en interés de otro y con la obligación de transferirle los derechos adquiridos. Aquí tendríamos un mandatario, pero no un representante. El mandato se circunscribe a las relaciones *internas* de las partes y en ellas se agota, por lo cual, el mandatario que carece de poder de representación para cumplir su encargo debe obrar en nombre propio. Ni es verdad que en tal caso resulte, por efecto del acto jurídico en que interviene, un mero titular *aparente,* pues en realidad él es el titular *verdadero* y *efectivo* de los derechos resultantes del contrato. Esta concepción confunde puntos de vista económicos y jurídicos. Económicamente, no puede decirse que se aumente el patrimonio del mandatario, puesto que el aumento se neutraliza con la obligación de restituir; pero jurídicamente el mandatario resulta verdadero propietario y acreedor, y, en otro sentido, deudor y responsable; y de ahí la posibilidad de que en el intervalo que media entre la adquisición y la ejecución del mandato los acreedores no puedan caer sobre los nuevos elementos patrimoniales de su activo, ni, por otra parte, quede sujeto inmediata e ilimitadamente, con respecto a terceros, al cumplimiento de las obligaciones contraídas.

El otro prejuicio que ha desviado la doctrina de su justa orientación, al regular la figura jurídica de que nos ocupamos, es la suposición de que el acto simulado contiene un mandato y se resuelve siempre en él. Cuando alguien enajena fingidamente a favor de otra persona para desposeerse en apariencia de 1„¿ derechos que le corresponden, se dice que en el mero hecho de proceder así constituye al testaferro en mandatario suyo. Esta opinión, que pone de manifiesto uno de tantos extremos en que la doctrina del mandato ha influido indebidamente en la de la simulación, depende, en parte, de un equívoco, y en parte, de una confusión.

Cuando menos, puede afirmarse con seguridad que dicho mandato no se encuentra por ninguna parte. El enajenante fingido, al mostrar a un tercero en posesión de sus propios derechos, sólo trata de engañar a los demás para un fin fraudulento y no en modo alguno de constituir en beneficio del adquirente nominal una situación jurídica verdadera y efectiva. Analizando la intención de las partes, se ve que el *dominus* quiere seguir, no sólo en la titularidad jurídica de los derechos de que se ha despojado en apariencia, sino también en el ejercicio de los derechos mismos. El testaferro sólo debe servirle de defensa en caso necesario; es un mero fantoche que se expone a la vista del público. Pero detrás de él, en secreto, el *dominus* debe conservar el goce íntegro de sus derechos *lo mismo que antes,* puesto que la simulación absoluta excluye totalmente una voluntad seria de alterar en lo más mínimo la situación jurídica anterior. Y en estos términos no cabe concebir un mandato que se opondría a la voluntad de las partes estorbando o frustrando sus propósitos. ¿Qué se pretende que el simulante encargue al testaferro en ese mandato? ¿Mandato, para qué? Únicamente para hacer de testaferro; no, en modo alguno, para obrar jurídicamente.

Esta opinión ha nacido tal vez del deseo de salvar la eficacia de los actos que los terceros de buena fe celebran con el testaferro, olvidando que para proteger tales intereses no se necesita construir la figura del testaferro como la de un mandatario del *dominus,* pues aquella finalidad tutelar se logra aplicando el principio, más enérgico, de que las contradeclaraciones privadas no pueden oponerse en absoluto a los terceros. Pero el vicio de origen de esta teoría consiste en la confusión que en ella inside entre contratos simulados y contratos *fiduciarios.* En efecto, repasando los autores que se ocupan de esta clase de testaferro, observamos que citan como ejemplos el caso de la cesión de un crédito o el endoso de una letra para efectos de cobro, el de la enajenación de un fundo para fines de gestión, el de la transmisión de acciones de una sociedad para que pueda tomarse parte en la asamblea general, etc., etc.; es decir, casos en que, a mi juicio, estamos fuera del campo de la simulación, puesto que el contratante enajena *realmente* para conseguir un propósito determinado y convierte a la otra parte en *verdadera* propietaria, aunque con el encargo de servirse del derecho adquirido dentro de ciertos límites y para un cierto fin. En estos casos puede existir un mandato; pero será el mandato que acompaña a un acto real, cuyos efectos trata de circunscribir de modo obligatorio, no un mandato que brote del negocio simulado, de la ficción, de la nada. Así, pues, aunque ello pueda interesarnos, no tiene que ver en absoluto con la teoría de la simulación.

47. - Libre ya el terreno de estos prejuicios fundamentales, debemos examinar las varias construcciones jurídicas que se han intentado acerca del testaferro. Nos ocuparemos en primer término de la monografía de Coste[6]. Este autor comienza afirmando que el testaferro es un mandatario que obra *proprio nomine;* pero como esto ocurre porque el comitente tiene interés en que el mandato permanezca oculto, el procedimiento empleado constituye una forma de simulación. Existe aquí, en efecto, una ocultación de la verdad, rasgo común a todas las especies de simulación. La figura del testaferro puede producirse en distintas maneras que permiten presentar tres tipos definidos, a saber: 1.°, el mandatario que actúa en su propio nombre, sin que el mandante intervenga en modo alguno en el contrato; 2.°, el que, por efecto de una venta, cesión u otro acto simulado, aparece investido de todos los derechos de propietario, y en este caso el contrato manifiesto oculta la realidad de un mandato; 3.°, el titular aparente de

[6] *Coste, De la convention de prete-nom,* París, 1891

un derecho cuya enajenación, aunque ha sido consentida, se estima no realizada respecto a terceros, por defecto de una forma de publicidad (transcripción, notificación)[7].

Detengámonos en este punto. Hay que notar, ante todo, el modo peregrino como se hace entrar dentro de la categoría de la simulación el mandato para obrar en nombre propio: sólo porque el mandato ha de permanecer oculto, secreto, existe un mandato disimulado. Pero se olvida que la ocultación de la verdad no constituye por sí sola una simulación, aunque se convierta en ella si la verdad se desfigura bajo una forma aparente. El mandatario, por el hecho de que cuando contrata se guarda su mandato y no lo muestre al tercero, no incurre en simulación: obra simplemente en su propio nombre, ejecutando de un modo especial el mandato, que si es ley entre los que lo contrataron, no es preciso que extienda sus efectos a los terceros. Es erróneo concluir que porque el mandatario se ofrezca personalmente como contratante, ello implica contradicción con un obrar por cuenta de otro y, por tanto, representa un disimulo del mandato y una simulación del interés y la voluntad de obrar por sí. En tal supuesto, se habla de simulación en sentido vulgar, no en sentido jurídico. El mandatario puede tener, y tiene muchas veces, la voluntad de ser contratante, aunque proceda en interés de otra persona y con la intención de que el mandante le sustituya en los resultados del contrato[8]. Admiremos la construcción elegante de que se vale Coste para dar fuerza a su concepción. Aquí, dice, la simulación es relativa, en el sentido de que el acto sólo resulta simulado respecto de aquel que se denomina adquirente, cuando, en realidad, es mandatario; lo contrario de lo que sucede respecto al tercero, para el cual el acto es verdadero, por cuanto no existe de su parte simulación alguna[9]. Pero, a nuestro juicio, no proceden simuladamente ni unos ni otros, porque el hecho de que el contratante resulte adquiriendo en nombre propio no se opone a que con ello y mediante ello haya obrado por encargo de otro. Y, además, ¿cómo

---

[7] IDEM, ob. cit., págs. 1-27.
[8] V. LEREBOURS-PIGEONNIERE, ob. cit., pág. 38.
[9] COSTE, ob. cit., pág. 18.

podría concebirse una simulación que lo fuera en un contratante y no en el otro, es decir, una simulación unilateral?

Así, pues, podemos afirmar que el primer tipo de testaferro no es *testaferro* en el sentido técnico de sujeto fingido del negocio jurídico.

Pasemos ahora al examen de otros casos que se agrupan también dentro de la misma categoría.

Se considera testaferro a aquel que recibe en virtud de un acto fingido, porque este acto contiene en sí un mandato. Si, por lo que respecta al primer tipo de testaferro, hemos tenido que reconocer una injerencia errónea de los principios de la simulación en el mandato, aquí, a la inversa, hemos de reconocer una influencia errónea de los principios del mandato en la doctrina de la simulación. Combatimos ya la teoría equivocada de que la simulación absoluta implica un encargo para actuar en tal o cual sentido, y sostuvimos que los casos que se suponen comprendidos en tal concepto son más bien negocios fiduciarios que simulados. Debe, pues, excluirse en absoluto la posibilidad de que el contratante fingido sea un mandatario. Aún podría concebirse un mandato disimulado bajo la forma de una cesión; pero entonces tendríamos simulación relativa, no absoluta, y, de todos modos, sólo existiría un mandato sin representación en que el mandatario obraría en nombre propio y sería, por lo mismo, contratante real y verdadero –lo cual hace imposible que su figura entre en el terreno de la simulación–. Sería un mandatario, aunque su cualidad se disfrazara.

Viene, finalmente, el tercer tipo de testaferro: el que se despoja de los derechos que le pertenecen, pero que, por no haberse publicado o notificado la transmisión, sigue figurando como titular frente a los terceros. Tampoco éste puede ser un testaferro en el sentido y según el concepto de Coste. En efecto, no es un titular *simulado*, porque, *en realidad*, se ha desposeído de sus derechos y, si continúa figurando como investido de los mismos, esto es una consecuencia refleja de otras normas que imponen la publicidad para garantía de los terceros, y no el resultado de su voluntad de constituirse en esa situación para fines de engaño, lo cual excluye toda idea de simulación. Pero tampoco es un *mandatario* como querría Lerebours-Pigeonnière, que también reproduce este tipo de testaferro. El suponer un mandato del adquirente en su propio beneficio es una ficción, no sólo privada de toda base positiva, sino también contraria a la lógica y a la realidad. Cuando el que fue titular del derecho transmitido, aprovechándose de la situación de las cosas, ejercitase de nuevo el derecho que ya no le pertenecía, tendríamos realmente un *abuso* de la posición jurídica que resulta indirectamente para una persona, con la consiguiente responsabilidad de indemnizar, y no la ejecución de un pretendido encargo del sucesor de aquélla. ¡Ni tampoco hay necesidad de forzar las cosas, recurriendo a la hipótesis de un mandato legal, para explicar la validez de los actos celebrados por el propietario aparente, en el caso de haberse omitido la publicidad de la transferencia!

Así, pues, en resumen, diremos que bajo la expresión equívoca de testaferro se ha comprendido:

1.º Un caso de mandato (mandato en nombre propio).

2° Un caso de simulación (mandato hipotético).

3.º Un caso de titular aparente, que no lo es de mandato ni de simulación.

¡Y se ha tenido el valor de someter esta agrupación de tipos distintos a la misma regulación jurídica! Nótese, además, que en esta mezcolanza la verdadera figura del testaferro, como sujeto disimulado del negocio, no se ha tenido realmente en cuenta y parece hasta desconocida.

Vengamos ahora a la disciplina jurídica que Coste aplica a es tas figuras. Puede imaginarse, en vista de los elementos heterogéneos de que resulta el concepto de testaferro, cuán heterogénea y mixta de principios de mandato y simulación habrá de ser también la disciplina aplicada y cómo en ella habrán de dominar los principios de la simulación por la influencia fascinadora que el origen histórico de las palabras ha ejercido siempre en la mente de los juristas.

Relaciones entre el testaferro y los terceros.- «Respecto a los terceros, el testaferro debe considerarse *como* si fuera realmente el titular del negocio jurídico. Aunque mero titular *aparente,* está investido frente a terceros de todos los derechos del verdadero propietario. Así, pues, tratando con ellos queda obligado a garantizar las reclamaciones en juicio para obtener el reconocimiento de los derechos, ha de realizar actos de conservación v dispone válidamente, enajenando, hipotecando, etc.; porque la simulación no puede oponerse a terceros. Es necesario, sin embargo, que estos últimos procedan de buena fe y no hayan adquirido a título gratuito, porque en otro caso el perjudicado podría reivindicar. El mismo derecho corresponde a los acreedores del *dominas* contra los terceros adquirentes[10].

Como dijimos antes, la regulación de estas relaciones se ha inspirado preferentemente en los principios de la simulación, principios inaplicables al mandatario que actúa en su propio nombre y que se convierte también en un tipo de testaferro. Esta idea se ve ya a través de las palabras empleadas. Al testaferro se le denomina propietario aparente, fingido, visible, en oposición al propietario verdadero, que habría de ser el mandante; concepto inaceptable para el mandatario que actúa en nombre propio, el cual, jurídicamente, es el único titular de los derechos adquiridos y el solo deudor de las obligaciones por él asumidas. Además, si es cierto que, tanto el contratante simulado como el mandatario, en sus relaciones con los terceros, aparecen investidos de los derechos y obligaciones derivados del contrato, son muy distintos la justificación, el alcance y las condiciones de esta posición jurídica. En efecto, mientras en la simulación dicho resultado se produce excepcionalmente, a causa de la imposibilidad de oponer a terceros las contradeclaraciones de los que simulan, en el mandato el mismo resultado se deriva normal y necesariamente del obrar en nombre propio. Y no es sólo esto; es que, así como para el adquirente simulado puede alegarse la contraposición entre sus dos cualidades diversas frente a los terceros y frente al otro contratante esta contraposición carece de valor en el caso del mandato, pues el mandatario en nombre propio es frente a todos, incluso el mandante, titular efectivo de los derechos estipulados.

---

[10] COSTE, ob. cit., págs. 28-46.

La misma cuestión que suscita Coste respecto a la buena fe de los terceros, decidiendo que estos últimos no pueden reclamar protección alguna cuando conocen la cualidad real del contratante de persona no interesada en el contrato, tiene razón de ser tratándose del contratante fingido, al cual debe aplicarse el artículo 1.321 del Código de Napoleón –1.319 del italiano–; pero representa una anomalía respecto del mandatario que actúa en nombre propio, cuya cualidad, aun conocida, no altera la posición de los terceros. Así, cuando contrata un comisionista –al cual se ha llamado el *mandatario de profesión*–, todos saben que no contrata en su propio interés, y, sin embargo, no se produce acción alguna con respecto a persona distinta. Y lo mismo podemos decir por lo que se refiere al requisito de que la adquisición de los terceros sea a título oneroso, que Coste, haciendo una falsa aplicación analógica de los requisitos de la acción Pauliana, exige para que puede otorgarse a los terceros la protección de la ley. Si esta exigencia puede discutirse respecto de los casos de simulación, es totalmente absurda refiriéndola al mandato.

Pero la falta de armonía de todo este sistema resulta aún más estridente cuando se trata de regular las relaciones entre el comitente y los terceros. Se dice que los terceros sólo pueden accionar directamente contra el testaferro, que es el responsable frente a ellos, pero no contra el verdadero interesado, que permanece oculto y quiere suprimir su personalidad, y respecto del cual sólo pueden tener, en su caso, la acción subrogatoria[11]. Pero este principio, que es verdadero en el caso de mandato no representativo, es falso en materia de simulación, porque el efecto jurídico de considerar al testaferro como deudor personal, etc., que es una realidad de que no cabe prescindir en el mandato, es, en cambio, un *favor* para los terceros, en el caso de la simulación, y, por tanto, los favorecidos pueden apartarse de lo que les beneficia. El principio de que las contradeclaraciones privadas no pueden oponerse a los terceros se ha establecido en beneficio de éstos, no en contra suya; y de aquí que, una *vez* descubierta la mera apariencia del negocio, puedan los terceros renunciar a la norma que les protege y, sobre la base

[11] Coste, ob. cit., págs. 53-78.

de que se trata de un negocio fingido, accionar en contra del contratante oculto, como verdadero deudor y responsable, dejando a un lado la figura postiza del testaferro.

No se encuentra una homogeneidad mayor de trato jurídico en lo relativo a las relaciones entre el testaferro y el comitente. El testaferro, dice Coste, es un verdadero mandatario respecto al comitente[12]. No hay duda alguna en lo que se refiere al mandato, pero no existe siquiera sombra de verdad en orden a la simulación. Es importante, sin embargo, que nos fijemos en una consecuencia extraña que el autor deriva de sus premisas. El testaferro, que frente a los terceros se ha convertido en propietario, no es ni un solo instante *propietario verdadero* respecto del comitente, el cual puede, por lo mismo, reivindicar la propiedad de los bienes adquiridos. Y la confusión no puede ser más evidente.

Si ello tiene valor por lo que se refiere al adquirente fingido, no cabe repetirlo en cuanto al mandatario para actuar en nombre propio, el cual, cuando adquiere, se convierte en propietario, y no puede intentarse contra él acción alguna reivindicatoria, puesto que obró sin representación. El interesado no tiene, por tanto, acción real para recobrar la propiedad de lo que posee el testaferro, sino únicamente un crédito personal para obtener la transmisión en cumplimiento del mandato.

Se ve, pues, que el hecho de englobar en una figura dos hipótesis distintas ha producido una regulación jurídica estridente y contradictoria.

48. - Frente a tanta confusión, Lerebours-Pigeonnière, con intención laudable, ha tratado de separar la figura jurídica del mandatario en nombre propio de la teoría de la simulación; pero ha caído en el exceso contrario, absorbiendo en la figura del mandatario la del contratante simulado. Me apresuro, sin embargo, a notar que este trabajo es, sin comparación, superior al de Coste, por su carácter científico y por la elección de su doctrina, que está al corriente de los estudios más modernos.

---

12 Idem, ob. cit., págs. 79-82.

El autor define al testaferro: *un mandatario o gestor de negocios, que no representa al «dominus», sino que toma en el contrato o en el juicio la función de una parte.* Sus caracteres son los siguientes : es un *remplaçant,* uno que sustituye al *dominus* en un acto que le afecta y en el cual intervendrá más tarde, y es también *un contratante en nombre propio,* que, por tanto, obra sin representación. Los poderes del testaferro pueden derivarse del mandato de la ley: en el primer caso, la autorización para sustituir se otorgó anticipadamente por el *dueño* del negocio; en el segundo caso, resulta de un precepto legislativo. Debemos examinar este segundo grupo. El autor, siguiendo las huellas de la jurisprudencia, recuerda el caso del heredero aparente, cuyas disposiciones a título oneroso respecto de terceros de buena fe se consideran eficaces; el del propietario enajenante que, hasta el momento de transcribirse el acto traslativo de dominio, se reputa investido frente a los terceros de un mandato legal para obrar como dueño; y, finalmente, el del titular fingido sobre la base de un contrato imaginario, el cual, a consecuencia de la ineficacia de las *contre-lettres,* se considera investido por la ley, respecto de los terceros, de un mandato para sustituir al interesado[13].

Este es el punto en que Lerebourgs-Pigeonnière no se sustrae a la corriente doctrinal y rinde homenaje a la confusión clásica de la simulación y el mandato. Es tan forzada como artificiosa la construcción jurídica de un mandato legal en todos aquellos casos en que la ley, para proteger la buena fe de los terceros, mantiene el vigor de los actos realizados por quien carecía de derecho para llevarlos a cabo. Si la ley equipara, por excepción, la realidad con la apariencia, y da igual eficacia al acto de quien *parecía* tener derecho para el mismo que al de quien obraba in vestido de un derecho real y verdadero, es, ciertamente, para tutelar las expectativas legítimas de los terceros[14], pero esto no autoriza la hipótesis de un mandato atribuido al falso titular, porque, cuando no otra cosa, podría oponerse a ello la siguiente objeción perentoria: el titular aparente que ejercita a sabiendas un

---

[13] LEREBOURS-PIGEONNIERE, *Du prete-nom ou gérant d'affaires,* París, 1998.
[14] V. la. Prolusión de VENEZIAN, *La tutela dell'aspettativa,* Bolonia, 1901.

derecho que no tiene, realiza un abuso de poder, una invasión ilícita en la esfera jurídica de otro, y está sujeto a responsabilidad; mientras que, si fuera realmente un mandatario legal, no haría más que ejercitar lícitamente su derecho y no tendría obligación de indemnizar. Y no se salva tampoco la teoría con decir que el mandato existe para los terceros y no respecto del propietario, porque esta doble posición, que más adelante combatiremos, no puede concebirse en Derecho: una relación jurídica, en efecto, es o no es. El mandato tácito resulta, por lo mismo, uno de tantos expedientes a que se acude para introducir en la ley principios que no existen en ella, pero que la ciencia quiere encontrar en la misma.

Pero, aun dejando a un lado estas consideraciones, el haber hecho entrar los casos indicados en la figura del testaferro estropea toda la concepción de Lerebours-Pigeonnière, y el equívoco, que salió de mala manera por la puerta, se introduce por la ventana. En efecto, vuelven a presentarse las incoherencias. ¿Es necesario que la adquisición sea a título oneroso para que el testaferro exista? Sí, responde el autor cuando habla del heredero aparente; pero dudo que pueda aplicar la misma solución a todo mandatario en nombre propio. ¿Es necesaria la buena fe de los terceros que tratan con el testaferro? Sí, responde el autor con cierta vacilación cuando se ocupa del contratante simulado; pero en otro lugar dice explícitamente que el conocimiento de los terceros acerca de la cualidad de *remplaçant* y la misma confesión de este último acerca de su propio carácter, no impide que siga considerándose como parte en el contrato, ni, por tanto, que surjan para él derechos y obligaciones. Además, cabe oponer aquí también la excepción ya opuesta a Coste, de que en el caso de simulación los terceros pueden muy bien dirigirse contra el verdadero propietario pasando por encima del testaferro, cosa que normalmente no puede admitirse en el mandato sin representación.

Pero vengamos a los efectos de la actuación del testaferro. Lerebours-Pigeonnière comienza sentando proposiciones de carácter general que le sirven de base para regular las relaciones especiales entre las partes. En primer término, para el tercero que trata con el testaferro no tiene importancia alguna la cualidad de *remplaçant* de aquel con quien contrato, y por eso los derechos y las obligaciones se producen respecto del testaferro que sigue considerándose como parte en el contrato. ¿Pero cómo deberá juzgarse el acto del testaferro en las relaciones entre éste y el *dominus?* El autor confiesa que la teoría dominante estima que cuando falta la representación, los efectos se atribuyen al testaferro y éste sólo queda obligado a transferirlos al dueño del negocio, traduciéndose su obligación, caso de incumplimiento, en una responsabilidad personal suya. Pero cree que este sistema es inadecuado y produce consecuencias desastrosas. Por otra parte, considera que es insuficiente el remedio de la acción subrogatoria porque esta acción sufriría en el patrimonio del testaferro la concurrencia de los otros acreedores personales, v no gozaría de privilegio alguno a falta de disposición expresa de la ley. Por eso querría que el *dominus* pudiera sustituirse inmediata y originariamente al testaferro en la titularidad de los derechos adquiridos, sin tener que pasar por la buena fe y solvencia del mismo. Y llega a este resultado mediante una peligrosa analogía. Buscando el fundamento de la representación, y una vez rechazadas las otras teorías, el autor cree encontrarlo en la situación respectiva de las partes. La representación, dice, es una ficción por consecuencia de la cual los efectos del contrato se producen, no para el patrimonio del que contrata, sino para el de su representado. La ley concede este efecto para dar una solución adecuada a la posición respectiva de los contratantes, ya que uno de ellos ha prometido sustituir su voluntad a la de otra persona; y el hecho de que esta sustitución haya sido convenida es lo que determina al legislador a colocar de nuevo al dueño del negocio en el lugar del mandatario para hacer más directo y más perfecto el cumplimiento de la obligación. El mismo fundamento existe en el caso de mandato no representativo, y de aquí que, en tal supuesto, deba producirse el mismo efecto que en el caso de representación, sí bien dejando a salvo el derecho del tercero.

Esta concepción es inadmisible. Para convencerse de ello bastará observar que la representación no es una ficción y tiene un fundamento distinto del que imagina el autor de que nos ocupamos. La ley, para que el individuo pueda extender sus actividades, le permite valerse de la personalidad de otro, el cual, contratando por cuenta ajena, hace que los efectos del negocio se produzcan para el primero. No es que se finja que el representante sea el representado, sino que el representante sustituye la propia voluntad del representado en el negocio jurídico, con lo cual las consecuencias normales de éste se producen para el que autorizó la substitución. Existe, pues, un poder de voluntad al servicio de otra voluntad; pero el negocio, en su estructura y su eficacia, queda siendo propio del *dominus*. De todos modos, el intérprete no puede nunca, partiendo de una identidad hipotética del fundamento de dos instituciones distintas, someterlas a la misma regulación, porque esto excede los límites de la analogía más atrevida. Por otra parte, la cuestión no cabe dentro de nuestro derecho, pues el art. 1.744 del Código civil ha resuelto el problema en el sentido de que no existe acción alguna entre los terceros y el *dominus* cuando el mandatario obra en nombre propio.

Aún debemos hacer notar cómo esta idea de Lerebours-Pigeonnière, que constituye el punto de partida y el vicio original de su teoría, produce una situación extravagante y equívoca entre las partes. En efecto, mientras el *dominus* se sustituye inmediata y originariamente en todos los derechos y créditos del testaferro y adquiere, como titular, el ejercicio de los mismos, el testaferro queda obligado a las deudas. Así tenemos una sustitución en el activo y no en el pasivo, y el tercero tiene frente a sí al *dominus* como acreedor y al testaferro como deudor. Esta situación que, procediendo con rigor lógico, resulta de las premisas del autor y que él acepta, me parece falta de armonía, incongruente. Ante todo, es de suma gravedad para el testaferro encontrarse con una responsabilidad sin la posición correlativa de titular activo. Pero no es tampoco indiferente para el tercero, como cree el autor, que se destaquen de ese modo los lados activo y pasivo de la relación jurídica, porque el tercero tiene interés, cuando menos desde el punto de vista de la garantía de su derecho, en que la persona que como obligada está frente a él tenga siquiera la titularidad del dominio o derechos resultantes del contrato. Está bien que Lerebours-Pigeonnière trate de remediar lo posible la insolvencia del testaferro diciendo que el *dominus* responde también como fiador solidario; pero ello no hace más que aumentar la confusión.

Y permítaseme suscitar en este punto la sospecha de que Lerebours haya cedido, sin querer, a la tendencia de regular estas relaciones con el molde de la simulación, intentando hacer desaparecer hasta donde ello fuera posible la figura del testaferro y sustituyéndole el *dominus,* no obstante convenir en que no existe representación. A ello me autoriza el tono con que el autor se expresa más de una vez sobre este extremo. Así, por ejemplo, una vez dice: «*en resumidas cuentas,* el propietario no puede lamentarse de quedar obligado respecto del tercero, porque el contrato se hizo sólo para él y la deuda por él se contrajo, debiendo, por tanto, ser su patrimonio el que cargue hasta con los mismos gastos que el contrato ocasionó»[15]. Y en otro lugar añade: «si el testaferro permanece como deudor, *en realidad* está obligado en el lugar del *dominus*»[16], «el testaferro *en el fondo* es ajeno a los derechos que pertenecen al *dominus*[17]. Finalmente, encontramos esta otra expresión: «si el testaferro retiene todavía *en apariencia* el derecho estipulado por cuenta del dueño del negoció»...[18]. Todo esto, repito, hace nacer en mí la sospecha de una aproximación inconsciente de ambas instituciones, las cuales- como por efecto de una fatalidad, tienden a estrecharse y a poner en común sus propias normas; pero, sea de ello lo que quiera, podemos afirmar que el estudio, tan estimable, de Lerebours-Pigeonnière no aporta una contribución decisiva para determinar el carácter del testaferro y deja en la penumbra la figura del contratante fingido.

49. - Haremos ahora brevemente una revisión sintética del resto de la doctrina francesa e italiana. Guillouard[19] dice que el testaferro, a diferencia del mandatario normal, obra en su propio nombre, de lo cual resulta que el vínculo contractual se establece directamente entre él y los terceros. El testaferro es titular *aparente* del negocio,

---

[15] Ob. cit., pág. 208.
[16] Ob. cit., pág. 219.
[17] Ob. cit., pág. 224.
[18] Ob. cit., pág. 224.
[19] *Traité des contrats aléat. et du mandat,* pág. 335.

pero el mandante, desde el momento en que le ha dado este carácter, se ha desposeído frente a los terceros de la posibilidad de desconocer los actos del testaferro. Otra cosa sería si los terceros conocieran la cualidad de testaferro del mandatario y la limitación de sus facultades al celebrar con él un acto que traspasa los límites de su mandato porque en tal supuesto se harían cómplices de un fraude y no podrían invocar el acto contra el mandante (?). Lo mismo sucedería si los terceros, a sabiendas, trataran con el testaferro después de la muerte del mandante, pues no podrían ampararse en el acto realizado para accionar contra los herederos del último (?).

(Para no ver aquí una contradicción hace falta admitir, como supuesto fundamental, que la institución del testaferro produce los mismos efectos que la representación.)

Planiol[20] dice que la convención de que nace el testaferro es el contrato por el que una persona encarga a otra realizar un acto del mismo modo que si fuera el verdadero titular del derecho; y que se diferencia del mandato porque éste implica representación (?), mientras que el empleo de un testaferro la excluye, constituyendo un mandato *disimulado,* por cuanto se mantiene secreto (!). En las relaciones con el contratante, el testaferro debe tratarse *como* un mandatario, *y en el fondo no es más que eso.* Por ello, no podrá retener para sí los bienes adquiridos o los créditos a exigir, sino que habrá de rendir cuentas a su mandante. Pero respecto de los terceros, que no conocen, o se considera que ignoran, la cualidad del testaferro, éste es el que resulta acreedor, deudor, propietario; y de aquí que sólo a él puedan demandar en juicio y sólo por él puedan ser demandados. El acto es eficaz *en su apariencia.* (Yo diría más bien *en su realidad;* pero aquí aparece en todo momento la injerencia de los principios de la simulación.)

Y el mismo Glasson[21], que empieza diciendo que la interposición de persona puede ser una forma de simulación, y sigue observando que este procedimiento *se parece* al mandato, acaba por reconocer que aquí tenemos el empleo de un mandato especial semejante a la comisión.

---

20 *Droit civil,* II, n. 2266 y sigs.
21 *Théorie de la Simulation,* págs. 58-60.

En Italia, la teoría del testaferro, como mandatario que actúa en nombre propio, auxiliada por una exacta y clara expresión de la ley (art. 1.744), ha escapado a estos defectos, y de ella puede encontrarse una exposición muy autorizada en el estudio de Tartufari[22]; pero, cuando se trata del testaferro en los contratos simulados, vuelve la confusión en toda su plenitud, y nuestros escritores repiten todas las lindezas de los franceses[23]. Algunos parece que incluso ignoran esta figura jurídica, y se refieren simplemente al caso del mandatario; y luego cuando se trata de regular estas relaciones -la piedra de toque de todas las teorías-, vienen a mezclarse en una conjunción extraña los principios más heterogéneos. La fórmula simplicista en que se condensa toda la doctrina sobre la materia es la siguiente: el testaferro es un mandatario *respecto al contratante,* y un titular *respecto a los terceros.* Este concepto no es verdadero en materia de simulación, porque el contratante simulado no es ni mandatario ni titular. Pero la contraposición expresada no es tampoco exacta, aun refiriéndola al mandatario en nombre propio. Esta pretensión de asignar a la misma persona una cualidad distinta en las relaciones internas y externas una cualidad mudable y relativa., resulta ilógica por completo. El testaferro, en cuanto actúa en nombre propio, es un contratante verdadero y único, aun cuando haya realizado la operación para dar cumplimiento a un encargo. Es, a un mismo tiempo titular y mandatario, y coincide en él esta doble cualidad porque la una no es incompatible con la otra, a no ser que el mandato sea necesariamente representativo. Y es titular, no sólo frente a los terceros, sino también respecto del mandante, el cual sólo tiene contra él una mera acción personal, como es mandatario, no sólo para el mandante, sino también para los terceros, los cuales, en su caso, podrían reobrar contra el interesado valiéndose de la acción subrogatoria. No se trata, pues, de una relación bifronte, con dos lados, sino de una doble relación que coexiste en la misma persona.

---

22 *Rappresentanza,* n. 40 y sigs., págs. 59 y sigs.

23 V. STERIO, *Delle persone interposte,* § 6, págs. 41 y sigs.

50. - No cabe intentar una construcción si no se distinguen con claridad las dos instituciones que, por vicisitudes históricas, han influido entre sí de modo tan funesto. Y para que la distinción resulte más clara, no vacilaré en sacrificar los mismos nombres. La doctrina no podrá quejarse de ello: perderá una palabra y ganará en la limpieza de los conceptos.

Al celebrarse un negocio jurídico, cabe que *se interponga* una persona extraña con el fin de ocultar al verdadero interesado. Esta persona sirve de *intermediario,* de *eslabón* entre los que quieren conseguir los efectos de un acto jurídico. Los caracteres que la distinguen, en general, son: 1.° *Ponerse entre* dos que deben ligarse directamente en el negocio, o entre los cuales debe descansar en definitiva el contenido patrimonial del mismo, sin que el intermediario tenga en el negocio un interés personal. 2.° Su *función de ocultar* al verdadero dueño del negocio, que quiere permanecer entre bastidores. Esta figura genérica se llama *persona interpuesta.* Scheurl la denomina *Zwischenperson;* Regelsberger, *Mittelmann* o *Ersatzmann,* y Lerebours *remplaçant,* expresiones distintas, pero que todas ellas nos dan el concepto específico de la interposición.

Pero esta intromisión de un tercero en las relaciones contractuales de otro puede revestir distinta *forma jurídica.* Y aquí se impone una división de las personas interpuestas en dos grandes categorías, a saber: *personas interpuestas reales* y *personas interpuestas simuladas.*

El intermediario puede intervenir en el contrato, o como contratante efectivo –entablando la relación jurídica en su propionombre y convirtiéndose de este modo en titular de los derechos y obligaciones que derivan de la misma para inmediatamente *volverlos a transferir* al dueño del negocio, que se ha mantenido apartado de éste–, o por mera apariencia, como contratante ficticio, cuando en realidad la relación se establece entre el tercero y el interesado, que no comparece en el contrato. En el primer caso tenemos una combinación de actos jurídicos; en el segundo, un solo acto jurídico cubierto con un velo que lo disimula; pero en ambos supuestos se llega aproximadamente al mismo resultado final.

En el uno existe un intermediario real, un fraccionamiento de la relación que pasa a través de la persona interpuesta; en el otro, un intermediario no real, una apariencia de intromisión en la relación entablada que, en realidad, existe directamente entre los dos titulares. Y este distinto modo de presentarse la persona interpuesta impone una actitud diversa en cada caso y consecuencias jurídicas diversas también. De aquí que debamos tratar separadamente una y otra especie de interposición, las cuales permanecen distintas y autónomas entre sí, aunque se enlacen en un concepto único.

Trataremos primeramente de la interposición *real,* advirtiendo de antemano que esta figura es totalmente extraña a la simulación, y que, si nos ocupamos de ella en este lugar, es para afirmar la separación indicada y acentuar sus diferencias con la persona interpuesta fingida, que es la *única* que tiene derecho a ocupar un puesto en la teoría de los contratos simulados.

El intermediario real actúa como *verdadero contratante* en el negocio jurídico: la relación, en lugar de desenvolverse entre las dos partes se desenvuelve entre tres personas, quedando el intermediario colocado en medio de ellas para recibir y volver a transmitir, o para obligarse y ser exonerado de su obligación. El último efecto del negocio jurídico se producirá entre los verdaderos interesados; pero antes es preciso que pase por la persona interpuesta, la cual, transitoria, pero necesariamente, debe adquirir para su patrimonio la propiedad o los créditos resultantes del contrato y las responsabilidades y deudas correlativas. Durante esta etapa transitoria se convierte en propietario como se convierte en deudor; pero lo uno y lo otro *realmente,* aun cuando desde el punto de vista económico no pueda decirse que su patrimonio se aumente o disminuya, que es lo que en parte ha hecho creer que se trataba de un titular aparente. Para desvanecer por completo esta ilusión juzgamos oportuno proscribir de esta figura el término equívoco de testaferro, que no aparece en nuestras leyes y que histórica y etimológicamente se reserva a la persona interpuesta de carácter fingido.

El intermediario real, según las diversas actividades que despliega, puede encontrarse en dos situaciones distintas: puede realizar un acto de los que no suponen una cualidad especial en el agente, como hacer una adquisición, contraer una deuda, si bien en interés de otro, o realizar un acto de los que requieren por parte del agente una posición preestablecida, una vocación determinada, un derecho anterior[24], como hacer una enajenación, perdonar una deuda, etc., lo cual supone en el agente la cualidad de propietario o acreedor. En este segundo caso, la persona interpuesta ha sido previamente investida del derecho de que tiene que disponer.

En la primera de dichas categorías de actos, la interposición existe desde el primer momento, y a ella sigue la ejecución del encargo recibido por parte de la persona interpuesta; en la otra, la interposición existe en el momento de ejecutar la disposición, y a ella ha precedido la investidura del derecho al enajenante. En el primer caso, el negocio se inicia por la persona interpuesta, que produce un efecto jurídico para echarlo sobre otra persona; en el segundo, la iniciativa parte del contratante, que coloca a la persona interpuesta en la posibilidad de realizar el acto para el cual necesita su intervención.

¿Y cuál es el carácter jurídico de la persona interpuesta, en estas dos distintas situaciones? En la primera es un *mandatario en nombre propio;* en la segunda, un *fiduciario;* concepciones muy próximas entre sí y que ambas conducen al mismo resultado jurídico. Ninguna duda puede existir por lo que respecta al primer caso, donde la doctrina está conforme; pero en el segundo punto necesita una mayor justificación. Creo que, hablando con propiedad, es un fiduciario lo que se encuentra en la persona interpuesta con el fin de transmitir a otro un derecho real o de crédito atribuido a ella previamente. Concurren, en efecto, todos los requisitos de esta institución. Tenemos un *titular en nombre propio* de derechos de que *no debe usar en su propio interés* y que ha recibido con *este destino.* Se ve claro también el elemento de confianza que va unido a la relación fiduciaria, pues el contratante otorga un poder jurídico ilimitado a la persona interpuesta, aunque con la inteligencia secreta de

[24] LABRE, *Représentation dans les actes juridiques* (Apéndice al Ortolan, *Institutes,* I, pág. 869.

que no usará del mismo en beneficio propio, sino que lo transmitirá a otros; con lo cual, de verdadero propietario o acreedor se reduce a mero conducto transmisor.

Estos elementos faltan, en cambio, en el primer caso. No hay relación alguna de confianza, por cuanto el contratante no confiere a la persona interpuesta ningún derecho para adquirir u obligarse -y falta, por tanto, la transmisión patrimonial que habría de servir de sustento o base a la actuación fiduciaria-; y en segundo lugar, si la persona interpuesta adquiere la propiedad, no la recibe con la obligación de no usar de ella en interés propio[25], porque esta obligación se deriva entonces de algo exterior a la adquisición y proviene de persona distinta. Finalmente, no se concibe una transmisión fiduciaria respecto de las deudas. Queda, pues, en tal caso el simple mandato, el encargo que da el contratante a la persona interpuesta para obrar en su propio interés, adquiriendo un derecho o contrayendo una obligación -mientras que en el segundo caso el encargo se enlaza con la atribución patrimonial y sirve, obligatoriamente, para limitarla a la finalidad fiduciaria que la motivó-. De todos modos, la disciplina jurídica de ambas instituciones se mantiene idéntica, porque la persona interpuesta adquiere siempre en su propio nombre una situación jurídica que, por uno u otro motivo -mandato o *lex fiduciae*-, está obligada personalmente a transmitir a los demás.

Los fines que determinan la interposición de persona varían según los casos. O el contratante quiere ocultarse de la otra parte, o quiere ocultarse de la ley para burlar una incapacidad o una prohibición. Considerada en sí misma, la interposición es indiferente desde el punto de vista jurídico, y se caracteriza como lícita o ilícita, según la finalidad que con ella se quiere lograr en cada caso concreto[26]. En el segundo supuesto constituye siempre un *fraus legis* en sentido técnico[27]. En efecto, se da entonces una violación indirecta de la ley, mediante la combinación de varios ac-

---

[25] V. Schultze, *Treuhänder im geltend, bürgerl. Recht* (*Jher. Jahrb.*, 43, página 2).

[26] V. esta idea, defendida recientemente, en Garnier, *Des libéralités par personnes interposées en droit français*, Dijon, 1901 (Tesis doctoral).

[27] V. más atrás, capítulo I, n.° 5.

tos jurídicos reales y verdaderos que, en conjunto, producen un resultado análogo al que la ley prohibe.

Por estas consideraciones juzgamos inaceptable la construcción de las personas interpuestas que nos ofrece Sterio[28]. Se ha detenido en una sola hipótesis, acaso la más frecuente, de interposición, y ha llegado a una concepción estrecha y unilateral. Para Sterio, la persona interpuesta es la encargada secretamente de hacer llegar a otras la utilidad de una disposición que aparentemente la beneficia, y que proviene de una parte respecto de la cual sería incapaz de recibir aquella otra en cuyo interés se consiente o estipula. De este concepto resultarían los siguientes requisitos: 1°, que la interposición sólo puede admitirse en las transmisiones de derechos; 2.°, que la disposición ha de tener un contenido beneficioso, y 3.°, que la persona favorecida ha de ser legalmente incapaz de recibir.

Pues bien; ninguno de estos elementos corresponde a la realidad de las cosas. Hemos visto que la interposición es una figura jurídica de carácter general, posible en cualquier acto jurídico, y no sólo en las transmisiones, sino también en las adquisiciones, obligaciones, etc., etc. No es verdad tampoco que la disposición tenga siempre un contenido útil o ventajoso, puesto que la interposición se da también en los contratos onerosos y la misma ley nos ofrece en sus textos ejemplos bien claros de ello (arts. 1.457 y 1.458). Finalmente, no podemos convenir en que la interposición sea necesariamente fraudulenta y no deba admitirse una interposición lícita como medio indirecto dado a la libertad de los contratantes para conseguir un propósito determinado. Consideraciones sociales, exigencias de defensa económica hacen que muchas veces se sienta la necesidad de recurrir a la intervención de otros para realizar un acto jurídico sin entregarlo a la publicidad, a la maledicencia o sin sufrir el daño de una concurrencia enojosa. No debe extrañarnos que la ley considere siempre fraudulenta la interposición : la ley manda o prohíbe, y si interviene alguna vez es para reforzar sus sanciones –pero dentro del círculo de sus

---

[28] M. Sterio, *Delle persone interposte,* págs. 7 y sigs. (Torino, 1895).

mandatos está lo lícito jurídicamente como libre desenvolvimiento de la actividad humana.

Examinemos ahora las condiciones de que resulta la interposición real.

Se necesita:

1° *La existencia de tres personas, una de las cuales se presta a formar, en su propio nombre, el vínculo que interesa en realidad a otra que permanece ajena al contrato.*

De aquí se sigue que la persona interpuesta que ha de intervenir como parte en el negocio tiene que ser capaz jurídicamente para anudar la relación en que interviene. Este principio se encuentra ya en el Derecho romano (II § 2-6, D. 24, 1). Además, el defecto de voluntad o los vicios de la misma que puedan afectar al negocio jurídico habrán de apreciarse en su persona, y no en la del mandante o autor de la fiducia, el cual permanece apartado del contrato.

2° *El acuerdo entre el que promueve la interposición y la persona interpuesta, acuerdo que determina cómo el intermediario ha de usar del efecto jurídico que obtiene en nombre propio.*

En cambio, no hace falta que el tercero conozca la cualidad de persona interpuesta de quien se encuentra frente a él. Es más: la mayor parte de las veces *no debe* conocerla, porque el engaño va contra tercero. De todos modos, ese conocimiento carece de importancia desde el punto de vista de la eficacia del acto.

Los efectos de la interposición son tan sencillos como definidos. La persona interpuesta queda investida jurídicamente de la relación que establece en su propio nombre, y, por tanto, se convierte en propietario y acreedor y tiene el pleno ejercicio de tales derechos, siendo válidas e inatacables las enajenaciones hechas a terceros, aunque éstos conozcan su cualidad, porque, de todos modos, emanan del titular legítimo. Y al entrar en su patrimonio estos derechos constituyen una garantía para sus acreedores personales, y en caso de quiebra forman parte de la masa de bienes, quedando el *mandante* o *dator fiduciae* reducido a la categoría de un simple *quirografario* no privilegiado, excepto en aquello en que le sean aplicables las normas de los artículos 802 y siguientes del

Código de Comercio. Desde otro punto de vista, la persona interpuesta se hace responsable personalmente de todas las obligaciones que se derivan del contrato, y debe estar a ellas con todo su patrimonio, aun cuando aquel en cuyo interés intervino no cumpla los compromisos adquiridos o resulte insolvente.

Entre el interesado y la persona interpuesta no hay más que un vínculo obligatorio -mandato o *pactum fiduciae*-, en virtud del cual la persona interpuesta queda comprometida a obrar en interés de otro, a no utilizar en su propio beneficio los derechos adquiridos, a restituir estos últimos al mandante o persona que se convenga; y, de otra parte, el mandante o el *dator fiduciae* promete indemnizar al intermediario por las obligaciones contraídas, reembolsarle todos los gastos y pérdidas y, a veces, pagarle una compensación por intervenir en el asunto. El incumplimiento de estas obligaciones recíprocas sólo da derecho a pedir el resarcimiento de daños y perjuicios; pero el verdadero interesado no podrá nunca sustituir al intermediario en la posición jurídica adquirida por éste, ni siquiera con una autorización judicial, que los Tribunales no pueden otorgarle. Además, debemos advertir que el cumplimiento del encargo o la fiducia no requiere necesariamente que el interesado se coloque por completo en la situación adquirida por la persona interpuesta; ello puede ocurrir, y suele ocurrir en la mayoría de los casos; pero también cabe que falte si el intermediario obtuvo autorización -o, según la finalidad del negocio, puede entenderse que se le dio- para modificar las relaciones patrimoniales resultantes del acto en que intervino, transmitiendo tan sólo un contenido equivalente de utilidad.

Los efectos de la interposición cesan cuando ésta se emplea *in fraudem legis*. Desde el momento en que la ley quiere impedir que se produzca un cierto resultado práctico -es decir, que una persona contraiga un vínculo incompatible con su situación, o sospechoso en la misma, o que obtenga un beneficio a ella vedado-, es indispensable que la relación contraída por la persona interpuesta se declare nula, *como si* hubiera sido establecida directamente por la persona incapaz. La ley rompe el anillo de la interposición, de tal modo que ni la persona interpuesta ni el verdadero interesado derivan derecho alguno de la relación establecida: el negocio se tiene por no realizado. Y si la sanción de la ley es inferior a la nulidad total –nulidad parcial, simple anulabilidad, reducción–, la relación establecida por persona interpuesta recibe el mismo trato que si se hubiera entablado directamente; no porque la ley considere a la persona interpuesta como un *médium* indiferente al derecho, sino porque para las finalidades prácticas de la ley es indiferente que la violación se lleve a cabo de un modo y no de otro.

51. - Vengamos ahora a la interposición ficticia como forma especial de la simulación. Los autores, o no se ocupan de ella, o le conceden escasa atención, con lo cual esta figura permanece borrosa e incierta, y aun se pierde mezclada y confundida con otras formas jurídicas. La doctrina, en este punto, parece un campo donde las malas hierbas han crecido con gran pujanza, cubriendo totalmente la superficie e impidiendo reconocer el terreno. Hemos empezado la labor de desbrozo, y ahora nos queda la de estudiar y fijar el concepto, atrofiado y latente, de la figura que nos ocupa en este lugar.

La interposición puede llevarse a cabo fingidamente, es decir, haciendo el interesado que figure otra persona en su puesto, pero permaneciendo él, en realidad, en la situación de verdadero contratante. En ambas interposiciones existe una finalidad de ocultar; pero varía el modo de lograrla. El dueño del negocio no se sirve aquí de la cooperación efectiva de un intermediario que adquiere derechos contractuales para transferirlos al *dominus,* sino que se vale tan sólo de su cooperación *nominal.* El contrato figura como celebrado por otro; pero esto es pura apariencia, porque es el *dominus* el que lo celebra en realidad. La persona interpuesta no interviene en el contrato, sino que finge intervenir; no es una parte, sino un mero disfraz de contratante. Los derechos y obligaciones no se detienen ni un solo instante en ella, sino que nacen directamente para el patrimonio del *dominus,* el único que ha actuado en el contrato, aunque bajo un nombre mentido. A esta clase de persona interpuesta se le aplican en la práctica denominaciones un tanto grotescas, pero muy llamativas, como *hombre de paja, testaferro, fantoche.* En efecto, la persona interpuesta es inactiva, pasiva, sin voluntad; no hace más que prestar su nombre, *nomen commodat.* Es un *prestanombre,* en sentido técnico. Y éste es el caso a que, en mi opinión, debe limitarse el término *prestanombre,* conforme a su origen histórico y para no producir, con la confusión del lenguaje, la confusión de las ideas[29].

El testaferro es un contratante fingido, imaginario.

Hay dos clases de testaferros. Puede resultar esta figura de un contrato absolutamente simulado -así, el comprador aparente es testaferro del enajenante fingido, el acreedor supuesto es testaferro del supuesto deudor, etc.-, y, en este sentido, la figura no tiene carácter específico, carece de significación propia y entra en la teoría de la simulación absoluta. A este grupo pertenecen también el testaferro *ad honorem* de las sociedades mercantiles, los que se prestan a firmar efectos, etc., etc. Otras veces resulta de un negocio jurídico serio en sí mismo, y en el cual la simulación sólo tiene por objeto que figure una persona distinta del verdadero contratante; y entonces es cuando el testaferro adquiere una personalidad propia y definida, constituyendo el eje de una doctrina independiente. En este caso, el testaferro se caracteriza como persona interpuesta, de carácter ficticio, cuyo fin es disfrazar al verdadero contratante, que quiere permanecer oculto.

Este procedimiento constituye un modo especial de simulación. Las partes quieren realmente el negocio, pero se valen de contratantes ficticios para sustraerse al conocimiento de los terceros o de la ley. Esta intervención es la más débil y aparente de todas, y se limita, en realidad, a la simple *aposición de otro nombre* en el instrumento. La persona interpuesta de este modo puede no intervenir ni siquiera materialmente en la formación del contrato, entendiéndose tan sólo que otro se valdrá de su nombre; y aun cuando, para dar verosimilitud al engaño, intervenga y haga la declaración contractual, habrá de caracterizarse jurídicamente como un simple *nuntius,* pues en realidad quien contrata es la

[29] Y éste es el motivo, diremos a nuestra vez, de que en esta traducción hayamos empleado y empleemos en lo sucesivo la palabra «testaferro», corriente en nuestro lenguaje, en equivalencia de *prestanombre,* que, si bien empleada antes de ahora por el autor para las dos formas de interposición, no se adapta en realidad -como tampoco la de *testaferro*- más que a la interposición fingida. *(Nota de los traductores.)*

persona oculta, siendo el testaferro un mero portavoz y quedando su personalidad desligada y ausente del contrato.

Por eso reputo exacta la definición de Unger, el cual dice que se produce esta clase de simulación *cuando deben ser titulares del negocio jurídico personas distintas de aquellas que indican las palabras de la declaración*[30]. Aquí, la simulación está en los sujetos del negocio, que parecen ser otros que los que son en realidad[31].

Señalado brevemente el concepto de la interposición ficticia, examinemos sus requisitos. Para la formación del negocio sólo se necesita la intervención *jurídica* de dos personas: los verdaderos contratantes, uno de los cuales obra con nombre supuesto. La persona interpuesta es extraña a la relación, y, descubierta la simulación, se evapora por completo. Cuando más, dicha persona presta una simple *cooperación material,* que puede consistir en la mera comparecencia personal como parte del contrato para perfeccionar la *mise en scène* y repetir mecánicamente la declaración que se le dicta al oído. Por ello, los vicios del consentimiento, la capacidad, etc., han de apreciarse en el contratante secreto, y no en la persona interpuesta.

En cambio, para que se produzca la interposición simulada no basta el acuerdo entre el interponente y el testaferro, sino que se requiere asimismo la inteligencia con el tercer contratante. En efecto, consistiendo el acuerdo simulatorio en que comparezca otra persona en el lugar del verdadero contratante, se necesita que tome parte en el mismo acuerdo el tercero, que debe entablar la relación con persona distinta de la que figura en el contrato. Sin su consentimiento tendríamos un propósito unilateral de simulación, no una simulación.

Si al quitar la apariencia ha de resultar visible el negocio celebrado primitivamente con el contratante oculto, que debe

---

30 *System,* II, pág. 120.

31 La jurisprudencia reconoce esta forma de simulación en las adquisiciones principalmente. V. Apelac. de Catania, 20 oct. 1884 *(Giur. catan.,* 1884, 201): «Los acreedores pueden hacer que se declare propia de su deudor una adquisición, aunque simuladamente figure hecha por otro»; Apelac. de Génova, 31 diciembre 1894 *(Tem, gen.,* 1895, 426).

sustituirse a la figura postiza del testaferro, es preciso que el tercero haya consentido originariamente en tratar con aquél y conozca el disfraz que adopta. Si A quiere transmitir a B, valiéndose de la persona interpuesta P, es preciso, para que B adquiera, que tome parte en el acuerdo de simular, pues en otro caso no hará adquisición alguna, por cuanto la persona interpuesta no es un representante suyo. O, de otro modo, si A quiere comprar de B por medio de P, persona interpuesta, es preciso que el vendedor conozca la simulación y tome parte en ella, pues en otro caso la adquisición sería para el testaferro P y no para A.

El acuerdo de simular que sólo existe entre el interponente y la persona interpuesta es, respecto al tercero, una mera reserva mental y, por tanto, ineficaz. De estas nociones puede inducirse cuáles sean los efectos de la interposición simulada. Como la persona interpuesta no es un contratante, no adquiere derecho alguno por consecuencia de la relación contractual, y aunque sean válidos los actos realizados por la misma con terceros de buena fe, en orden a los derechos de que aparece investida, esto ocurre excepcionalmente para la protección de la buena fe en el comercio jurídico, y *siempre dentro de los límites de esta excepción.* El acto es válido, no porque el testaferro tenga una facultad jurídica de disposición, sino porque la ley, por motivos de interés general, quiere salvar dicho acto, aunque emane del que no tiene derecho para realizarlo; y de aquí que no se dé la protección si no concurren los requisitos a que la ley subordina este efecto excepcional. Así, en el caso de que los terceros traten con el testaferro conociendo su cualidad aparente.

Y, así como la persona interpuesta no recibe derecho alguno, tampoco queda obligada; y si aparece como deudora, su responsabilidad es ficticia y puede rechazar las acciones que el contratante quiera ejercitar contra ella.

En cambio, la relación se entabla directamente y, desde luego, entre el contratante visible y el contratante oculto, para cuyo patrimonio vienen a producirse todos los efectos del contrato, mientras la persona interpuesta permanece *extraña* al vínculo. Entre el contratante secreto y la persona interpuesta sólo se da una relación secundaria, en virtud de la cual la persona interpuesta se obliga a cooperar en el engaño, prestando su nombre, y, eventualmente, a no abusar de su cualidad aparente, que, por efecto reflejo de otras normas, puede producir una modificación jurídica. A su vez, el interponente consiente esta intromisión, y en ocasiones se obliga a recompensarla.

Cuando la interposición se organiza para violar la ley, las consecuencias de la prohibición -porque la interposición en sí misma es efímera por falta de consentimiento- se aplican a la relación establecida entre los verdaderos contratantes, aunque bajo la apariencia de otra persona. Pero aquí existe una aplicación pura y directa de la ley, no la represión de un medio indirecto fraudulento.

52. - Después de este examen analítico será útil que comparemos las dos instituciones que bajo el mismo nombre se han sometido a igual disciplina jurídica, señalando al efecto las afinidades y diferencias.

Las dos formas de interposición tienen de común el punto de partida. La una y la otra tratan de ocultar al interesado -el que busca para su patrimonio los efectos jurídicos del acto-; y ambas, para conseguir su fin, se sirven de otra persona que se interpone entre los verdaderos contratantes. En cambio, es diferente, en sentido jurídico, el modo de llevar a cabo esta intromisión.

Las dos instituciones se encuentran también en el terreno de lo ilícito.

Cuando se realiza la interposición para eludir una incapacidad de las leyes prohibitivas, la sanción legal es la misma, cualquiera que sea la forma de la interposición. En efecto, para los fines de la ley, nada importa que la prohibición se viole de uno u otro modo, directamente de manera oculta o manifiestamente en forma indirecta. La ley quiere que se obedezcan sus mandatos e inflige la misma pena a los transgresores. Esto ha determinado una aproximación de las dos instituciones en la mente del legislador -lo que quizá haya contribuido a la confusión doctrinal-; porque cuando la ley se ocupa de interposición, no distingue ni tiene por qué distinguir las dos formas de ella. Podemos constatar, además, que en la generalidad de los casos el legislador ha tenido en cuenta principalmente la forma de la interposición simulada; como resulta, entre otras cosas, de la aproximación casi constante de las dos hipótesis, la del disfraz de la naturaleza del contrato y la del disfraz de la persona contratante; pero no cabe duda que ha tenido en cuenta asimismo el caso del fraude, puesto que establece presunciones especiales que se refieren necesariamente, no a la simulación -efímera de suyo-, sino al fraude mismo.

En tres casos se ocupa nuestro Código de las personas interpuestas, a saber;

1° Respecto a la incapacidad de recibir por testamento o donación. El art. 773 dice: «La disposición testamentaria en beneficio de las personas incapaces expresadas en los arts. 762-772 es nula aunque se *simule* bajo la forma de un contrato oneroso o se haya hecho *bajo el nombre* de persona interpuesta.» Art. 1.053: «No pueden recibir por donación, ni aun *bajo el nombre* de personas interpuestas, los que no pueden recibir por testamento.»

Aquí, la ley piensa evidentemente en el caso de interposición fingida que se realiza tomando prestado el nombre de otro; pero el efecto de la nulidad se produce igualmente en el caso de interposición real. Y desde luego se comprende que la interposición empleada para eludir la incapacidad no agrava la sanción. Así, pues, si se trata de una incapacidad parcial relativa, como la de los hijos naturales reconocidos o la del cónyuge bínubo, una vez revelada o sorprendida la interposición, tendremos la misma nulidad parcial relativa que tendríamos en el caso de que «1 incapaz hubiera recibido directa y manifiestamente. Si, por el contrario, se trata de una incapacidad absoluta, como la del funcionario público que autoriza el testamento, o la del tutor que no tiene aprobadas sus cuentas respecto a las liberalidades del pupilo, tendremos en todo caso una nulidad absoluta.

Para hacer más segura la observancia de estas prohibiciones, ha querido reforzarlas con una presunción especial de interposición. El art. 733 del Código civil dice así: «Se consideran como personas interpuestas el padre, la madre, los descendientes y el cónyuge del incapaz.» Como esta presunción es *iuris et de iure* y, por tanto, no admite prueba en contrario, tiene el efecto singular de multiplicar las categorías de incapaces, en cuanto éstos vienen a reservar y comunicar su incapacidad a las personas que se encuentran con ellos en la dicha relación de parentesco.

Estos principios se aplican también, por motivos idénticos y por expresa disposición de la ley, a todos los negocios que son estimados y regulados como las donaciones, y, por tanto, a la sociedad universal (art. 1.704) y a la constitución de renta y contrato vitalicio a título gratuito (arts. 1.781 y 1.791).

2° En la prohibición de instituciones fiduciarias.

Art. 829: «No se admite prueba alguna de que las disposiciones hechas a favor de la persona declarada en el testamento *sean sólo aparentes* y miren *en realidad* a otra persona, aunque el testamento contenga alguna expresión que la indique o pueda hacer presumir quien sea.

«Esto no rige en el caso de que la institución o el legado se impugnen como hechos *por persona interpuesta* a favor de incapaces.»

No es éste el caso de hacer la historia y construcción jurídica de dicha prohibición legal, que ha provocado interesantes discusiones entre los juristas más eminentes. Nos limitaremos a hacer notar, por lo que se refiere a nuestro objeto, que la ley, en este punto, ha querido excluir la posibilidad de un heredero *aparente* a quien hubiera de sustituirse otra persona; la llamada real y secretamente a la herencia. Según el derecho italiano, el instituido es el heredero real, y nadie puede reclamar para sí esta cualidad apoyándose en la voluntad del testador. Pero creo que la norma tiene mayor alcance y que también ha querido excluir la interposición *real,* rechazando toda prueba para demostrar la existencia de una orden dada al fiduciario o de una obligación contraída por éste –que es el verdadero heredero– de restituir la herencia a otras personas. El fiduciario, si quiere, podrá transmitir los bienes que adquirió en la sucesión; pero al hacerlo realiza legalmente una verdadera donación, sujeta a todas las reglas por que se rigen las donaciones. De este modo, la *fiducia testamentaria* vuelve a la situación en que se encontraba en uno de los primeros momentos de su evolución histórica, es decir, está desprovista de protección legal y descansa por completo en la lealtad y buena fe del fiduciario.

La ley, sin embargo, admite excepciones a estos principios generales cuando las disposiciones testamentarias se impugnan como hechas por personas interpuestas a favor de incapaces. En tal caso, se admite la prueba de la interposición, y aun puede alegarse la misma presunción a que se refiere el artículo 773.

3° En las incapacidades para comprar que la ley, por varios motivos, establece en contra de las personas enumeradas en los artículos 1.457 y 1.458. Allí se dice: No pueden ser compradores ni siquiera en pública subasta, directamente o *por personas interpuestas,* etc., etc. Y luego se añade: los abogados y procuradores no pueden, ni por sí ni por *persona interpuesta,* establecer pacto alguno con sus clientes, etc., etc.

Ello nos ofrece un ejemplo de interposición en los contratos onerosos.

Pero si en su fin y en cuanto a su ilicitud, las dos formas de interposición se aproximan, en su desenvolvimiento ulterior permanecen muy distantes.

Mientras que la persona interpuesta realmente entra de verdad en la relación jurídica y es un contratante propiamente dicho, la persona interpuesta con ficción sólo figura en apariencia y se evapora tan pronto como la simulación se descubre.

Para que se produzca la interposición real, se necesita el concurso de tres personas: la interponente, la interpuesta y el tercero. En cambio, en la interposición simulada basta el concurso de dos, o sea el interponente y el tercero, pues el intermediario no interviene jurídicamente en el acto y, o presta su nombre tan sólo o coopera de un modo puramente material. De aquí que en la primera haya que considerar la capacidad y vicios del consentimiento desde el punto de vista de la persona interpuesta, y en la segunda, desde el punto de vista del contratante secreto. Además, mientras que en la interposición real se necesita y basta el acuerdo entre el interponente y la persona interpuesta, en la interposición ficticia se necesita además la inteligencia con el tercero, pues en otro caso tendríamos una mera reserva mental que no podría producir los resultados a que las partes aspiran.

Finalmente, la persona interpuesta real adquiere la titularidad de todos los derechos y obligaciones que se derivan del contrato, independientemente de su obligación personal de restituir al mandante o a los terceros -de suerte que el interesado, para conseguir el efecto útil de la relación que, por cuenta suya, se entabló, tiene que pasar a través de la persona interpuesta real–. En cambio, la persona interpuesta fingida, mero contratante imaginario, no adquiere para sí derecho ni obligación de ninguna clase derivados del contrato, y los efectos jurídicos de la relación se producen directa e inmediatamente para el patrimonio del contratante secreto. Por eso, en el segundo caso, en que nada se adquirió, no se concibe obligación alguna de restituir, y el contratante tiene el derecho de reivindicar los bienes en el caso de que el testaferro los detentara.

CAPÍTULO VI

EFECTOS DE LA SIMULACIÓN

Sección primera

53. - El negocio absolutamente simulado es nulo. Apartada la apariencia engañosa que lo presentaba como serio, nada queda de él; se ha roto el encanto y la ilusión desaparece. Resultan efímeras las transferencias y adquisiciones que tuvieron por base el acto simulado, ya que el enajenante no se despojó de los derechos transmitidos, inútiles los vínculos jurídicos contraídos, al permanecer el objeto libre y sin limitación, y vanas las obligaciones y su extinción, por no haber nacido ni haberse extinguido crédito alguno. Ninguna modificación jurídica se realiza por virtud del acto simulado; la posición de las partes queda *como antes* y los cambios ocurridos en las relaciones jurídicas resultan ilusorios, carecen de realidad y de contenido real. Por tanto, si las partes hubieran querido confirmar o llevar a ejecución esta apariencia de negocio, sería también nula tal confirmación, porque ésta presupone un acto existente aunque defectuoso, e improductiva de consecuencias jurídicas la ejecución voluntaria, ya que no puede ponerse en ejecución lo que no existe[1]. Si las partes hubieren querido asegurar el contrato simulado añadiéndole fianza, prenda o hipoteca, también estas garantías accesorias quedarían envueltas en la nulidad. Finalmente, si se estipuló una cláusula penal, también será ineficaz puesto que no resulta posible una li-

---

[1] V. Cas. Roma, 16 jul. 1912 (*Giur ital.*, 1913, 122). La ejecución de un acto simulado hacia más de treinta años no constituye título para la prescripción aquisitiva, ya que la acción de simulación es por su naturaleza imprescindible.

quidación previa de daños dependientes del incumplimiento de un contrato no válido jurídicamente. Cuando el cumplimiento o ejecución de un negocio fue puesto como condición para adquirir un derecho, una vez descubierta la simulación, la condición se tiene por no realizada con efecto retroactivo. El acto simulado no sólo será nulo entre las partes, sino que su ineficacia se extenderá y propagará potencialmente a toda la cadena indefinida de actos jurídicos que en él se basan; por aplicación del principio jurídico *nemo plus iuris in alium transferre potest quam ipse hahet;* aunque sufra alguna excepción el rigor de los principios para garantía de la buena fe de los terceros, como se verá después[2].

54. - La nulidad, del contrato simulado no queda subsanada por la transcripción de la transferencia inmobiliaria aparentemente realizada, ni mediante la inscripción de la hipoteca ficticiamente constituida. La transcripción, como la inscripción, en nuestro derecho positivo, son simples formas de publicidad que nada añaden a la validez intrínseca de los actos o derechos que las requieren. Por eso, si la adquisición o la constitución de hipoteca es nula, nula sigue siendo a pesar de aquella publicación. Se trata de formalidades *extrínsecas* que la ley establece para hacer eficaz la adquisición del derecho en cuanto a determinados terceros con los que el adquirente pudiera hallarse en conflicto, o en cuanto a terceros en general, cual en la

---

[2] Sobre la invalidez del negocio simulado no hay discusión ni en la ciencia ni en la legislación. Véase el § 117 del Código alemán: «Si una declaración de voluntad respecto de otro se ha hecho de acuerdo con él, sólo en apariencia, es nula.»
Debo advertir, sin embargo, que la jurisprudencia italiana no siempre ha comprendido el valor de estos principios. Recuerdo, entre otros fallos censurables, el del Tribunal de Barí, 9 octub. 1892 (*Pisanelli,* II, 300): «Es inadmisible la acción de simulación de un contrato cuando quien la propone lo haya puesto en ejecución de un modo voluntario, o haya, al menos, prestado aquiescencia al contrato con actos que hagan presumir su intención de reconocerlo tácitamente.» Mas véase, en contrario y acertadamente, Cas. Roma 27 sept. 1877 (*Foro ital.,* 1878, I, 194); Tribunal Bolonia, 27 abr. 1895 (*Mon. giur. Bol.,* 189S, 187). La simulación del contrato garantizado con prenda no lleva consigo la nulidad de ésta si a su vez no ha sido también simulada: Ap. Palermo, 13 ag. 1898 (*Circ. giur.,* 1898, 32). La simulación de un pago deja subsistente la liberación, ya que el recibo tiene siempre el valor de donación o de remisión de la deuda. V. también Cas. Roma, 19 marzo 1901 (*Temi. rom.,* 1901, 502). A. Bolonia, 12 julio 1907 (*Temi,* 1907, 852).

hipoteca; pero el derecho es anterior, y si es defectuoso o carece de validez, el hacerlo público y manifiesto no puede librarlo de aquellos defectos ni hacerlo revivir[3]. La publicación es como una proyección de luz que no altera el objeto iluminado[4]. Por eso es por lo que en nuestro derecho subsiste siempre la posibilidad de una divergencia entre la realidad jurídica y lo que resulta de los libros del *Registro;* por efecto de la cual el adquirente de un inmueble o aquel a quien se concede una hipoteca se hallan siempre expuestos a la pérdida del derecho adquirido, por evicción del que aparentemente lo ostentaba. Este sistema no da ciertamente una gran seguridad al comercio de inmuebles; está lleno de peligros y viene a sacrificar muchas veces las legítimas expectativas de los terceros. Sería de desear que la institución se modelara conforme al sistema de publicidad germánico, según el cual, en interés de la seguridad jurídica, la inscripción imprime carácter indiscutible de verdad y de autenticidad, y el que aparece como titular a virtud de la inscripción de los libros del Registro lo es respecto a los terceros de buena fe[5]; pero mientras estas reformas tan deseadas y elaboradas, constitutivas de uno de los problemas más importantes en nuestra economía nacional, no sean una realidad[6], habrá que decidir de acuerdo con los principios de la ley vigente.

Así, pues, cuando se ha llevado a cabo una enajenación simulada y se ha hecho la oportuna transcripción, si después el

---

[3] En cuanto a la doctrina, v. MIRABELLI, *Diritto. dei terzi,* I, pág. 450; N. COVIELEO, *Trascrizione,* I, págs. 173 y sigs.; CHIRONI, *Trattato di diritto, civile,* I, pág. 544.

[4] BARTIN, *Des contre-lettres,* pág. 243.

[5] ENDEMANN, *Lehrbuch des bürgerl. Gb.,* II, § 62, pág. 238.

[6] Ya en el proyecto de ley, de SCIALOJA, sobre la transcripción, presentado al Senado en 3 marzo 1910, se proponían medidas en materia de simulación. Durante la guerra se promulgó la ley sobre *tasse ipotecarie,* de 6 en. 1918, n. 135, modificada por el decreto-ley 21 abril 1918, n. 575, el cual, en su art. 19, letra *g),* ordena, a cargo de los secretarios judiciales, la transcripción de las *demandas de nulidad y de simulación de los contratos.* Pero la violación del precepto, que constituye únicamente una obligación del cargo, no tiene por sanción sino una multa, sin que se regulen las consecuencias jurídicas de tal forma de publicidad, que en el estado actual de la legislación parece que no existen, ni sirven, especialmente, para determinar en sentido legal la mala fe de los terceros que adquieran no obstante la publicación o transcripción de la demanda judicial de simulación.

testaferro vende de nuevo a un tercero, este adquirente estará siempre expuesto a perder el derecho obtenido sobre la fe de la publicidad engañosa de los registros hipotecarios. Este es nuestro derecho[7]. Y si en la jurisprudencia se ha manifestado alguna voz disonante que ha querido atribuir a la transcripción una eficacia obsoluta[8], debe reconocerse en este movimiento más bien un síntoma y una aspiración hacia un sistema mejor de publicidad, o un recurso para salvar a toda costa derechos de terceros de buena fe que resultaba doloroso ver sacrificados y faltos de tutela.

55. - Si la simulación no afecta por entero al negocio jurídico sino a una parte del mismo, quedando reducida a determinada cláusula o modalidad, la nulidad será *parcial;* es decir, perderá su eficacia la parte no verdadera del contrato, permaneciendo válido el negocio seriamente estipulado. Bien se comprende que a causa de esta amputación de un miembro del acto jurídico puedan igualmente originarse modificaciones de las consecuencias normales del acto principal; pero tales modificaciones no ofrecen nada de característico y se rigen por los principios ordinarios.

La nulidad resultante de la simulación puede ser también *relativa* cuando en un negocio simulado algunos de los contratantes no tomaron parte en el acuerdo simulatorio. Si varias personas adquieren y están de acuerdo con el vendedor para realizarlo sólo aparentemente, pero uno de ellos ignora la ficción que se intenta, el negocio será eficaz en cuanto a éste, aunque con relación a los demás contratantes no se produzca ningún cambio jurídico. Se producirá por ello el resultado peregrino de que el con-

---

[7] V. Cas. Palermo, 19 jun. 1897 (*Legge*, 1897, II, 300): «La transcripción nada añade a la eficacia del acto; por tanto, si el acto es simulado, puede impugnarse»; Cas. Nápoles, 22 jul. 1899 *(Foro nap.*, 1890, 359): «La transcripción es una formalidad extrínseca que no sirve para dar eficacia a un acto nulo a causa de simulación.» Véase también C. Nápoles, 31 marso 1905 *(Dir. e giur.*, XX, 1.006). Igual naturaleza debe atribuirse a la transcripción de los actos relativos a la propiedad de las naves en los registros de los departamentos marítimos; v. Cas. Turín, 28 jun. 1877 *(Giur. ital.*, 29, I, 838): «La inscripción de la nave en la matrícula no constituye una presunción absoluta de propiedad de la misma, por lo que los terceros interesados pueden prob'ar que la declaración es simulada.»

[8] V., p. ej., Turín, 24 oct. 1883 *(Giur, ital.*, 26, I, 1, 24).

tratante de buena fe adquiere válidamente una parte del dominio, viniendo a ser copropietario del vendedor. Este fenómeno de la validez del negocio en cuanto a uno y no validez para los demás, se explica porque en rigor en el caso de pluralidad de sujetos existe un conjunto de relaciones jurídicas que tienen existencia autónoma y separada, y de ahí la posibilidad de que la nulidad o anulabilidad de las unas no impida la eficacia de los demás, con las que se hallan materialmente reunidas.

56. - Mas si el negocio simulado es nulo, la *voluntad* de las partes de llevarlo a ejecución puede producir consecuencias jurídicas, que no se derivan del acto fingido sino que surgen fuera e independientemente del mismo por efecto del propósito *serio* de las partes de contratar de un modo aparente, y que puede tener una significación jurídica. Es decir, que el acto simulado, afirma Vigouroux[9], posee, sin ser sincero, toda la realidad de su mentira, capaz por sí misma de una eficacia creadora o modificativa de relaciones jurídicas. Por tanto, si el heredero instituido enajena simuladamente alguno de los bienes de la herencia, este acto, aunque nulo, equivale a una aceptación tácita de la herencia (art. 934), ya que, no obstante la falta de validez, esa enajenación revela la voluntad del que la realiza de interesarse y obrar como dueño en el patrimonio hereditario, lo que es bastante para que éste se considere como aceptado. Simulado o no, el acto es tal que no hubiera tenido el derecho de llevarlo a cabo sino en su condición de heredero; de modo que a causa de la realización del mismo queda definitivamente adquirida aquella cualidad[10]. Otro tanto debe decirse en cuanto a la aceptación presunta que resulta de la venta o cesión de los derechos sucesorios hecha por uno de los coherederos a un extraño (art. 936). Aun siendo fingida tal cesión, es siempre un acto de propiedad que demuestra de manera indudable la intención de hacer suyos los derechos hereditarios. Por el contrario, no creemos que pueda estimarse como revocación de legado el caso de que el testador enajene simuladamente la cosa legada (art. 892), puesto que el

---

9 *De la simulation dans les actes*, pág. 331 (*Rev. gén. de droit*, 1889).
10 Cas. Franç. 18 fevrier 1881 (*Sirey*, 1881, I, 264).

deseo de hacer ver que ésta ha desaparecido de su patrimonio no puede interpretarse como voluntad de quitarla al legatario y de revocar la disposición. Solamente desea producir una apariencia, mas no llevar a cabo una modificación jurídica sobre la cosa legada, incompatible con la voluntad de mantener dicha disposición *testamentaria;* pues si bien el art. 892 deja subsistente el efecto de la revocación *aunque la enajenación sea nula,* ha de entenderse una nulidad que provenga de causa exterior, independiente y contraria a la intención del testador, no una nulidad resultante de la falta de voluntad de realizar el acto jurídico, ya que entonces cualquier suposición sería arbitraria y carecería de fundamento[11].

Por último, la voluntad de producir una apariencia, con el engaño consiguiente, puede estimarse como un hecho ilícito, como un delito, y dar lugar a una responsabilidad de los simulantes con relación a los terceros que, por falta de protección, tuvieran que sufrir alguna consecuencia perjudicial del acto simulado. Y creemos que este remedio sea de índole general siempre que los terceros de buena fe deban ser vencidos por cualquier causa y vean sacrificados sus derechos por efecto del acto aparente[12]. En

---

11 Se trata aquí, en efecto, de una revocación por declaración tácita de voluntad. Pero la sola ficción del negocio no es un hecho incompatible con la voluntad del testador de dejar subsistente el legado, ni tal que deba interpretarse necesariamente como una revocación del mismo. Es de recordar a este objeto que el Código de Parma, en el artículo correspondiente al 892 del italiano, decía: «aunque la enajenación sea nula *o simulada*», y que este inciso fue también propuesto para el Código Albertino, aunque rechazado como inoportuno, ya que de un acto simulado en el que falta el consentimiento no es posible deducir que exista cambio de voluntad. En este sentido desde luego se expresa nuestra doctrina dominante: PACIFICI-MAZZONI, *Successioni,* VII, n. 107; VITALI, *Successioni testam. eleg.,* IV, n. 139; LOSANA, *Success. test.,* pág. 445. Lo contrario debe decirse, sin embargo, en el caso de simulación relativa, en el cual *se quiere* la enajenación, aunque se oculte bajo forma jurídica diferente.

12 Tribunal Ap. Macerata, 12 jun. 1890 *(Legge,* 1890, II, 490): «El acreedor que afirma que su deudor, con objeto de hacer desaparecer o disminuir sus garantías, se ha confabulado con terceros simulando a favor de ellos una deuda garantizada con hipoteca puede también utilizar la acción de daño conforme al artículo 1.151». Cas. de Florencia, 15 mayo 1913 (*Giur. Tosc.,* 1913, 660); «La simulación fraudulenta, como acto doloso que es, obliga a sus autores, solidariamente, al resarcimiento de daños». En cuanto a tratadistas, véase en este sentido : HARTMANN, *Das simulierte Rechtsgeschäft,* pág. 38, y GOLDSTAUB, *Simul. und fiduz. Geschäft,* página 37.

otro orden de ideas, el negocio simulado, aun no existiendo jurídicamente, existe, sin embargo, como hecho histórico, que consta de un documento, y puede producir distintos efectos de índole probatoria respecto de otras relaciones jurídicas.

57. - Pasemos ahora a estudiar los efectos de la simulación relativa. En ella, según se ha visto, hay que distinguir dos negocios jurídicos: el negocio fingido o manifiesto y el verdadero u oculto. También aquí la simulación tiene por efecto la nulidad del negocio aparente; pero así como la simulación no termina con la mera producción de la apariencia, sino que ésta es sólo un medio para ocultar a la vista de los demás un negocio verdadero, la ineficacia de la forma externa simulada no es obstáculo para la posible validez del negocio verdadero que contiene. En suma, la prueba de la simulación hace desaparecer, como inconsistente, el negocio fingido por las partes con fines de ocultación; pero descorrido el velo de la apariencia, queda incólume la verdadera relación jurídica contraída secretamente, la cual será eficaz si reúne las condiciones necesarias para su existencia y validez. De este modo, apartado el negocio ficticio, se aplicarán al disimulado los principios comunes y producirá los mismos efectos que habría producido de haber sido estipulado de un modo manifiesto[13]. Así también, si el contrato es ilícito, seguirá siendo nulo, no obstante el piadoso manto que cubría su ilicitud. Si, careciendo de contenido reprobable, le corresponden por su naturaleza especiales consecuencias jurídicas, éstas se producirán también. Tratándose de una donación disfrazada, será revocable por superveniencia de hijos o por ingratitud[14], estará sujeta a reducción[15], etc. Tampoco en cuanto a la forma se substrae el negocio oculto a las prescripciones de la ley, y mientras que una donación disfrazada, no hecha en documento público, es nula, la hecha en escritura privada para disimular un contrato oneroso deja a éste toda su eficacia. Por último, si con la ocultación de negocio se quiso eludir

---

[13] Ap. Turín, 4 jun. 1892 (*Giur. Tor.*, 29, 693). La simulación, por la cual, bajo la apariencia de un contrato, se oculta otro diferente, no obsta para la validez de éste si no es fraudulento ni contrario a la ley.

[14] Colmar, 7 juillet 1848 (*Dalloz*, 1850, 2, 181).

[15] Cas. de Nápoles, 17 mayo 1898 (*Dir. e giur.*, XIV, 17).

una ley fiscal, el negocio será válido, aunque deba satisfacer la multa correspondiente[16].

58. - Una cuestión propuesta en el Derecho francés, y que algún tratadista repite como un eco en el nuestro, es la de si las donaciones disfrazadas entre cónyuges, que excedan de la cuota disponible, deben a tenor del art. 1.099 del Código de Napoleón, quedar sujetas a reducción o declararse absolutamente nulas[17]. Es de advertir que en el Derecho francés no existe la prohibición de donaciones entre cónyuges, donaciones permitidas aunque puedan ser revocadas libremente por parte del donante. Los cónyuges pueden, por tanto, hacerse donaciones dentro de los límites fijados por la ley, es decir, sin perjudicar los derechos legitimarios ni prescindir de la incapacidad parcial del cónyuge del bínubo. En garantía de estos principios, el art. 1.099 establece que «los cónyuges no podrán donarse indirectamente más de lo que les está permitido por las disposiciones anteriores. *Será nula* cualquiera donación encubierta o hecha por medio de persona interpuesta». Por virtud de este precepto, la mayoría de los escritores y la jurisprudencia franceses afirman que toda donación entre cónyuges que se hubiere intentado ocultar fraudulentamente bajo forma jurídica distinta o por medio de otra persona, debe estimarse absolutamente nula y no solamente reducible. La ley ha querido reprimir el fraude de un modo enérgico, estableciendo *in poenam,* contra quien intentó burlar sus preceptos, la sanción de la falta de validez, en absoluto, de la donación que, hecha de un modo franco, hubiese valido en parte. El solo efecto de la reducibilidad conduciría al absurdo de colocar a los autores del fraude en situación privilegiada, ya que con el engaño podrían ganarlo todo sin exponerse a perder nada, porque, o lograrían violar impune-

---

16 Ap. Turín, 6 mayo 1891 *(Giur. Tor.,* 28, 339): La simulación de un contrato bajo la forma de otro diferente en fraude de las leyes fiscales para eludir el pago de un impuesto superior, no lleva consigo la nulidad del contrato ni hace cambiar su naturaleza.

17 Nótese que la cuestión se refiere únicamente a las liberalidades entre cónyuges; en cuanto a los extraños, en cambio, no se discute la aplicación del solo efecto de la reducción. Confróntese BAUDRY-LACANTINERIE y COLIN, *Donations,* I, n. 895, Y una nota de LABBÉ en Cas. 29 oct. 1890 *(Sirey,* 1891, I, 97). En cuanto a jurisprudencia, v. Orleáns, 29 juin 1891 (*Fr. jud.,* 1892, 362).

mente la ley, o, en la peor de las hipótesis, de descubrirse la simulación, se encontrarían en la misma situación que si hubieran obrado de un modo franco[18].

Idéntico razonamiento se quiere aplicar en nuestro derecho respecto a las liberalidades ocultas que el cónyuge bínubo haga al nuevo esposo burlando la incapacidad que establece el artículo 770. Pero prescindiendo de las razones de oportunidad en que se apoya la doctrina francesa dominante, las cuales, por sí solas, no pueden tener importancia jurídica alguna, advertimos que la solución defendida en Francia no es aceptable en Italia, porque el texto de la ley es diferente. No puede desconocerse, en verdad, que la sanción de la nulidad absoluta es un efecto exorbitante y excepcional establecido como una pena contra los transgresores de la prohibición; efecto que no puede ser aplicado sin autorización expresa de la ley que derogue las normas establecidas. Y si en Francia se encuentra tal derogación en el art. 1.099, que parece establecer una antítesis entre donaciones indirectas y simuladas, y gravar estas últimas con sanción de ineficacia, en nuestro derecho falta un texto semejante, expresión de tal principio. Es más: nuestra ley, de acuerdo con los principios, no toma en consideración el disfraz del acto. Dice, en efecto, el artículo 1.055: «Es nula toda donación hecha a favor de una persona incapaz, *aunque* se realice bajo forma de contrato oneroso»; expresión demostrativa de que el legislador italiano no repara en esta circunstancia, que considera además indiferente y superflua. Por tanto, el disfraz, por sí mismo, no determinará la nulidad del acto; nulidad que será total o parcial según la especie de incapacidad.

---

[18] Demante y Colmet de Santerre, IV, n. 279 bis; Marcadé, *Sur l'art.* 1099, n. 1 y 2; Baudry-Lacantinerie y Colin, *Donations,* II, n. 4.103 y sigs. Jolly, *Des secondes mariages,* pág. 508, 533. De los fallos más recientes, v. Lyon, 14 may. 1880 *(Sirey,* 1881, 2, 38); Cas., 22 jul. 1884 *(Dalloz,* 1885, I, 164); Rouen, 5 dic. 1885 *(Rev. Caen et Rouen,* tom. 51, 2, 74); Rennes, 7 abr. 1892 *(Dalloz,* 1892, 2, 245). En contra de esa opinión, y en pro de la reducibilidad, v. Vazeille, *Des successions sur l'art. 843,* n. 5; Rodiere, en la *Rev. de légil.,* I, pág. 472, y una célebre *Consultation* de Delpech, Cremieux y De-Vatimesnil inserta en el *Journal du Palais chr.,* en la sentencia Toulouse, 13 may. 1831. Fallos en este sentido se encuentran pocos, casi todos antiguos, a excepción del de Lieja, 10 jul. 1895 *(Pasier.,* 1896, 2, 27).

Otra cuestión que se relaciona con los efectos de la simulación relativa es la de si el disfraz de un acto de liberalidad en favor de un descendiente sirve para dispensarle de la obligación de colacionar. Se ha dicho que el acto mismo de ocultarse por el donante al conocimiento del público la donación que realiza, evidencia su intención de dispensar al donatario de aquella obligación, confiriéndole de modo definitivo tales bienes. Alguien, sin embargo, se resiste a aceptar esa interpretación de la voluntad, o acepta tímidamente tal dispensa tácita como una *voluntatis quaestio*[19].

El art. 1.001 dice que el hijo o descendiente debe colacionar todo cuanto recibió del difunto, salvo cuando éste hubiere *dispuesto lo contrario.* Aun queriendo interpretar la palabra «*altrimenti*» en sentido amplio, y no en sentido de *expresamente,* como dice el art. 1.026, es lo cierto que la dispensa debe resultar siempre de una *disposición* del donante, sin que basten simples circunstancias extrínsecas al acto realizado o conjeturas de probabilidad. La cuestión se plantea así: el disfraz de una donación ¿puede considerarse como una de aquellas disposiciones que contienen en sí mismas los elementos precisos para ser estimadas como definitivas y exentas de colación? Lo dudamos. La disposición, en efecto, debe estar hecha en forma tal que revele de un modo evidente e indubitable la voluntad de atribuir en absoluto la propiedad de la cosa donada, y no como un anticipo de herencia. Tal carácter podría reconocerse, por ejemplo, a una *divisio inter liberos* que manifestara el ánimo del ascendiente de dividir de modo definitivo su patrimonio entre los descendientes con el fin de evitar posibles pleitos y discu-

---

[19] En Francia, la doctrina de los autores se muestra indecisa. Opinan en pro de la dispensa de colacionar, Malpel, *Des successions*, n. 266 Poujoi, *Traité des donations entre vifs sur l'art. 843*, n. 8; y por la obligación de colacionar, Grenier, *Donations*, I, n. 180; Delvincourt, *Cours*, II, pág. 328; Pont, *Révue de legisl.* I, 284; Baudry-Lacantinerie y Wahl., *Successions*, III, n. 2.778. En este último sentido se manifestó la jurisprudencia después de una decisión de la Ch. des requetés (Palais, 1843, 2, 197), siendo uniformes las decisiones posteriores. En Italia prevalece la opinión de que las donaciones disfrazadas están sujetas a colación; véase Melucci, *Collazioni e imputazioni*, I, n. 63 y sigs.; Pacifici-Mazzoni, *Successioni*, VI, n. 39; Losana, *Dispos. com. alle success. leg. e test.*, n. 486, pág. 432.

siones. ¿Puede decirse lo mismo del *disfraz* de una donación? El donante puede haber sido inducido a ocultar la liberalidad por los motivos más diversos, bien para evitar celos y discordias entre los descendientes, o por eludir algún precepto legal, etc. El hecho del encubrimiento, por tanto, es un hecho *equívoco,* susceptible de diversas interpretaciones, que deja en la incertidumbre la voluntad cierta del donante, y que no puede constituir, en consecuencia, aquella *disposición* que la ley exige para regular en especial las relaciones entre coherederos. De quedar alguna duda, esto sería bastante para que prevaleciera la presunción general, fundamento de la colación, es decir, que el testador desea mantener la igualdad entre todos sus descendientes y que las donaciones hechas se consideren como simples anticipos de herencia[20].

59. - Los mismos principios que rigen para el caso de que se disfrace la naturaleza del contrato se aplican también al de que-se haya disimulado su contenido a las personas de los contratantes. Removida la apariencia, se atenderá al contrato ya restituido a sus propios términos -o sea con su verdadero objeto, con su verdadero precio y su fecha cierta-; y se aplicarán las consecuencias normales. Por tanto, podrán los acreedores perseguir los bienes realmente adquiridos por su deudor, contra lo que resulta del acto aparente; el que ejercite el retracto litigioso reembolsará al cesionario del pleito el precio que realmente se desembolsó y no el exagerado que figura en aquel acto; *la Hacienda* girará el impuesto por el verdadero precio de venta, no por el reducido que declararon las partes; todo el que tenga interés podrá invocar la verdadera fecha en que el negocio se llevó a cabo, ya en defensa de derechos anteriormente adquiridos contra otros derechos incompatibles, bien para anular disposiciones realizadas durante la incapacidad, o para ejercitar la acción Pauliana contra un acto fraudulento cuya fecha se hace aparecer como anterior, etc.

---

[20] Conviene recordar que esta solución está de acuerdo con la tradición histórica. En el antiguo derecho francés, en efecto, era doctrina común la de que las condiciones disfrazadas estaban sujetas a colación. Véase GUY COQUILLE, *Cout. de Nivernais,* tit. *Des donations sur l'art. 7;* LEBRUN, *Traité des successions,* lib. 3, cap. 6, secc. 3, n. 7 y sigs.; POTHIER, *Successions,* cap. IV, art. 2, § 2.

En el caso de interposición, una vez descubierto que la persona contratante no es la que como tal figura en el contrato, los derechos y obligaciones, que parecían haber pasado al testaferro,, se considerarán adquiridos, desde su origen y directamente, por el contratante oculto, el cual vendrá a ser propietario, acreedor hipotecario[21] u obligado, y tendrá a su favor cualquier acción que pudiera resultar del contrato; quedando la persona interpuesta extraña a la relación jurídica, borrándose y desapareciendo del negocio en que había intervenido ficticiamente como parte contratante. Por ello, si el contratante oculto, que trataba de disfrazar su personalidad valiéndose del testaferro, era incapaz de llevar a cabo la estipulación realizada, se producirán los efectos propios de la incapacidad, y el negocio será anulable.

60. - Para concluir, la simulación en sus diferentes formas tiene siempre por efecto la nulidad del negocio aparente. Si las partes sólo intentaran producir una apariencia, sólo tendremos la nulidad de ésta; pero si la apariencia sirvió para ocultar un negocio jurídico serio, la nulidad del fingido no es obstáculo para la posible eficacia de aquél, que será válido si puede serlo y producirá las consecuencias jurídicas que le sean propias[22].

---

[21] Es posible adquirir válidamente una hipoteca por medio de persona interpuesta, como también por medio del cesionario ficticio de un crédito. V. Cas. Florencia, 26 marzo 1917, con una nota mía en el *Foro ital.*, 1917, I, 1186.

[22] La simulación, por el contrario, no produce efectos penales, por merecer concepto diferente que el delito de falsedad. Es de advertir, sin embargo, que antiguamente, por el derecho estatutario, estaban penadas las ventas simuladas en fraude de acreedores, así como otros contratos ficticios, y actualmente, algunas legislaciones incluyen la simulación o disimulación fraudulentas en el concepto de estafa (Cód. penal austríaco, § 199, f. y cód. de Zurich, § 191). En el derecho italiano es también posible la sanción penal si se relaciona con una desaparición de bienes y aumento aparente del pasivo en materia comercial cuando dio dé lugar al delito de quiebra (arts. 860 y sigs. del Cód. de Comercio). En el mismo sentido aparece la *Konkursordnung* alemana (§ 209, n. 2). Véase también, en Francia, una proposición de ley de BRISSON (1902) sobre imposiciones de pena a las simulaciones y fraudes de las asociaciones y congregaciones, tendentes a eludir normas de derecho sucesorio. Pero véanse, en contrario, observaciones exactas en la *Revue trim. de dr. cir.*, 1902, cuaderno 4, pág. 977.

Sección segunda

LÍMITES DE LA EFICACIA DE LA SIMULACIÓN EN GARANTÍA DE LA BUENA FE DE LOS TERCEROS

61. - Este efecto, tan riguroso, de la nulidad tiene respecto a los terceros repercusiones fatales, ya que los derechos que creían válidamente adquiridos por consecuencia del acto que aparecía como verdadero, están expuestos a desaparecer, hallándose sus intereses gravemente amenazados, y en peligro sus legítimas expectativas. Llevada a cabo una enajenación simulada, si el comprador aparente vende a su vez a un tercero, éste, que adquirió de buena fe, y cualquier sucesor suyo, aun remoto, se halla expuesto a la evicción desde el momento en que se pruebe la simulación del negocio primitivo. Si alguien da una cantidad a préstamo mediante hipoteca constituida a su favor por un propietario ficticio -y nada hay que delate su cualidad-, el mutuante corre el peligro de perder la suma prestada, porque queda privado de la garantía real que había sido constituida a *non domino.* Igualmente, cuando se contrae, fingidamente, una obligación, y el acreedor cede a otro su crédito, lo da en pago, etc., el cesionario, al pretender cobrar, puede encontrarse con una oposición por inexistencia del crédito y quedarse con las manos vacías. Ahora bien, este resultado provoca tales asperezas e iniquidades; hiere tan profundamente al comercio jurídico; da lugar a tanta incertidumbre y desconfianza en las relaciones sociales, que resulta una necesidad inaplazable para la legislación la de poner el oportuno remedio limitando la eficacia negativa del negocio aparente. Lo que en el comercio aparece como verdadero debe tenerse por verdadero. No es posible dejar a los terceros a merced de las maquinaciones

y engaños de las partes, sin protección jurídica y sintiendo pesar continuamente sobre su cabeza la amenaza de verse despojados, en cualquier momento, de sus derechos. Amenaza oscura, contra la cual no es posible la defensa individual y contra la que, por tanto, no cabe prevenirse. Y amenaza, además, que proviene de la voluntad ajena y que ha sido preparada con la sutileza propia del fraude. El derecho no puede tolerar que las partes urdan un engaño, y que los terceros resulten las víctimas; que aquéllas, cualquiera que sea el objeto, tiendan un lazo y en él caigan los terceros. Si la ley consiente la simulación por parte de los contratantes a fin de no poner trabas a la libertad de contratación, tal tolerancia debe tener, sin embargo, un límite y una medida en la tutela de la buena fe de los terceros y en la seguridad del comercio. Esta solución se impone como una necesidad de política social. Corresponderá al intérprete de la ley hallar la forma en que esa protección deba expresarse, determinar las maneras y el alcance de esta tutela, pero nadie puede poner en duda que esta protección existe, expresa o latente, en toda legislación adelantada y consciente de las necesidades sociales.

Constituye este problema, por su gran importancia, el punto central y, prácticamente, el más interesante de la teoría de la simulación, por lo que procuraremos desarrollarlo con amplitud.

Comenzaremos por trazar un esbozo de la evolución histórica de la cuestión. En el Derecho romano no se encuentra formulada de un modo expreso. Aunque en las Fuentes se encuentren los principios generales: *Plus valere quod agitur quam quod simulate concipitur* y *Quae simulate geruntur, pro infectis habentur,* nada significan ni en contra ni en pro de la otra cuestión, o sea la de si la nulidad del negocio simulado puede ser opuesta a terceros de buena fe[23]. Este silencio de las Fuentes ha sido, además, interpretado de las maneras más diversas: desde Brinz[24], quellega a la conclusión de que a falta de derogación expresa podría hacerse valer la nulidad contra terceros, a Dernburg[25], el cual opina que

[23] KOHLER, *Studien über Mentalr. und Simulation* (*Jher. Jahrb.*, 16, 130).
[24] *Pand.*, IV, § 524, nota 6.
[25] *Pand.*, I, § 100, nota 6.

ese silencio demuestra que la inoponibilidad a terceros de buena fe era para los juristas romanos algo que se sobreentendía *(selbstverständlich)*. La mayoría de los tratadistas siguen una opinión más moderada e intermedia de esas tendencias extremas, diciendo que de las Fuentes no se deduce nada, ni en pro ni en contra, y que toda consecuencia falta de demostración inmediata es arbitraria. Así, Regelsberger[26] y Bekker[27].

Demostrado, de todos modos, que en el Derecho romano existe una laguna, algunos juristas han emprendido la ardua tarea de llenarla por analogía. Varias han sido las tentativas, mas generalmente sin resultado[28]. Enneccerus[29] y Bahr[30] acuden a los principios de la representación. Así como el poderdante ha *de estar a las consecuencias del mandato,* no obstante las instrucciones secretas dadas al mandatario, así también quien con la aparente estipulación de un negocio jurídico, que frente a terceros se presenta y debe tenerse por verdadero, ha producido el hecho exterior que constituye motivo legítimo de contratación, debe estar a las consecuencias de ésta aunque se hallara de acuerdo con la otra parte acerca de la ineficacia del contrato que sólo aparentemente llevaran a cabo. Se cita también el caso en que el mandatario contrata excediéndose de los límites del mandato, o terminado éste, obligando siempre al mandante, para inducir de estas aplicaciones aisladas el principio general de que por el Derecho romano quien produce la apariencia de una voluntad debe mantener y aceptar todas sus consecuencias en cuanto a los terceros que fundaron en ella sus esperanzas.

Pero, como ha demostrado Mommsen[31], las normas relativas a la *actio institoria* son de carácter excepcional, introducidas *propter utilitatem, alioquin contrahentes deciperentur* (1 § 5 D. 14, 1) e incapaces, por tanto, de extensión analógica. Por eso toda deducción se quiebra ante el obstáculo de la ley.

---

[26] *Pand.*, I, § 141, nota 12.
[27] *Pand.*, II, § 92, app. I y II.
[28] FORRER, *Ueber Mentalr. und Simulation,* págs. 47 y sigs.
[29] *Rechtsgeschäft,* pág. 100.
[30] *Ueber Irrungen im Contrahiren* (*Jher. Jahrb.*, 14, 402, nota 2).
[31] *Erörterungen,* pág. 18.

El intento más atrevido de justificar, según las Fuentes, la protección a los terceros, ha sido hecho por Köhler, quien ha querido deducir el principio de la protección de todo el conjunto orgánico, del espíritu del Derecho romano. «Cada página del *Corpus iuris* -escribe Köhler[32] - nos dice que la *fides,* esta virtud nacional romana admirablemente apreciada, nunca concedía un disfrute del rígido derecho de propiedad en contra de la lealtad y de la buena fe. No creo que ningún jurisconsulto romano hubiera admitido la *rei vindicatio* si el reivindicante hubiese vendido la cosa en público mercado y quisiera después, frente al tercer adquirente, acogerse al acuerdo establecido en secreto con el primer comprador. *Púnica fides!* habrían exclamado todos y no quedaría duda posible de la victoria de la *exceptio doli.»* En apoyo de esta tesis, Köhler recuerda algunos casos en que la *rei vindicatio* queda excluida ante la fuerza de la *fides.* Pero los fragmentos aducidos no son convincentes.

Köhler cita primeramente el fr. 25 D. 39, 5, según el cual, dada una cosa a alguno para que sea donada a otro en nombre del transmitente, el que la recibe la dona en su propio nombre; y se pregunta si ha tenido lugar la transferencia de la propiedad. Y Javoleno responde *quantum ad iuris subtilitatem,* no; pero *benignius,* si el transmitente acciona reivindicando, *exceptione doli mali summoveri.* Es lo cierto, sin embargo, que aquí se mantiene la transferencia de la propiedad, no tanto porque deba estar protegida la buena fe del que adquiere, como porque, habiéndose realizado de todos modos el objeto económico que se propuso el donante, parecía injusto anular los efectos solamente porque la tradición se había realizado a nombre de otro. Por tanto, esta circunstancia no se estimaba suficiente para destruir las consecuencias jurídicas de un acto, que, por lo demás, estaban en armonía con la voluntad del que lo había realizado[33]. Menos aún puede estimarse como motivo de la protección la expectativa del tercero, porque aquí se trata de adquisición gratuita, y el mismo Köhler reconoce que en tales casos la tutela jurídica no siempre se concede ni siempre es oportuna.

---

32 *Studien,* cit., pág. 132.
33 FORRER, ob. cit., pág. 52.

Tampoco nos parece ajustado al caso el fragmento 7, § 3 D. 23, 3. Si se dieron algunas cosas en concepto de dote para que pasasen a ser del marido una vez realizado el matrimonio, la esposa, aunque propietaria de ellas, no puede reivindicarlas durante las negociaciones, pues sería rechazada su acción por una *exceptio doli o in factum.*

Mas la razón de ello no está en la buena fe del esposo, sino en la naturaleza misma de la tradición condicionada, como sostiene Scheurl[34], o más exactamente en la especial circunstancia del *favor dotium,* según el cual, como dice el final del ir. cit.: *Doti enim destinata non debebunt vindicari*[35].

Ni siquiera los fr. 4, § 1, 8, § 6-18, 10 D. 26, 6 apoyan la opinión de Köhler sobre que la tutela de la *fides* pudiese cambiar tan rígidas consecuencias jurídicas. De esos textos resulta solamente que el acreedor pignoraticio que consiente la enajenación de la cosa empeñada sin reserva alguna renuncia a la garantía, por interpretarse ese consentimiento como una *remissio pignoris* (158 D. *de reg. iuris).* Nada tiene de extraordinario, por tanto, que el acreedor pignoraticio no pueda accionar contra el tercer adquirente de la cosa pignorada, o contra el deudor mismo obligado a hacer la entrega y que después adquiere la cosa nuevamente, desde el momento en que ha *perdido* el derecho de prenda. Observaciones análogas pueden hacerse en cuanto a la hipótesis a que se refiere la c. II C. 8, 45, según la cual alguno presta fianza para caso de evicción de una cosa suya indebidamente vendida por otro.

Así, pues, no es posible conceder a Köhler que de estos textos resulte «la victoria de la ética sobre la árida lógica del sistema», y sí sólo afirmar que de las Fuentes no se saca sino el resultado negativo de que en ningún lugar aparece expresamente reconocido que el enajenante simulado pueda, frente a terceros de buena fe, invocar la simulación[36].

---

[34] *Zur Lehre v. Nebenbestimmungen,* pág. 55.

[35] LEONHARD in *Jahrb. F. Dogm.,* 17, 195.

[36] FORRER, ob. cit., pág. 57.

Leonhard, en cambio, ha tratado de justificar por distinto camino la protección de los terceros, llegando a resultados concluyentes[37]. Supone, en efecto, que la adquisición realizada por terceros de buena fe es mantenida, no obstante la nulidad del negocio, en razón a los principios del *dolus*. La tutela de loe terceros fue creación del derecho pretorio, que concedía a los adquirentes una *exceptio doli*. Un argumento textual resulta de la c. 2 C. 8, 15.

Aparte de la ley citada, que es dudoso se refiera a la simulación, creemos acercarnos más a esta teoría considerando que si la simulación contiene en sí misma una finalidad engañosa, y constituye por ello un elemento del dolo, el que actuaba contra el tercero para anular la adquisición fundándose en el contrato simulado venía en sustancia a fundarse en su propio dolo, y *nenio ex suo delicio consequitur actionem.*

En el derecho intermedio, el principio de la inoponibilidad de la simulación a los terceros de buena fe aparece desde los posglosadores, en el siglo XIV. Alberico lo formula de un modo explícito y declara terminantemente que los terceros no pueden experimentar un daño por causa de confabulaciones de las partes contratantes. *Nulli praejudicat dolosa simulatio*[38]. El mismo concepto se encuentra en Paolo Castrense y en Angelo degli Ubaldi, aunque otros, como Socino, sigan la opinión contraria. Mas es de advertir, en general, que en el derecho intermedio la cuestión de la tutela de los terceros va unida y se confunde con la de la posibilidad de la prueba de la simulación, y que el principio de que el contratante no puede oponer la simulación, *quod allegaret piopiiam turpitudinem,* es entendido por muchos como referente a los terceros contra los que se intenta deducir la prueba. Como dice Metzger, «Exceptio simulationis potest allegan a contraente, si contractus simulatus *neque in detrimentum alterius* est celebratus»[39]. Leyser, después de decir que el negocio simulado es nulo, añade: «*At quod ad tertium,* cujus decipiendi causa pacttim

[37] *Irrthum bei nicht. Verträgen,* págs. 134 y sigs. Forrer es de la misma opinión, ob. cit. 61.

[38] *Dictionn. inris civil, sub. v. Simulatio (Venet.,* 1581).

[39] *De contractu simulato,* IV, § 4 final (Jen., 1692).

initum est, *illud utique vires habet.* Neque enim exceptio simulationis opponi potest, cum haec propriam allegantis turpitudinem contineat, adeoque in praejudicium tertii *non admittatur*»[40].

Viniendo al antiguo Derecho francés, no parece que antes del siglo XVII fuese protegida la buena fe de los terceros. Los principios del Derecho romano, *Plus valere,* etc., rigurosamente aplicados, llevaban a admitir la evicción de los derechos adquiridos por los terceros sobre la fe del acto aparente. Pero los numerosos fraudes a que daba lugar este sistema produjeron muy pronto una reacción. El movimiento partió de la jurisprudencia. Se recuerdan, en efecto, dos decisiones del Parlamento de París, de mayo y diciembre de 1633, en las que se dice que las *contre-lettres* no son oponibles a los terceros[41]. En el Derecho francés, el problema se caracteriza por comprender en el tipo de las *contre-lettres* todas las declaraciones secretas que vienen a desmentir otra manifiesta simulada. Mas cualquiera que sea el aspecto que asuma la cuestión, el principio sustancial introducido por la práctica es el de que los contratantes no puedan oponer la simulación a los terceros de buena fe. Principio éste que, consagrado por la jurisprudencia posterior, se introduce favorablemente en la doctrina, que lo acoge y lo desarrolla, aunque con vacilaciones, hasta llegar como un *ius receptum* al Código de Napoleón.

Con el Derecho moderno la cuestión ha adquirido vastas proporciones y se presenta con extraordinario relieve, a causa de la multiplicidad e importancia de los intereses necesitados de protección. El colosal aumento del comercio y de la industria, la multiplicación y entrelazamiento de las relaciones económicas, la intensa y rápida actividad de la vida social, han agudizado cada vez más la necesidad de dar firmeza y confianza a las relaciones de derecho, ya que hoy no puede considerarse el negocio jurídico, como una figura aislada, sino como anillo de una gran cadena, no interrumpida, de otras relaciones también jurídicas; cual una célula del organismo comercial. Por eso es por lo que el Derecho moderno va perdiendo el carácter individualista, heredado

---

[40] *Meditat. ad Pand.,* spec. 42, V, pág. 435.
[41] BARTIN, *Théorie des contre-lettres,* pág. 87.

del romano, y adquiere una marcada tendencia social, imponiendo y haciendo prevalecer las necesidades de la generalidad aun a costa del sacrificio de los intereses particulares. Un indicio de este cambio en la conciencia jurídica puede verse en el *sistema de publicidad,* más o menos perfeccionado, introducido en los distintos países para la adquisición inatacable de los derechos reales inmobiliarios, en garantía de la buena fe y de la seguridad jurídica general. Por eso, tratándose de la oponibilidad de la simulación a los terceros de buena fe, el Derecho moderno no podía vacilar « en conceder su protección, y protección amplia, sin restricciones ni reservas, en defensa del desenvolvimiento ordenado y conforme a la buena fe de las relaciones de cambio y de la seguridad contractual. Y se desarrolla ante nuestra vista un espectáculo verdaderamente raro y muy digno de meditarse: el de la doctrina de todos los países, el de la jurisprudencia de todas las naciones, las cuales, de común acuerdo, proclaman el principio del respeto a la buena fe de los terceros ante los engaños e insidias de las partes contratantes. Si algunos juristas disienten (y están en débil minoría) es más por preocupaciones teóricas que por convicción íntima, y si no se creen autorizados para afirmar el principio *de lege lata,* se consideran felices en suscribirlo *de lege condenda.* Pero el principio está ya en el sistema jurídico, es carne y sangre de su organismo, y la opinión contraria es anacrónica y pertenece a los tiempos de las hipotecas ocultas, ¡ de las trampas legales de infeliz memoria!

Empecemos por la doctrina alemana. Dernburg, en su *Manual de Derecho prusiano,* fue el primero en sostener la ineficacia de la simulación respecto a terceros de buena fe[42], principio que se difunde y acoge rápidamente por los demás escritores. Los partidarios de la teoría declarativa lo admiten sin discusión y aun lo convierten en prueba de su mismo concepto. Bahr dice que para la protección de la buena fe del comercio, la voluntad no debe concebirse como un elemento interno, sino que los efectos jurídicos deben depender de la apariencia exterior y consciente de la misma voluntad[43]. Pfersche admite que la ficción del nego-

---

[42] *Lehrbuch des preuss. Privatrechts,* I, § 104 s.
[43] *Ueber Irrungen im Contrahiren* (*Jher. Jahrb.,* 14, 401).

cio no puede ser opuesta a los terceros de buena fe, porque una declaración puede hacerse valer como no sería únicamente frente a los que conocían o debían conocer la falta de seriedad[44]. Köhler advierte que es postulado de equidad el de que, si un negocio convenido sólo en apariencia por las partes se muestra a los demás como real y sincero, como tal debe valer[45].

Pero también los escritores de la doctrina volitiva abren brecha en el dogma de la voluntad cuando se trata de salvar los derechos de los terceros. Mommsen niega que la nulidad del contrato simulado pueda reaccionar contra terceros adquirentes, porque el enajenante aparece, respecto a todos, con derecho a consentir legítimamente la enajenación[46]; Enneccerus rechaza igualmente que pueda oponerse la simulación a los que han actuado sobre la fe del acto aparente, aunque hayan adquirido a título gratuito[47], y Zitelmann, partiendo de su concepto de la rectificación del principio en su realización práctica, dice que el contratante que intentara apoyarse en el defecto de voluntad para despojar a terceros, *non audietus*[48].

El principio de la inoponibilidad es definido también por quienes dan solución al problema de las relaciones entre la voluntad y su manifestación adoptando temperamentos intermedios. Hartmann aprueba una decisión del Tribunal de apelación de Kiel que rechazaba la excepción de simulación contra un acreedor a cuyo favor había constituido hipoteca un testaferro, y exclama: «¡Ninguna opinión jurídica desapasionada puede dudar un solo instante de que deba quedar cogido en sus propias redes quien intentó tenderlas a otro! Un instinto jurídico irresistible nos lleva a decidir que el que otorga a favor de otro un documento público en que se reconocen como existentes determinados vínculos jurídicos consintiéndole utilizarlo, debe atenerse a lo que resulta del mismo documento, aceptando los actos jurídicos realizados

44 *Irrthumslehre,* págs. 108 y sigs.
45 *Studien* cit., pág. 128.
46 *Erörterungen,* pág. 100.
47 *Rechtsgeschäft,* pag. 100, n. 1.
48 *Die juristische Willenserklärung* (*Jher. Jahrb.,* XVI, 389 y sigs.).

con buena fe en base a la certeza del mismo y no puede alegar la existencia de cláusulas ocultas, simulaciones o reservas» [49]. Bekker reconoce que en el derecho común rige el principio de que en ningún caso, frente a tercero, puede alegarse la simulación, si el tercero trató confiado en la seriedad de un contrato[50]. Y Regelsberger añade: «La nulidad del negocio simulado es absoluta; puede alegarse por terceros y contra terceros, *pero* no contra los terceros que, confiados en la seriedad del negocio, han adquirido a título oneroso o realizado un pago»[51].

En igual sentido se expresan Leonhar[52], Bechmann[53], Kindel[54], Wette[55], Forrer[56] y, en general, puede afirmarse que no hay *nadie* abiertamente contrario a dicha opinión: los que más se apartan de ella permanecen dudosos o se abstienen de opinar[57].

También los tratadistas austríacos reconocen unánimemente la inoponibilidad de la simulación a los terceros de buena fe. Me limitaré a indicar lo que escribe uno de sus mejores representantes, Hasenöhrl: «La no validez del contrato simulado se refiere a las relaciones establecidas por los simulantes, puesto que, respecto a los terceros, las declaraciones hechas se reputan subsistentes. Por tanto, si un simulante, sobre la base de un negocio simulado, realizó un contrato, éste ha de examinarse en relación con las declaraciones manifiestas de las partes, y debe estimarse que subsiste jurídicamente»[58].

---

[49] *Wort und. Wille in Rechtsverkehr* (*Jher. Jahrb.*, XX, págs. 5 y sigs.).

[50] *Pand.*, II, § 98, app. I.

[51] *Pand.*, § 141. pág. 518.

[52] *Irrthum.*, pág. 131.

[53] *Kauf*, II, pág. 305.

[54] *Das recht ati der Sache*, pág. 332.

[55] *Mentalr.. Simulat, und agerc in fraudem legis*, pág. 25.

[56] *Simulation und Mentalr.*, pág. 60.

[57] La jurisprudencia es igualmente propicia a no conceder contra terceros la excepción de simulación; véanse los muchos fallos citados por BEKKER y REGELSBERGER, loc. cit.

[58] *Das österr. Obligationenrecht*, I, pág. 577. Véase en el mismo sentido WINIWARTER, § 916; ZEILLER, *Commentar über das allg. bürgerl. Geseisbuch*, III, 112; KRAINZE-PFAFF, *System des österr. Privatrechts*, § 106. También la jurisprudencia está de acuerdo: v. GLASER Y UNGER, Entscheid, n. 827, 1416.

El derecho suizo estima igualmente, de un modo general, que no es posibie oponer la excepción de simulación a los terceros de buena fe[59].

La doctrina francesa, finalmente, está de acuerdo en admitir la protección a los terceros, y ni siquiera suscita la cuestión: acertadamente o no, se piensa que el art. 1.321 ha establecido una tutela general para todos los casos, que comprende toda clase de conflictos, y realmente el principio de la ineficacia de las contradeclaraciones está desarrollado y aplicado en todas las formas de simulación, con respecto a todas las especies de terceros, cualquiera que sea el modo en que aquélla haya sido probada y la persona que lo realice. Dice Glasson en términos generales que las *contre-lettres* no pueden nunca perjudicar a los terceros. Estos tienen derecho a creer en la sinceridad del acto manifiesto, pues si el acto secreto hubiera de prevalecer sobre aquél, los contratos carecerían de toda seguridad para los terceros, que serían víctimas de sorpresas de que no podrían defenderse[60]. Y pregunta Bartin: «¿Qué sentido debe atribuirse a esta enérgica fórmula: «las *contre-lettres* no tienen efectos respecto a terceros»? Que el acto secreto no puede ser alegado nunca judicialmente contra los terceros, o sea la falta de acción para el acto tachado de ilegítimo: tal es la forma que reviste la protección de la ley hacia las personas cuyos intereses lesiona dicho acto.» Hace después interesantes aplicaciones de este concepto a los que adquieren del testaferro, a los acreedores hipotecarios y quirografarios, a los cesionarios, etc., y concluye afirmando que «el principio del artículo 1.321 es una nueva victoria de la buena fe en las relaciones humanas»[61]. Planiol, finalmente, que afronta a cara descubierta la cuestión de si han de ser protegidos también los terceros cuando la impugnación de simulación provenga de otros terceros, se expresa de este modo: «Puede producirse conflicto entre dos clases de terceros: tratándose de una enajenación simulada, los acreedores del fingido enajenante pretenden embargar la cosa enajenada, que dicen

---

59 HABERSTICH, *Manuel du droit fédér., des oblig.*, I, pág. 253.
60 *Théorie de la simulation*, pág. 65.
61 *Théorie des contre-lettres,* págs. 185, 228 y 258.

pertenecer al deudor, y los causahabientes del requirente simulado quieren conservar la propiedad o la hipoteca constituida que, de buena fe, aceptaron del testaferro. ¿A quiénes se dará la preferencia? A los causahabientes del propietario aparente. Mas no por virtud del art. 1.321, ya que los otros, los causahabientes del enajenante, se apoyan también en otro principio igualmente cierto. La razón se halla en la *necesidad de asegurar las relaciones sociales:* contrataron sobre la base de un acto aparente que tenían que estimar como verdadero, y tienen derecho a la protección de la ley»[62].

Todo este movimiento doctrinal que, a pesar de la diversidad de escuelas, nacionalidad y sistemas, conviene unánimemente en conceder tutela a la buena fe de los terceros, tiene para nosotros un gran valor porque viene a ser a manera de manifestación viva de la conciencia jurídica universal.

Carecen de valor las objeciones que se han hecho[63]. Se ha dicho que la solución que defendemos no se apoya en razones decisivas: que invocar *los intereses del comercio* no basta para resolver la cuestión, por ser éste un concepto impreciso y mudable que los juristas, como tales, no están llamados a apreciar (Lotmar)[64], ni es posible invocar el sentimiento jurídico, porque este reconocimiento instintivo del derecho es un fenómeno completamente subjetivo que reacciona de manera diferente según los individuos (Leonhard)[65]; y, finalmente, que es inútil buscar apoyo en la naturaleza de las cosas; razones todas ellas que han sido ingeniosamente denominadas por Scheiff «argumentos *bajo ñrma indeterminada*t»[66].

Si debemos convenir con estos autores en lo fundamental de sus afirmaciones, no las estimamos aplicables, sin embargo, en cuanto a la cuestión que nos interesa. ¿Cómo desconfiar de la exacta apreciación de las necesidades comerciales cuando resulta

---

[62] *Traite de droit civil*, II, n. 1.255.
[63] V. FORRER, ob. cit., págs. 44 a 46.
[64] *Kritische Vierteljahreschrift*, 25, 397.
[65] *Irrthum*, Introducción, pág. 17, n. 2.
[66] *Divergenz zwischen Wille und Erklärung*, pág. 2.

confirmada por este *referéndum* internacional de todos los autores? ¿Cómo dudar del sentimiento jurídico, personalmente variable, cuando aparece uniforme y constante en toda la doctrina? ¿Cómo suponer, por último, que el principio que defendemos no esté de acuerdo con la naturaleza de las cosas, cuando la jurisprudencia de todos los países, que es la verdaderamente llamada a interpretar y satisfacer las necesidades de la práctica, está conforme sin vacilaciones en salvaguardar los derechos de los terceros?

Por lo demás, esos principios han sido aceptados, más o menos explícitamente, por las distintas legislaciones. Ya hemos visto que el Código francés contiene un artículo, el 1.321, que declara sin efecto en cuanto a terceros las contradeclaraciones de las partes, principio que ha sido extendido y aplicado por la doctrina a toda clase de conflictos derivados de la simulación. El Código federal suizo de las obligaciones dispone en su § 16: «El deudor no puede oponer la excepción de simulación al tercero de buena fe que tiene en su poder un reconocimiento por escrito de la deuda.» El Código portugués establece, en términos generales (art. 1.037): «Si el primitivo adquirente (testaferro) hubiere transmitido a otro la cosa adquirida, beneficiará al tercero su buena fe, quedando a salvo la acción a favor del acreedor contra transmitente.» Por último, el Código alemán -el monumento legislativo más perfecto y reciente- ha concedido una protección amplísima a la buena fe de los terceros. Insistimos en poner esto de relieve porque de la falta en dicho Código de una disposición de carácter general se ha querido inducir que resulta extraño a su sistema el principio de la protección de los terceros[67]. Se puede, por el contrario, afirmar, sin incurrir en inexactitud, que el principio de la tutela de los terceros ha sido *codificado* por el legislador alemán, sin que revista importancia el modo o forma en que aparezca expresado el pensamiento del legislador. Si no se ha querido dictar un precepto de carácter general, ha sido más bien por un *escrúpulo teórico;* precepto que, además, hubiera sido

[67] L. COVIELLO, *La simulazione rispetti oi tersi di buona fede (Tirada aparte, Giur. ital.,* 1904).

superfuo, como advierten los *Motivos*[68], toda vez que la protección de los terceros resulta de otros muchos principios e instituciones, y para las pocas lagunas restantes se ha provisto ya con disposiciones especiales. De modo que, aun no habiendo en el Código alemán una norma única y general, existen, en cambio, muchas especiales que, con su acción combinada, rodean de seguridades el desenvolvimiento de la actividad económica de los terceros de buena fe.

En efecto, debe recordarse que cuando en la discusión del Código alemán se trató de regular la eficacia de la simulación, fueron presentadas diferentes proposiciones dirigidas a salvaguardar los derechos de los terceros[69], pero se observó que admitir respecto a todos el derecho de tener por válido el negocio nulo simulado, hubiera excedido la finalidad de la protección y, de todos modos, un principio general semejante hubiese obligado a dar forma a ciertas *relaciones jurídicas relativas,* que en lo posible deben evitarse[70]. Y ésta fue la razón decisiva: se quiso evitar con la construcción legislativa de la nulidad del negocio simulado entre las partes y de su eficacia en cuanto a los terceros, la *relatividad* del vínculo jurídico, concepto técnicamente inexacto y que conduce a multitud de inconsecuencias. Pero esta preocupación fue un temor vano, ya que es misión de la doctrina dar forma precisa a las relaciones de derecho, pues la ley debe mirar únicamente a satisfacer las exigencias de las relaciones sociales.

Sea como quiera, y aun rechazada la fórmula general que a los ojos del sabio legislador alemán no resultaba elegante, *sustancialmente* (que es lo que realmente interesa) la protección existe[71].

---

[68] Mugdan, *Die gesamm. Materialem zum B. G. B.,* pág. 459: «Besondere, den Schutz gutgläubiger Dritter bezweckende Vorschriften, sind *nicht erforderlich.*»

[69] *Protokolle,* pág. 95, *Antrag.* 3.° Es nula la declaración de voluntad que, de acuerdo con el contratante, se hace aparentemente. Los derechos adquiridos por un tercero de buena fe a base de un negocio aparente no están afectos de nulidad. *Antrag.* 4.»: No puede alegarse la nulidad de la declaración contra un tercero que confió en la seriedad de la misma.

[70] *Protokolle,* pág. 204.

[71] Véase la «numeración y explicación de esta serie de normas protectoras en Vogel, *Mentalr. und Simuliation,* págs. 38 y sigs.

En efecto, por lo que hace referencia al comercio de inmuebles, en el cual juegan los mayores intereses y se suscitan los más vivos conflictos, la buena fe de los terceros queda a salvo bajo la sombra tutelar del sistema de publicidad germánico *(Grundburchrecht),* porque es principio fundamental (§ 891) el de que, respecto a terceros de buena fe, todo cuanto resulta de los libros del Registro inmobiliario se reputa verdadero. La inscripción determina de un modo formal la pertenencia de los derechos, y tiene eficacia absoluta; el que aparece en la inscripción como titular, es *titular,* y serán válidos sus actos dispositivos aunque se pruebe que la inscripción se llevó a cabo a base de un contrato real nulo[72]. Por eso, si por virtud de un contrato simulado el testaferro aparece en la inscripción como propietario, lo será realmente con relación a terceros, y los actos de disposición que lleve a cabo respecto al derecho del que aparece como titular quedarán firmes e inatacables. Lo mismo debe decirse, no sólo de la transmisión de la propiedad inmueble, sino de otros derechos a ella equiparados, como un derecho de minería, de superficie, etc.; de otros actos jurídicos cuyo objeto es gravar la propiedad inmueble, cual la constitución de una servidumbre, la concesión de una hipoteca, de una deuda inmobiliaria, etc.: y también, por último, de la transmisión de tales derechos reales. Estas normas se aplican igualmente al caso de que deban pagarse determinadas cantidades a persona que aparezca como titular en la inscripción, cual intereses, rentas, deudas reales, liberación de gravámenes, etcétera (§ 892), puesto que el pago es eficaz, aunque el que lo recibe sea un titular fingido del derecho de que aparece investido. En cuanto al comercio de bienes muebles, se halla organizada una protección igualmente absoluta mediante el principio que pone de manifiesto el *Hand wahre Hand* del antiguo derecho germánico, según el cual la posesión de la cosa mueble equivale respecto a terceros a una legitimación formal del derecho de disponer, y, por consiguiente, la enajenación hecha por el poseedor no propietario es eficaz en cuanto al tercero de buena fe. (Es el mismo principio tomado por nosotros del derecho ger-

---

[72] ENDEMANN, *Lehrbuch,* II, § 62, pág. 240.

mánico: la posesión equivale al título.) Así, pues, tampoco por este lado pueden temer los terceros sorpresa alguna.

Por lo que hace referencia a la cesión de créditos simulados, está el § 405, según el cual, otorgado por el deudor un documento de reconocimiento aparente de una deuda que no existe, si el acreedor cede a otro tal crédito, presentando aquel documento, no puede invocarse contra el cesionario la inexistencia de la obligación. Y en cuanto a la cesión simulada de créditos, viene a confirmar nuestra opinión el § 409, a tenor del cual el acreedor que ha notificado al deudor, verbalmente o por escrito, la cesión del crédito, no puede alegar que esta cesión es aparente, y tendrá que aceptar como bien hecho el pago que se haga al fingido cesionario. Además, si se ha simulado la enajenación de un inmueble, y el arrendatario paga al nuevo propietario aparente, el pago es válido, e inadmisible toda excepción de simulación por parte del falso enajenante (§ 576). Y no es esto sólo: el que, no siendo propietario de una cosa, la tiene en su poder a causa de un negocio simulado, en custodia o depósito, puede constituir, válidamente, un usufructo (§ 1.032), o una hipoteca (§ 1.207), sin que pueda el verdadero dueño alegar la excepción de simulación para dejar sin efecto estos derechos. Finalmente, conferido un mandato, si el mandatario contrata con terceros, tampoco podrá ser atacada la validez de tales contratos con la excepción de que el mandato era simulado y de que, por consiguiente, el mandatario obraba sin poder (§ 171).

Mediante esta serie de disposiciones queda tutelada, casi en absoluto, la buena fe de los terceros, siendo escasísimos y de poca importancia los casos en que falta esa protección: tanto, que casi ningún comentarista del Código alemán cita hipótesis en que la expectativa de los terceros quede defraudada, y Dernburg, por citar algún ejemplo de ello, ha tenido que recurrir nada menos que a la enajenación simulada de un derecho de patente (hipótesis bastante rara y que, por la naturaleza jurídica no definida de tal derecho, escapa a la disciplina de las categorías tradicionales), sin que sepamos, por otra parte, qué solución adoptaría la jurisprudencia puesta a decidir una controversia semejante, tanto más cuanto que no puede decirse que todos esos casos sistemáticamente previstos y en los que se ha concedido la protección, sean excepcionales, y en cambio, este conjunto de excepciones hacen presentir un nuevo principio del derecho moderno para ponerlo al lado del clásico *Nemo plus iuris.*

Sea como sea, podemos hacer la siguiente observación: el derecho comparado afirma el principio de la tutela de la buena fe de los terceros. Y si se tiene en cuenta que constituye una tendencia nueva en los estudios jurídicos la de tomar como medida en la apreciación del derecho existente el postulado de un derecho ideal ni absoluto ni inmutable, sino variable y en relación con el medio histórico en que vive, y que este derecho ideal, que lleva en sí el principio de la universalidad en un tiempo y en una cultura dados -derecho común a la universalidad civil-, puede hallarse en el derecho comparado[73], el sentirnos apoyados por su autoridad aumenta nuestra convicción y nos orientará mejor hacia una interpretación clara y luminosa de la ley.

62. - Afrontemos ahora la cuestión en el Derecho italiano.

Comencemos por examinar el estado de nuestro derecho, en el cual la protección resulta ya de un precepto *explícito* de la ley, que es el terreno incontrovertido de este problema. La tutela jurídica más completa, y que atañe concretamente a la materia de la simulación, resulta del artículo 1.319, reproducción corregida, pero empeorada, del 1.321 del Cód. de Napoleón: «Las contradeclaraciones hechas por escritura privada no producen efecto sino entre las partes contratantes y sus sucesores a título universal.»

Esta norma, que en su origen tuvo por objeto hacer inoponibles, en cuanto a los terceros, las declaraciones secretas que viniesen a descubrir un negocio conocido, pero simulado, puede racionalmente hacerse extensiva a todos los casos en que los contratantes lleguen a hacer constar, de cualquier modo, la simulación cometida. El objeto, pues, que la ley sé ha propuesto es el de impedir que los contratantes puedan hacer sufrir los efectos de la ficción a los terceros que confiaron en la sinceridad del

---

[73] V. el brillante artículo de SALEILLES, *Ecole historique et droit naturel (Rev. trim. de droit civil,* I, 101, 111).

negocio, y si este efecto se logra, haciendo ineficaz, en cuanto a ellos, la contradeclaración, lo mismo deberá serlo cuando la simulación se pruebe de otro modo, por medio de testigos o presunciones, en los casos en que se admite esta prueba, por confesión, etc. Ciertamente la clase de prueba no influye sobre el valor del principio que debe llevarse a efecto, y si respecto a terceros carecen de valor hasta las pruebas documentales y perfectas de la simulación, será preciso admitir que deben quedar también sin eficacia las pruebas de otro orden. Sobre este punto no existe ya discusión ni en la doctrina ni en la jurisprudencia.

Grande es, pues, el alcance del art. 1.319, y sirve por sí solo para resolver numerosos conflictos que nacen del acto simulado. La eficacia de la simulación queda limitada *ínter partes,* en el sentido de que los simulantes no pueden hacerla valer contra los terceros que contrataron confiando en la seriedad del negocio. La simulación no es oponible ni alegable contra terceros. Si, por tanto, alguno recibe la propiedad o un crédito del falso titular, aunque en rigor no pueda adquirir un derecho que le es transmitido *a non domino,* queda, sin embargo, a cubierto de todo ataque. El verdadero titular *in poenam* ve cerrado todo camino de reivindicarlo, queda privado de acción y debe presenciar inerme la situación creada por su causa. La sanción más adecuada contra los que quisieron ocultar una situación falsa con la fe de un acto escrito, consistirá, según Lerebours-Pigeonniére[74], en volver contra sus autores la fe probatoria de este mismo escrito: si quisieron utilizarla provisionalmente, se les impondrá de un modo definitivo, y aunque prueben la falsedad, no dejará de aplicarse la convención manifiesta en las relaciones con los terceros[75].

Messina[76] atribuye, en cambio, a tal precepto una función especial. Dice, en efecto, que el art. 1.319 no hace sino *despojar* a los

[74] *Du prete-nom,* pág. 182.

[75] Sobre estos puntos hay ya unanimidad en la jurisprudencia. V., entre otra multitud de fallos, la sentencia Apelación Catania, 20 abril 1899 (*Giur. Cat.,* 1899, 21): «Los terceros de buena fe que adquirieron y conservaron derechos sobre un inmueble simuladamente vendido, no pueden ser perjudicados por una declaración posterior de simulación de la venta misma.»

[76] Ob. cit., III, págs. 17, 31, 34, 49.

simulantes de un *medio de prueba,* colocándolos en difícil situación para restablecer la verdad de la respectiva condición jurídica, es decir, les amenaza con la pérdida de un medio de prueba específico; y que sólo como resultado de otros preceptos se *añade* a la prohibición de oponibilidad de las contradeclaraciones hechas por escritura privada, la del juramento y la confesión, viniendo en definitiva a hacer con ello inatacable la adquisición del tercero. Lo cierto es, sin embargo, que la confesión no es oponible por razones especiales, ya que, o la confesión de haber obrado simuladamente emana del fingido enajenante, y entonces no es confesión porque falta el extremo de la admisión de un hecho que perjudique al confesante, o emana del testaferro, y entonces es evidente que no existe *societas litis* entre él y el tercero, y carece en consecuencia, de la virtualidad del art. 1.356, porque no le es hecha al tercero como parte. En cuanto al juramento, debe excluirse, porque se trataría de un juramento deferido sobre un delito: el abuso del testaferro. De todos modos, el art. 1.319 será válido únicamente en cuanto a las relaciones de los terceros adquirentes con el enajenante, mientras que por lo que hace referencia a las relaciones de los terceros adquirentes con el testaferro, aquéllos encontrarían protección en una norma diferente deducida por analogía del art. 1.459, según el cual debe admitirse que el testaferro que enajenó dolosamente la cosa ajena carece de acción para impugnar la venta respecto del tercero.

Todo este amplio círculo vicioso no tendría razón de existir interpretando fielmente el art. 1.319, el cual regula ante todo las relaciones de los terceros con ambos simulantes, y otorga, por otra parte, una protección completa que falta en el sistema de Messina[77]. En efecto, el admitir que la función del art. 1.319 quede reducida a la sola exclusión de un medio de prueba, llevaría –si se demostrara que realmente los demás medios probatorios no se hallan excluidos por razones especiales, como pretende dicho autor– a la desaparición de la tutela de los terceros. Y en verdad, por lo que se refiere a la confesión, Messina no prevé la posibili-

77 Véase para mayor ampliaciones sobre la demostración que sigue mi estudio *La simúlazione insoluta,* págs. 19 y sigs. (Tirada aparte, *Riv. di dir. comm.).*

dad de que el enajenante cite juntamente a juicio al testaferro y al tercer adquirente, y que aquél confiese haber adquirido sólo en apariencia, resultando, por consecuencia de ello, vencido el tercero; y en cuanto al juramento, no es cierto que se defiera sobre un hecho delictivo, sino sobre *el hecho de haber obrado aparentemente, de haber adquirido simuladamente,* que es un hecho jurídicamente lícito, aunque pueda servir de base a un delito futuro. Así, pues, tanto la confesión como el juramento serían, por sí mismos, admisibles. Y no sólo esto, sino que los terceros quedarían también indefensos en la hipótesis de que la simulación se probase mediante *testigos* o *presunciones,* en los casos en que estas pruebas están admitidas (1.347, 1.348 Cód. civil, 44 Cód. Comercio). O sea, que la protección de los terceros desaparece. Esto es aún más visible si se trata de relaciones de los terceros adquirentes con el testaferro, a las cuales opina Messina que no es aplicable el art. 1.319, buscando por ello auxilio en un argumento de analogía que funda en el art. 1.459. Pero la interpretación que hace de este artículo es equivocada, en cuanto supone que contiene una pérdida del derecho a impugnar por dolo del contratante, utilizable en el caso mismo del testaferro.

El origen histórico y el contexto del artículo demuestran, por el contrario, que su índole es muy diferente, puesto que no hace más que *reservar* la acción de nulidad de la venta de cosa ajena a favor del *adquirente,* único que tiene interés en promoverla.

No se trata de una *pérdida,* por autorresponsabilidad del vendedor de cosa ajena, sino de una *reserva* de la acción a favor del comprador, que es quien tiene interés en utilizarla; tanto es así que el enajenante no puede accionar aunque *de buena* fe hubiese vendido la cosa ajena, mientras que el adquirente puede pedir siempre la nulidad, ¡aunque sea con mala fe! Si, pues, el intento de utilizar el art. 1.459 en el sentido que hemos indicado, no se acepta, habrá que admitir con Messina que el testaferro podrá vencer siempre en juicio a los terceros adquirentes.

Pero esta teoría es fundamentalmente equivocada. El artículo 1.319 no implica solamente privación de un medio de prueba, pues ello carecería de sentido y de objeto; tiene* lógicamente, un alcance mayor, de derecho material: el de localizar la eficacia de la simulación *ínter partes,* haciéndola inoponible en absoluto en cuanto a los terceros.

Bartin ha intentado atribuir a este principió otra función igualmente extraña[78]. La protección de la ley, dice, consiste en privar de la acción; pero la acción presupone que el acto no se ejecute, porque, si se ejecutase, las consecuencias dañosas se habrían producido irremisiblemente. Los terceros tienen por eso un remedio preventivo, el *derecho de oponerse* a la ejecución; pero, ejecutado el acto, nadie podrá discutirlo; su realización se ha hecho inatacable. Así, pues, si se ejecuta la contradeclaración que contiene una transferencia de propiedad o una obligación, los terceros nada pueden ya: han perdido toda posibilidad de defenderse.

Esta teoría de Bartin parte de un error. No advierte que el hecho de ejecutar la contradeclaración -más bien debiera decirse el acuerdo simulado que por la contradeclaración se hace constar- consiste propiamente en la *no ejecución* jurídica del acto simulado, y en el caso de simulación relativa, si algún efecto se produce, no es debido a la contradeclaración, puesto que se produjo ya desde el momento del acto oculto disimulado ; la contradeclaración no viene a modificar los vínculos jurídicos irrevocablemente establecidos, y sirve únicamente para *documentarlos* en su entidad y alcance. A lo más, la ejecución podrá consistir en acomodar el estado de hecho al estado jurídico preexistente, borrando, por decirlo así, toda traza material del cambio operado en el patrimonio, con abandono, por parte del fingido propietario, de la posesión de los bienes detentados, y entrega, por el fingido acreedor, de los documentos del crédito, etc. Pero esto no constituye ejecución en sentido jurídico, ya que el testaferro no restituye el derecho que nunca tuvo, ni satisface el crédito de que nunca fue titular, sino que hace desaparecer solamente, y de un modo espontáneo, la apariencia material que se había producido. Si, pues, la contradeclaración no puede propiamente ejecutarse, ya que no se trata de dar cumplimiento a una relación jurídica que no existe, la distinción propuesta por este autor es arbitraria, y el alcance jurídico del art. 1.319 debe estimarse únicamente en

[78] *Contre-lettres,* pág. 229 y sigs.

el sentido de la absoluta *ineficacia e inoponibilidad* en cuanto a los terceros de la simulación realizada por los contratantes.

Otros juristas, sin embargo, han atribuido mayor alcance al artículo 1.319. Ascoli, entre ellos, estima que esa norma, en su formulación negativa, otorga una tutela de carácter general y amplio en cuanto implica que la prueba de la verdad no puede ser opuesta ni por un contratante contra un tercero, ni por un tercero contra otro tercero, porque, en una como en otra hipótesis, la contradeclaración habría de producir efectos fuera del círculo en que se mueven, por decirlo así, las partes contratantes. Y confiesa, además, no entender por qué restrinjo yo la eficacia del art. 1.319 al caso de que la simulación sea alegada por los simulantes, y no al de que la acción o la excepción se propongan por otras personas que no sean los autores mismos del engaño o sus herederos o representantes. Estima Ascoli que el art. 1.319 equivale al 1.130 -los contratos no producen efecto sino entre las partes contratantes; no perjudican ni benefician a los terceros, sino en los casos establecidos por la ley-. El art. 1.319 no contiene esta consecuencia, mas lógicamente es necesaria y va implícita en él.

Comenzaremos advirtiendo que la equiparación del artículo 1.319 al 1.130 es viciosa e inexacta, porque aun prescindiendo de que ambas normas, por su origen histórico como por su contenido, tienen un valor distinto, el establecer una equivalencia entre las mismas conduce al resultado de anular la protección contenida en el art. 1.319. En efecto, ¿por qué no perjudican ni benefician a los terceros los contratos? Porque teniendo *efectos obligatorios,* el *vinculum iuris* queda limitado a las partes contratantes y no puede trascender a los terceros. Pero los contratos, en sus *efectos reales,* por implicar transferencia o adquisición de derechos, extienden su eficacia a los terceros, ya que éstos deben respetar y sentir las consecuencias beneficiosas o perjudiciales de los cambios de carácter patrimonial. Desde este punto de vista, los contratos si no crean derechos ni obligaciones para los terceros, fundan o quitan expectativas, originan ventajas y daños. Mas si este fuese el sentido del art. 1.319, los terceros quedarían abandonados, porque en la simulación no son perjudicados por los efectos obligatorios de los contratos sino por los efectos reales, que tienen un valor *erga omnes.* Por tanto, el art. 1.319 no es equivalente al 1.130, sino que tiene contenido propio, ya que excluye la oponibilidad de la simulación a los terceros, *con todas sus consecuencias de índole patrimonial.* Y si éste es el sentido del precepto, se puede preguntar: ¿por qué se limita su alcance al caso de que la simulación sea alegada por las partes contra los terceros, y no al de que lo sea por terceros contra terceros? La razón de ello está en una recta interpretación del precepto mismo. El artículo 1.319 habla, en efecto, de *contradeclaración,* es decir, de prueba preconstituida por los mismos simulantes. El concepto se ha hecho extensivo a toda especie de prueba, mas es indudable que se trata de la prueba de la simulación producida por sus autores. ¿Quién hace las contradeclaraciones? Los simulantes. Y la ley dice que las contradeclaraciones -o sea la prueba preconstituida, formada por los mismos simulantes- no pueden producir efecto sino entre las partes y sus herederos. Se supone, claro está, que la simulación sea alegada por las partes mismas que hacen las contradeclaraciones. A mayor abundamiento, la ley habla de contradeclaraciones *por documento privado, y* tanto la tradición histórica como el sentido literal del precepto de que se trata se refieren a la prueba de la simulación que se hace constar secretamente por los mismos autores del engaño, prueba que, si debe tener valor *ínter partes,* no puede volverse contra los terceros. Esta nos parece ser la genuina interpretación del texto, prescindiendo de otros resultados deficientes a que la norma pudiera conducir.

El principio de la inoponibilidad de la simulación se halla establecido *a favor* de los terceros, no *contra* los terceros. De ello se sigue que si los terceros pueden rechazar la prueba de la simulación que se les oponga y hacerla ineficaz con relación a ellos mismos, tienen también la facultad de servirse de las contradeclaraciones hechas por las partes, o de la prueba que en cualquier forma empleen, para restablecer la inexistencia o la ocultación del negocio, a fin de deducir consecuencias en ventaja propia. Cabe, pues, que los terceros se atengan a la ficción, renunciando al beneficio legal de que se considere eficaz respecto de ellos el contrato aparente, cuyos efectos no pueden ser frustrados con la prueba que aduzcan los contratantes de una contraria y deliberada intención. Así, los acreedores del fingido enajenante pueden servirse de la prueba de la simulación para pedir que se ejecuten los bienes aparentemente enajenados.

Otro carácter de este precepto es el de estar dictado exclusivamente como una forma de protección de la buena fe de los terceros, lo cual induce a rechazar la opinión expuesta por algunos de que la inoponibilidad de las contradeclaraciones cesa cuando éstas hayan adquirido fecha cierta. La certeza de la fecha no tiene, por el contrario, influencia alguna sobre el valor jurídico del principio, que descansa, no en la sospecha de que aquélla no sea verdadera según sostiene algún autor francés anterior a la codificación, sino sobre la naturaleza intrínseca de la contraescritura, que viene a desmentir y echar por tierra un negocio que a todos parecía serio. El legislador francés, como el italiano, han acudido de distinto modo a llenar las dos exigencias de protección de los terceros, con dos normas que, en cierto modo, puede decirse que son paralelas; de un lado, con la norma según la cual la fecha de los documentos privados no es alegable ni computable respecto a los terceros sino desde el día en que adquiera certeza legal (artículo 1.327); y de otro, con la que establece que las escrituras privadas en que se contengan contradeclaraciones no pueden tener efecto respecto a los terceros (art. 1.319); por lo cual la opinión que combatimos viene a confundir dos distintas formas de tutela, y aun a dejar sin efecto la segunda, que vendría a resultar una repetición superflua de la primera.

Vamos a examinar, por último, las condiciones de aplicación del principio de la ineficacia de las contraescrituras.

Se necesita: 1.°, *que la simulación sea alegada por los contratantes contra los terceros.* La impugnación o la excepción debe partir de los mismos simulantes, los cuales, precisamente, carecen de la posibilidad de lanzar sobre los terceros los efectos dañosos resultantes de sus propios actos. Claro es que los contratantes pueden también haber intervenido en el contrato simulado por medio de una representación voluntaria o legal y que, en tal caso, se entendería que la impugnación provenía de las partes, aun cuando no hubieren cooperado personalmente en la simulación. Esto mismo es aplicable cuando la acción simulatoria sea ejercitada por los acreedores como subrogados en los derechos de sus deudores, pues por ello se encuentran en la misma situación que éstos y consiguientemente en la imposibilidad de alegar contra los terceros la simulación realizada. Finalmente, los mismos principios son aplicables respecto a los sucesores a título universal, que, al entrar en la situación patrimonial de sus causantes, se encuentran en igual posición jurídica.Por tanto, y resumiendo, la simulación debe ser alegada por las partes, o por sus representantes, o sus herederos, y de esta fórmula se infiere, por exclusión, la noción negativa de *terceros,* que son precisamente aquellos que no han figurado de ningún modo en el contrato simulado, ni fueron en él representados, ni son sucesores universales de los que intervinieron en el mismo. Por lo demás, es posible que los herederos asuman excepcionalmente la cualidad de terceros cuando se trata de defender un derecho propio que les concede la ley, como los legitimarios que impugnan un acto de su causante lesivo de su derecho; mas después veremos en qué condiciones pueden revestir esa personalidad. Bajo el concepto amplio de terceros están, pues, comprendidos los causahabientes de las partes por título particular, los adquirentes, subadquirentes, concesionarios de un derecho real, etcétera, y los acreedores quirografarios[79].

---

[79] PLANIOL, ob. cit., II, n. 1.250; MIRABELLI, ob. cit., pág. 448, n. 5; GIORGI, *Obbligazioni,* I, n. 312; LOMONACO, *Obbligazioni,* III, n. 124; FERRINI, *Obbligazioni,* pág. 879 (*Enc. giur. ital.*); ROUGIER, *Controdichiarazione,* pág. 125 *(Enc. giur. ital.).* Hoy puede estimarse como seguro que la protección de la ley alcanza también a los acreedores personales. El argumento fundamental exegético, que corta toda discusión, se deduce del artículo 1.319, el cual dice que la simulación no puede producir efectos sino entre los *contratantes* y sus *herederos.* De ello resulta que todos los no comprendidos en esas categorías tienen el derecho de no reconocer y el de estimar ineficaz con respecto a ellos la simulación realizada. Por lo demás, no hay razón en absoluto para limitar la protección a los adquirentes y a los: acreedores hipotecarios y no extenderla A los quirografarios. La existencia de un derecho real o personal del que son titulares los terceros, NO puede producir una modificación en su posición jurídica, tanto más cuanto que se reconoce de un modo general que el art. 1.319 tutela también A los cesionarios, arrendatarios y subarrendatarios, etc., los cuales tampoco tienen un derecho real, sino solamente UN derecho DE crédito. ¿Por QUÉ ha de Ser lo contrario para los acreedores? ¿Acaso porque, en vez de tener un derecho especial sobre una cosa

La segunda condición para que se otorgue la tutela del artículo 1.319 es la de que *los terceros tengan buena fe,* es decir, que ignoren la simulación del negocio en cuya seriedad fiaron al contraer o del que se derivan sus derechos.

Es cierto que la ley no habla de este requisito, pero también lo es que está en la raíz y fundamento del precepto, y que una interpretación racional no puede desde luego prescindir de él. Si, en efecto, la ley ha establecido la gravísima sanción de ineficacia de las contradeclaraciones con relación a los terceros —haciendo posible que los derechos adquiridos de quien no es titular se tengan por adquiridos válidamente y que, en consecuencia, el titular verdadero se vea privado de la acción reivindicatoria o de nulidad para recuperar los derechos que no quiso transmitir—, y si este principio equivale a una privación del carácter de titular por efecto de la responsabilidad contraída por el simulante al llevar a cabo el engaño, no es posible dudar de que ello ha sido dispuesto a fin de proteger la buena fe de los terceros. No es simplemente una *occasio legis, un supuesto* del que pueda prescindirse, sino una condición virtualmente contenida e incorporada al precepto que establece esta tutela. Y no es posible invocar las máximas corrientes, *ubi lex dixit, voluit,* etc., porque tales fórmulas generales, a pesar de su estilo pretencioso, son inexactas e inadmisibles, ya que aceptándolas nos detendríamos en el significado literal de

determinada, tienen un derecho genérico de garantía sobre todo el patrimonio del deudor? Pues esto no influye en la aplicabilidad de la protección. La mayor o menor intensidad con que iel derecho afecta al patrimonio ajeno no puede debilitar su tutela: no es posible negar ni conceder la protección jurídica porque un acreedor hipotecario, por pérdida de su hipoteca, resulte solamente quirografario, o un quirografario, en su premura de lograr una hipoteca judicial, resulte acreedor hipotecarlo. Por lo demás, si esa distinción nos parece poco racional, pugna también con el espíritu de la ley, que ha querido castigar a Jos autores del engaño obligándoles, *a ellos solos,* a atenerse a los términos de la ficción, Y haciendo ineficaz su acuerdo simulatorio respecto a todos aquellos que no intervinieron en el mismo. No será inútil advertir, por último, QUE de este principio se hace una aplicación inconsciente, pero indiscutida, cuando se establece que las contradeclaraciones no son alegables contra el Fisco, el cual no es, sin embargo, más que un acreedor quirografario con relación al impuesto.

Respecto a jurisprudencia, V. la sentencia de la Cas. de Roma, 23 marzo 1905 *(Foro ital.,* 1905, I, 1.209), con nuestra nota *ibi.*

las palabras, dejando a un lado la interpretación lógica. Por eso sostenemos, de acuerdo con la doctrina y jurisprudencia dominantes, que la protección de la ley cesa cuando los terceros contratantes tenían conocimiento de la simulación y les constaba que adquirían de un testaferro. La *scientia simulationis* rechaza este privilegio de la invulnerabilidad que protege únicamente la buena fe de los terceros[80].

La buena fe aparece de un modo más preciso y sensible en caso de adquisición de un derecho real o *de obligación* respecto de una cosa determinada, como cuando uno adquiere la propiedad o toma en arrendamiento un inmueble del testaferro; mientras que, por el contrario, se debilita cuando se adquiere un derecho general sobre el patrimonio del simulante -que es el caso de los acreedores quirografarios, los cuales pueden rechazar las contraescrituras y perseguir para obtener la satisfacción de su crédito, los bienes en poder del titular fingido, a pesar de que no cabe afirmar con seguridad que hayan establecido la relación con el deudor confiados en el crédito que a favor de éste resultaba del acto ficticio, aun en el caso mismo de que el acto simulado sea posterior al vínculo obligatorio–. Esto hace dudar a Lerebours-

---

80 AUBRY y RAU, VIII, § 756 bis; LAROMBIERE, *Obligations*, art. 1.321, n. 10; DEMOLOMBE, 29, 347; PLASMAN, *Contre-lettres*, pág. 44; BARTIN, *Contre-lettres*, página 252; GLASSON, *Simulation*, pág. 69; CAZAL, *Etude sur les actes simulées*, página 62; ROUGIER, *Contradichiarazione*, pág. 218 (*Encicl. giur. ital.)*; GIORGI, *Obbligazioni*, I, 313: FERRINI, *Obbligazioni*, pág. 897 (*Encicl. giur. ital.)*; SACERDOTI, en *Foro ital.*, 905, I, 1.416; VENEZIAN, en *Temi Veneta*, 1905, 229; PESTALOZZA, 289. De la jurisprudencia francesa, recordaré los fallos más recientes; Nancy, 31 enero 1803 (*Dalloz*, 1894, II, 134); Lyon, 3 jul. 1896 (*Annal. de droit. comm.*, 1897, 27). Y de la italiana: Cas. Roma, 7 ag. 1889 (*Legge*, 1889, II, 650): «La excepción de simulación puede oponerse contra el cesionario de un crédito cuando se pruebe que en el momento de la cesión conocía dicho vicio y estaba de acuerdo con el cedente para beneficiarse en perjuicio del deudor fingido.» Ap. Genova, 27 may. 1898 (*Tem. gen.*, 1898, 344): «Aunque no pueda oponerse la simulación a los terceros, esto no obsta para que el tercero que haya tenido conocimiento de ella, en cualquier forma, deba sufrir sus consecuencias.» Y así también quien ha adquirido un inmueble del propietario aparente, conociendo la existencia DEL juicio de simulación, debe abandonar dicho inmueble si la simulación se declara; Cas. Roma, 15 abr. 1909 (*Giur. Tor.*, 683). Ap. Florencia, 14 en. 1913 *(Giur. Tor.*, 291). Ap. Catania, 31 en. 1913 *(Foro ital.*, 1913, I, 449).

Pigeonniére de si el art. 1.319 prescinde o no de la cuestión de la buena fe, manteniendo en *absoluto,* para garantía de la propiedad, el acto imaginario[81]. No lo creemos. El conocimiento, por parte de los terceros, de la simulación e inexistencia del negocio excluye toda posibilidad de considerarlo como verdadero y deducir de él consecuencias jurídicas. Cuando una persona ha contratado voluntariamente con un titular, teniendo conocimiento de su condición aparente y sabiendo que no era posible adquirir un derecho de quien no lo tenía, no puede pretender después mantener la eficacia del negocio que, conscientemente, construyó sobre la nada, e invocar una protección que no merece. Si en cuanto a los acreedores no se tiene en cuenta esta consciencia psicológica, es porque también su derecho de garantía sobre el patrimonio del deudor es genérico e indeterminado, lo cual no quita, sin embargo, para que deba existir y para que no tenga, al menos, una eficacia negativa, ya que no podrá el acreedor proceder ejecutivamente contra una cosa del deudor si en el momento de adquirir el derecho de crédito sabía que el deudor era solamente un testaferro; o si, siendo ya acreedor en el momento de realizarse la adquisición simulada, no ignoraba que, en realidad, nada adquiría el deudor, que todo era aparente y que, por tanto, nunca pudo tener sobre aquella cosa una expectativa legítima[82].

Es importante la cuestión referente a si debe ser o no excluida la buena fe cuando exista culpa grave en el que yerra o ignora. No basta haber ignorado, sino que es indispensable, para que la ignorancia beneficie, que no sea debida al descuido de los deberes más elementales de prudencia y cautela[83]. Tal opinión, ad-

---

[81] *Du prete-nom.,* pág. 80.

[82] COVIELLO se declara contrario a la opinión general que pretende incluidos los acreedores quirografarios del testaferro entre los terceros tutelados por el art. 1.319 *(Man.* 360); y también PESTALOZZA, 296, observa que tal opinión contrasta con el principio de que solamente los bienes que se hallan *realmente* en el patrimonio del deudor pueden ser perseguidos por los acreedores (1.949), y que, por otra parte, en el sistema de la ley, nunca aparecen salvaguardadas las expectativas de los acreedores quirografarios contra las consecuencias de la anulación, revocación o rescisión del título de su causante, pues siempre se hace referencia a los terceros adquirentes.

[83] V. PESTALOZZA, 289.

misible en abstracto, resulta en la práctica aplicada y ampliada falsamente cuando se afirma que con sólo transcribir la contradeclaración de la demanda judicial o la anotación de la sentencia, se hace *inexcusable* el estado de ignorancia del tercero, ya que la transcripción, como forma de publicidad *específica* para todos los actos que se refieren a la propiedad inmueble, hace jurídicamente obligatoria para los particulares la consulta de los libros del Registro. Se llega de este modo, indirectamente, a dar función de publicidad a la transcripción de los actos de reconocimiento de la simulación, lo cual es científicamente deseable, pero no se halla establecido legalmente. Creemos inútil insistir en que la transcripción produce efectos en cuanto a determinados terceros solamente y en cuanto a los actos concretos para los que se halla establecida, y no puede elevarse, en el estado actual de la legislación, a la categoría de medio general de publicidad. Por eso, pues, el solo hecho de transcribir la contradeclaración o sentencia no es bastante para determinar la mala fe, sino que el juez habrá de apreciar en conjunto el comportamiento de la parte; razón por la cual no debe negarse la protección a los terceros porque se haya publicado el acto o la sentencia en que se reconozca la simulación, siempre que, *de hecho,* no sean conocidos.

La última condición impuesta arbitrariamente por la ley para que quede a salvo la buena fe de los terceros, es la de que la *confesión de simulación no aparezca de un instrumento público.* (Esta formulación negativa me parece más propia porque ya hemos visto que la simulación, aunque resulte probada por cualquier modo que no sea el de la contraescritura, es siempre inoponible a los terceros.) Por tanto, nuestra ley parte del falso supuesto de que cuando la contradeclaración se hace mediante un acto público, resulta, por ello, pública y conocida de los terceros, y cree oportuno, en consecuencia, negar a éstos su protección[84]. Es una novedad poco afortunada, como la denomina Mirabelli [85], que nuestro Código ha querido introducir, separándose del francés, con la exigencia de que se trate de una contradeclaración *hecha por me-*

---

[84] V., en contrario, MESSINA, ob. cit., III, pág. 39.
[85] Ob. cit., pág. 452.

dio de escritura privada, mientras que aquél, sin distinguir, declara rotundamente que *les contre-lettres n'ont pas d'effets contre les tiers,* innovación que marca un retroceso en la disciplina de la tutela de los terceros. Pero lo que asombra principalmente es la falta de sentido práctico que inspira este precepto y que pone, además, de manifiesto lo imperfecto del sistema legislativo. ¡Qué ingenuidad y qué ignorancia al mismo tiempo de lo que es la vida, significa el suponer que sólo por el hecho de que se otorgue un contrato ante notario se haga ya de dominio público y notoriedad general, como si en una ciudad populosa no hubiera más que un funcionario de tal clase, fuera cosa fácil buscar en su estudio un instrumento determinado sin las indicaciones necesarias al efecto, y resultara difícil o imposible el que los contratantes que quisieran ocultar dicho instrumento se fueran a otorgarlo a distinta población!

Pero así es nuestro sistema. Por lo mismo, los que quieran tender un lazo a los demás, ya saben lo que tienen que hacer. La ley facilita su intento, pues basta que simulen un contrato y hagan después, con todo secreto, una contradeclaración en instrumento público, aunque sea ante algún notario desconocido y lejano, para que puedan, protegidos por la ley que sanciona y legitima la expoliación, sostener tranquilamente sus engaños frente a todos y privar a los terceros de los derechos que adquirieron confiadamente.

No me parece exacto, pues tiene todo el aspecto de una sutileza, el procedimiento sugerido por algunos[86], cuando afirman que, por lo menos en cuanto a las transmisiones de inmuebles, se pudiera obviar la dificultad admitiendo que para la eficacia, en cuanto a terceros, de la contraescritura contenida en acto público, fuese necesaria la transcripción, en cuyo caso la declaración de que se trata tendría, frente a terceros, el significado de *una retrocesión* de la propiedad al enajenante. Esto es, sencillamente, una ficción. La propiedad no se transmitió nunca ni por nadie, no obstante la apariencia engañosa, y no puede, por tanto, haber retrocesión. El descubrimiento de la ficción por medio de la contraescritura no

[86] Y también por mí en la 1.ª edic. de este trabajo, pág. 244.

hace sino poner al descubierto la inexistencia, desde un principio, de la transmisión que se transcribió[87]. Además, subsistiría siempre el inconveniente en cuanto a las cesiones y otros actos que no están sujetos a publicidad alguna.

Para concluir, no estimamos digna de ser discutida una opinión restrictiva que, fundada únicamente en la colocación del artículo 1.319, intenta limitar la inoponibilidad de las contradeclaraciones a los documentos públicos solamente, y no a las escrituras privadas. La tesis ha sido combatida con energía por Mirabelli; y creemos inútil, por tanto, insistir sobre ella[88]. Bastará observar tan sólo que si es cierto **que** las contradeclaraciones se refieren normalmente al instrumento público, no puede negarse tampoco su posible aplicación a las escrituras privadas, desde el momento en que la ley por lo que respecta a las relaciones de las partes, herederos y causahabientes, ha equiparado, en cuanto a su fe, los documentos privados autenticados o reconocidos y el instrumento público (art. 1.320) y desde el momento también en que, **pudiendo realizarse la** adquisición de los derechos mediante escritura privada, es evidente la necesidad de otorgar en este caso una protección igual a los terceros.

Es preciso, finalmente, examinar la duración de esta tutela. ¿Hasta cuándo podrán los terceros rechazar la simulación y mantener la eficacia de los actos concluidos con el testaferro? ¿Hasta cuándo tendrán que aceptar los simulantes que se repute válido el acto aparente, *y* de qué modo podrán hacer que cese su eficacia en cuanto a terceros?

La cuestión afecta a múltiples intereses y debe examinarse atentamente.

Se sostiene que para hacer cesar la inoponibilidad de la contradeclaración basta transcribirla[89]. «Si la contradeclaración se transcribe, dice Bartin, las personas a quienes el comprador aparente venda después, o hipoteque, no adquirirán ningún derecho sobre el inmueble, puesto que el primer deber de un adquirente

---

[87] Confr. N. COVIELLO, *Trascrizione,* I, pág. 143.
[88] Ob. cit., pág. 453.
[89] *Contre-lettres,* pág. 243.

o acreedor hipotecario consiste en comprobar el derecho de propiedad del vendedor o hipotecante sobre el inmueble objeto del contrato.» De la misma opinión es Rougier[90]: «A diferencia, dice, del registro fiscal, la transcripción tiene propiamente por objeto dar publicidad al acto en interés de los terceros, y culpa de éstos será, y a sí mismos deberán imputarlo, su desconocimiento de lo que resultare de los registros hipotecarios.»

No podemos asentir a estos razonamientos. Que sea prudente consultar los registros hipotecarios, bien; pero que sea un deber *jurídico* hasta el punto de que su omisión implique culpa, no es admisible. Por lo demás, haya culpa o no, es necesario atender a la eficacia que en nuestro derecho positivo tiene la formalidad de la transcripción. El fin de publicidad que realiza no es de carácter general, sino limitado de un modo concreto a los actos que deben transcribirse, con relación a determinados terceros, y con una significación especial. La transcripción supone solamente un criterio de preferencia en el conflicto entre dos adquirentes de un derecho real incompatible sobre la misma cosa. Mas nada de esto vemos en las contradeclaraciones. Ante todo, no implican cambio alguno de derecho y no deben transcribirse; su transcripción es, por tanto, una formalidad *inútil,* y, por otra parte, no existe aquí un conflicto de derecho de tal naturaleza que se requiera la transcripción para determinar la preferencia entre ellos.

Si la transcripción tiene por objeto la publicidad, es con relación a determinados actos y con ciertos efectos, pero carece según su organización positiva de una función general de advertencia respecto a los terceros. En nuestro derecho puede encontrarse solamente una *tendencia* hacia ese ideal, como lo demuestran las recientes leyes sobre transcripción de los actos de constitución de sociedades, y, aunque en registros de otra naturaleza, la de los actos relativos a la propiedad de las naves, a la condición jurídica de los incapaces para el ejercicio del comercio, etc.; pero esta función no ha sido aún llevada a la práctica: se halla en estado de elaboración, de aspiración hacia un ordenamiento más

---

[90] *Contradichiarazioni,* pág. 219 (*Enc. Giur. ital.*).

perfecto del sistema de publicidad[91]. Y si al comentarista no incumbe sino la modesta misión de declarar el estado del derecho, no puede atribuir a la transcripción de un acto no previsto por la ley una eficacia que la ley no le reconoce.

Por eso, la contradeclaración transcrita sólo puede tener un valor *de hecho,* ya que el juez, en su prudente arbitrio, podrá estimar, en el caso concreto, la existencia de la buena fe, no obstante dicha innecesaria publicidad legal dada a la contradeclaración oculta, pero no podrá, jurídicamente, llegar más allá y atribuirle una presunción absoluta de conocimiento que la ley no establece. Y si la transcripción no es bastante para que en derecho se considere de mala fe a los terceros, tampoco creemos que sea suficiente para ello el que se haya incoado un juicio por simulación, porque esta contienda judicial es una res *privata* entre los litigantes de la que los terceros no tienen conocimiento, ni *están obligados a conocer.* Messina ha sostenido, sin embargo[92], que el hecho de incoarse el juicio de simulación hace cesar la tutela a favor de los terceros, porque, faltando la certeza en el derecho del *non dominus,* la buena fe del tercero no puede justificarse ya objetivamente. Pero esto no es admisible, porque la justificación del *dominus* resulta ya de la circunstancia de que aparezca investido del derecho en un documento, lo cual fundamenta objetivamente la buena fe de los terceros, que no puede perderse por la incoación de un juicio que desconocen. Y aún más: porque tampoco una sentencia que declare la simulación podrá privar a los terceros de la tutela concedida por el art. 1.319[93].

Y no se objete que así como la contradeclaración hecha por instrumento público puede oponerse a los terceros, así también la

---

[91] Debe advertirse que si hoy es obligatoria la transcripción de las demandas de simulación de los contratos, así como de las sentencias que la declaran -D. L. 21 abr. 1918, n. S7S, artículo 19 *b) g)*- tal obligación obedece a razones: fiscales, sin que lleve consigo consecuencia alguna de derecho material; y la obligación está impuesta a los secretarios judiciales, no a las partes litigantes.

[92] Ob. cit., III, 40.

[93] VENEZIAN está de acuerdo: *Temi Véneta.* 1905, 229. Véase también PESTALOZZA, 283, que desarrolla y aclara el concepto.

declaración resultante del acto público de la sentencia ha de tener idéntica eficacia, porque tratándose, como se trata, de un precepto de índole especial y en rigor *contra rationem iuris introductum,* no creemos que pueda extenderse su alcance por analogía. La ley presupone una contradeclaración emanada de las partes y autorizada por notario u otro funcionario público competente (1.319 en relación con el 1.315), y no una sentencia que venga posteriormente a hacer constar la simulación del negocio. No es tampoco argumento a *fortiori* el que resultaría de considerar que así como es nula la adquisición del tercero en el caso de que se enajene una cosa después de la sentencia que revoca o rescinde un contrato -y esto aunque no se hubiera transcrito la demanda respectiva-, lo mismo debería ocurrir con posterioridad a la sentencia que declarase la simulación; porque si este efecto es normal por ser una aplicación del principio *nemo plus iuris,* en cuanto el enajenante no podría transmitir a otro un derecho de cuya titularidad le despojó la sentencia, no cabe invocar lo mismo cuando la ley, por motivos de tutela, ha derogado expresamente tales principios, estableciendo que las contradeclaraciones -o cualquier otro reconocimiento de la simulación realizada- no puede producir efecto respecto a tercero: o, lo que es igual, que no es permitido hacer valer contra terceros la nulidad de la adquisición. Por tanto, no es posible invocar la regla cuando estamos en el terreno de la excepción.

Llegamos, pues, a la conclusión siguiente: que no habiendo establecido la ley una forma general para que cese la apariencia del contrato simulado, la protección dura indefinidamente mientras no se demuestra la mala fe de los terceros contratantes. No desconozco, sin embargo, los inconvenientes que se originan de esta situación de incertidumbre jurídica. Ello hace bastante difícil la posición de los simulantes, quienes se encuentran casi en la imposibilidad de hacer desaparecer las huellas de su engaño, y quedan siempre amenazados, aun careciendo ya de objeto la simulación, de tener que pasar por la validez de un acto aparente, si bien esto sirve de freno a los fraudes de las partes, que, de este modo, ven persistir la responsabilidad inherente a su acción.

La buena fe de los terceros queda a salvo, no sólo por esta forma general de protección derivada del art. 1.319, sino también indirectamente en algunos casos especiales. El más interesante es el que se refiere a la adquisición de la propiedad mueble.

Nuestro derecho, aceptando una tradición germánica, ha subordinado la defensa social del derecho sobre los bienes muebles a la defensa individual del propietario, que se desenvuelve manteniendo un poder material de disposición sobre la cosa. Mas si el propietario se despoja voluntariamente de la posesión, confiando a alguno, por cualquier título, la cosa, queda a merced de éste y no puede reivindicarla del poder de un tercero de buena fe al que le fue transmitida por el poseedor defraudando la confianza del propietario, que tiene únicamente la posibilidad de reclamar el resarcimiento de daños. La posesión, pues, respecto a las cosas muebles es la legitimación exterior de la titularidad, y el poseedor puede enajenar válidamente respecto a terceros el derecho de que se halla formalmente investido, *del mismo modo* que, en el sistema de publicidad germánico, el que aparece inscrito en los libros inmobiliarios puede disponer del derecho de que resulta titular, aunque no lo sea en realidad. La aplicación de este principio, que generalmente se formula: «respecto a los bienes muebles, para los terceros de buena fe la posesión equivale al título» (artículo 707), tiene grandísima importancia tratándose de los títulos al portador, que constituyen una de las más importantes formas de la riqueza en la moderna economía, y que por su facilidad de circulación necesitan una tutela rigurosa y segura. Bien es verdad que en esta materia queda excluida toda posibilidad de que se burlen las expectativas de los terceros. Por tanto, si una persona enajena simuladamente un paquete de títulos de renta al portador y los entrega al fingido adquirente, los terceros que de éste los adquieran quedarán a cubierto de toda reivindicación por parte del propietario si invocan el artículo 707.

En cuanto a los créditos la ley dispone que el pago hecho de buena fe a quien se halle en posesión de aquéllos, o sea a quien, fundado en un título regular, está en el ejercicio del derecho, es válido aunque el acreedor no sea titular (art. 1.242), quedando con ello excluida la posibilidad de que, cedido simuladamente un crédito, el deudor que haya pagado al fingido cesionario pueda ser obligado al pago nuevamente porque se declare nulo el ya realizado.

Finalmente, con relación a la letra de cambio, existe también una garantía, puesto que el deudor no puede oponer a los terceros endosatarios de la letra las excepciones derivadas del contrato fundamental, ni, por tanto, la excepción de simulación (art. 324 del Cód. de Comercio).

¿Pero es que se detiene aquí la protección de la ley? Tal piensan, desde luego, algunos jurisconsultos ilustres[94], pues dicen que, fuera de estas normas de excepción, recobra su imperio el derecho común, uno de cuyos principios cardinales es el de que nadie puede transmitir a otro un derecho que no le pertenece. No hemos de combatir ahora esta opinión tan extendida. Nos urge hacer constar, sin embargo, que este sistema, que se dice es el adoptado por el Código Italiano, adolece de incoherencias de toda especie; y que han resultado fallidos los intentos hechos para darle una explicación racional. Así, pues, no es admisible el concepto de Mirabelli, que erige la diligencia en criterio de protección de la buena fe, afirmando que quien contrata con otro debe informarse diligentemente de si éste es dueño del derecho que desea adquirir, siendo así que, en caso de simulación, la nulidad permanece oculta e impenetrable y desafía toda investigación, por lo cual puede quedar sacrificado un adquirente diligentísimo. Están más en lo cierto, por lo mismo, los que tímidamente se atienen al *dura lex, sed lex,* confesando las lagunas y deficiencias de nuestro sistema. Precisará, por tanto, examinar si existe esta *dura lex* o lo es sólo en la apariencia, y si se puede llegar a dulcificar su contenido.

Mientras tanto, trataremos de sondear la magnitud de esta deficiencia de la ley, todas las grietas por las que pueda entrar triunfalmente el fraude y reinar sin obstáculos: el abismo todo de peligros que acechan la buena fe de los terceros.

---

[94] MIRABELLI, *Dei contratti simulati rispetto ai terzi (Diritto dei terzi,* I, 450); GIANTURCO, *Sistema,* pág. 187; L. COVIELLO, nota cit., págs. 1 y sigs.; SACERDOTI, en el *Foro ital.,* 1905, 1.416 (pero véase, no obstante, mi contestación, en el *Foro ital.,* 1906, 31).

Será instructivo el estudio y servirá acaso para que ceda un tanto la tenacidad de los contrarios.

1.° Nuestro sistema de protección es fundamentalmente *incompleto.*

En efecto, falta la protección en todos los casos en que la simulación se impugna, no por los contratantes, sino por los terceros. El art. 1.319 establece una responsabilidad para los simulantes, puesto que no pueden oponer su acuerdo secreto a los terceros de buena fe; pero este precepto no es aplicable cuando la acción o excepción simuiatoria sean propuestas por otras personas que no sean los autores mismos del engaño o sus herederos o representantes. Surge entonces una nueva serie de conflictos, no menos extensos y fecundos en consecuencias desastrosas, en los cuales no se otorga protección alguna. Si se ha simulado un acto de enajenación y el testaferro vende a un tercero o es ejecutado forzosamente, cualquier acreedor del fingido enajenante, después de hacer declarar la ficción del negocio primitivo, podrá eviccionar al adquirente o al adjudicatario de buena fe. Y si éstos, a su vez, hubieran vendido de nuevo, donado, etc., la aplicación rigurosa del *nemo plus iuris* destruirá inexorablemente toda la larga cadena de transmisiones, alcanzando al adquirente más lejano y confiado. Si se ha simulado un crédito, aunque sea con garantía real, y el falso acreedor lo transmite a otro, el tercero cesionario, y cualquier otro que llegue a ser titular de ese crédito aparentemente válido, quedará expuesto, sin remedio ni recurso alguno, a ver burladas sus expectativas con sólo que un acreedor del que se obligó fingidamente intervenga y descubra la ficción del contrato cuya efectividad garantizaba el patrimonio con que el adquirente del crédito contaba para su satisfacción. Fingida una enajenación de inmuebles, el propietario aparente consigue un préstamo de un banco mediante una primera hipoteca; Después que la suma ha sido recibida o gastada por el prestatario, un acreedor del enajenante promueve el juicio de simulación y consigue sea declarada la nulidad de la primera transferencia y, por tanto, de la hipoteca que se constituyó. El resultado es que el Banco pierde su dinero. Pues es de advertir que todo esto sucede de conformidad con el Derecho y en virtud del Derecho. El precepto del art. 1.319 queda aquí desechado como un trasto viejo e inútil; no existen otros textos que puedan venir en auxilio de la buena fe, no obstante la manifiesta iniquidad; y no nos queda otro consuelo que el de pensar que todo ello ocurre *en virtud de los apotegmas del Derecho romano. Nuda et imaginaria venditio pro non facta est ideo nec alienato eius rei inteiligitur (55 D. 18, 1); Nemo plus iuris in alium transferre potest quam ipse habet (54 D. de reg. iur.).*

La lógica del Derecho queda satisfecha; pero el jurista que quiere que el Derecho no sea sólo un teorema, sino que cumpla su función reguladora de las relaciones sociales y satisfaga las exigencias y necesidades de la vida, no puede decir otro tanto.

Pero, aun en el campo cerrado de la protección del art. 1.319, no faltan grietas a través de las cuales desaparece esa misma protección, siendo la más importante, entre ellas, la innovación poco afortunada de nuestro legislador cuando establece que el acto simulado no será ineficaz si la contradeclaración se hizo en documento público. Y sobre esto podrá fundarse todo un sistema organizado de fraude, con sólo que los simulantes tomen la precaución elemental de hacer la contradeclaración ante notario, la cual de este modo, permanecerá desconocida para los terceros, pues no han de ir a rebuscar en todos los archivos notariales del Reino la declaración fatal que frustra sus derechos, especialmente si se tiene en cuenta que la contradeclaración puede ser hecha bastante tiempo después del acto simulado. Roto el nexo cronológico, ni es posible sospechar, ni se sospecha, un cambio de voluntad. Cesionarios o adquirentes, deudores y acreedores hipotecarios, todos verán abrirse a sus pies la trampa en que caerán inocentemente, sin que la ley les tienda una mano.

¿Será posible que esto suceda en una legislación civil?

2.° El sistema italiano no es sólo insuficiente, sino, lo que es peor, *engañoso.*

La tan decantada protección de! art. 1.319 es por sí sola ficticia y está expuesta a desaparecer, si no se apoya en otros preceptos. Es un engaño.

En efecto, si no hay tutela cuando la impugnación se realiza por personas que no sean los contratantes, es suficiente, para que los terceros queden engañados, que uno de los autores de la simulación, de acuerdo con un falso acreedor, se finja obligado o se ponga de acuerdo con uno de sus acreedores verdaderos para que éste ejercite la impugnación. Supongamos la siguiente trama, que pudiera ser realidad y convertirse en una especulación: A es acreedor de B; B enajena simuladamente a C; C vende a su vez a X, quien adquiere de buena fe. Realizada la venta y recibido el precio por el testaferro, A demuestra la simulación de la venta, fundado en indicios que de propósito dejan traslucir los simulantes; se dirige contra el adquirente, e invocando el célebre principio *nemo plus iuris,* lo despoja de la cosa comprada. ¡X se quedará haciendo consideraciones filosóficas sobre la virtud educativa de las leyes civiles! Pero adviértase, además, una contradicción. Mientras el acreedor A, de tratarse de una verdadera enajenación, aunque fraudulenta, hubiera tenido que detenerse ante X, a tenor de lo dispuesto en el último párrafo del art. 1.325, ¿por qué no ha de detenerse también ante el tercero de buena fe, cuando la enajenación ha sido simulada? ¿Es que este tercero no merece protección? ¿Cómo así? ¿Qué razón puede haber para que los terceros estén garantidos contra actos reales fraudulentos y queden sacrificados tratándose de actos fraudulentos simulados? ¿Cómo explicarse tal diferencia de trato? Todo esto resulta incoherente, extraño, y cualquiera, aun siendo profano en Derecho, deberá maravillarse de esta ciencia que presenta tortuosidades tan misteriosas como la de que la tutela se conceda unas veces y se niega otras sin que sepamos el porqué.

Ticio vende simuladamente a Cayo una finca. Los acreedores del adquirente instan la ejecución del inmueble así adquirido, quedando adjudicado en la subasta a X. Entonces el primitivo enajenante, de acuerdo con un amigo, se finge deudor de éste, y, como la opinión dominante sostiene, con justicia, que los acreedores posteriores pueden sufrir también las consecuencias de la impugnación, este acreedor, últimamente aparecido para salvar la situación de Ticio, impugna la venta primitiva, y, declarada su nulidad, resulta eviccionado el adjudicatario, que pierde el inmueble y el precio, como delegado *pro solvendo,* sin que le quede más que un derecho problemático para resarcirse a costa del deudor ejecutado.

Y, si esto es así, se estaba mejor en el siglo XV en aquellos países en los cuales el adjudicatario en pública subasta *sub verbo regio* quedaba a cubierto de toda reivindicación y de toda sorpresa.

La tutela, consistente en la nulidad de las contradeclaraciones respecto a los terceros, resulta, pues, inútil si es suficiente para anularla un recurso tan sencillo y tan ingenuo, pero tan invencible. La protección que entró triunfalmente por la puerta huye precipitadamente por la ventana, y los terceros quedan a merced de los simulantes. Ahora bien; ¿puede aceptarse un resultado tan desconsolador? ¿Es creíble que nuestro comercio jurídico repose sobre tanta insidia y esté amenazado de tantos peligros? ¿No existirá remedio para todo esto?

Yo creo que sí.

63. - El remedio ya ha sido encontrado por la jurisprudencia: con su clara y feliz intuición, en contacto con la realidad de la vida y consciente de las necesidades y aspiraciones de ésta, ha dejado siempre a salvo la buena fe de los terceros. Este resultado no es despreciable, porque la jurisprudencia tiene el sentido de la realidad y es expresión del Derecho en su actuación concreta. Con su obra colectiva y de sentido progresivo, formada por una aportación de decisiones fragmentarias que se funden en armónico mosaico, es reflejo de la conciencia jurídica de la totalidad. Y en estos tiempos en que la mirada de los estudiosos se vuelve con amor a esta elaboración del Derecho bajo la influencia de las necesidades de la práctica y la presión de las circunstancias sociales, que nos muestra cómo la norma jurídica abstracta ha sido desenvuelta, plegada, adaptada, hasta convertirse en norma real y positiva[95]. no podemos dejar a un lado, inconsiderablemente, esa elaboración de la jurisprudencia que tantas veces sirve de preparación y precede a la obra del legislador.

Ahora bien, en materia de buena fe de terceros, nuestra jurisprudencia ofrece un fenómeno impresionante, pues salvo alguna

---

[95] Véase el hermoso artículo de ESMEIN, *La jurisprudence et la doctrine,*, que sirve de programa a la óptima *Revue trim. de droit civil,* I, 5, 12.

discusión en los tribunales inferiores, los más altos están de acuerdo en conceder a los terceros que contrataron de buena fe una protección incondicional.

En este movimiento debe mencionarse especialmente, por sus nobles tradiciones, el Tribunal o Corte de Casación de Nápoles, que ha sido el primero en afirmar con energía esta tutela, con la adhesión de las demás Casaciones, y que ha sostenido y desarrollado repetidamente esta tesis, ampliando cada vez más el fundamento en que se apoya. En efecto, encontramos primeramente una sentencia de la Casación de Nápoles, de 7 marzo 1874[96], que formula en términos generales y precisos la protección de los terceros de buena fe, y a ella sigue una decisión de la Casación de Roma, en 3 de marzo de 1882[97], declarativa igualmente de que, respecto a terceros de buena fe, el acto público solemnemente transcrito constituye prueba indiscutible de cuanto en él aparece, principio recogido en toda su amplitud por la Casación de Turín, en su sentencia de 24 de octubre de 1883[98]. A éstos siguen otros dos fallos concordes de la Casación romana, en 1897 y 1898[99], y varias decisiones, en el mismo sentido, del Supremo Colegio o Tribunal Napolitano, siendo de notar la última de ellas, de 18 de febrero de 1904[100], por el progreso que representa.

Hay que hacer constar, sin embargo, que en estas decisiones no son apropiadas las razones jurídicas que se alegan, ya que, o se acude a una supuesta eficacia absoluta que imprime la transcripción al acto público, o al caso análogo del heredero aparente, bien al artículo 1.235, que se refiere a la acción Pauliana, o bien, como en las dos sentencias citadas de la Casación de Roma, al principio de que los acreedores que impugnan por simulación deben accionar necesariamente *utendo iuribus* del deudor, por lo cual se encuentran siempre de frente con el art. 1.319. Frecuente-

[96] *Giur. ital.*, 29, I, 373.
[97] *Legge*, 1882, II, 652.
[98] *Giur. ital.*, 36, I, 1, 24.
[99] Cas. Roma, 21 abril y 21 jul. 1898 (*Foro ital.*, 1898, I, 610, 956).
[100] *Foro ital.*, 1904, I, 548. V. también Cas. Roma, 23 marz. 1905 (*Foro ital.*, I, 1.209); Ap. Genova, 25 jul. 1905 (*Temi gen.*, 1905, pág. 65); Ap. Catania, 2 abr. 1906 (*Giur. ital.*, 1906, 219).

mente huyen también de una argumentación concreta y afirman, sin más, el principio como un *ius receptum*[101]. La Casación de Nápoles, en la reciente sentencia ya citada, ha tratado de emanciparse de estas justificaciones erróneas y ha buscado un fundamento superior y más comprensivo para la protección de los terceros, acudiendo al principio general que informa nuestra ley de que debe protegerse la buena fe de los mismos, siempre que la causa que anule su adquisición hubiese sido desconocida para ellos e imposible su descubrimiento, aun empleando la diligencia normal. Dice así: «En todas las disposiciones de nuestro actual sistema legislativo reguladoras de las relaciones con terceros – cuya tutela debe ser cada vez más rigurosa y multiforme en un estado progresivo del Derecho aparece ser intención del legislador proteger su buena fe de adquirentes, a menos que sea imputable a su negligencia el no haber descubierto en el título originario el vicio de su adquisición».

Aunque este procedimiento de interpretación no puede estimarse técnicamente correcto[102], encierra, desde luego, una gran verdad llamada a triunfar sin obstáculos por otro camino. No nos

---

[101] Confróntese Cas. Roma, 21 abr. 1898 (*Foro ital.*, 1898, I, 610): «Considerando que se halla hoy reconocido por la doctrina y la jurisprudencia que no puede oponerse la simulación del acto sobre cuya base se contrató, a los terceros de buena fe que hayan adquirido derechos fundados en un acto público normal por su forma, pero que se afirma simulado; y que tal principio se funda en la equidad que protege la buena fe, y en el público interés de garantizar la seguridad de la contratación y la circulación de los créditos,etc.». Además, Ap.Milán, 25 abri. 1913 (*Temi Lomb.*, 1913, 386). Cas. Nápoles, 4 marz. 1916 (*Foro ital.*, 1916, I, 532). Como cuadro sistemático de soluciones de jurisprudencia, v. PESTALOZZA, I, 323 y sigs. La Cas. de Nápoles, en 10 dic. 1914 (Corte Napoli, 1915, 46), se excedió, al decir que «la simulación no puede oponerse a los terceros que hayan adquirido de buena o *de mala fe* (¡), a menos que resulte de un título transcrito o que la adquisición del tercero se haya verificado después de transcrita la demanda de simulación». Si el tercero lo es de mala fe, carece de base jurídica la protección a su favor, ya que contrató sabiendo que no adquiría ningún de derecho. Lo contrario equivaldría a caer en el exceso opuesto, haciendo posible una confabulación de mala fe entre el falso comprador y su causahabiente, en perjuicio del vendedor.

[102] V. una crítica de L. COVIELLO en la nota a esta sentencia, ya citada; en la *Giurispr. ital.*, 1904 (pág. 3 de la tirada aparte).

hemos de ocupar de qué medios jurídicos pueden haberse valido los Tribunales para llegar a decidir así, pues, por otra parte, actúan y pueden considerarse como *procedimientos técnicos* de desarrollo del Derecho. Además, es sabido que a menudo sobre fundamento equivocado se asienta una solución justa, y queremos, desde luego, dejar bien sentado que la voz de la práctica está a favor de los terceros, cuya buena fe queda *de hecho* protegida, y que los absurdos y las consecuencias exorbitantes a que llegaría la teoría abstracta quedan eliminados y suprimidas en la aplicación concreta del Derecho. Esto me hace pensar que cuando el Derecho se aleja del ambiente social, pierde o traiciona su misión. El Derecho ha de estar de acuerdo con la vida, cuyas relaciones y necesidades debe disciplinar y satisfacer, y la interpretación debe igualmente inspirarse en las exigencias sociales y económicas en que la norma ha de vivir y para cuya regulación fue creada. Creo, pues, que es posible admitir una interpretación progresiva del derecho que, sin traspasar los debidos límites ni introducir elementos extraños, tienda, no obstante, a desarrollar el contenido virtual, esa fuerza de expansión latente en todo precepto de ley, por efecto de la cual evoluciona y se adapta a las nuevas necesidades y exigencias de la vida social. Debo advertir que con esto no rindo homenaje a la atrevida y un poco revolucionaria teoría de Gény, cuando concede libremente al juez la posibilidad de fallar conforme a principios de razón, equidad y justicia[103], siempre que la ley resulte deficiente; porque esta interpretación subjetiva e *impulsiva* pondría en grave peligro la seguridad de las relaciones jurídicas y daría lugar, según se ha objetado, a una nueva tiranía judicial. Para nosotros, en cambio, el punto de partida es siempre el derecho objetivo, el conjunto de las normas positivas, al cual debe darse, sin embargo, una interpretación más amplia, más consciente, más liberal. El mundo de los juristas no puede constituir una casta desdeñosa de pensadores o de dogmáticos solitarios que vivan entregados a abstracciones o esquemas lógicos, sino que debe interesarse también por los hechos, por las exigencias económicas, ya que el Derecho ha de actuar precisa-

---

[103] *Méthode d'interpretation,* págs. 473 y sigs.

mente en este terreno. De aquí que no pueda prescindirse en 'a interpretación de ninguno de estos factores, debiéndose investigar en la ley, en su espíritu y en sus principios fundamentales hasta qué punto han sido atendidas y satisfechas dichas exigencias[104].

Con este convencimiento podemos llegar a la reconstrucción de nuestro sistema legislativo, restituyéndole su contenido esencial, su verdadera fisonomía. Pero, ante todo, debemos desmentir que en nuestro Derecho reine soberano e indiscutido el principio: *Nemo plus iuris in alium transferre potest quam ipse habet.*

Por causas hoy desconocidas y por distintas razones históricas, han ido penetrando paulatinamente en el Derecho positivo instituciones y normas que vienen a romper y contradecir aquel principio fundamental, asegurando un efecto jurídico al acto realizado por quien carecía de derecho para ello[105]. Estas desviaciones no pueden considerarse como singularidades aisladas, pues su número e importancia les ha conquistado una esfera muy amplia de aplicación que tienden a ensanchar constantemente; además, todas ellas se agrupan y reúnen, por virtud de un elemento común, bajo un concepto jurídico único. Quienes no se han dado cuenta de este movimiento, de esta lenta infiltración e invasión de principios nuevos y mal hallados con las viejas teorías jurídicas, se obstinan en ver en ello arbitrariedades del Poder legislativo, que miran con desconfianza y hacen constar de mala gana. Mas quien examine desapasionadamente esta introducción de nuevos conceptos, sin preocuparse de que puedan llegar a destruir las líneas armónicas de un sistema jurídico colosal, pero implantado sobre fundamentos de veinte siglos atrás, habrá de advertir una evolución y un rejuvenecimiento en el mismo sistema, que tiende a adaptarse a las exigencias del ambiente social. Daremos una rápida ojeada a tales desviaciones. El simple tenedor de bienes muebles o de títulos al portador hace adquirir váli-

---

[104] V. mi. discurso *Potere del legislatore e funzione del giudice* (en la *Riv. di dir. civ.*, 1911).

[105] Véase el sugestivo trabajo de VENEZIAN, *La tutela dell'aspettativa,* páginas 2 y sigs. (Bologna, 1900).

damente su propiedad, transmitiéndolos a terceros de buena fe (art. 707). El heredero aparente dispone con plena eficacia de los bienes de la herencia que no le pertenecen, a título oneroso y en favor de terceros *de buena fe* (art. 933). Es válido el pago hecho *de buena fe* a quien se halle en posesión de un crédito, aunque no sea acreedor (art. 1.242). El deudor que paga al cedente de un crédito *antes* de que sea notificado legalmente de la cesión, lo realiza válidamente (art. 1.540). Es válido el contrato hecho con un mandatario aparente, si los terceros obraron *con buena fe* e ignorando la revocación del mandato (art. 1.759), o la muerte del mandante (art. 1.762). No es impugnable por causa de simulación el contrato realizado por el propietario aparente, si los terceros contratantes lo eran de buena fe (art. 1.319).

En todos estos casos nos encontramos ante la adquisición de un derecho de quien no es su titular, o de una liberación realizada por quien tampoco lo era de un crédito. Y estas hipótesis no son normas dispersas recogidas y reunidas arbitrariamente, puesto que están realmente enlazadas por un elemento común a todas. Este elemento es la *buena fe.* La ley mantiene la transmisión de un derecho o la liberación de una deuda realizadas por quien carecía del poder de disposición, porque los terceros procedieron confiadamente y debían por ello concebir una esperanza legítima, fundada en la aparente titularidad de que estaba investido su causante. He aquí el nuevo principio que se va dibujando al lado del clásico *Nemo plus iuris,* y al cual amenaza quitar el puesto mediante las reformas del principio de publicidad. La ley italiana se preocupa de la seguridad del comercio jurídico y tiende a dejar a salvo los derechos de los que contratan, si confiaron y pudieron creer verdaderamente en una posición jurídica real. No diremos que esto ocurra en todos los casos; mas la evolución del Derecho va por ese camino, por lo cual no será difícil hacerle dar un nuevo paso hacia adelante.

Pero otro orden de relaciones y conflictos nos lleva al mismo intento de protección de la buena fe de los terceros con el sacrificio de otros principios no menos fundamentales. Se trata de la revocabilidad de los derechos. También en esta materia la lógica jurídica pura impondría la aplicación absoluta del principio *Reso-*

luto iure dantis resolvitur et ius accipientis, y, sin embargo, la reglamentación positiva de la institución ha llevado a restringir el alcance del mismo principio, a destruirlo, en diferentes casos, y a interrumpir su aplicación con bastantes concesiones.

La teoría ha llegado hasta crear dos formas de revocabilidad; la propia y la impropia; una, que produce efectos *in rem* y lleva consigo la de los derechos transmitidos, y otra, que se traduce en una obligación de restituir y en el resarcimiento de los daños, por consiguiente, pero dejando a salvo los derechos de los terceros. No es ahora ocasión de recordar todas las disposiciones legales que niegan efectos a la revocación en perjuicio de terceros; sólo nos importa hacer notar el criterio común para esta protección. Nuestro Código atiende a la causa de la revocabilidad[106]; si ésta es innata e inherente a la adquisición y forma un límite consustancial, originario, visible, entonces la revocación tiene plena eficacia real y retroactiva, anulando los derechos de los terceros. Ejemplo: una venta con pacto de retro, una donación que al lesionar la legítima queda sujeta a reducción, una donación con cláusula expresa de resolución, etc. La revocación, en tales casos, de los derechos de los terceros es justa, porque todo adquirente sabía o debía saber que no adquiría más que un derecho eventual, aceptando implícitamente, por tanto, el riesgo de tal eventualidad.

Quedan, por el contrario, a salvo los derechos de los terceros si la revocación depende de un hecho *posterior, imposible de prever* y dependiente de la voluntad de una de las partes o del acaso. Así, la resolución por incumplimiento de obligaciones en los contratos bilaterales, la revocación de una donación por causa de ingratitud, o la de una enajenación realizada en fraude de acreedores, etc. En todos estos casos, los terceros adquirieron un derecho que no estaba destinado a perecer ni llevaba en sí la causa de la resolución; un derecho duradero que con razón debían estimar como inatacable y sobre el cual podían fundamentar su expectativa. Si este derecho se resuelve por una causa nueva e imprevista, la revocación debe paralizar su obra destructora: la buena fe de los terceros debe quedar a salvo. También aquí encontramos el

[106] V. *Dusi, Revocabilità dei dir. subb. patrim.,* pág. 124.

concepto de la *buena fe,* entendido, no como un estado subjetivo, sino como un elemento ético-social que preside las relaciones de la vida jurídica. Que todos estos casos de revocación forzosa están fundados en el concepto de la buena fe de los terceros se deduce seguramente del hecho de cesar la tutela cuando la adquisición tenga lugar después de haberse transcrito la demanda de revocación (art. 1.933, n. 3), ya que esto equivale legalmente a hacer público el estado de inseguridad en que el derecho se encuentra, y falta, por tanto, la buena fe de los terceros.

De esta compleja regulación jurídica se puede inferir ciertamente que nuestra ley ha abandonado el campo de aquel individualismo rígico inspirador de los principios *nemo plus iuris* y *resoluto iure dantis,* acogiendo otro principio más moderno y más en consonancia con las nuevas relaciones comerciales; un principio igualmente fundamental y fecundo en consecuencias jurídicas, según el cual, frente a terceros de buena fe, la apariencia legítima de titularidad determina la adquisición y pérdida de los derechos.

Aunque este principio se encuentra todavía en posición *subordinada* y asume la forma contingente de la *excepción,* es lo cierto que existe e informa nuestro sistema jurídico. Esta circunstancia sólo podrá ser obstáculo para una extensión analógica del principio, mas no impedirá que por diferente camino pueda llegarse a alguna aplicación concreta del mismo, fundada en los principios generales. Recuérdese, sin embargo, que el no producir efectos la simulación en perjuicio de los terceros de buena fe, ni es una anomalía ni un absurdo, sino una nota armónica dentro del sistema, y responde a una tendencia fundamental de nuestro derecho positivo.

Yo creo que para llegar a la solución del problema no es necesario que exista un texto legal concreto, pues basta remontarse a los principios generales. Recogiendo los resultados a que llegamos en la introducción de esta obra, vamos a examinar qué condiciones debe reunir la voluntad de los contratantes para que el derecho la reconozca y le conceda la posibilidad de producir efectos jurídicos; puesto que es sabido que no basta querer para que se produzca un cambio jurídico, y que la ley puede negar su protección y convertir la voluntad de las partes en un simple deseo no satisfecho. Un caso generalmente admitido de denegación de tutela, y que citamos como fundamento de nuestra demostración, es el de la reserva mental. Quien, conscientemente y para engañar a otro, declara querer lo que no quiere realmente, no puede pretender protección para esta voluntad real no manifestada, y queda obligado por la declaración. Es más: aunque haga constar su falta de voluntad por medio de documento auténtico, quedará obligado por la declaración, ya que la eficacia de esta última no puede ser destruida mediante aquella manifestación en contrario. El efecto persiste, tanto si el negocio es impugnado por el mismo contratante que obró con reserva, como si lo fuese por un tercer interesado, que pudiera ser un acreedor suyo. La falta de validez y la inoponibilidad son, en efecto, inherentes a la voluntad oculta y reservada: resultan de que el contenido de voluntad, desfigurado para engañar a otro, no merece protección alguna; no se derivan, pues, de un motivo que se refiera personalmente al contratante. La obra misma de la voluntad queda viciada, no es digna de protección jurídica, y su ineficacia subsiste cualquiera que sea el que intente revelarla o deducir consecuencias a su favor. El contratante engañado por la apariencia de verdad resultante de la declaración puede replicar, respecto a todos, con una *exceptio doli.*

Ahora bien, estos principios, que nadie osa discutir en cuanto a la reserva mental, deben ser aplicados, con igual fundamento, al caso análogo de la simulación. Se ha dicho que la simulación no es más que una *reserva mental bilateral,* y así como la reserva mental es ineficaz para el contratante que la ignora, así también la simulación, que viene a ser una reserva común y consensual de ambos contratantes respecto a los terceros, debe ser ineficaz en cuanto a éstos. Ni el acreedor, ni ningún otro que la pruebe, puede valerse de ella, como tampoco podría beneficiarse de su demostración en el otro caso. Podemos suponer que los simulantes forman, agrupados, una unidad con relación al público, y que hacen una declaración falsa reservándose mentalmente otra voluntad contraria que hacen constar en forma documental. En tal caso, deberá aplicarse, por analogía, el principio de que la reserva mental carece de valor jurídico. Una sombra de declaración, como una apariencia de consentimiento, obligan respecto a terceros de buena fe. Esta solución se impone del mismo modo como una necesidad lógica.

No se diga que este resultado carece de justificación en nuestra ley. Yo pregunto, en efecto, si todos aquellos que discuten el principio de la ineficacia de la simulación respecto a los terceros atribuyen valor a la reserva mental; y si no, quisiera saber *por qué*. Sin embargo, ¡falta aquí también un texto legal concreto! Pues la misma justificación -cualquiera que sea- que ellos admitan para defender la falta de validez en nuestro derecho de la reserva mental[107], la invoco yo para la simulación. Ambas cuestiones están, efectivamente, relacionadas, y aun forman una sola, ya que la simulación puede ser considerada como una doble reserva común de los contratantes, y la reserva, a su vez, podría estimarse como una simulación unilateral. No es posible, pues, dar solución contraria a dos diferentes configuraciones del mismo problema. Para resultar lógicos, estos tenaces intérpretes de nuestro derecho incurren en multitud de contradicciones, abandonando principios que parecían definitivamente aceptados por la ciencia, cual el de la ineficacia de la reserva mental, el de la excusabilidad del error en los contratos, etc., para lo cual falta también un fundamento exegético. Por el contrario, la razón que junta en una justificación general todos estos casos tiene origen más elevado, **y** se relaciona con las condiciones mismas de la protección de la voluntad humana en el comercio jurídico.

La solución del problema debe hallarse siempre, en efecto, en el terreno fundamental de las relaciones entre voluntad y declaración. La voluntad individual por sí sola es un estado psíquico incapaz de producir efectos; es la sola expresión de un deseo, de una aspiración. Si adquiere un valor, es porque interviene el

[107] PESTALOZZA, pág. 313 y sigs., que somete a amplia y donosa crítica toda mi teoría, da como razón de la ineficacia la falta de protección del dolo del declarante, opinión que se dirige al mismo objeto que la mía. La diferencia está en que para PESTALOZZA la teoría lleva únicamente a la consecuencia de que la reserva mental o la simulación no pueden ser opuestas a los terceros por sus autores, mientras para mí todo el contenido volitivo, tendente al engaño, es vicioso, indigno de protección y, por tanto, sin eficacia, aunque precisamente por esto deba tomarse en consideración en las relaciones de terceros con terceros.

reconocimiento y la tutela de la ley. Pero el orden jurídico no está obligado a conceder eficacia, ilimitadamente, a los deseos de las partes, pues subordina la protección a determinadas condiciones que la voluntad debe llenar para merecerla y llegar a ser instrumento de relaciones jurídicas. El derecho cumple una función general reguladora de las relaciones sociales, pero no es esclavo de las malicias y caprichos de las partes. La ley sólo concede atención a la voluntad del individuo si representa una actuación de los fines sociales, está en armonía con los intereses del comercio jurídico o sirve de medio de expresión y enlace de las relaciones de los asociados. El derecho protege las determinaciones serias de voluntad que responden a un interés lícito y que se manifiestan *ex fide bona...* Pero cuando la voluntad, por las circunstancias en que se determina o el fin doloso que se propone, tiende a frustrar más bien que a realizar los intereses del comercio, y no es una forma de expresión de la actividad lícita, sino un instrumento de mala fe y de engaño, el orden jurídico le retira su tutela. Esta voluntad, como indigna de protección, se condena a la impotencia y la ineficacia. Tal es el caso de la reserva mental y de la simulación para los terceros de buena fe. La voluntad secreta del que hace la reserva, como la de los simulantes, no es expresión de un interés serio, no corresponde al legítimo desenvolvimiento de la actividad individual, sino que es una mentira para engañar a los terceros: es una voluntad, repetimos, indigna de tutela jurídica. Pedir para esta voluntad reconocimiento legal sería abusar de la protección de la ley. Ni los simulantes, ni nadie en su nombre, podrán pedir que se atribuyan efectos a su voluntad, porque esta voluntad está *fuera* de la protección de la ley y queda reducida a un movimiento del ánimo que no tienevalor jurídico. Los que urden engaños en contra de otros cometen un delito, no llevan a cabo un negocio jurídico, y no pueden pretender el derecho de engañar al amparo de la ley, pues ésta les hace víctimas del engaño preparado por ellos mismos. Pudiera decirse con Mommsen[108]: *Wer anderen eine Grube gräbt, fällt selbst hinein* –quien cava la fosa para otro es el primero que la ocupa–.

---

108 *Erörterungen*, II. pág. 100.

64. - El principio que, de acuerdo con las observaciones precedentes, queremos establecer para el Derecho moderno, puede formularse así: *La simulación no produce efecto en perjuicio de terceros de buena fe y a título oneroso*[109]. Pero este principio pudiera estar expuesto a objeciones de las cuales es preciso defenderlo previamente. Ante todo, se ha negado la posibilidad de *establecer* una analogía entre la simulación y la reserva mental[110].

Se objeta:

1° No es posible colocar en igual plano la simulación y la reserva mental, porque la declaración simulada no puede entenderse dirigida a los terceros, y en cambio es de esencia de la misma el que se dirija al interesado. Si, pues, no hay declaración destinada a los terceros, no es posible hablar tampoco de una reserva mental inherente a tal declaración.

2° A la consideración de los simulantes como autores de una *reserva mental conjunta* hecha en atención a los terceros, se opone el que la adquisición del tercero implica un abuso del testaferro; por lo cual no se puede decir que esté dirigida a ellos la declaración *común* de ambos simulantes.

Ad 1.ª- La primera objeción nos lleva a examinar más de cerca la necesidad de la aceptación de las declaraciones en los negocios jurídicos. ¿En qué sentido y por qué algunas declaraciones han de hacerse frente a aquellos en cuya posición jurídica deben influir? ¿Cuándo podrá decirse que el declarante ha hecho llegar su declaración a la persona a quien iba dirigida?

Esta es una investigación que debemos hacer previamente, ya que, a juzgar por la afirmación dogmática de Messina, parece que no existe discusión sobre ese punto, cuando, por el contrario, nada hay más dudoso en la teoría que este momento del negocio

---

109 Respecto a los efectos de la simulación en cuanto a los terceros, véase el estudio amplio y perspicaz de PESTALOZZA, págs. 151 y sigs., que establece en definitiva el principio de que la nulidad del negocio simulado no puede ser opuesta por las partes contra los. terceros de buena fe. El autor opina que se da aquí el fenómeno singular de una nulidad *radical,* que tiene eficacia *relativa.*

110 MESSINA, ob. cit., II, págs. 506 y 516.

jurídico, y ninguna otra parte del derecho necesita como ésta una revisión. No podemos extendernos demasiado sobre ello en este trabajo, pero haremos algunas observaciones suficientes para lo que nos interesa.

La distinción corriente entre *declaraciones recepticias* y *no recepticias* debe entenderse con cierta reserva, ya que aun en las llamadas declaraciones *no recepticias* (siempre que no afectan a la esfera jurídica ajena)[111] existe también, aun en forma atenuada, una actividad que las lleva a la percepción de los interesados: es cuestión de grado, no oposición fundamental. El momento de la receptividad se deriva del concepto mismo de declaración de voluntad. Si él declarante se propone que sea conocida su voluntad para que produzca efectos jurídicos, debe poner los medios, hacer lo posible para que ese deseo llegue a conocimiento de aquellos a quienes interesa. El que la declaración llegue a la esfera de percepción de los interesados es un elemento que *completa* la declaración, que la hace *autónoma,* apartándola de la facultad dispositiva del declarante, y *perfecciona* objetivamente la finalidad de revelar y vincular. En este sentido, la necesidad de recepción es común a *todas* las declaraciones de voluntad: sólo varía la forma[112]. Oscila entre un grado máximo, en el que se exige una declaración formal notificada al interesado, y un grado mínimo, en que basta la sola posibilidad natural de conocimiento[113]. Mas lo que importa es que la declaración de voluntad sea aportada *a la esfera de percepción* de los interesados, cualquiera que sea el modo y los medios con que esta aportación se realice. Se objeta que la posibilidad de hacer perceptible una declaración no es la misma tratándose de un sordo que con relación al que oye bien, y que asimismo son diferentes los modos de percibir las declaraciones

[111] Por ejemplo: ocupación, abandono.

[112] V. MANIGE, *Willenserklärung und Willensgeschäft,* pág. 313.

[113] Así sucede con el testamento ológrafo que entrega el testador a persona de su confianza, o que deja entre sus papeles a fin de que pueda SER HALLADO después de su muerte. Pero si enterrase su testamento en un hoyo a gran profundidad, o lo arrojase al mar encerrado en una caja pesada, sin dejar noticia de estos actos, no existiría una disposición testamentaria válida, por falta DE voluntad del testador. La estimación depende, pues, de las circunstancias.

escrita y oral. No se trata de un requisito rígido y absoluto, sino de un elemento variable según las circunstancias. Estas observaciones justifican el que no nos neguemos a reconocer una declaración de voluntad siempre que por cualquier medio, aun por la concurrencia de circunstancias exteriores, el declarante suministre a los interesados la posibilidad de percibir aquélla: así también se ha considerado susceptible de recepción la misma actitud del que calla[114]. Aplicando ahora brevemente estos principios a la hipótesis de la declaración simulada, observamos que ésta tiene una *dirección subjetiva* hacia los terceros, pues su *finalidad de engaño* sólo puede lograrse dando a conocer el acto simulado. Negar la dirección hacia los terceros es negar la misma voluntad de engañar, puesto que es imposible que exista el engaño si no se produce en los terceros un conocimiento de la voluntad aparente. La diferencia consiste en que la declaración *no se hace directamente a los terceros,* sino que se realiza en forma tal que los *terceros tengan conocimiento de la misma.* Así lo prueba el hecho de que el contrato simulado no se mantiene secreto, sino que se da a conocer, ya por acto o instrumento público, ya mediante la transcripción; o, lo que es igual, *se difunde intencionadamente la noticia de su existencia.* Así, pues, la declaración no se dirige a los terceros, pero se procede de tal modo que los terceros tengan que enterarse de ella. Esto basta para que la declaración se entienda llevada en forma *indirecta* a la esfera de la percepción de los interesados; y nada se opone a que estimemos dirigida la declaración a los terceros, dado el interés de los mismos en el contrato simulado. Aunque así no fuera, sería indiscutible por lo menos la analogía existente entre la declaración *dirigida a los terceros y la que se dirige al contratante para que se enteren los terceros.* Ninguna dificultad existe, por tanto, para descubrir en tal declaración la existencia de una reserva mental.

Ad 2.ª- Más fácilmente aún se destruye la segunda objeción. Ya se ha dicho que la adquisición del tercero no siempre supone un abuso del testaferro, pero aun para conceder esto olvida Messina advertir que el abuso del testaferro no atañe al *momento constitutivo*

---

114 V. BARASSI, *La notificazione nelle dicharaz. Strog.,* pág. 10, nota 2, al final.

de la simulación, sino a la fase póstuma de sus efectos. Ahora bien, para ver si la declaración de voluntad está hecha o no con reserva mental, debe examinarse en el tiempo mismo en que se hizo, o sea en el momento de llevarse a cabo el negocio simulado, y entonces no puede hablarse de abuso del testaferro, lo que demuestra la realidad de la semejanza de la reserva mental y la simulación; analogía ya advertida por los escritores de las más opuestas tendencias.

En segundo lugar, y supuesto que deba admitirse el principio de la ineficacia de la simulación en cuanto a los terceros, podrá parecer arbitraria la condición impuesta de que los terceros lo sean a título oneroso. Para nosotros, sin embargo, esta circunstancia resulta del fundamento mismo con que hemos justificado el principio. Sabido es, en efecto, que la materia de las relaciones entre voluntad y declaración no se desenvuelve del mismo modo en todos los negocios jurídicos, ya que se concede o no valor a la intención de las partes según prevalezca el interés del declarante o el de los terceros. Así, pues, se distingue generalmente entre negocios *mortis causa* o gratuitos y *negocios comerciales,* dándose en estos últimos mayor importancia a la declaración externa, que da vida a tantos intereses y a tanta expectativa. La teoría de la responsabilidad tiene ciertamente en este terreno su campo de aplicación, ya que en otros negocios, en los que no tiene lugar un cambio patrimonial, no se dan aquellos motivos de utilidad y de conveniencia que hacen apartar la vista de la voluntad interna de las partes. Y así como puede reconocerse en una declaración testamentaria la eficacia de la reserva mental, admitiéndose libremente la prueba para demostrar cuál era la verdadera voluntad del testador, y lo mismo puede admitirse respecto a los actos de carácter gratuito, así también podrá alegarse la simulación contra los terceros que adquirieron algún derecho mediante un acto de liberalidad, porque en tal caso no se produce el áspero conflicto de intereses ya contemplado, ni la defraudación de aquella expectativa, propia de los contratos onerosos, que la ley protege incondicionalmente[115].

---

[115] Así opina REGELSBERGER, *Pand.,* pág. 518, n. 12, que argumenta por analogía con el fragmento 4, §§ 29-31, D. 44, 4.

Tenemos, pues, un principio en parte más amplio y en parte más riguroso que el del art. 1.319, con el cual coexiste y del que es complemento necesario, debiéndose hacer aplicación combinada de ambos. Queda así rebatida ia objeción que afirma ser superfluo el art. 1.319, puesto que se refiere únicamente a la oponibilidad de la simulación por parte de los contratantes y respecto a toda clase de terceros, en tanto que el otro precepto hace inoponible la simulación por parte de todos, pero sólo en cuanto a los terceros a título oneroso. Ni debe maravillarnos que para el mismo objeto existan dos preceptos con distinta índole y diverso alcance, si se tiene en cuenta la formación histórica de los códigos y las inesperadas repercusiones y consecuencias que puede llegar a tener un precepto jurídico en su desenvolvimiento lógico hasta sus últimas deducciones, las cuales, a su vez, pueden determinar una intromisión del mismo en materias reguladas ya por la ley con una norma específica. No se diga tampoco que la coexistencia de ambas normas puede dar lugar a soluciones contradictorias, porque se trata de dos formas de tutela de diferente *energía* y con distintas *condiciones y supuestos.* Si, en efecto, los terceros no están protegidos por el art. 1.319 cuando la simulación se ha hecho constar en documento público, y están, en cambio, protegidos por el otro precepto, esto sucede solamente cuando lo son *a título oneroso.* Se debe, por tanto, a esta circunstancia especial el que dichos terceros tengan derecho a una tutela más amplia y generosa. En cambio, si los derechos de los terceros quedan a salvo, según el art. 1.319, aunque se hubieren adquirido a título gratuito, mientras que por el principio general de la ineficacia de la simulación se requiere la onerosidad del título, en el segundo caso interviene como elemento diferencial el hecho de que la simulación no es opuesta por los contratantes sino por otros terceros. Lo cual no es indiferente, puesto que si los terceros gozan de protección aun por las adquisiciones a título gratuito, cuando pueden beneficiarse por la responsabilidad que incumbe a los simulantes, no pueden pretender tanto favor si concurren otros terceros igualmente de buena fe. Cambia su posición jurídica porque cambia su posición de hecho al encontrarse en contacto y en conflicto, bien con los autores mismos del engaño –a quienes pueden rechazar con una *exceptio doli*–, o con otros terceros, a los que no es posible echar en cara la simulación, y en contra de los cuales se puede pretender, sí, una protección, pero adecuada a los intereses encontrados; y no hay razón para que éstos tengan trato privilegiado si aquéllos son de índole mejor. No existe, por tanto, ni contradicción ni desacuerdo entre los dos preceptos, y sí armónico enlace y adaptación adecuada a las distintas formas del conflicto.

Quedan con ello desechadas las objeciones promovidas por L. Coviello[116], para quien las disposiciones de los artículos 707, 2.137, 933, 1.751, 1.759, etc., resultan inútiles, porque estas excepciones subsisten y tienen aplicación en todos los casos en que la transmisión realizada *a non domino* se realiza por causa distinta e independiente de la simulación del título constitutivo. Subsisten, pues, las excepciones, mas no pueden equipararse a los casos en que la falta de titularidad es obra del engaño de las partes. Finalmente, tampoco puede producir extrañeza, como le produce a dicho autor[117], el hecho de que, mientras la acción de *lesa legítima* se da contra los terceros poseedores si el acto del difunto que se impugna es un acto real de donación, no se da, en cambio, cuando el acto es simulado; porque creemos que en este último caso también serían respetadas las pretensiones de los legitimarios, y la acción de reducción no encontraría obstáculo en la inoponibilidad de la simulación a los terceros de buena fe. En efecto, ¿qué pueden pretender los terceros por virtud de la protección de la ley que les salva de las dañosas consecuencias de la simulación? Solamente esto; es decir, que, en cuanto a ellos, el acto simulado se considere como verdadero, que sea mantenida la *realidad* del acto aparente. Ahora que si, a pesar de esta realidad del contrato ficticio, el derecho que en él se origina está sujeto por la ley a modificarse o resolverse, los terceros habrán de pasar por esta revocación, puesto que no se trata entonces de consecuencias jurídicas que se deriven del negocio simulado y a causa de la simulación –en lo cual se agota su tutela–, sino de conse-

[116] Nota cit., pág. 2.
[117] Nota cit., pág. 7.

cuencias ulteriores que exceden los límites, por decirlo así, del negocio simulado y que se le atribuyen como si fuera un negocio real y existente. Cuando los legitimarios reclaman la reducción, no intentan demostrar que el negocio originario fue fingido, sino que, aun aceptando la *realidad* en cuanto a terceros de la liberalidad simulada piden que esta liberalidad se reduzca en todo o en parte para que les sea satisfecha su legítima. Los terceros adquirentes nada tienen que oponer, porque derivándose sus derechos de una enajenación gratuita (que, aunque simulada, se tiene en cuanto a ellos por verdadera), sabían o debían saber, no obstante, que legalmente quedaba subordinada a la legítima y aun hecha bajo condición resolutoria de no perjudicar los derechos de los legitimarios, y que, por tanto, habían adquirido un derecho expresamente revocable. La pérdida que experimentan no depende de la simulación del título del transmitente, y sí de la revocabilidad del derecho por ellos adquirido, pues nadie ha pretendido jamás que la tutela contra los efectos de los actos simulados sea un tabla de salvación contra posibles vicios o defectos del derecho adquirido[118].

En conclusión, la teoría que defendemos resiste las críticas de los adversarios y puede ser aceptada, sin vacilaciones, por nuestro derecho positivo[119].

---

[118] Tampoco se llega a distinta solución en el caso de simulación relativa, es decir, en el caso de que se trate de una donación disfrazada bajo la forma de contrato oneroso. En este caso también podrán los legitimarios ejercitar la acción de reducción, porque el daño que viene a sufrir el tercer poseedor no es por efecto de la simulación, sino a causa de un vicio del derecho adquirido. Lo mismo que respecto a una donación manifiesta, los terceros estarán expuestos a la reducción, porque la adquisición se considera resoluble *ex lege,* lo cual ocurre también en cuanto a una donación disimulada. Si no les perjudica el hecho del disfraz, tampoco debe beneficiarles. Si se trata, por el contrario, de una donación que disfrace un contrato oneroso, los terceros quedan a salvo de los ataques de los legitimarios.

[119] Tengo ya la satisfacción de hacer constar que L. COVIELLO ha cedido en su oposición y se adhiere a esta mi teoría, que fundamenta la tutela de los terceros de buena fe sobre el principio de la responsabilidad de las partes en la formación del negocio jurídico. V. L. COVIELLO, *Gli errori della giurisprudenza ed i suoi trionfi*, pág. 14 (Tirada aparte, de la *Giur. ital.,* 1918). Ya antes se había adherido N. COVIELLO, *Manuale di dirifto civile,* § 118.

La simulación es un fenómeno anómalo y patológico que debe procurarse suprimir y aislar para que no se difunda su mortífera influencia en la vida jurídica toda. Dice Köhler -y concluimos con este pensamiento suyo-: «Es norma de una política sabía localizar la parte enferma para que no pueda atacar a todo el organismo del comercio jurídico. Pues bien: un derecho aparente es como una parte enferma, como una moneda falsa que circula cuando se toma por verdadera... La ley debe limitar la naturaleza aparente de los negocios y dejarla valer mientras no se opongan a ello intereses más altos»[120].

65. Desarrollaremos y aplicaremos ahora estas teorías. Para tutela de la buena fe de los terceros existen, pues, dos normas: la una, que se deduce del texto del art. 1.319, según la cual la simulación no puede ser alegada por los contratantes contra los terceros de buena fe, y que tiene el carácter de una sanción contra la conducta simulada; y la otra, que se deduce de los principios generales, y conforme a la que la simulación no puede alegarse por nadie en perjuicio de los terceros de buena fe y por título oneroso. Ambos preceptos, que deben combinarse para su aplicación, coinciden parcialmente en un terreno común, y en parte tienen una esfera de acción distinta.

Examinaremos ahora separadamente los diferentes casos de conflictos que se derivan de la simulación y que se resuelven conforme a uno u otro de estos principios, quedando protegida por completo la buena fe de los terceros.

Comencemos por la serie de conflictos provocados por la impugnación de uno de los simulantes y en los cuales es aplicable exclusivamente el art. 1.319. Después de una enajenación simulada, el fingido adquirente vende a un tercero, o constituye una servidumbre o una hipoteca. Si, después, el falso enajenante o un heredero suyo, demostrada la ficción del negocio originario, quisiera reivindicar, o ejercitar una acción negatoria, o una acción de nulidad, bien para recuperar el inmueble, o ya para liberarlo de las cargas concedidas, el tercer adquirente o concesionario del

---

[120] *Studien über Mentalr. und Simulation (Jher. Jahrb.,* XVI, 127-128).

derecho real podría rechazar tal pretensión invocando el precepto del art. 1.319. Lo mismo debe decirse en cuanto al cesionario de buena fe, posterior a una cesión fingida. Si se ha estipulado una deuda imaginaria, y el acreedor aparente transmite el crédito ajeno, el fingido deudor queda obligado a pagar al tercer acreedor sin que pueda alegar la ficción de la deuda. Del mismo modo, solventada aparentemente una deuda, el tercero, deudor, podrá negarse a pagar aun habiéndose demostrado que la deuda subsistía y que él fue falsamente liberado.

También los acreedores quirografarios se benefician, y en varios modos, del principio de que la simulación no puede alegarse por los contratantes mismos en perjuicio de los terceros. Son los acreedores del testaferro, interesados en mantener el estado aparente de aumento patrimonial que se produce con la estipulación del negocio simulado. De este modo pueden ejecutar los bienes inmuebles adquiridos fingidamente por su deudor, o pignorar los créditos de que ha venido a ser falso cesionario, etc.; y si el verdadero titular interviene en el juicio ejecutivo, con tercería de mejor derecho o en otra forma, alegando que le pertenecen los bienes que se intenta subastar o embargar, y que sólo en apariencia se ha desposeído de ellos, encontrarán igualmente protección excepcionando con el art. 1.319. A veces, sin embargo, se da el caso contrario, pues son los acreedores del deudor fingidamente liberado los que desean que subsista esta liberación; y si el verdadero acreedor acciona contra el contratante alegando ser simulado el recibo y pretendiendo ser pagado, los demás acreedores que intervengan en el juicio ejecutivo, para que se les tenga en cuenta al adjudicarse los valores liquidados, pueden impugnar el crédito del primero y hacerlo excluir de la graduación o de la distribución, atrincherados en el art. 1.319. Estos principios se aplican por completo al administrador de la quiebra, el cual, como representante de la masa de acreedores, puede rechazar las contradeclaraciones del quebrado. Pero la cuestión resulta mucho más delicada tratándose del heredero que aceptó a beneficio de inventario. Se ha dicho que su gestión tiene un carácter ambiguo, en cuanto, por una parte, administra en interés de los acreedores y, por otra, es un sucesor, a título universal, del causante de la herencia, cuyas obligaciones debe respetar. ¿Podrá negarse a reconocer un negocio simulado de su causante o tendrá que sufrirlo en perjuicio de los acreedores? Yo creo que no puede admitirse esta doble posición del heredero. El heredero con beneficio de inventario es *única y exclusivamente* un heredero, y la aceptación en tal forma no tiene más efecto que impedir la confusión de los patrimonios y limitar al caudal relicto su responsabilidad por las deudas hereditarias. Si administra y tiene que dar cuenta de su gestión a los acreedores y legatarios, lo hace como *propietario* y más en interés *propio* que en beneficio de los *demás,* quedando para él cuanto exista en la herencia después de cumplidas todas las obligaciones. Y, por tanto, si el heredero con beneficio de inventario es tan sólo un sucesor a título universal y no es, al mismo tiempo, un representante de los acreedores y los legatarios, resulta evidente que debe quedar obligado por los contratos simulados de su autor, salvo cuando los acreedores, por sí mismos, defiendan sus intereses formalizando su oposición en los términos establecidos en el art. 976[121].

Lo mismo debe decirse respecto al administrador de la herencia yacente (arts. 982 y 983).

El principio de la ineficacia de las contradeclaraciones se refiere también a la simulación relativa. Así, realizada una donación bajo el disfraz de una venta y enajenada la cosa por el donatario, el donante no puede vencer al tercer adquirente de buena fe alegando que se trataba de una liberalidad y que ésta era nula por defecto de forma o por incapacidad del que la recibió. Así también, hecha una enajenación por persona interpuesta, si el testaferro abusa de su posición aparente y transmite el derecho con que figura investido, la transmisión es inatacable. Si se hace una cesión de derechos litigiosos por un precio exagerado para evitar el retracto, los acreedores del cedente podrán pignorar el crédito en manos del cesionario, en la medida que resulta de la cesión, sin que el cesionario pueda oponer que el precio efectivo era mucho menor. Y, viceversa,

---

121 Bartin, ob. cit., pág. 220.

si se hizo una venta por precio vil, para ahorrarse el impuesto de transmisiones, los acreedores del comprador pueden impedir que el crédito del enajenante, en un juicio ejecutivo, sea graduado por una cantidad superior, pues la simulación no puede oponerse a ellos, salvo cuando la cuestión se complica interviniendo otros acreedores con intereses encontrados; pues entonces la decisión habrá de fundarse en los principios que luego expondremos.

66. - Vengamos ahora a otro orden de conflictos: aquellos en que no están frente a frente los que simulan y los terceros, sino terceros y terceros.

Aquí el art. 1.319 queda fuera de toda aplicación y, en cambio, rige el otro principio: el que considera indigno de la protección del derecho, así por su fin como por las circunstancias que lo rodean, un contenido de voluntad que se mantiene secreto en oposición a lo públicamente declarado, y entiende que nadie puede fundarse en un acto de tal naturaleza para **obtener consecuencias** jurídicas en perjuicio de terceros de buena fe y con causa onerosa. La simulación para los terceros es como una reserva mental sin eficacia alguna para destruir sus derechos, aunque se alegue por personas distintas. Establecido el concepto, pasemos a sus aplicaciones concretas.

Ante todo, puede surgir el conflicto entre los acreedores del enajenante fingido y el adquirente del testaferro. La adquisición del tercer poseedor de buena fe se mantiene en absoluto frente a los ataques de los acreedores quirografarios, cuando éstos, fundándose en que la enajenación fue simulada, pretenden obtener una declaración de nulidad. Lo mismo sucedería si los acreedores se encontrasen frente al titular de un derecho real constituido por el fingido adquirente, como un usufructuario o un acreedor hipotecario; o ante el tercero, cesionario de un crédito, en el caso de transmisión simulada o de transmisión verdadera de un crédito simulado. En todos estos supuestos, los acreedores querrían beneficiarse, derivando consecuencias en favor suyo de la situación engañosa creada por sus causantes y haciéndolas reobrar en perjuicio de terceros de buena fe; pero esto no lo consiente el orden jurídico, que atribuye plena eficacia al negocio simulado respecto a los extraños y niega su reconocimiento a la secreta divergencia de la voluntad declarada[122].

Pero puede estallar una colisión de intereses entre los acreedores quirografarios de ambas partes simulantes. Los acreedores del que enajena fingidamente tienen interés en que el patrimonio de su deudor permanezca intacto a pesar de la ficción, y los acreedores del adquirente fingido tienen el interés opuesto de que el activo de su deudor se aumente con la adquisición de que se trata; y en la lucha entablada vencen los últimos, pues rechazando la pretensión de los otros acreedores que se fundan en la simulación del negocio, quedan dueños del campo y pueden caer sobre los bienes del testaferro para ser satisfechos[123]. Todavía puede darse una hipótesis más complicada en que el choque de los intereses se produzca entre los acreedores del enajenante fingido, los acreedores del testaferro y los acreedores del tercer adquirente de buena fe. En ese caso, los acreedores del testaferro se ponen al lado de los que lo son del enajenante fingido, porque ambos fundan su adquisición, o el ejercicio de su derecho, en la simulación del negocio primitivo, y son rechazados por los acreedores del adquirente de buena fe, que gozan de la misma consideración jurídica que este último.

Finalmente, el principio de que nos ocupamos sirve para completar la protección -mutilada con evidente falta de lógica por el art. 1.319- en el caso de que la impugnación proceda de los mismos contratantes y se funde en una contradeclaración que se hizo en instrumento público y se mantuvo callada y oculta por las

---

122 Messina *(Riv. di dir. comm.,* 1908, págs. 42-43) y Pestalozza, pág. 330, llegan al mismo resultado, afirmando que los acreedores *no encuentren ya* el bien enajenado en el patrimonio del deudor, puesto que el enajenante fingido pierde *efectivamente* la titularidad del derecho con la transmisión que el testaferro hace al tercero de buena fe. Pero esta argumentación, si no me equivoco, es una argumentación falaz; porque los acreedores sólo *en apariencia* dejan de encontrar el bien en el patrimonio del deudor, ya que la enajenación es fingida, y el fingido enajenante *no* es *que pierde efectivamente* el bien; es que se encuentra impedido, por efecto de su responsabilidad personal, para hacer valer la nulidad en contra del tercero, obstáculo que no existe para los acreedores ajenos al engaño.

123 Pestalozza llega a la misma conclusión, si bien por motivos distintos.

partes a los terceros de buena fe -siempre, claro está, que se trate de adquirentes a título oneroso-. Si éstos, en verdad, no pueden ampararse, en tales circunstancias, en el precepto de la ineficacia de las contradeclaraciones privadas, podrán, sin embargo, rechazar a los autores del engaño, que descubren su ficción, oponiéndoles una *exceptio doli;* y así, haciendo que se ignore en sí misma la revelación que aquéllos quisieron hacer, la buena fe de los terceros no será traicionada por la contradeclaración, que no tendrá para ellos otro valor que el de un documento acreditativo de la reserva mental.

67. - Existe, por último, un orden de conflictos en que no cabe utilizar los principios de la simulación y que, por tanto, habrán de resolverse aplicando otros criterios. Este es el caso en que las dos clases de terceros se encuentran en igualdad de condiciones y merecen la misma protección; sin que para mantener los unos frente a los otros su adquisición respectiva tengan necesidad de invocar el negocio simulado, que incluso pudiera serles desconocido. Esto sucede cuando están frente a frente los que adquirieron del enajenante fingido y los adquirentes del testaferro, si tanto el enajenante simulado como el falso comprador transmiten la cosa a otras personas. *A* vende simuladamente a *B; B* revende a T; simultáneamente, o después, *A* enajena a *T'*. ¿Quién de estos dos terceros deberá ser preferido? ¿El causahabiente del testaferro o el del enajenante fingido? Aquí no puede decirse que ninguno de ellos se funde en la simulación para mantener el derecho adquirido[124], pues si el que adquiere del testaferro se basa en los principios legales que protegen la buena fe, el que adquiere del enajenante fingido se funda en el derecho de propiedad de su causante, que lo conserva sin alteración no obstante la enajena-

[124] PESTALOZZA, pág. 334, me pregunta por qué abandoné el principio de la inoponibilidad de la simulación a los terceros de buena fe. La razón de ello la acabamos de exponer, pues el conflicto no se resuelve directamente con los principios de la simulación; nos encontramos con dos adquirentes *a non domino,* que lo son por distintos motivos, y la preferencia entre ellos solo puede determinarse según criterios extrínsecos, que es lo que hace el mismo PESTALOZZA al resolver las diversas hipótesis distinguiendo según que hayan o no transcrito, o lo hayan hecho uno antes y otro después o hayan adquirido antes o después de la transcripción del negocio simulado (pág. 336).

ción fingida. Y aquí nos encontramos en presencia de dos personas que han adquirido válidamente un derecho sobre la cosa de quienes podían transferirlo con igual eficacia: una de ellas, del verdadero propietario y la otra, del testaferro que, legalmente, es un titular para los terceros. Este problema jurídico es muy semejante a otro resuelto ya en nuestro derecho, o sea el del caso en que el propietario enajena varias veces la misma cosa a distintas personas. La única diferencia consiste en que así como en la hipótesis de que nos ocupamos existen realmente dos personas físicas, igualmente capaces de transmitir -la una por ser titular y la otra, aunque en rigor no se halle investida del derecho, por efecto del principio de la protección de la buena fe de los terceros–, en la hipótesis contemplada por la ley es el mismo individuo el que actúa, primero como propietario y luego como *non dominus,* aunque por consecuencia del principio de publicidad aparezca frente a los terceros como verdadero titular. Pero esta diversidad, puramente material, no puede ejercer influencia en la situación jurídica que, en el fondo, es la misma; y así, el conflicto debe resolverse, por evidente analogía, con el mismo criterio en uno y otro caso. Creo, por tanto, que en esta materia será útil acudir a los principios por que se rige la transcripción, equiparando los adquirentes del testaferro y del falso enajenante a dos adquirentes del mismo titular, entre los cuales será preferido el que primero haya transcrito su título de adquisición (artículo 1.942)[125]. Por análogas razones entre dos acreedores hipotecarios que adquirieron su derecho del testaferro el uno y del falso enajenante el otro se concederá la preferencia al inscrito en primer lugar; y lo mismo ocurre en el caso de derechos limitados de disfrute dimanantes de esos dos orígenes; con esta advertencia: que si el conflicto en-

[125] No todas las opiniones están conformes en cuanto al modo de resolver este conflicto. COVIELLO, *Man.,* 360, a quien sigue GIOVENE, *Il negozio giuridico rispetto ai terzi,* n. 139, da la preferencia al sucesor del enajenante fingido, porque éste era el verdadero titular del derecho. APPIANI (*Giur. ital.,* 1910, I, 2, página 297) se manifiesta, en cambio, contra el adquirente del enajenante fingido. MESSINA, *Riv. comm.,* 1908, pág. 445, y PESTALOZZA, 334, otorgan también la preferencia al que adquirió del testaferro, aunque el último de dichos autores distingue según los casos, tomando en cuenta, ya el elemento de la buena fe, ya el de la transcripción.

tre los dos titulares de los derechos reales no conduce a una absoluta eliminación e incompatibilidad de uno de los derechos contrapuestos, quedando siempre a salvo en su integridad el derecho que primero logró la publicidad, puede subsistir subordinadamente el derecho inscrito posteriormente o cuyo título fue llevado al Registro más tarde.

Por tanto, si se inscribió primero el título de la adquisición por quien adquiere del falso enajenante, y más tarde obtiene alguno una hipoteca otorgada por el testaferro, esta última no puede tener eficacia alguna porque recae sobre cosa ajena; y viceversa, **si es** la hipoteca la que primero recibe la publicidad, y tiene lugar después la enajenación, coexisten a la vez ambos derechos, pero tendrá eficacia en primer lugar la hipoteca, y el adquirente será un tercer poseedor de un fundo hipotecado. Análogas razones se aplican al caso de conflicto entre dos cesionarios de crédito, del testaferro el uno, y del falso cedente el otro, que deberá resolverse según la prioridad con que se notifique la cesión al deudor; notificación que realiza un fin de publicidad equivalente al de la transcripción (art. 1.539).

Por último, en el conflicto entre un adquirente o cesionario del falso enajenante y los acreedores quirográficos del testaferro siempre permanecerá firme la adquisición del primero, y esos acreedores no podrán pretender que el aumento patrimonial que se haya producido realmente en el patrimonio del testaferro quede irrevocable y no pueda a continuación disminuirse por una nueva enajenación, dada la equivalencia, que desde el punto de vista de los terceros, se establece entre las actividades jurídicas del verdadero titular y del fingido.

CAPÍTULO VII

PRUEBA DE LA SIMULACIÓN

58.- Para que la apariencia del negocio jurídico o su verdadera naturaleza se declaren judicialmente, no obstante la simulación, es indispensable la prueba. Quien invoca la protección de la ley en defensa de su derecho, violado o amenazado de serlo, debe fundamentar su pretensión en hechos capaces de llevar el convencimiento al ánimo del juzgador, para lograr un fallo favorable, ya que en el pleito –la lucha por el derecho– lo no probado no se toma en consideración: es como si no existiera. De ahí que pueda producirse una certeza legal por procedimientos defectuosos, en contraste con la verdadera realidad, que quedaría sin protección. La consecuencia, para las partes litigantes, de la omisión de actuaciones procesales es el empeoramiento de su posición judicial, que puede conducir a la pérdida del pleito, es decir, a que no se estime la pretensión aducida. Ahora bien; el acto jurídico se estima *verdadero* y, por tanto, con fuerza material de producir efectos, mientras la ficción o disfraz no se prueben; y aún más, debido a la presunción de legitimidad que lo acompaña, basta su alegación para que produzca consecuencias jurídicas, correspondiendo a otros demostrar su ilegitimidad, ya que el Derecho, como la vida, distingue lo normal de lo que no lo es y parte siempre del principio de la normalidad. Además, la simulación del negocio jurídico es un fenómeno anómalo, puesto que, normalmente, la voluntad manifestada corresponde a la voluntad verdadera[1]. Incumbe, pues, a quien pretenda restar eficacia o lograr

---

[1] FITTING, *Die Grundlagen der Beweislast,* pág. 47, resumido por POLACCO, en el *Archivio giuridico,* vol. 42, 344; REGELSBESGER, *Pand.,* pág. 696.

una distinta de la que dimana normalmente de un contrato, probar el hecho anormal del conflicto entre la voluntad y su manifestación. Y esta prueba debe ser completa y segura, ya que si quedase la duda de que el acto pudiera ser verdadero y contener la voluntad seria de los contratantes, habría de preferirse esta interpretación y rechazarse la que condujera a anular o variar los efecto de aquél. «In dubio benigna interpretatio adhibenda est, *ut magis negotium valeat quam pereat*»[2].

Incumbe, pues, repetimos, la prueba de la simulación a quien la alega y pretende sacar de ello consecuencias a su favor: al contratante, por tanto, que impugna el contrato contra la otra parte, o a los terceros que dirijan su impugnación contra las partes contratantes. Es lo mismo que la simulación se alegue por vía de acción o de excepción, pues el que excepciona debe probar a su vez el fundamento de su pretensión en contrario. Impugnada, por tanto, una obligación por falsedad de la causa, si el actor demuestra la inexistencia de la causa expresada, puede el demandado probar la existencia de otra causa lícita que quiso ocultar la simulación[3].

La acción de simulación puede dirigirse lo mismo contra un documento privado que contra uno auténtico, y aun puede admitirse la hipótesis, rara desde luego, de impugnación por simulación de un contrato verbal. Hoy no merece discutirse la anticuada opinión de que contra un instrumento público no puede

---

[2] La jurisprudencia ha aplicado este principio de diferente manera. El tribunal de Apelación de Casale, en sentencia de 24 enero 1877 (publicada en la revista *Legge,* 1877, I, 295), decía: «Cuando existan dos causas, verdadera la una y simulada la otra, pero igualmente posibles, debe estarse a la primera y mantener la validez del negocio jurídico.» Y el tribunal de Apelación de Bolonia, en 7 marzo 1887 (*Riv. giurispr. Bol.,* 1887. 261), fallaba que «la simulación no debe reconocerse, toda vez que los supuestos motivos de ella encuentran explicación satisfactoria en las circunstancias mismas...».

[3] DELVINCOURT (*Cours de dr. civ.,* II, pág. 63, nota 1) no está en lo cierto al afirmar dogmáticamente que los contratos a título oneroso celebrados con un incapaz de recibir se presumen donaciones disfrazadas, e incumbe al mismo incapaz la prueba de la verdad del contrato. No; las circunstancias, por graves que sean, que acompañan al contrato y lo hacen sospechoso, no podrán nunca invertir la carga de la prueba, aunque constituyan tal vez presunciones de simulación.

accionarse por simulación y deba procederse interponiendo demanda de falsedad, porque dicha opinión tenía por fundamento una confusión de conceptos. La impugnación del acto por falsedad sólo debe intentarse cuando haya sido alterada la verdad material de las manifestaciones de las partes o de los hechos ocurridos en presencia del funcionario público que tiene a su cargo la fe o autenticación del acto (art. 1.317). La verdad de las manifestaciones, la verdadera intención de los contratantes, el elemento subjetivo del consentimiento, quedan, por el contrario, completamente ajenos al acto y a su autenticidad, y admiten prueba en contrario, no obstante la fe atribuida al instrumento público. Y ni siquiera cuando se discuta la certeza de hechos ocurridos ante funcionario público, como pago de metálico, entrega de documentos, etc., será precisa demanda de falsedad, porque la verdad objetiva que atestigua el documento no es lo que se contradice, sino su sinceridad, y ésta no puede garantizarla el funcionario[4].

69. - Estudiaremos ahora los medios de prueba de la simulación, diversos en cuanto a su admisibilidad y respecto a su eficacia con relación a contratantes o a terceros, razón por la cual conviene proceder con separación en este examen[5].

I. *De la prueba entre las partes contratantes.*- Es antigua la creencia, que en distintas formas y con diversas atenuaciones subsiste todavía, de que no se da entre partes la prueba de la simulación, Los contratantes, se dice, no pueden llamarse a engaño, no pueden intentar descubrir la ficción frente al público para mejorar su posición jurídica: *nemo auditur turpitudinem propriam allegans.*

Hoy no se toma en serio esta teoría, tanto más cuanto que el

---

[4] Véase más atrás la distinción entre simulación y falsedad, n. 9, págs. 117 y siguientes. La jurisprudencia está de acuerdo sobre esta cuestión. Bastará citar: la Sent. Trib. de Apelación de Milán, 4 ag. 1893 (*Monit. trib. Mil.*, 1893, 766): «La acción de simulación puede ejercitarse aun contra un documento público, sin necesidad de interponer acción de falsedad.» Y la Sent. del Tribunal de Casación de Florencia, 27 enero 1898 (*Giur. ital.*, 1898, I, 1, 94): «No es admisible la acción de falsedad cuando se impugnan como simuladas las convenciones contenidas en un documento notarial sin impugnarse la verdad material de las declaraciones que contiene bajo la fe del notario.»

[5] V. PESTALOZZA, págs. 199 y sigs.

aforismo citado, de dudoso valor en el Derecho moderno, resulta también inaplicable para el antiguo, ya que, según la mejor doctrina del Derecho intermedio, existía *turpitudo* en el solo caso de violación de una ley prohibitiva, o en el de ofensa a las buenas costumbres, y la simulación en sí misma no resulta prohibida ni ofende la moral pública[6]. Y, en efecto, si antiguamente Paolo de Castro y otros *consilistas* sostuvieron la inadmisibilidad de la prueba entre contratantes, la mayoría de los tratadistas se libró de tal error, porque el contratante que impugna la simulación no se funda en su propia *turpitudo,* y sí en la falta de consentimiento[7]. Es de notar, sin embargo, tanto en los antiguos como en los modernos tratadistas, la influencia de una mal disimulada confusión entre la posibilidad de prueba de la simulación entre partes y la oponibilidad de la simulación misma en cuanto a terceros; cuestiones ambas independientes y esencialmente diversas. Pero si la imposibilidad de la prueba de la simulación entre contratantes no es sostenible, ni sostenida, queda todavía cierta prevención en los comentaristas hacia esta prueba, prevención o desconfianza que se manifiesta en varias formas. Durante mucho tiempo dominó en nuestra práctica procesal la opinión de que los contratantes, para probar la naturaleza simulada de los contratos, debían servirse exclusivamente de una *contradeclaración.* ¡Cómo si el precepto del art. 1.319 implicase una concesión privilegiada fuera de la cual los contratantes no pudieran hallar defensa! Se decía; puesto que los contratantes tuvieron *posibilidad* de hacer una contraescritura, peor para ellos si no se previnieron haciendo ese documento; mas no se tenía en cuenta que de la *posibilidad* de hacer una cosa no cabe deducir su *necesidad,* ni que es arbitraria toda limitación, salvo la que resulta de lo dispuesto en el art. 1.341. También esta opinión ha sido poco a poco abandonada, y son raros los fallos recientes de los Tribunales que mantienen ese error. Idea tan original debía producir, sin embargo, nuevos frutos. A esta inconsciente tendencia pudiera asimilarse otra opinión más

---

6 V. Stryck, *De allegatione propriae turpitudinis (Opera, disp.* XVII).

7 Es bastante instructiva en este sentido la discusión que hace B. Socino, en *Consilia,* II, n. 264.

reciente y aparentemente fundada sobre base jurídica, según la cual, cuando se trate de impugnar un acto para el cual se requiera *ad substantiam* prueba escrita, los contratantes han de presentar necesariamente una contraescritura, sin que la prueba testifical, aun enlazada con un principio de prueba escrita, ni la confesión o el juramento, sean admisibles[8].

El razonamiento en que se funda esta tesis es el siguiente: precisa distinguir los actos para los que la forma escrita es simplemente probatoria, de aquellos otros para los cuales tiene eficacia constitutiva. Estos últimos no existen en Derecho sin la forma necesariamente requerida *ad solemnitatem.* Y si esto se requiere para el contrato manifiesto que se desea impugnar, otro tanto debe exigirse cuando la impugnación consiste en probar la existencia de un acto contrario y oculto que destruye la eficacia del acto aparente. Debe, pues, constar igualmente por escrito este acto secreto negativo, y consistir precisamente en una declaración contraria. Cualquier otro medio de prueba deberá rechazarse, porque *forma dat esse rei.*

La simulación, dice Satta[9], implica un acuerdo verdadero, que destruye el acto aparente, igual en absoluto, aunque contrario, al anteriormente establecido; y de esa igualdad se deduce que igual ha de ser también la prueba. Y en otro lugar añade: «La prueba de la simulación presupone un pacto, una verdadera estipulación entre los contratantes, de no atribuir eficacia jurídica alguna al contrato realizado. Tal pacto forma parte integral del convenio aparente, y de ahí que la prueba deba ser igual.»

L. Ferrara[10] dice así: «Puesto que, según el art. 1.314, el negocio jurídico ha de revestir necesariamente la forma escrita, sólo una declaración contraria, también escrita, puede tener la fuerza necesaria para probar la simulación del acto impugnado. Sostener lo contrario equivaldría a sustituir las contradeclaraciones que

---

[8] V. Sent. Trib. Ap. Roma, 21 febr. 1903 *(Riv. prat. di dir.,* I, n. 4, con una nota doctrinal de L. FERRARA).

[9] *Conversione dei neg. giur.,* págs. 114, 116.

[10] *In tema di prova della simulazione lecita,* págs. 29, 30 *(Riv. prat. Di dottr.,* I, n. 4).

la ley exige de modo expreso por la prueba de testigos.» (¿Dónde puede encontrarse esa sustitución?)[11].

El error fundamental de esta teoría está en un falso concepto de la simulación, en el que se reflejan las ideas comunes de la doctrina francesa. En el negocio simulado no existe un paralelismo de dos contratos opuestos y contradictorios, ni la unión de una convención verdadera con otra que la destruye y anula; de una *lettre* y una *contre-lettre.* No; el negocio simulado es único, falto en su origen de consentimiento e inexistente, y la declaración contraria no puede *modificar* la eficacia, sino *declarar* la ineficacia inicial del acto fingido. Por ello, la prueba de la simulación no tiene por objeto demostrar la existencia de una convención u obligación negativa antitética de la conocida, sino hacer ver la falta del *elemento espiritual* del contrato: del *consentimiento.* Pero esta prueba no va contra el principio sentado en el art. 1.314. No es dudoso que, aun respecto del acto escrito *ad substantiam,* sea admisible la prueba de un posible vicio del *consentimiento* que afecte también a la relación, cual el error, el dolo y la violencia. El caso de la simulación es perfectamente análogo a éstos: los contratantes quieren probar una divergencia entre la voluntad y su manifestación, involuntaria en el error, voluntaria y consciente en la simulación. El documento en sí permanece inatacado, y sólo se discute el elemento psicológico; es decir, que la verdadera intención de los contratantes no aparece ni resulta expresada en el documento[12]. Y lo mismo puede decirse de la simulación relativa: cuando se simula una donación bajo la forma de una venta, no es que haya dos actos diferentes e independientes entre sí, uno de los cuales deba ser sustituido por el otro, sino un acto único disfrazado bajo apariencia falsa; sirviendo entonces la prueba de la

---

11 El art. 1.319 establece solamente la ineficacia de las contradeclaraciones con relación a terceros –y solo a ese fin fue redactado, según demuestra su origen histórico–, pero no exige la contradeclaración como *único medio* de prueba entre los contratantes.

12 La Sent. del Trib. de Cas. de Nápoles, 21 ag. 1900 (*Foro ital.*, 1900, I, 1.448), respondía acertadamente que «la objeción es más aparente que sólida, ya que la escritura subsiste, pues la cuestión versa sobre la verdadera voluntad de los contratantes, es decir, sobre el *quid gestum,* no obstante el *quid scriftum*».

simulación para poner en claro únicamente la verdadera intención de los contratantes, pero no para demostrar la existencia de otro acto diferente que haya de contraponerse al primero.

Es de notar, por último, que de la opinión que combatimos se deduce una consecuencia verdaderamente anómala. Si ha de admitirse que la simulación se resuelve en otra convención igual y contraria a la convención manifiesta, y que ambas deben constar en igual forma, será preciso admitir igualmente que para probar, verbigracia, la simulación de una donación, los contratantes necesitan preconstituir otra contradeclaración *en documento público*». ¡Huelga el comentario!

70. - Preparado el terreno con estos conceptos preliminares, examinaremos atentamente cuál sea el sistema seguido por el Código italiano. No hemos de aplicar ningún *ius singulare,* sino recordar sencillamente los principios generales sobre prueba de las obligaciones. Los contratantes pueden demostrar la simulación por cualquier medio, a excepción, por lo general, de la prueba de testigos y de presunciones. Esta limitación resulta del art. 1.341, que prohíbe la prueba testifical para desvirtuar o ampliar lo manifestado en una escritura; norma extensiva a las presunciones, conforme a lo dispuesto en el art. 1.354[13]. Pero, tratándose de la simulación de un acto escrito, han de ser aplicables las mismas excepciones que se oponen a estos principios y que permiten la prueba oral y de presunciones (arts. 1.347 y 1.348)[14].

Por consiguiente, a más de la prueba preconstituída, en la que aparece *documentada* la simulación mediante la correspondiente escritura, y de la facultad excepcional de valerse de testigos y presunciones, conforme con los artículos citados, los contratantes pueden utilizar, sin que se oponga a ello el Derecho positivo:

---

[13] Esta restricción o limitación de prueba no existe en el caso de que se impugne de simulación un contrato verbal.

[14] V. Mirabelli, *Dei contratti simulati rispetto ai terzi (Dir. dei tersi,* I, pág. 439); Vitali, *Della simulazione e delle liberalità palliate (Annuario critico,,* 1889, 145 y siguientes), y v. más recientemente, en cuanto a jurisprudencia, la Sent. del Trib. de Ap. de Nápoles de 7 mar. 1902 *(Movim. giur.,* 1903, 360), en la que se formulan con toda claridad los principios respectivos.

1.° La confesión, por la que la parte contraria, en juicio o extraiudicialmente, reconoce la ficción o el disfraz del contrato impugnado[15]. 2.°, el *interrogatorio,* mediante el cual uno de los contratantes puede obligar al otro a responder a preguntas relativas a hechos concretos y articulados, conducentes a provocar o conseguir la confesión[16]; 3.°, el *juramento* deferido o referido por un contratante al otro, respecto a la simulación del negocio jurídico, y prestado en sentido afirmativo, mediante el cual la cuestión de si existe ficción o disfraz en el acto queda decidida por la voluntad del que presta el juramento[17].

En todos estos casos no se trata de destruir la eficacia probatoria del documento, sino de probar la existencia de una *voluntad, y* cuál sea ésta, en los contratantes que lo redactaron; por lo cual la prohibición que resulta del art. 1.364 aparece inaplicable.

71. - Mas, si es verdad que los contratantes pueden utilizar todos estos medios de prueba, no es menos cierto que no todos ellos son igualmente eficaces para demostrar la simulación, y que el excluir, por regla general, la prueba de testigos y de presunciones, que es la más adecuada para descubrir el misterio que en-

---

15 Sentencia del Trib. de Casación de Nápoles, 14 nov. 1899 *(Procedura,* 1900, 212).

16 V. Castellari, *Interrogatorio,* pág. 126. En cuanto a la jurisprudencia, ver Sent. Trib. de Ap. De Catania, 18 julio 1897 (*Giur. cat.,* 1897, 202); Sentencia Trib. Ap. de Palermo, 12 sept. 1898 (*Foro Rep.,* 1898, V. *Frode e simul.,* n. 36); y Sent. Trib. de Catania, 13 julio 1900 (*Giur. cat.,* 1900, 168).

17 Lessona, *Prove,* III, pág, 476; y en cuanto a la jurisprudencia, v. sentencia Trib. de Cas. de Turín, 3 abr. 1883 (*Giurispr. tor.,* 1883, S82): "La prueba de la simulación por medio de juramento es admisible entre las partes contratantes aun contra un documento.» Sent. Trib. Ap. de Venecia, 4 nov. 1887 *(Temi ven.,* 1887, 606): «Los hechos sobre los que se funde la prueba de la simulación pueden ser también establecidos mediante juramento decisorio.» Sent. Tribunal Ap. de Roma, 6 nov. 1888 *(Cons. comm.,* 1888, 361): «Es admisible el juramento decisorio para probar la simulación, pues aunque el hecho de simular sea ilícito en sí mismo, no constituye un delito, sin embargo, y no está comprendido en la prohibición del artículo 1.364.» Sent. Trib. Ap. de Palermo, 3 julio 1896 *(Foro sic.,* 1896, 537): «Es admisible el juramento decisorio para probar que la entrega del dinero ante el notario fue simulada por haber sido restituida poco después al mutuante.» Sent. Trib. Ap. de Génova, 3 julio 1899 *(Temi gen.,* 1899, 432): «Es admisible el juramento decisorio propuesto por uno de los contratantes para probar la simulación de un contrato estipulado en escritura pública.»

vuelve el contrato, coloca a los contratantes en posición difícil y peligrosa; y de aquí que entiendan necesario para su seguridad preconstituir una prueba documental de la simulación, viniendo a resultar la prueba escrita para las partes como una *normal* cautela, más que una necesidad. Ahora bien; estos actos, que entre los contratantes vienen a levantar el velo de la simulación realizada, llámanse *contradeclaraciones* y están explícitamente reconocidos con efectos limitados por el artículo 1.319 del Código civil. En Francia se denominan *contre-lettres,* y se ha conservado la palabra *lettre* con su significado tradicional de documento público, cual las *lettres royaux,* las *lettres de rescission,* y aún hoy se dice en Italia prueba *letterale*[18]. Precisa, no obstante, estudiar, este concepto, tanto por aparecer algo confuso en la mayoría de los tratadistas, como por las importantes consecuencias que se deducen de esta teoría.

¿Qué es una contradeclaración? Si buscamos la respuesta en los tratadistas de la materia, veremos que consiste en una *convención* u *obligación* que viene a modificar o anular una convención anterior[19]. Opinión inexacta que se refiere a un concepto muy discutido de la simulación, cual resultado de dos convenciones contradictorias que se neutralizan entre sí. Para los escritores franceses y algunos italianos que les siguen, la contradeclaración sería la segunda de esas convenciones, llevada a cabo secretamente para contradecir la primera. No es así. La contradeclaración no viene a *quitar eficacia* a un negocio anterior perfecto, ni es un contrato resolutorio o que anule el precedente, sino una mera declaración que sirve tan sólo para *hacer constar* la simulación existente desde un principio. La contradeclaración nada añade ni quita al contra-

---

18 No me parece acertada la cita histórica que hacen algunos de la *domestica cautio,* de que habla CALLISTRATO en el fr. 3 D. 49, 14, y de la *tacita conventio* que recuerda PLINIO en sus *Epístolas* (lib. V, ep. 1), porque en ambas se alude a un acto que viene a modificar otro acto verdadero, *in fraudem legis vel creditorum,* mientras que la naturaleza jurídica de las contradeclaraciones es completamente diferente.

19 FERRIERE, *Dictionnaire de droit,* «*Contre-lettre*»; PLASMAN, *Traité des contre-lettres,* pág. 11; BARTIN, *Théorie des contre-lettres,* pág. 86; PLANIOL, *Droit civil,* II, n. 1.260; ROUGIER, *Controdichiarazioni,* pág. 210 (*Encicl. giur. ital.).*

to; no hace sino remover su apariencia, restituyéndole su genuina fisonomía, según estuvo en el ánimo de los contratantes. La contradeclaración refleja la verdadera intención de éstos, mostrando, o que un contrato no ha existido, o que existió otro diferente o entre personas distintas.

La contradeclaración es, por decirlo así, la documentación de la simulación *inter partes,* a manera de prueba para perpetua memoria que las partes constituyen en garantía de su respectiva posición jurídica.

Analicemos su esencia más a fondo. En las contradeclaraciones, las partes vienen a reconocer con fines probatorios la no subsistencia o la existencia con diferente contenido de una relación jurídica, por lo cual me parece exacta su clasificación entre los negocios jurídicos que establecen un hecho para fines de seguridad (*Negozi d'accertamento. Feststellungsgeschäfte).* La contradeclaración consiste precisamente en un *acto de reconocimiento escrito,* que se caracteriza como reconocimiento *negativo* en la simulación absoluta, según la terminología de Bekker[20] [21].

Es, pues, la contradeclaración un acto por el que las partes reconocen por escrito, y con fines probatorios, la simulación total o parcial o la ocultación de un contrato.

Dos son, por tanto, los elementos que componen la contradeclaración: uno, interno y sustancial, el *reconocimiento,* y otro, externo o formal, la *escritura privada* en que consta la declaración. De esta duplicidad de elementos se deriva un doble orden de corolarios.

Puesto que la contradeclaración es un *acto de reconocimiento,* es indispensable para su existencia y validez que se cumplan todos los requisitos de los negocios jurídicos, cuyos principios tendrían aquí exacta aplicación. Es, pues, preciso que los declarantes tengan capacidad jurídica para hacer tal declaración. Si la contraescritura se hiciere por un menor o interdicto, o por un

---

20 *Pand.,* II § 109, pág. 241.

21 Por el contrario, Messina (obra cit., II, 522 y sigs.) considera las contradeclaraciones como meros documentos probatorios en que se hacen constar declaraciones.

menor emancipado, o por un incapacitado respecto de actos para los cuales se necesita la asistencia o la observancia de ciertos requisitos tutelares, será anulable, aunque producirá el efecto especial de dejar subsistente el contrato simulado, caso de que por otros medios no sea posible determinar su verdadera naturaleza. En tales casos sólo podrá hacerse una contradeclaración válida, o por el representante legal del incapaz[22], o mediante la observancia de las formalidades tutelares exigidas, en cuanto éstas resulten compatibles con el carácter secreto del acto[23]. Por lo demás, la contradeclaración podrá ser impugnada cuando el consentimiento de los que la hacen haya sido viciado por error, violencia o dolo. Es frecuente en la práctica esta última acción, con la cual uno de los contratantes, inducido con engaños a hacer una escritura falsa, quiere restarle eficacia en evitación del peligro de que sea anulado un negocio serio y verdadero. Pero la contradeclaración misma puede ser simulada[24], con el fin de hacer aparecer como fingido un contrato válidamente celebrado, y en tal caso serán aplicables los principios generales de la simulación. Finalmente, la contradeclaración puede ser nula si tiene carácter ilícito, como en el caso de que se halle prohibida de un modo expreso. Ejemplo de ello son, en Francia, las *contre-lettres* que intervienen en las cesiones o enajenaciones de oficios para elevar el precio simulado que se somete a la aprobación del Gobierno, las cuales se declaran sin efecto, como contrarias a la ley de 28 de abril de 1816[25].

Puesto que la contradeclaración reviste la forma de documento privado, le serán aplicables las normas que regulan esta materia.

---

[22] Por lo que se refiere al tutor, v. Casac franc., 29 nov. 1831 *(Sirev,* 1831. I, *27).*

[23] Según MESSINA, en cambio (obra cit., II, pág. 526), es suficiente para poder hacer contradeclaraciones tener *capacidad para ser testigo.* ¡Por consiguiente, un menor de edad podría hacer, válidamente, una contradeclaración que desmintiese algún acto o contrato realizado por su representante legal!

[24] Siendo en forma contractual, por supuesto, porque, de tratarse de un reconocimiento unilateral ficticio habría una reserva mental. Las consecuencias, sin embargo, en cuanto a terceros de buena fe, no difieren.

[25] V. BARTIN, ob. cit., pág. 168; PLANIOL, *Droit civ.*, II, n. 1.247. En cuanto a jurisprudencia, v. Sent. Trib. Casación París, 29 nov. 1899 *(Sirey,* 1901, 2, 121).

Debe constar, consiguientemente, por escrito y ser firmada por las partes. Si la contradeclaración se presenta bajo la forma de reconocimiento unilateral, en vez de asumir el aspecto de un contrato de reconocimiento (ninguna dificultad hay en admitirlo), bastará la firma del que la hace[26]; suponiendo que la declaración vaya contra los intereses del mismo declarante, como si el fingido comprador reconoce no haber adquirido, o el deudor declara no haber pagado, a pesar de un falso recibo, ya que el caso contrario de un contratante que preconstituye un título de prueba a su favor carece de eficacia, salvo que el documento se otorgue y entregue espontáneamente al interesado.

Para que la contradeclaración surta efecto es necesario que sea reconocida. Si aquel contra quien se produce en juicio desconoce su propia escritura o su firma, es preciso que quien invoca la contradeclaración pida una comprobación judicial. Reconocida o comprobada la contradeclaración, hace plena fe entre los declarantes, sus herederos y causahabientes en cuanto a todo su contenido y también en cuanto a la fecha, no bastando presunciones ni pruebas testificales para destruir su verdad, por oponerse a ello la expresa prohibición del art. 1.341.

72. - Precisado el concepto de la contradeclaración, estudiaremos sus requisitos, distinguiendo tal figura de otras formas afines con las que pudiera confundirse. Inútil parece hacer una crítica de la doctrina dominante, la cual, partiendo de falsos conceptos, exige en las contradeclaraciones, o la coexistencia de dos convenciones contradictorias[27], o el efecto modificativo de la segunda convención[28], o el secreto del acto[29], etc., y nos limitaremos, por tanto, a exponer nuestra opinión.

Para que haya contradeclaración se necesita: 1.°, un acto que venga a declarar y hacer constar la simulación u ocultación de

[26] Aplicación al caso de persona interpuesta en un acto jurídico: bastará que la contradeclaración sea firmada por el que interviene en el acto en lugar y en nombre del verdadero interesado. Sent. Trib. Ap. Milán, 20 enero 1905 (*Filangieri,* 1905, pág. 547).

[27] Bartin, ob. cit., pág. 94.

[28] Plasman, ob. cit., pág. 42.

[29] Rougier, ob. cit., pág. 211.

otro acto o contrato; 2.°, que e*l reconocimiento de la simulación emane de sus mismos autores.

Por el primero de estos requisitos, la contradeclaración se diferencia de la resolución consensual y de todas las modificaciones o derogaciones realmente aportadas a un contrato valedero. Los interesados pueden resolver una relación jurídica o modificarla a su voluntad, aun manteniendo ocultas estas modificaciones; la ley no pone obstáculo a ningún acto secreto de las partes, porque el silencio en los asuntos propios puede responder a un interés legítimo, digno de ser tutelado[30]. En cambio, no puede ser considerada como contradeclaración una estipulación convencional por la que varios codeudores solidarios establecen, como cuota de participación en la obligación, otra diferente de la que presume la ley (art. 1.198), o reconocen que la deuda se contrajo en interés de uno de ellos exclusivamente, quien se compromete a pagarla por completo o a responder por los demás. Aquí, en efecto, aun existiendo modificación de las relaciones jurídicas normales dimanantes de la obligación solidaria, no llega a reconocerse, sin embargo, que la obligación precedente es simulada. La obligación principal existe realmente, y el acreedor podrá siempre dirigir su acción contra cualquiera de los solidariamente obligados, mientras que la convención o acuerdo secreto, lejos de desmentir aquélla, presupone su eficacia, puesto que pretende precisamente, mediante efectos obligatorios *inter partes,* desvirtuar las consecuencias jurídicas de la solidaridad. Es decir, que la distribución convencional de la deuda no destruye la obligación solidaria; no se hace una declaración contraria, sino ampliatoria, que permanece íntegra e independiente. Menos aún puede estimarse como contradeclaración la declaración de un tercer adquirente hecha después de adquirir para persona que habrá de manifestarse más tarde *(déclaration de command),* ya que no se trata de una adquisición simulada, sino que se revela y anuncia la posibilidad de una sustitución de la persona adquirente, y no existe, por tanto, ánimo de engañar. Por último, no es tampoco una contradeclaración

[30] LEREBOURS-PIGEONNIERE, ob. cit., pág. 181.

la obligación de restituir que pueda asumir el fiduciario como consecuencia ele la adquisición que se lleva a cabo en su nombre.

Examinemos ahora el segundo requisito: identidad de las partes que contrataron simuladamente y confiesan la simulación realizada. Tal identidad no ha de ser física, sino *jurídica;* por lo cual, la contradeclaración hecha por un mandatario o representante legal llena esa exigencia. Por lo mismo, no sería contradeclaración el reconocimiento que hiciese uno de los simulantes de haber obrado simuladamente. Podrá valer como simple indicio (artículo 1.358), mas de ningún modo será obligatorio para el otro contratante. Tampoco sería contradeclaración la declaración de un tercero *(declaración de amigo)* con la cual un contratante pretendiese haber adquirido por cuenta de otro, prometiendo en consecuencia transmitirle los derechos adquiridos[31]. Discuten los tratadistas sobre si puede admitirse como contradeclaración un contrato con testaferro, conviniendo en la negativa la mayoría de los autores, si bien no están de acuerdo en la argumentación. Bartin lo explica por la falta de identidad de las partes, que en el primer contrato serían el testaferro y el mandante, y en el segundo, el testaferro y los terceros[32]. Lerebours-Pigeonniére niega, en cambio, que exista la contradeclaración, por una razón más decisiva: porque la intervención del testaferro no tiene nada de imaginaria, y el acto que la hace constar es perfectamente verdadero, no habiendo, por tanto, declaración simulada que deba ser corregida por otra[33]. Ambas razones son aceptables cuando se trate de testaferro en sentido de mandatario en nombre propio, o sea contratante real que contrata en su nombre relaciones jurídicas para transferirlas al mandante. Pero la mayoría de los autores se equivoca afirmando que no es posible hablar de contradeclaración en esta materia, ya que en el caso típico de testaferro, o sea de contratante ficticio que interviene simuladamente en el contrato, puede constituir perfectamente contradeclaración

---

31 V. Sent. Trib. Cas. Palermo, 30 mar. 1886 (*Circ. giur.*, 1886, 158): «La contradeclaración de que habla el art. 1.319 no debe confundirse con la declaración hecha por alguna persona en favor de otras.»

32 Obra cit., pág. 98.

33 Obra cit., pág. 183.

la confesión que haga el testaferro de haber obrado aparentemente, en lugar de otra persona a quien debe considerarse como verdadero contratante y titular de las relaciones jurídicas resultantes del contrato. Esta contradeclaración tiene lugar, generalmente, con intervención de tres personas, o sean: las dos partes de la relación contractual y el testaferro interpuesto ficticiamente entre ellas. Puede tener lugar igualmente, según la naturaleza del contrato, entre el testaferro y el *dominus negotii,* sin que el tercero intervenga ni tenga interés en hacerlo.

Estudiados los requisitos, nos ocuparemos ahora de algunas condiciones accidentales que suelen concurrir en las contradeclaraciones, sin ser indispensables.

Una de las primeras es la *simultaneidad* de la contradeclaración con el acto simulado. Comúnmente aquélla se hace al mismo tiempo que el acto simulado, o poco antes o poco después, aunque alguna vez la contradeclaración se efectúa más tarde, cuando, por cambiar las circunstancias, los contratantes deciden, de común acuerdo, redactar *entonces* un documento para hacer constar la simulación. Es de advertir, sin embargo, que las contradeclaraciones tardías despiertan la sospecha de que ellas mismas sean simuladas.

Otro carácter normal es el *secreto.* La finalidad perseguida por los simulantes no podría alcanzarse, en efecto, sino rodeando de misterio el documento revelador de la ficción. No es, sin embargo, elemento esencial. Prescindiendo de que otros actos son igualmente secretos, puede suceder que los contratantes, por miras particulares, actúen en forma inadecuada para conservar la reserva, como si hacen una contraescritura en documento público para poder oponerlo contra terceros. La contradeclaración seguirá siéndolo si los contratantes, cesado el motivo del engaño que originó el documento, regulan su respectiva posición jurídica declarando abiertamente la simulación de un contrato anterior. Por último, no cambia tampoco su carácter originario el que la contradeclaración sea registrada en una Oficina liquidadora, notificada, transcrita o reconocida por sentencia, ya que siempre será ineficaz respecto a los terceros mientras subsista concretamente su buena fe.

73. - Con este examen queda aclarada la naturaleza jurídica de las contradeclaraciones.

La doctrina dominante equivoca el camino y acentúa el efecto modificativo o destructor de las contradeclaraciones; pero debe reconocerse que no todos los autores parten de un concepto inexacto aunque usen, persistiendo en el error, una terminología ciertamente inexacta. Bastará recordar las más importantes definiciones de la contradeclaración. Dénisart dice: «La contradeclación es un acto secreto que *destruye* en todo o en parte otro acto manifiesto»[34]. Domat, que «es un acto que *deroga* una convención precedente»[35]. Demolombe, que «es un acto que *anula'',* etcétera[36]. Plasman, que «es una obligación *que modifica»*[37]. Bartin, que «es una convención que *suprime»*[38]. Lerebours, que «es un acto que corrige»[39]. Y Giorgi, que «es un acto que restringe o destruye», etc.[40].

No es cierto. La contradeclaración no es modificativa, ni derogatoria, ni anula la convención precedente, porque si ésta es fingida y nula, no puede ser destruido lo que no existe, y si es simulada, no sufre restricción o supresión en sus efectos por la contradeclaración que la descubre. Por el contrario, la contradeclaración es, por su naturaleza, *declarativa* y sirve para advertir la inexistencia o la verdadera índole del contrato realizado, descorriendo el velo de la simulación. Tiene una eficacia reveladora, no modificativa, y el contrato simulado o disfrazado tiene existencia *independiente* de la contraescritura que lo hace constar, y existiría también sin ella. Por lo mismo, la contradeclaración no implica *retrocesión* de derechos del falso adquirente al enajenante, o *extinción* de los derechos del falso acreedor contra el obligado, porque tales derechos ni han desaparecido ni nunca nacieron. Ni tampoco a virtud de la simulación

---

[34] *Collect. des décisions,* V, pág. 491.
[35] *Lois civiles,* I, lib. III, tít. VI, sec. 2.ª, n. 15.
[36] *Cours de droit civil,* 29, n. 305.
[37] *Traite des contre-lettres,* págs. 7 y sigs.
[38] *Théorie des contre-lettres,* pág. 86.
[39] *Du prete-nom.,* pág. 182.
[40] *Obligazioni,* I, n. 310.

relativa lleva a cabo la contraescritura la sustitución de un negocio jurídico por otro, sino que da a conocer el único y verdadero acto jurídico realizado, apartando la apariencia que ocultaba su verdadero aspecto. Por ello también, las contradeclaraciones referentes a un acto aparente traslativo de dominio no deben transcribirse en el Registro inmobiliario, por no haberse verificado ningún cambio de dominio; y aun aquellas que hacen constar una transferencia llevada a cabo bajo la apariencia de acto jurídico distinto, escapan a tal formalidad, debiendo, en cambio, practicarse la transcripción del acto verdadero. Por consiguiente, también tienen las contradeclaraciones efecto retroactivo, o, lo que es igual, que la carencia de efectos del contrato simulado o la distinta eficacia del disimulado, comienzan a partir del momento en que la simulación se realizó, no obstante hacerse constar con posterioridad[41].

74. - Existen excepciones al principio de la no admisibilidad de la prueba testifical o de presunciones en contra o para modificar un acto escrito; excepciones contenidas en los artículos 1.347 y 1.348 del Código civil y 44 del de comercio. Así, cuando cesan los motivos de temor o desconfianza con que la ley mira la prueba de testigos, se hace preciso, por consideraciones diversas de oportunidad, romper las barreras que limitan la prueba de los negocios bilaterales, volviendo así al derecho común, o sea, a la libertad en los medios de prueba.

Ahora bien, estas excepciones son igualmente aplicables en materia de simulación, y no habría motivo para que no lo fuesen* pues no existe peligro en ello, ya que, repetimos, una cosa es la admisibilidad de la prueba entre contratantes, y otra distinta la oponibilidad de la simulación, probada, contra terceros. Aun en el caso de que los contratantes, con o sin contraescritura, demuestren la simulación y obtengan sentencia que la declare, no podrán intentar hacer recaer los efectos sobre los terceros de buena fe, quienes tendrán siempre su salvaguardia en el precepto

---

41 Sobre el carácter declarativo de las contradeclaraciones, v. MERLIN, *Rép., Contre-lettres,* § 1; Ferrini, *Obbligazione,* pág. 879 *(Encicl. giur. ital.,* v. XII); COVIELLO, *Trascrizione,* I, n. 143.

del artículo 1.319. La prueba entre contratantes es cosa privativa suya; no se refiere ni interesa a otros, ni aun significa amenaza para nadie, por lo que toda aprensión es injustificada.

Demostrado esto, podemos dedicarnos serenamente a la interpretación de nuestra ley.

Los contratantes pueden demostrar la *simulación con prueba* oral y de *presunciones:*

1° Caso de imposibilidad de utilizar la prueba escrita;

2° Si existe un principio de prueba por escrito;

3° En materia comercial.

La imposibilidad de suministrar una prueba escrita puede existir desde un principio o sobrevenir después.

Para los simulantes no existe imposibilidad material en ningún tiempo, porque obran tranquila y circunspectamente y disponen del tiempo y modo necesario para preparar un documento declarativo de la simulación; y es muy raro, al extremo de haber quedado como un caso de jurisprudencia curioso el tener que estimar como imposibilidad el analfabetismo de las partes[42]. Es bien sabido que, además de la imposibilidad física, la doctrina reconoce también una imposibilidad moral, por la que en determinadas circunstancias y- por razones sociales y de conveniencia, resulta imposible la documentación del acto entre algunas personas[43]. No discutimos la teoría ni su alcance; hacemos notar solamente que admitida esa causa para prescindir de la solemnidad del acto escrito, debe aceptarse también en materia de simula-

---

42 V. Sent. Trib. de Massa, 26 junio 1900 (*Bettini*, 1900, 518): «Queriéndose demostrar por uno de los contratantes la simulación de un contrato redactado en documento público, es admisible la prueba de testigos y presunciones si resulta comprobado que ambos contratantes eran analfabetos, y la imposibilidad, por tanto, de que hagan una contradeclaración por escrito, ya que ésta, por su naturaleza, no puede llevarse a cabo sino como documento privado y secreto.»

43 V. T. Catanzara, 1 feb. 191T *Ciur. Cae.*, 1913, 62). En los juicios por simulación es admisible la prueba de testigos cuando sea analfabeto uno de los contratantes o se hallan éstos ligados por próximo parentesco. Pero el solo *temor reverencial* no puede ser invocado como constitutivo de imposibilidad moral (Sentencia Trib. Ap. Turín, 11 sept. 1914, *Giur. tor.*, 1914, 715).

ción. Existe un caso, no obstante, de imposibilidad moral, que tanto los juristas como los fallos de los Tribunales admiten: cuando la simulación se ha realizado para encubrir una acción ilícita[44]. Si los contratantes ocultan un contrato ilícito bajo el velo de la simulación, se admite libremente la prueba. Dice Mirabelli que «es moralmente incompatible con el acuerdo o conformidad de los contratantes para obrar contra la ley, el procurarse un documento en que se haga constar la simulación, y con el cual pueda demostrarse en todo tiempo la nulidad del acto»[45]. Ciertamente, estas excepciones están justificadas por una razón más alta: el interés social de que la ley sea respetada, y de que no falte la adecuada sanción del orden jurídico contra sus violadores. Todo el mundo debe vindicar las transgresiones de las leyes. No es ésta la ocasión de intentar una agrupación de las distintas clases de contratos ilícitos en que no está limitada la prueba; bastará solamente observar que la ilicitud puede resultar, o de la transgresión de una ley prohibitiva de interés general, o de la ofensa a las buenas costumbres, o, finalmente, de la violación del orden público, y que, respecto a las prohibiciones, la ilicitud puede ser objetiva, si resulta prohibido el acto por su mismo contenido, o subjetiva, si está prohibido solamente con relación a determinadas personas, como ocurre en las incapacidades prohibitivas[46].

---

[44] Sobre admisibilidad de la prueba de testigos en el caso del *fraus legis* (aunque *fraude* es aquí expresión impropia), v. anteriormente págs. 99 y sigs. Confróntense en *Giur. ital.*, págs. que se indican, las siguientes sentencias: Tribunal Cas. Nápoles, 3 julio 1884 (37, I, 8); Cas. Turín, 9 ag. 1883 (35, I, 1, 696); Ap. Milán, 13 dic. 1884 (37, II, 101); Ap. Génova, 3 dic. 1898 (51, I. 2, 66); en *Annali,* sentencias Cas. Turín, 6 sept. 1887; (21, I, 1, 494), y Ap. Trani, 5 febrero 1889 (1890, 43); en el *Filangieri* (1898, 137), otra del Trib. Ap. Milán, 7 sept. 1897; en la *Legge* (1899, I, 269), otra del de Ap. Roma, 5 oct. 1898; y en la *Temi* (1903, 504), otra del de Ap. Venecia, 31 marzo 1903. Sobre admisibilidad de la prueba de testigos en caso de fraude de la ley del Impuesto de transmisiones con el fin de demostrar que el precio que aparece del acto o contrato es inferior al verdadero, v. Puppati, en la *Riv. univ.*, 1900, 72.

[45] Ob. cit., I, 445. V. también LAROMBIERE, *Théorie des obligations,* respecto al artículo 1.348, n. 19.

[46] Para mayores desarrollos, v. mi obra *Negozio illecito,* págs. 17 y siguientes, p. 100.

Conviene advertir que la posibilidad de ocultar la violación de ley se refiere sólo a la simulación relativa en la doble forma de disfraz del acto o de interposición de persona. La jurisprudencia ha hecho aplicación interesante de estos principios, admitiendo la prueba testifical y de presunciones entre los contratantes cuando la simulación había sido empleada para ocultar una deuda de juego, una responsabilidad por negativa a contraer matrimonio, una obligación derivada de un concubinato, la estipulación de una ventaja para el acreedor del quebrado como precio de su voto favorable al convenio, etc., etc.

La imposibilidad de proveerse de prueba escrita puede haber sobrevenido más tarde, como en el caso de que los simulantes hubieran redactado una contradeclaración, perdida después por caso fortuito. Aun en este caso sería admisible la prueba testifical o de presunciones, con tal de que con ella se demostrara la existencia de la contraescritura, su contenido y la pérdida casual. Entre los casos de imposibilidad de procurarse una prueba escrita, y como ejemplo de ella, nuestra ley incluye, viciosa, pero lógicamente, el caso de que se trate de probar obligaciones nacidas de cuasicontratos, delitos o cuasidelitos (art. 1.348, n. 1); pero esta excepción no lo es en rigor, puesto que la prohibición de la prueba de testigos se refiere a los contratos, y en los cuasicontratos y delitos la obligación nace con independencia del acuerdo entre las partes. Por consiguiente, más propio sería hablar de la inaplicabilidad del art. 1.341 que de su derogación. De todos modos, sacaremos partido de esa disposición del Código para aplicarla en materia de simulación. Nos referimos a los delitos. En la estipulación de un contrato simulado puede haberse cometido un delito civil mediante el empleo de manejos dolosos que decidan a uno de los contratantes a participar en la simulación, cosa prácticamente frecuente según puede verse en las colecciones de jurisprudencia. Un hombre de bien, engañado por las maquinaciones de otro y para los fines de éste, es inducido a simular un contrato con la promesa de que se hará después una contradeclaración que garantice sus derechos. Hecho el contrato, sin embargo, el falso adquirente no cumple lo ofrecido, y el confiado enajenante queda a merced suya. Si invoca la protección judicial, y el otro exige que presente una contraescritura, está irremisiblemente perdido, víctima de la mala fe de aquél. Pero lo sorprendente es que magistrados y tratadistas acepten este sofisma[47] sin comprender que el contratante engañado no intenta probar la *simulación* del acto, sino el *dolo* del otro contratante que lo indujo a la simulación; pide, por tanto, la rescisión o destrucción de esta apariencia de contrato, que pesa sobre él como una amenaza y que tiene derecho a probar por medio de testigos o de las presunciones a que se refiere el artículo 1.341, o al menos invocando la errónea excepción del artículo 1.348, n. 1. Es indispensable, claro está, que se trate de verdadero dolo causante, no de *dolus incidens,* empleado por el otro contratante o por un cómplice suyo en el momento de hacerse el contrato. El engaño de una tercera persona o la mala fe del contratante, posterior al contrato, no legitimaría la acción que concede el art. 1.115, y sólo daría lugar a una acción de responsabilidad. El buen sentido se ha impuesto, sin embargo, y hoy la jurisprudencia tiende a acordar protección en estos casos, si bien con titubeos en cuanto a la justificación jurídica[48].

Análoga solución debe adoptarse cuando el consentimiento de uno de los simulantes haya sido arrancado con violencia.

Vengamos a la segunda clase de excepciones: el principio de prueba por escrito[49]. En este caso, existe ya una pequeña justifica-

---

47 V. MATTIROLO, *Dir. giudiz.,* II, págs. 334-335; GIORGI, *Obbligazione,* I, n. 417; y sents. Trib. Ap. Casale, 30 en. 1882 *(Giur. Cas.,* 1882, 109), y Cas. de Florencia, 19 mar. 1891.

48 V. sents. Cas. Nápoles, 17 nov. 1879 (*Giur. ital.,* 32, I, 1, 152): «Quien fue inducido a simular un acto puede más tarde impugnarlo de nulidad alegando que su consentimiento fue obtenido por medio de maquinaciones dolosas.» Ap. Génova, 11 sept. 1895 (*Giurista,* 1896, 390): «La prueba de testigos es admisible para demostrar que una persona fue inducida por medio de maquinaciones dolosas a declarar en acto o documento público haber recibido anteriormente una cantidad en metálico siendo así que nada había recibido.» Y la sent. Trib. Ap. Génova, 6 febr. 1903 *(Temi aent.,* 1903, 109): «Es admisible entre las partes la prueba de testigos cuando resulte que habían convenido redactar una contradeclaración por escrito, sin que, a causa de engaño de quien, debía suscribirla, se llevase a cabo lo estipulado.»

49 V. finalmente la sentencia Trib. Cas. Turín, 21 julio 1915 *(Dir. comm.,* 1915, 872).

ción documental que garantiza por anticipado la certeza de la prueba de testigos y hace desaparecer la desconfianza de la ley. No nos interesa dilucidar lo que haya de entenderse por principio de prueba escrita, siendo suficiente indicar qué deben concurrir tres requisitos para ello: existencia de un escrito; que éste provenga de aquel a quien se haya de oponer o de quien lo represente legítimamente; y que aparezca del mismo escrito la verosimilitud del hecho alegado (art. 1.347). Nos apresuramos a combatir una tendencia errónea que se ha manifestado en la práctica, cual es la de querer deducir el principio de prueba por escrito del mismo acto impugnado. Esta opinión no es admisible. De la letra y del espíritu del art. 1.347, en relación con el 1.341, resulta indudable que la ley alude y exige *otro* escrito diferente de aquel que se discute. El documento impugnado no puede serlo con un testimonio oral contrario, mientras no intervenga un principio de prueba por escrito; por consiguiente, éste debe existir *además* del otro documento al que se intenta negar fe. Se cae en un círculo vicioso si para destruir la eficacia de un documento se toma por base el documento mismo[50]. Del acto impugnado podrán surgir inve*rosimilitudes y contradicciones; pero serán siempre conjeturas o indicios que se quiebran ante el obstáculo del art. 1.354, último inciso, y que, por tanto, no podrá el juez tomar en consideración. Quizá se haya originado la opinión que combatimos en una confusión entre los medios de prueba de los contratos simulados y los propios de los fraudulentos. Sabido es que en el caso de fraus legis como en el de simulación ilícita, está permitido todo medio de prueba, y, por tanto, el carácter fraudulento o ilegal del contrato puede probarse por medio de presunciones, las cuales pueden a su vez ser deducidas ex re ipsa, es decir, del mismo contrato impugnado. Son frecuentes los fallos judiciales en los que, a virtud de fundamentos intrínsecos deducidos del acto mismo, se ha reconocido la existencia de un contrato pignoraticio o una fianza de mujer casada por deudas del marido sin la autorización judicial, o la interposición de persona a favor de otras incapaces, etc. Si esto es admisible cuando se trata de descubrir una violación de ley –a lo cual ayudan siempre las presunciones–, no ocurre lo mismo en materia de simu-*

---

[50] V. FADDA, en el *Annuario critico di dottr. c giur.*, IV, pág 26.

lación lícita, pues no es posible convertir las presunciones en un principio de prueba por escrito. Este ha de ser independiente del acto discutido, el cual no puede llevar en sí el germen de su muerte; no puede admitirse, como dice acertadamente Ferrara L.[51]*, una autoeliminación jurídica del acto impugnado*[52].

Finalmente, la prohibición del art. 1.341 no es aplicable en materia comercial, donde el juez *puede,* si lo estima oportuno, admitir la prueba de testigos o acudir a criterios de presunción (artículo 44 del Código de Comercio)[53]. Conviene recordar que son aplicables las normas del Código de Comercio aun en el caso de que el acto sea comercial para una sola de las partes[54].

Tampoco será inútil advertir que se admite la prueba oral y de presunciones cuando se trata, no ya de demostrar la *simulación* del acto, sino de sostener su *sinceridad* contra las impugnaciones de terceros autorizados para valerse de testigos y presunciones. Esto está justificado por el principio de proporcionalidad y adecuación de los medios de que deben servirse los litigantes en el pleito. «Seria anómalo, dice Jannuzzi[55], que se reconociese a uno el derecho de poder probar con testigos la simulación de un contrato, y se negase a los contratantes el poder contrarrestar por medios iguales su impugnación.» Es ciertamente necesario, para que el juicio logre su finalidad de restaurar el derecho perturbado y de tutelar el orden jurídico, que los litigantes

---

51 *In tema di prova della simulazione lecita,* pág. 33 (Tirada aparte de la *Riv. prat.).*

52 En contra de esta opinión existen muchos fallos; v., por ej., sent. Tribunal Cas. Roma, 19 ag. 1902 (*Foro ital.*, 1902, I, 541). Y más recientemente, sent. Trib. Cas. Florencia, 15 dic. 1913 (*Foro ven.*, 1914, 198): Las simples presunciones constituyen un principio de prueba que hace admisible la de testigos entre las partes contratantes. ¡Decisión bastante discutible!

53 Sent. Trib. Cas. Nápoles, 19 junio 1890 (*Legge*, 1890, I, 479): «La prueba oral admitida por el Código de Comercio aun contra el título (documento), excluye la necesidad de la contraescritura en materia de simulación.» Y sentencia Trib. Cas. Turín, 30 junio 1898 (*Giur. ital.*, 50, I, 1, 839): «Es admisible la prueba de testigos en materia comercial para demostrar la simulación de un acto hecho en fraude de acreedores.»

54 Sobre prueba de la simulación en materia comercial, y especialmente en la letra de cambio, v. PESTALOZZA, 211.

55 *Foro ital.*, 1883, I, 783.

puedan combatir con armas iguales, ya que en otro caso triunfaría la opresión y quedaría reducida a una quimera la tutela procesal[56]. La prueba contraria, en efecto, lo será *de derecho* (art. 229 del Código de procedimiento civil).

Al sistema de prueba que rige para los contratantes están sujetos también sus herederos[57], los cuales, colocados en igual posición jurídica, han de disponer de sus mismos medios, a menos que defiendan un derecho suyo propio *contra* el acto simulado, caso en el cual asumirán la condición de terceros, como veremos después.

75.-II. De *la prueba en cuanto a terceros*.- Son terceros todos aquellos que no han tomado parte en el contrato simulado y no deben sufrir legalmente sus efectos; es decir, que no son partes contratantes, ni herederos de éstas o sus representantes legítimos.

Nos contentaremos por ahora con esta sumaria noción, para desenvolver más adelante, con mayor amplitud, el concepto, al tratar de los sujetos procesales de la acción de simulación.

Respecto a terceros, por consiguiente, ajenos a la simulación, la prueba no sufre restricciones: todo medio de prueba es admitido para descubrir la apariencia o la falsedad del contrato por el cual reciben un daño presente o la amenaza de otro futuro. No sería justo, en efecto, prohibir a los terceros la prueba testifical o de presunciones, puesto que se hallan siempre en la imposibili-

---

56 Sent. Trib. Cas. Nápoles, 7 mar. 1883 *(Foro,* 1883, I, 783): «Si el tercero puede demostrar la simulación de un contrato con prueba oral y de presunciones, también los contratantes han de poder probar por medio de testigos la existencia real de la convención impugnada.» Sent. Trib. Cas. Turín, 14 septiembre 1883 *(Giur. tor.,* 1883, 1.086): «Admitida la prueba testifical de la simulación de un acto escrito, no puede rechazarse el mismo medio probatorio para demostrar que es verdadero.» Sent. Trib. Cas. Roma, 13 abr. 1916 *(Foro ital.,* 1918, I, 627): «Caso de impugnarse por un acreedor el fraude y la simulación de un contrato realizados por su deudor, el tercero que contrate con éste puede ser admitido a probar por medio de testigos la sinceridad del acto mismo sin las limitaciones que establece el art. 1.341 del Código civ.»

57 V. finalmente la sent. del Trib. Ap. Palermo, 30 ener. 1906 *(Foro sic.,* 1906, pág. 97).

dad de procurarse una prueba escrita de la ficción llevada a cabo por otros sin su conocimiento[58].

Pero no hay que hacerse ilusiones: una cosa es la posibilidad jurídica y otra la utilidad práctica de tales medios; y los terceros, a pesar de esta amplitud de prueba, se encuentran siempre en situación difícil para descubrir la urdimbre sutil de engaños tramada en la sombra y las astutas ficciones y el disfraz de las relaciones contractuales. En efecto, los terceros, salvo en casos excepcionales, no pueden tener la esperanza de utilizar la contradeclaración que las partes pudieran haber hecho, pues seguramente se les ocultaría con todo cuidado y permanecería ignorada de ellos. Tampoco pueden confiar en la confesión o el juramento de los propios contratantes, pues si éstos realizaron la simulación para engañar a todos, no han de ser tan ingenuos que declaren su engaño, o tan leales que lo afirmen con juramento; medio de prueba, además, heroico y peligroso que expone a quien lo usa a una derrota irreparable. En parte, puede ser útil el interrogatorio, aun dispuesto de oficio, ya que puesto el simulante en presencia del juez y obligado a responder a diversas preguntas referentes al acto impugnado, pudiera dejar entrever algún rayo de luz que descubriese la trampa. Más dudosa resulta todavía la prueba de testigos, porque generalmente la simulación se urde en el misterio y con él se la rodea, sin que deje huella tras de sí. Verdaderamente eficaz, y de resultado, sólo tenemos la prueba por *presunciones,* que es el auxilio a que normalmente acuden los terceros al impugnar la simulación.

La simulación, como divergencia psicológica que es de la intención de los declarantes, se substrae a una prueba directa, y más bien se induce, se infiere del ambiente en que ha nacido el contrato, de las relaciones entre las partes, del contenido de aquél y circunstancias que lo acompañan. La prueba de la simulación

[58] V. sents. Trib. Cas. Roma, 3 marzo 1891 *(Riv. univ.,* 1891, 173); Tribunal Ap. Génova, 17 abr. 1896 *(Giur.,* 1896, 183); Trib. Cas. Roma, 12 mayo 1898 *(Giur. tor.,* 1898, 840); Trib. Ap. Bolonia, 20 abr. 1903 *(Foro ital.,* 1903, I, 1.346); Trib. Orvieto, 26 abr. 1906 *(Foro umbro,* 1907, 22); y en cuanto a jurisprudencia extranjera, v. sent. Trib. Cass., req., 9 julio 1901 (*Dalloz,* 1901, I, 499).

es indirecta, de indicios, de conjeturas *(per coniecturas, signa et urgentes suspiciones)* y es la que verdaderamente hiere a fondo a la simulación, porque la combate en su mismo terreno.

El contrato es objeto de profundo examen, sutil e inexorable; se indaga la causa de su nacimiento; si responde realmente a una necesidad económica de los contratantes, y cuál sea ésta; si se ha puesto en ejecución o continúa todavía el estado de hecho anterior a su celebración; si está en consonancia con la manera y tiempo en que se llevó a cabo, con las respectivas relaciones de las partes, con su conducta anterior o posterior a la estipulación del contrato, etc.; y es difícil que con tal examen la simulación no aparezca, y, descubierta en sus sinuosidades, no se revele, a veces de modo incontrovertible.

La materia de los indicios y conjeturas de simulación ha tenido una elaboración minuciosa por parte de los escritores de derecho común, aunque algo farragosa y pesada. No es el caso de reproducir aquí la nomenclatura y las clasificaciones de los autores que se preocupan de enumerar las conjeturas, desmenuzarlas y pesarlas, formando, bien semipruebas, ya cuasi presunciones, etc.; mas hay que reconocer que entre tantas minucias y sutilezas, existen también atisbos y observaciones muy estimables, que pueden ser de utilidad para los escritores de hoy en día[59].

Nosotros vamos a echar las bases de esta prueba de presunciones, estudiando los principios por que se rige e inducciones en que descansa.

76. - Una regla que nos legaron los prácticos, perfectamente aceptable en el derecho moderno, es la de que para probar la simulación se necesita poner de relieve primeramente la *causa simulandi.* Este ha de ser siempre el punto de partida: buscar el motivo de la simulación para levantar después sobre fundamento sólido el edificio de la prueba. «Ubi accedit causa simulandi, receptum est adminiculative imperfecte probatio sufficiat», dice De Luca.

---

[59] Además de los escritos de los *consilistas,* según siendo fundamentales en esta materia las obras de MENOCHIO, MASCARDO, DE LUCA y TUSCO y FARINACCIO.

Pero, ¿qué debe entenderse por *causa simulandi?* El interés que lleva a las partes a hacer un contrato simulado, el motivo que induce a dar apariencia a un negocio jurídico que no existe, o a presentarlo en forma distinta de la que le corresponde: es el *porqué* del engaño. Por consiguiente, en la simulación absoluta, la *causa simulationis* estará, generalmente, en el interés del deudor de substraer su patrimonio a una inminente ejecución por parte de sus acreedores; y en la simulación relativa, resultará del deseo de no dar a conocer la verdadera naturaleza del contrato, a fin de burlar alguna prohibición de la ley o sus consecuencias, o de no dejar conocer la verdadera persona contratante para ocultar su incapacidad, como en el caso de persona interpuesta. Es de una gran importancia determinar la *causa simulandi,* porque contribuye a dejar entrever la posibilidad de la simulación y predispone el ánimo del juez a conformarse con el resultado de la prueba. Esta manera de demostración del propósito de delinquir en la investigación de un delito. Faltando la causa, por el contrario, se afirma más la creencia de que el acto es verdadero, pues no es verosímil que se urda un engaño sin causa para ello; caería en el vacío la prueba que intentase demostrar cosa tan fuera de toda lógica, y no lograría quitar fe al documento.

No basta que *exista* causa para la simulación: es necesario, además, que sea seria e importante *(suficiens et idónea),* bastante a justificar por su índole la realización de un contrato falso u oculto. De otro modo, a fuerza de cavilaciones y sofismas, se llegaría siempre a descubrir causas hipotéticas de simulación en el acto más verdadero. Además, la *causa simulandi* debe ser *contemporánea* del acto que se intenta impugnar, porque si las circunstancias de desarreglo patrimonial o el interés de eludir la norma de la ley sobrevienen después y perduran en el momento de realizarse la impugnación, no es posible retrotraerlas al principio, y quedan fuera de la causalidad psicológica determinante del acto.

Establecida la causa de la simulación, los impugnantes deducirán de ella los elementos y conjeturas que puedan servir para demostrar la inexistencia o simulación del contrato, yendo de lo conocido a lo desconocido por el método de inducción. Inducciones que habrá de admitir el juez cuando sean graves, precisas y concordantes, decidiendo, según el número (aunque una sola puede ser decisiva) e importancia de las mismas, a su prudente arbitrio (art. 1.354)[60].

Resultaría imposible determinar a *priori* las presunciones de simulación, porque su examen sólo puede realizarse con relación a un acto o contrato determinados y a un móvil también concreto; pues, por lo demás, las condiciones de hecho y los múltiples intereses de las partes llevan consigo una variación incesante de elementos presuntivos. Así, pues, la investigación debe quedar reservada más al criterio práctico y experimental del juez que al análisis del jurisconsulto. No obstante, indicaremos las presunciones más importantes para algunas formas de simulación, pero sin pretender agotar el manantial de los indicios ni excluir posibles desviaciones y formas características; por lo cual habrá de buscarse la luz más en el estudio del corazón humano que en las páginas de los códigos.

77. - Comenzaremos por estudiar la simulación absoluta tomando como tipo la enajenación simulada *in fraudem creditoium.*

La *causa simulandi* está en el interés del deudor de salvar su patrimonio, burlando a sus acreedores. Deberá demostrarse a tal fin que en el momento de realizarse la enajenación el deudor se hallaba en situación de grave penuria económica y amenazado de ejecución, o, peor aún, se había incoado ya ei procedimiento ejecutivo. Comprobada esta relación causal entre la inminente ejecución y la malversación de los bienes, podrá aceptarse la sospecha de que la enajenación haya sido sólo aparente y encaminada a substraer los bienes a la acción de los acreedores; sospecha que servirá de fundamento inicial de la impugnación. También pudiera ser *causa simulandi* el interés de aparentar una disminución del patrimonio, como en el caso del que, hallándose obligado a la prestación de alimentos, se despojase fingidamente de sus bienes para disminuir la pensión[61].

---

[60] Véase la opinión de un *decisionista,* Mevius, *Consilia,* 52, n. 83: «*Requisitue ut coniecturae sint lucidae, numero plures, el urgentes, sive ut directe concluidant ad id, quod intenditur*».

[61] V. sent. Trib. Cas. Florencia, 15 mayo 1913 *(Foro ven.,* 1913, 611).

Demostrado el interés de simular, será necesario deducir los indicios y presunciones que acompañen el acto y ayuden a comprobar su carácter aparente[62]. Pueden clasificarse, atendido su origen, en varios grupos, esto es, conjeturas relativas: 1.° a *las personas de los contratantes;* 2.°, *al objeto del contrato;* 3.°, a *su ejecución,* y 4.°, a *la actitud de las partes al realizar el negocio jurídico.*

1°a) *Coniunctio sanguinis et affectio contrahentium*.- Por lo general, cuando alguien quiere fingir una disminución de su patrimonio, para evitar el peligro de que el testaferro abuse de su aparente condición, procura escoger persona de su confianza, *y* así sucede que esas ventas simuladas se realizan, no a favor de un extraño, sino de algún íntimo amigo, o de algún pariente próximo: hijo, hermano, mujer. Gran importancia ofrece también el hecho de la cohabitación de los contratantes, que indica se trata de una intriga combinada en familia. Es el caso de la *domestica fraus* de que hablan los doctores.

b) *Imposibilidad económica en el adquirente para realizar el contrato y cumplir las obligaciones que de él nacen*.- La falta de seriedad del acto resulta también de este extremo. El comprador, el cesionario, etc., no siempre se encuentran en condiciones patrimoniales de poder pagar el equivalente estipulado, que, sin embargo, del instrumento aparece como satisfecho. Se trata a veces de persona pobre, y entonces es vehementísima la sospecha de que ese pretendido adquirente sea simplemente figurado y de que la enajenación a su favor no se haya llevado a cabo.

2° N*aturaleza y cuantía de los bienes enajenados*.- La tentativa del fraude parece igualmente del objeto de la enajenación, porque el deudor se despoja en apariencia de sus mejores bienes, aquellos precisamente que más interés tiene en conservar. Contradicción bastante significativa que demuestra la falta de intención de vender. A veces también el obligado, en su afán de salvarlo todo de sus acreedores, enajena el patrimonio íntegro, reduciéndose a una condición aparente de insolvencia. La anormalidad misma del hecho indica su falta de realidad y su índole

[62] Sobre estos indicios, confróntese PESTALOZZA, 352 y sigs.

fraudulenta, pues no es de suponer que un individuo se despoje de todos sus bienes sin un motivo serio que le obligue a tomar tan grave determinación, y a falta de ese motivo, debe buscarse la razón en el deseo fraudulento de hacer desaparecer la garantía de sus acreedores. Otras veces, sin embargo, para evitar sospechas, en lugar de ceder los bienes en bloque, se realizan varias enajenaciones parciales a breves intervalos, cuya repetición les da igualmente carácter fraudulento. Por último, la falta de realidad del contrato aparecería aún más visible si el deudor, además de enajenar los bienes inmuebles, procurase hacer desaparecer los muebles enajenando hasta el ajuar de casa, mobiliario, ropas, etc., poniéndolas a nombre de otras personas[63].

---

[63] Confróntese la interesante sent. Trib. Ap. Catanzaro, 25 mayo 1903 (*Giostra*, 1903, 75): «La cesión por el padre de los muebles, caballos y libros que le eran más necesarios, y más usados por él y la familia, a un hijo que vive en su compañía, debe estimarse simulada con el fin de impedir que los acreedores de aquél persigan el patrimonio constituido por los bienes mueblas, puesto que, a más de no estar comprobado la naturaleza del crédito del cesionario contra su padre y tampoco la insolvencia de éste, es inverosímil que tal cesión sea un negocio verdadero, pues siempre resulta extraña la transferencia de cosas de la intimidad y de uso casi común por los miembros de una misma familia, y de las que el padre no podía disponer por sí solo, perseguido como estaba por sus muchos acreedores; y la simulación resulta evidente si se tiene en cuenta que el uso y la posesión sigue siendo común porque la transferencia había de tener lugar a largo plazo, a pesar de que la cesión se realizó simultáneamente a otras cesiones de muebles hechas también por el padre a distintos hijos»; y sent. Tribunal Ap. Trani, 21 mayo 1906 (*Foro sic.*, 1906, 401): «Constituye una presunción grave de ser simulada la cesión de muebles, cereales y géneros de consumo hecha por el marido a la mujer, ya que esos muebles no ofrecen garantía seria precisamente por estar destinados al consumo, aunque sea de la familia. Constituye también presunción de simulación el hecho de que el deudor, en fechas poco distantes unas de otras, lleve a cabo diferentes actos de enajenación o cesión de cosas muebles, porque manifiestan claramente tener por única finalidad sustraerlos a la garantía de sus acreedores.» V. igualmente la sent. Trib. Ap. Milán, 10 julio 1914 (*Mon. trib.*, 1914, 590): «Debe estimarse simulada la venta de varias parcelas de terrenos hecha a un número considerable de personas (en el caso de la sentencia, 118), siempre que resulte: *a)* que los aparentes compradores residen lejos del Ayuntamiento en el que debieran inscribirse aquéllas; *b)* que dichas parcelas de terreno no son utilizables ni para uso agrícola, ni para la construcción, y que están enclavadas las unas en las otras; *c)* que la mayor parte de los aparentes compradores se

3. ° *Falta de ejecución material del contrato simulado*.- Esta circunstancia es decisiva para considerar que el contrato es simulado, ya que la posición de hecho de los contratantes no está en armonía con el cambio de posición jurídica.

El contrato ha producido un cambio en las relaciones jurídicas, cambio que no ha trascendido del campo del derecho. De hecho, los contratantes continúan obrando como antes; siguen efectuando los mismos actos de disfrute y de disposición, como si el contrato no existiese. Esa es, claro está, la mejor confesión de su inexistencia.

Relacionado con ello está el indicio de la *retentio possessionis*. El vendedor continúa en posesión de la cosa vendida, conduciéndose y obrando como propietario. Esta circunstancia era considerada por los antiguos tratadistas como indicio de simulación. «At quoties possessio retinetur, dice Favre[64], nihil adhuc translatum esse censetur et suspicio manet, *inde venditionem non vere sed simúlate factam esse*». Los medios empleados antiguamente para conservar la posesión eran la *clausula constituti* y el arrendamiento del fundo a favor del expropietario enajenante. Todavía hoy se usa este procedimiento. A veces, por el contrario, el vendedor retiene, a título de anticresis, la posesión del fundo enajenado. Para ello queda el enajenante como acreedor de parte del precio y retiene el fundo vendido para percibir los frutos e imputarlos en el pago. De todos modos, aunque con estos procedimientos se justifique en cierta manera la continuidad de la posesión, no dejan de nacer vehementes sospechas sobre la verdad de los hechos. Es inverosímil que el que enajena continúe en el disfrute de la cosa enajenada, y privado de él el que la adquiere; y claramente se advierten la falta de intención de vender, por una parte, y de adquirir, por la otra. Pero otras circunstancias pueden concu-

---

encuentra en relación de dependencia respecto al vendedor; *d)* que los contratos de compraventa están estipulados en el establecimiento del vendedor, apareciendo ya pagado el precio; *e)* que ninguno de los compradores ha tomado posesión del terreno adquirido ni ha transcrito la adquisición en el Registro de la propiedad; *f)* que el pago de la contribución se hace a nombre de todos, aun después de la venta, por un dependiente del vendedor.»

[64] *Codex Fabrianus,* IV, tít., XVII, def. 5.

rrir también para aumentar las dudas. Pudiera comprobarse, en efecto, que el poseedor aparente ha obrado y se conduce del mismo modo que un propietario, que él sólo ha utilizado los frutos, sin que el adquirente recibiese el precio del arriendo o lograra una rebaja del capital adeudado; que aquél sufragó gastos para mejorar el fundo; que, además, ha continuado satisfaciendo las cargas, como son las contribuciones, omitiendo la oportuna declaración catastral, etc. El hecho de pagar sin obligación es siempre un indicio vehementísimo en contra de la realidad de la enajenación y en pro de la continuidad de la situación jurídica precedente, según habían ya observado los antiguos escritores: «quando venditor vel cedens, vel donator in publico retinetur aestimo vel cadastro et communia sustinet onera, *quasi nunquam vendidisset fundum*[65].

4.° *Manera de realizarse el contrato.*- Además de este cúmulo de conjeturas y presunciones que en todos sentidos vienen a demostrar la ficción del negocio jurídico, debe tenerse en cuenta el modo mismo de conducirse los contratantes al hacer el contrato. En su interés de que se ignore la enajenación, los simulantes hacen uso de todo género de cautelas para que sus actos queden en el misterio, y de ahí su modo de obrar secreto y clandestino *(actus clam et occulte celebratus).* O se hace la venta por documento privado o el documento público se otorga con todo secreto en un lugar lejano, pero en todo caso ni con palabras ni con hechos dejan traslucir la enajenación realizada, y por ello -*existimatione circumcolentium*- queda completamente ignorada. Añádase a ello la premura con que a veces el contratante obligado por la necesidad procede a dicha enajenación, o el adquirente a inscribir su título, y podemos estar seguros, con tal cúmulo de vehementes presunciones, de que la enajenación es puramente imaginaria y preparada con el fin de librar los bienes de una ejecución inminente[66].

---

[65] Menagius, palabra *Cadastre* (cit. por Metzger, de *cont. sim.*, capítulo V, n. 5).

[66] Para caso de simulación absoluta de arrendamiento, véanse las varias conjeturas en la sent. del Trib. de Módena, 5 dio 1881 (*Riv. leg.*, 1882, 2); en la del Trib. Ap. Trani, 9 marz. 1897 *(Riv. T.*, XIX, 330); en la del Trib. Ap. Palermo, 2 sept. 1895 (*Foro sic.*, III, 467); en la del Trib. Ap. Palermo, 1.° julio 1898

78. - Pasemos ya a la simulación relativa, y tomemos como tipo el caso más frecuente: el de una donación disfrazada bajo la forma de un contrato oneroso.

El motivo de la simulación de este contrato resultará, según los casos, del interés de evitar una posible revocación o reducción, o de burlar una incapacidad de adquirir, caso de hacerse, por ej., la donación a un hijo adulterino o entre cónyuges. Habrá, pues, que demostrar la existencia de uno de estos motivos que pudieran determinar al donante a la ocultación del contrato bajo forma jurídica distinta; y hecha la demostración, se deducirán cuantas conjeturas tiendan a revelar el carácter gratuito del contrato.

El criterio para ello pudiera ser el siguiente: cuando haya ocultación de la verdadera naturaleza del contrato, las circunstancias de hecho, relativas a los contratantes, al contenido de aquél o al ambiente en que nace, corresponderán al acto *secreto* que se sospecha realizado; mientras que serán incompatibles y contradictorias con el acto aparente. Aplicando este criterio a las donaciones disfrazadas, será fácil demostrar que las relaciones existentes entre las partes justifican y hacen presumible la donación, e inverosímil, por el contrario, la forma falsamente onerosa que reviste el contrato.

I. Vínculos de afecto entre los contratantes.- Una de las señales indefectibles de la existencia de una donación disfrazada es la de que el negocio se realice entre personas unidas por parentesco, amistad o cariño. No se trata, cual en la simulación absoluta, de una *relación de confianza* entre las partes, sino de una *predilección*. El pretendido comprador es persona a quien el enajenante ama y

(*Foro sic.*, VI, 709). P. Milano, 10 febr. 1914 (*Mon. trib. mil.*, 1914, 256). Para caso de simulación absoluta de aparcería, véase sent. Trib. Ap. Bolonia, 26 abr. 1897 (*Mongiur.*, B., 1897, 142), y para elementos y conjeturas contrarias excluyentes de tal simulación, sent. Trib. Arezzo, 14 may. 1903 (*Riv. giur. tosc.*, 1903, 589). A. Catania, 10 en. 1913 (*Giur. Catan.*, 1913, 23). A veces también han sido utilizados como indicios de simulación hechos negativos, el silencio o la rebeldía en el juicio, del interesado, cuyos derechos eran objeto de discusión judicial (A. Palermo, 20 noviembre 1918, *Foro sic.*, 1919, 30).

prefiere, y a quien ha querido beneficiar con la falsa venta. Vemos continuamente esta clase de enajenaciones onerosas entre un padre y el más querido de sus hijos; entre un tío y el sobrino preferido, entre marido y mujer, etc. A veces es adquirente una mujer que ha vivido mucho tiempo en concubinato con el supuesto vendedor, y en tal caso la experiencia demuestra que se trata de una donación. También debe concederse valor a la edad y estado de salud, puesto que esas ventas se hacen generalmente por personas llegadas a la vejez y aun enfermas, que, no pensando ya en su propio porvenir, se ocupan, por gratitud, del de los demás.

II. Contenido del contrato.- Estas ventas suelen hacerse a bajo precio para que resulte verosímil, en cierto modo, que el adquirente tenga la posibilidad económica de adquirir. Con frecuencia, sin embargo, el precio no se entrega, quedando aplazado para que aparezca después como satisfecho mediante recibos periódicos; pero otras veces el vendedor entrega por adelantado dinero al adquirente, quien finge después pagar ante el notario. En ciertos casos, hasta se ha llegado a que el donante tome a préstamo la suma necesaria para hacer representar al adquirente la farsa de la entrega del metálico ante aquel funcionario, a reserva de restituirlo después. La coincidencia de fechas entre el préstamo y el otorgamiento del contrato de venta, unido a resultar casi iguales el importe del mutuo y el precio de aquélla, suministrarán naturalmente argumentos para declarar la existencia de la donación. A menudo también, cuando se trata de la enajenación de la mayor parte de los bienes, el donante, que no recibe precio, pero quiere asegurar su futuro sostenimiento, se reserva el usufructo, enajenando la nuda propiedad, o un derecho de habitación, o bien estipula una renta vitalicia o se hace prometer un decoroso sustento; estipulaciones y modalidades que aparentan ser extravagantes estipuladas en un contrato oneroso, pero que constituyen indicios claros y casi infalibles de la índole gratuita de la enajenación.

***III.** Inexistencia de causa para la enajenación a título oneroso.*- Puede suministrar una indicación útil a favor de la gratuidad del contrato, la circunstancia de la falta de interés para el enajenante, dadas su calidad y posición, en hacer una enajenación onerosa o una operación de cambio o de comercio, en tanto que sería perfectamente explicable, en tales condiciones, una liberalidad.

IV. Imposibilidad económica por parte del comprador para adquirir a título oneroso.- De admitir que la prestación equivalente se ha estipulado con seriedad, habrá que demostrar también que el adquirente posee medios de cumplirla. Y si se prueba que no tiene capital, ¿cómo podrá afirmarse la veracidad de un contrato oneroso?[67]. Por consiguiente, según las circunstancias, será fácil sorprender esta imposibilidad patrimonial para el acto que se pretende ser sincero. No han faltado, sin embargo, rasgos ingeniosos, como el de una mujer que adquirió una finca del marido y declaró ¡que la pagaba con el fruto de sus economías y sus ganancias en la lotería!

V. Estado del patrimonio del enajenante.- ¡He aquí la piedra de toque! Admitido que se trate verdaderamente de un contrato oneroso y que el precio haya sido realmente pagado, será necesario que este dinero se encuentre en el patrimonio del pretendido vendedor, especialmente si hubiere fallecido poco después de la venta y no se demuestra que hubo pérdidas de bienes o malversación. Pero si este *tantumdem* no se encuentra, será preciso reconocer que no había entrado en su poder y que la enajenación se realizó a título gratuito[68].

79. - Señalaremos, por último, qué presunciones acompañan a un contrato hecho por persona interpuesta; y para ello tomaremos también como tipo la liberalidad, caso el más común y de más frecuente aplicación.

---

[67] V. un fallo característico de donación disfrazada en la sent. Tribunal Ap. Bordeaux, 7 mai. 183S (DALLOZ, *Rép. Obligation,* n. 5.050), a la que se hace también referencia en la 1ª edición de esta obra (pág. 221).

[68] V. sent. Trib. Ap. Venecia, 28 marz. 1903 (*Temi,* 1903, 433): «Son elementos para estimar que la venta de bienes hecha por la parte a uno de los hijos oculte una donación simulada en fraude de los demás hijos legitimarios, las circunstancias siguientes: que el hijo adquirente carezca de bienes propios; que los precios declarados en el contrato sean inferiores al verdadero valor de los bienes y se diga que se han pagado ya; que el padre haya conservado hasta su muerte la libre y completa administración de esos mismos bienes».

La *causa simulandi* se hallará en la intención del donante de ocultar la verdadera persona a quien se hace la donación, bien por motivos lícitos de conveniencia y de respetos sociales, o ya para burlar la incapacidad de adquirir del favorecido.

Señalaremos ahora las presunciones que se derivan:

1.° *De las relaciones de las partes entre sí.*- Cuando la liberalidad aparece realizada entre donantes y persona interpuesta, se advierte que en relación a ambos falta una causa seria que justifique la donación. No existe lazo alguno de cariño o de afecto íntimo, ni deberes de gratitud, sino simples relaciones de estimación y confianza. En cambio, esta donación que resulta anómala respecto al intermediario, encuentra justificación completa en cuanto a aquel de quien se sospecha sea el verdadero destinatario de la liberalidad. Este último es realmente una persona querida para el donante, preferida por él, y que, por lo mismo, debió ser la beneficiada, por lo cual la donación hecha a otro resulta inexplicable. Si a esto se añade la circunstancia de que el donante no quiere, o no puede, por prohibirlo la ley, hacer una donación a dicha persona como sería su mayor deseo, resulta fundada la suposición de que la liberalidad que, sin razón ninguna, aparece hecha a otro, está destinada a aquélla, y que el disfraz del acto jurídico sirve solamente para soslayar el obstáculo que se opone a que la liberalidad se realice de modo directo. Es necesario, pues, que entre el interponente y la persona interpuesta exista una simple *relación de confianza,* y entre interponente y destinatario otra de *predilección.*

2.° *Del modo de conducirse la persona interpuesta.*- Si el intermediario es un contratante figurado para la transmisión de la relación jurídica se conducirá como *extraño* con relación a los bienes de que aparece ser dueño por la donación. Es un testaferro, y, por tanto, no obtendrá ningún beneficio de las cosas que le fueron donadas, limitándose a cuidarlas como simple depositario que es, o bien las aplicará o distribuirá según la intención del propietario, mas *nunca en interés propio.* Y así como no busca ganancia con la liberalidad que sólo aparentemente le enriquece, tampoco debe sufrir pérdidas por ese motivo; consiguientemente, todos los gastos de la donación, impuestos, registro, etcétera, serán sufragados por el donante, o, si se hacen ver como pagados por el donatario, aquél le habrá suministrado las cantidades necesarias para ello. La fortuna del testaferro permanece la misma, no obstante la liberalidad recibida; no se realiza una compenetración y fusión de bienes que influya sobre los demás, sino que el objeto de la donación queda aislado, extraño a los demás bienes que forman el patrimonio en que entra, quedando como destinado a salir de él en tiempo más o menos breve[69].

3.º *De la entrada de los bienes donados en el patrimonio de aquel a quien secretamente estaban destinados.*- La donación a favor del testaferro está destinada a desaparecer, al menos de hecho, y la permanencia de los bienes en su poder debe tener solamente una duración limitada, puesto que la voluntad del donante se cumple únicamente al entrar los bienes en el patrimonio del beneficiado. El fin, pues, de las liberalidades hechas por medio de persona interpuesta es el de ir a parar a la persona del donatario oculto. La forma de realizarse el paso de los bienes no nos interesa. A veces, el tercero entra sin más en el disfrute de los bienes que figuran donados al intermediario, y las relaciones con éste se desenvuelven en el terreno de la confianza y de la buena fe. Mas, como no faltan peligros en esta situación precaria, especialmente en caso de muerte del testaferro y reivindicación de bienes por sus herederos, suele emplearse una nueva y contraria simulación en apoyo de la primera y con objeto de neutralizar las apariencias. Para ello, la persona interpuesta dona o vende a su vez al verdadero donatario, aunque, en realidad, tal negocio jurídico carece en sí de validez por emanar de quien no es titular y por ser inútil, ya que pretende hacer adquirir la propiedad de los bienes a quien ya es su dueño, o, si se trata de interposición ilícita de persona, a quien no puede serlo nunca fundado en ese título. Podrá, por tanto, hacerse notar el carácter ficticio de estas donaciones o ventas intermedias, demostrando la falta de circuns-

[69] Confróntense las sentencias de los Tribunales de Cas. de Turín, 9 julio 1886 (*Legge,* 1886, II, 766); Cas. de Florencia, 18 jun. 1898 (*Giur. Tor.,* 1898, 497); Cas. de Roma, 7 may. 1889 (*Gazz. proc.,* 33, 90); Cas. de Turín, 22 septiembre 1900 (*Mon. trib.,* M., 1901, 98).

tancias justificativas de tales actos por las relaciones de la persona interpuesta con la adquirente, por la falta del *animus donandi,* la imposibilidad en que se encuentra el tercero de desembolsar el precio de la adquisición, etc. Otras veces, el testaferro queda autorizado para liquidar los bienes recibidos, entregando su importe al donatario. De todos modos, el resultado final es que los bienes donados, después de un viaje aparente a través del patrimonio de otra persona, y pasado un corto espacio de tiempo, acaban por entrar ellos mismos, o su equivalencia, en el patrimonio de aquel a quien se señalaba precisamente como verdadero beneficiado; y ello constituye la prueba más terminante de que la donación estaba destinada a otra persona, sirviendo sólo de intermediario la del aparentemente beneficiado.

Caso de que la donación por persona interpuesta hubiese sido disfrazada bajo la forma de contrato oneroso, las presunciones de ocultación e interposición se suman, y tendrán aplicación combinada.

80. - Sean cualesquiera las personas que promuevan la impugnación o los medios de prueba para ello empleados, el fallo del magistrado que declara la simulación absoluta o relativa de un negocio jurídico constituye un juicio *de hecho,* la expresión de un convencimiento formado sobre la base de elementos materiales, pero no la solución de un problema jurídico, y no es recurrible, por tanto, en casación. En esto, la jurisprudencia es unánime[70], y también en el antiguo Derecho esta opinión era dominante. «Quaestio itaque est facti et *per judicem* examinabitur non per *iurisconsultum»,* como expresa Cujas[71].

81. - Tanto los contratantes como los terceros están exentos de probar la simulación cuando la ley misma la presume *iuris et de iure.* El efecto de esta clase de presunciones no es facilitar, sino *dispensar* de la prueba; dispensa condicionada, no obstante, a la realización de determinadas circunstancias de hecho a las que la ley subordina la aplicabilidad de la presunción[72]. Estos casos son,

---

[70] V. Sent. Trib. Cas. Roma, 27 jul. 1915 *(Cass. Unica civ.,* 1915, 497).

[71] *Ad leg.* 2° *Cod. «plus valere».*

[72] Opina lo contrario UNGER, *System.,* II, § 130, pág. 582; pero v. HÖLDER, *Pand.,* § 68, Amm. I, p. 383.

desde luego, bastante raros, y, dada su índole excepcional, es necesario ser cautos en su reconocimiento, siendo de advertir que no siempre que una norma jurídica parte de una suposición lógica las consecuencias de ella deducidas hayan de tener el valor de presunciones, porque eso implicaría confundir la ley con sus motivos[73]. Por lo cual, aun existiendo sospechas e indicios de simulación en un acto dispositivo, no es bastante para presumirla si faltan los requisitos técnico-jurídicos que constituyen su individualidad y le dan una posición autónoma en el conjunto de las normas legislativas. Advertido esto, podemos ya entrar en el examen de las diferentes hipótesis en las que es dado reconocer una presunción de simulación.

Un caso verdaderamente seguro es el del art. 773, último párrafo, que dice así: «Se consideran personas interpuestas el padre, la madre, los descendientes y el cónyuge de la persona incapaz.» En él se expresa una presunción que no puede ser destruida por prueba en contrario. Siempre que resulte hecha una liberalidad a uno de estos allegados, *se presume* que es un intermediario del incapaz, un titular nominal, que hará recaer el contenido útil de la disposición sobre la persona incapaz de beneficiarse con ella. Mas no es éste el momento de insistir en la exégesis de este artículo, que ha sido bien comentado por los tratadistas de derecho sucesorio.

Otra norma que, según se reconoce de un modo general, contiene una presunción de simulación es la del art. 811. El valor, dice, de la plena propiedad de los bienes enajenados a un legitimario *a tundo perdido* o con reserva de usufructo será imputado en la porción disponible, y en lo que de ella exceda será reintegrado a la masa.

Aquí, la enajenación *a fundo perdido* hecha a un legitimario se presume ser una donación disimulada, y por ello se ordena su imputación en la porción disponible y su reducción en lo que excediere. Ramponi ha combatido esta opinión, pero con argumentos que no me parecen decisivos. Dice este autor: «Puesto que

---

73 RAMPONI, *Presunzioni*, pág. 100.

la norma del art. 811 no es susceptible de prueba en contrario, no es una presunción legal, sino una regla preceptiva; nada hay que probar en contrario, hay que obedecer simplemente»[74]. Pero este razonamiento podría hacerse entonces para todas las presunciones *iuris et de iure,* y queda por averiguar en qué se diferencian estas presunciones de los mandatos de la ley, punto bastante obscuro e insuficientemente estudiado aún por la doctrina. Toda presunción *iuris et de iure,* al imponer una certeza legal, que pudiera estar acaso en oposición con la certeza material, es un mandato, acaso ilógico, y hasta injusto en el caso concreto; por lo que no están muy lejos de lo cierto los que en esta clase de presunciones descubren un *elemento de ficción.* De todos modos, la inderogabilidad no es un criterio distintivo aplicable a las presunciones *iures et de iure.*

Por consiguiente, en favor de la opinión predominante que ve en el art. 811 una donación simulada están lo mismo el origen histórico que la razón lógica de esa disposición. En el Derecho antiguo francés comenzó a sentirse la necesidad de otorgar una protección eficaz a los intereses de los legitimarios expuestos a sufrir lesión en su legítima por las liberalidades hechas simuladamente a favor de los sucesores. Por eso, la ley del 17 nivoso del año II declaró nula toda enajenación a *fundo perdido* o con la carga de una renta vitalicia a favor de un presunto heredero, por considerar esas circunstancias como indicios absolutamente ciertos del carácter gratuito de la enajenación[75]. Más tarde, abolido por el Código de Napoleón el principio reaccionario del tiempo de la Revolución francesa relativo a la absoluta igualdad de concurrencia a favor de los legitimarios, se consintió al testador dispensar a alguno de estos legitimarios de colacionar las liberalidades recibidas, pero se mantuvo todavía la antigua presunción de que en el hecho de enajenarse a *fundo perdido* debiera reconocerse una liberalidad, aunque con distinta sanción, ya que, en vez de la ineficacia absoluta, se ordenó fuese imputada en la parte disponible y reducida en cuanto de ella excediese, derogándose

[74] Obra cit., págs. 135-136.
[75] V. Glasson, *Théorie de la simulation,* pág. 144.

el art. 918 del Código francés, del cual es reproducción el 811 del italiano. Los precedentes históricos están de acuerdo con la razón jurídica de la ley. En ningún modo podría justificarse la norma del art. 811, preceptiva de la imputación y reducción, sino partiendo necesaria y exclusivamente del concepto de una liberalidad. Por lo demás, debe reconocerse que la presunción de simulación queda limitada a los efectos especiales que en dicho artículo se le atribuyen, y no puede tener, dada su índole, aplicación más amplia.

Fuera de esos dos casos, no podemos afirmar la existencia de otras hipótesis en las que se presuma la simulación. Si a veces parte la ley de la sospecha de simulación, ello no puede estimarse bastante para determinar la índole del acto o contrato, pues se precisa, además, la concurrencia de otros motivos de carácter general. No es posible, por tanto, ver una presunción de liberalidad disfrazada en la disposición del art. 1.011, que confiere al heredero la propiedad de las ganancias obtenidas mediante sociedad constituida con su causante, ni en la del artículo 1.704, que prohíbe la sociedad universal entre personas incapaces de recibir y hacerse donaciones mutuamente, pues en ambos casos se trata, sí, de donaciones indirectas, mas no de donaciones disfrazadas. Tampoco pueden considerarse como presunciones de simulación los preceptos del Código de Comercio que anulan todas las operaciones realizadas por el quebrado en el período de tiempo sospechoso anterior a la declaración de la quiebra (art. 709), o el del Código de Procedimiento civil, según el cual no pueden hacerse valer contra el adjudicatario los arrendamientos cuya renta sea inferior en una tercera parte a la que señalen peritos o a la que se hubiere establecido en arrendamientos anteriores de los bienes, porque en ambas normas se condena más bien el fraude, de cualquier modo empleado, que la ficción u ocultación del contrato.

Tampoco puede verse una presunción de simulación en la norma del art. 1.237, según la cual no hace fe contra tercero la fecha de una escritura privada si no reúne condiciones de certeza legal, ya que si este principio ha querido establecer una garantía a favor de los terceros, protegiéndoles contra el peligro de una simulación de fecha, no por ello puede decirse que, a falta de dicha certeza legal, la fecha de los documentos privados haya de tenerse, sin más, por simulada. La fecha es y será verdadera, y hará fe entre las partes y sus herederos y representantes, al igual que el contenido del documento en que aparece, y haría también prueba contra terceros si la ley, por motivos de interés general, no hubiese querido dejar la protección de éstos a merced del resultado de una impugnación, poniéndolos, por el contrario, en una condición privilegiada en la que puedan esperar tranquilamente los ataques que se les dirijan, rechazándolos con la sola negativa.

He aquí precisamente uno de los casos en que la sospecha de simulación constituye uno de los supuestos de la norma, y, sin embargo, ésta se presenta como principio imperativo de carácter abstracto y general, sin llegar a convertirse en una *praesumptio iuris et de iure*[76].

---

[76] Sobre interpretación de este principio puede verse cuanto se ha dicho en el n.° 89 de la 1.ª edición, en cuyas conclusiones insistimos, si bien nos parece inoportuno, a los fines de esta obra, volver a discutir el asunto.

CAPÍTULO VIII

LA SIMULACIÓN EN LOS DERECHOS PROCESAL Y FISCAL

82. Es indudable que ha de existir una acción de simulación que deduzca consecuencias jurídicas de la ficción del contrato. Su objeto es la comprobación en vía judicial de la verdadera realidad jurídica, oculta bajo una falsa apariencia, a fin de preparar el camino a ulteriores acciones de *pago o cumplimiento* que en esa falsa apariencia encontraban incertidumbre u obstáculos. La acción de simulación es preliminar de un juicio posterior condenatorio, a modo de anticipación de éste, con fines de defensa y aseguramiento. Con ella, los contratantes o los terceros procuran echar por anticipado las bases en que habrá de apoyarse el desarrollo posterior de sus pretensiones, buscando un reconocimiento previo por parte de la autoridad judicial del verdadero estado de sus derechos y el que se borren las apariencias engañosas. No se trata de una impugnación en sentido técnico, o sea de una acción dirigida a destruir relaciones jurídicas existentes, sino de una simple acción declarativa al solo, pero eficaz, objeto de hacer constar de modo autorizado la falta de realidad o la verdadera naturaleza de una relación jurídica, sin pretender su modificación o su destrucción. La sentencia declara un estado de hecho, se limita a reconocerlo simplemente. Por este carácter propio y por su función, la acción simulatoria se destaca como figura jurídica independiente de la acción Pauliana, que produce, por el contrario, la revocación del acto. Más adelante señalaremos las diferencias. Resulta exagerada la opinión de algunos que juzgan inútil e inadmisible una acción preliminar dirigida a obtener la declaración de falta de validez de un acto inexistente, ya que, dicen, semejante impugnación queda reducida a una molestia sin objeto para

los autores de la simulación, y no existe tampoco ningún texto legal que autorice semejante juicio preliminar. Estas objeciones descansan en una consideración bastante superficial de la naturaleza de las cosas y sobre prejuicios tradicionales acerca de la significación de las acciones. No puede sostenerse, en efecto, que la acción de simulación sea inútil y superflua si se piensa que el contrato simulado, aun siendo inexistente, no descubre su inexistencia y aparece como verdadero, eficaz y aun, a veces, se reviste de gran seriedad. Esto constituye un peligro para quienes tienen interés en que se mantenga la verdadera situación jurídica, que se ocultó o se desfiguró con engaños, y es muy explicable que quieran defenderse y reaccionar contra ese estado de inseguridad para su derecho demandando de la autoridad judicial un fallo que le imprima certeza indiscutible.

La acción preventiva de reconocimiento equivale a una justa defensa contra la amenaza que resulta de la apariencia dudosa y, por decirlo así, precaria que se ha dado a una relación jurídica. A veces, además, este medio es absolutamente necesario para impedir los perjuicios que pudiera producir la continuidad de una situación falsa y engañosa para los terceros, como sucede cuando el titular no puede exigir el cumplimiento de la prestación por estar su derecho sujeto, verbigracia, a condición o término. En semejantes casos, la exclusión de una acción previa declarativa de la simulación expondría más tarde a una pérdida acaso irreparable.

Por otra parte, debe observarse que la acción simulatoria no interviene únicamente en el campo de la simulación absoluta en que se trata de la inexistencia, aunque dudosa y oculta, sino también en el caso de haberse disfrazado el contrato o de existir persona interpuesta, ya que, aun siendo aquél eficaz, es diferente su verdadera naturaleza y distintos los contratantes. ¿Cómo negar, en tales circunstancias, la admisibilidad de una acción que haga reconocer y fijar la verdadera índole del contrato o las personas que en él han intervenido, cuando los favorecidos por ella carezcan de otra tutela para su derecho? Los partidarios de esta posición misoneísta, que ven siempre aquella acción al lado y como compañera inseparable de la revocatoria –de naturaleza esencialmente diferente–, desconocen que para otros casos y en circunstancias análogas la ley admite la confirmación previa de relaciones jurídicas, origen de una nueva categoría de acciones de reconocimiento o declarativas que reclama un puesto en las clasificaciones tradicionales, y de la cual, aun no estando generalmente reconocida, se encuentran variadas aplicaciones en nuestro Derecho.

El fundamento, pues, de la acción de simulación resulta del interés legítimo de remover la apariencia del contrato, y sus dañosas derivaciones, por tanto (art. 36 del Código de Comercio); interés que es diferente, claro está, según que la impugnación se ejercite por uno de los autores de la simulación contra el otro, o por los terceros contra aquéllos. La acción de simulación puede ser utilizada para la tutela de un derecho concreto o de un interés más general, si representa utilidad para el conjunto de derechos o relaciones jurídicas de una persona.

Queda así aclarada una cuestión que ha provocado muchas discusiones entre los intérpretes y muchas equivocaciones en los fallos judiciales, cual es la relativa al fundamento jurídico sobre que descansa la impugnación de simulación por los acreedores. Se ha dicho por algunos que los acreedores no son sino causahabientes de las partes simulantes, por lo cual pueden utilizar solamente para la impugnación la acción subrogatoria; pero no se echa de ver que los acreedores tienen siempre un interés suyo *propio* que defender, aun contra los mismos autores de la simulación, y no tienen por qué valerse de los derechos y acciones de aquéllos. La acción subrogatoria es un medio inadecuado, y colocará a los acreedores en igual situación jurídica que los simulantes, con idéntica limitación de prueba y las mismas consecuencias derivadas de la vergüenza de haber realizado la simulación, por lo que se verían en la imposibilidad de oponer la ficción ni aun a los que hubieren adquirido del testaferro a título gratuito. Quedarían sacrificados, convirtiendo un medio concedí- do en beneficio suyo en una limitación odiosa de su derecho a obtener protección para su crédito. Pueden, sí, los acreedores utilizar las acciones del deudor; pero nadie podrá obligarles a realizarlo, ya que con ello quedaría limitada su defensa, resultando injustamente *capiti diminuidos* con relación a los demás terceros, en cuanto a protección jurídica.

Otros autores, entre ellos Mirabelli[1], interpretando torcidamente la letra y el espíritu de la ley, han intentado, a la fuerza, encajar el derecho de los acreedores en el precepto del artículo 1.235, que regula la acción revocatoria. Dicen que la impugnación por fraude incluye la acción de simulación, porque el de fraude es un concepto amplio que abarca también los actos simulados, objetivamente perjudiciales para los intereses de los acreedores. Pero con ello se va, no sólo contra la tradición histórica, que a partir del edicto *Quae in fraudem,* del Pretor, atribuye hoy todavía a la palabra «fraude» el sentido de actos reales fraudulentos, sino también contra el texto mismo de la ley, que habla de *revocación* de actos, ya que los simulados, como inexistentes que son, no se revocan, puesto que no puede haber cesación de efectos cuando éstos no se han producido. Distinguiendo entre actos onerosos y gratuitos, se admite la posibilidad de que el fraude se realice por uno solo de los contratantes, en tanto que una simulación unilateral es cosa contradictoria e inconcebible. La ley, finalmente, al proteger la buena fe de los terceros, dicta un precepto propio y diferente del que dedica a la simulación el artículo 1.319, y habla de transcripción de la demanda revocatoria; la de simulación, en cambio, no debe transcribirse. Puede verse, como argumento en contra, el artículo 1.933, núrn. 3.°

Esta argumentación artificiosa de los autores se explica en su deseo de estimar comprendido en los artículos 1.234 y 1.235 todo derecho de impugnación, por creer, equivocadamente, que en ambos preceptos se halla incluida cuanta protección pueden necesitar los acreedores. Respecto a protección especial, es muy cierto, puesto que era necesario, en efecto, que el legislador estableciese en particular un medio jurídico contra la desidia del deudor y para impedir su actividad fraudulenta; pero tal remedio especial no es necesario en caso de simulación, porque el acreedor no pretende entonces atacar ni anular actos jurídicos que puedan

[1] *Diritto dei terzi,* I, págs. 458 y sigs.

perjudicarle, sino hacer constar únicamente que son inexistentes, que ningún cambio jurídico se ha realizado y que puede, por tanto, ejercitar sus derechos de crédito sin esos aparentes obstáculos. El fundamento de la impugnación por parte de los acreedores se encuentra en el derecho que para cobrarse o ejecutar al deudor les conceden los artículos 1.948 y 1.949 del Código civil, y con arreglo al cual pueden descubrir y atacar cuantos actos traten de hacer ilusorio el misma derecho[2].

83. Estudiemos más a fondo la naturaleza jurídica de la acción de simulación. Es *declarativa* o de *afirmación (Feststellungsklage);* tiende, no a la condena del obligado a una prestación, sino a hacer reconocer la inexistencia de una relación jurídica o la existencia de otra distinta. Con esta declaración judicial se logra quitar incertidumbre al derecho y asegurar por anticipado su ejercicio contra un posible estado de hecho contrario. Sirve, al mismo tiempo, para preparar el juicio condenatorio. Ambos caracteres resultan claramente en la impugnación de simulación. De un lado, los contratantes o los terceros, al interponer la acción declarativa de simulación, quieren hacer desaparecer la falsa apariencia para impedir el daño que de ella puede derivar, y de aquí su función de garantía; por otra parte, el debate adopta la forma de un juicio preliminar en el que se discute y fija por adelantado la verdadera posición jurídica, para sacar después, en un juicio de condena, las consecuencias que de ello se deriven. En la simulación absoluta, la acción es de reconocimiento negativo, porque se quiere

---

[2] Glasson, *Théorie de la simulation,* pág. 90; Brugi, *Istituz. di dir. civ.,* página 186. V. sent. Trib. Cas. Roma, 15 nov. 1892 (*Corte Suprema,* 1892, II, 292): «El fundamento jurídico de la acción que compete a los acreedores para hacer declarar simulados los actos que realizó el propietario deudor, fie halla en el principio establecido por el art. 1.949, según el cual los bienes del deudor constituyen la garantía común de sus acreedores. De este principio dimana el interés por parte de los acreedores en obtener la declaración de que una cosa que aparentemente ha salido del patrimonio del deudor forma todavía parte integrante del mismo.» Una teoría diferente puede verse en Messina, *La simulazione assoluta,* III, págs. 19 y sigs., el cual opina que el fundamento de la acción para impugnar el acto simulado debe encontrarse en la violación de aquella *facultad de elegir* que compete al acreedor sobre los bienes que intenta ejecutar. V. en contra mi trabajo sobre *La simulazione assoluta,* pág. 39 y sigs.

hacer declarar la inexistencia del contrato simulado; en la simulación relativa hay simultáneamente reconocimiento positivo y negativo, porque con el de la inexistencia del contrato aparente se quiere obtener la declaración de existencia de otro contrato distinto, disfrazado o con diferente contenido, o con intervención de distintas personas.

Las acciones de reconocimiento responden a una necesidad específica de protección legal en la esfera en que jurídicamente actúan las personas; protección indispensable, a causa de la incertidumbre e inseguridad de las relaciones jurídicas. Con la declaración judicial de la realidad o falta de realidad de un acto o contrato se procura allanar el camino para el ejercicio de los derechos, o bien asegurarlos contra el peligro de la violación que los amenaza[3].

En la categoría de acciones declarativas entran las acciones sobre ciudadanía o estado familiar, las que tienden a probar la pertenencia de un título nobiliario, la existencia o inexistencia de una persona jurídica, la acción para la compulsa de escrituras, la de falsedad civil, las declarativas de la nulidad, y entre éstas, a no dudarlo, la de simulación[4].

Caen, pues, por su base las disquisiciones doctrinales que hacen los tratadistas[5] sobre si la acción de simulación es personal, real o mixta; confusión nacida del esfuerzo de querer hacer entrar en la *summa divisio* justinianea toda clase de acciones. La de simulación no puede clasificarse de ese modo: es simplemente *declarativa*. Se sobrentiende, por lo demás, que reconocida la inexistencia del contrato simulado, o la diferente naturaleza del disfrazado, los derechos que se ejerciten como consecuencia de ese reconocimiento lo serán por medio de acciones personales o reales, de acuerdo con su mismo carácter.

---

3 REGELSBERGER, *Pand.*, pág. 679. V. también HÖLDER, *Ueber Ansprüche und Einreden*, pág. 26, que las denomina *Sicherungsklagen* (*Archiv für civil. Prax.*, 1902).

4 CHIOVENDA, *Azione*, pág. 87.

5 Puede verse un aspecto de ello en el *Digesto italiano*, «*Simulazione*», página 419.

84. Es consecuencia de la naturaleza declarativa de la acción de simulación su *imprescriptibilidad.* No se concibe, en efecto, que por el transcurso del tiempo pueda extinguirse la acción de reconocimiento de un hecho o situación jurídica determinados, mientras subsistan las condiciones propias para su ejercicio. Esa limitación seria contraria a su finalidad y restringiría injustamente la protección del derecho. El intento de hacer constar una realidad objetiva, importante desde el punto de vista jurídico, no puede tener limitación de tiempo, porque esa realidad permanece inmutable en tanto no desaparezca el interés de hacerla constar. Debemos llamar la atención, por consiguiente, sobre el hecho de que, no obstante la diversidad de construcciones jurídicas sobre las acciones declarativas, todos los autores están de acuerdo en estimar que no quedan sujetas a prescripción. No hay posibilidad de duda, en efecto, para quienes ven en la acción un medio procesal al que es inaplicable la prescripción de derecho. Mas tampoco vacilan en llegar a este resultado quienes consideran la acción como un intento de protección jurídica de forma especial, que debe subsistir en todo tiempo para la defensa del derecho material. Al mismo resultado venimos a parar con un distinto razonamiento, que tomamos en parte de Hellmann[6]; es decir, que no puede hablarse de prescripción del derecho de pedir el reconocimiento, ya porque subsiste la amenaza -y entonces, en todo momento, la *actio nata* es real-, o bien porque haya cesado, y entonces se extingue *el interés* que motiva la acción.

Concretándonos a la acción de simulación, puesto que el contrato simulado es inexistente, y lo que no existe no adquiere vida por el solo transcurso del tiempo, la acción para el reconocimiento de esa inexistencia es siempre admisible. Dice Fadda: «Esa acción (declarativa de la nulidad) no está sujeta a prescripción, porque lo que no tiene existencia según la ley -la nada jurídica- podrá hacerse siempre declarar como tal por quien tenga interés de ello»[7]. Igual norma debe aceptarse en cuanto a la simulación relativa. No hay razón para distinguir, como lo hace Mirabelli[8], entre

6 Obra cit., pág. 117.
7 *Pandectas* de Windscheid, I, pág. 1.086.
8 *Diritto dei terzi,* I, 443 y sigs.

la demanda de interpretación de un contrato redactado con oscuridad y la demanda de interpretación de otro arteramente disfrazado: en uno y otro caso se quiere comprobar una condición de hecho que ni varía ni se transforma con el transcurso del tiempo. Mientras alguien tenga interés en obtener una declaración judicial de este estado de derecho, la acción no puede extinguirse. El interés es lo que suele desaparecer por el transcurso del tiempo, cuando el derecho que se quería defender se ha extinguido, aunque sea por prescripción, o encuentra un obstáculo invencible en el hecho de haber sido adquirido por otra persona en virtud de la *usucapio.* Entonces no puede darse la acción declarativa; es un arma de defensa inútil, desde el momento en que el derecho a proteger está irremisiblemente perdido. Y no es obstáculo para esta lógica deducción el art. 2.135 del Código civil, según el cual todas las acciones, reales o personales, prescriben por el transcurso de treinta años, puesto que aquí se alude evidentemente a las acciones para obtener una prestación, o sea aquellas que tienen tendencia dinámica a producir una actividad en el obligado, ya se trate del cumplimiento de una obligación propiamente dicha, o de restaurar un derecho lesionado, respecto del cual el transcurso de un largo espacio de tiempo supone, para el que no actúa, como una renuncia tácita, debiendo respetarse, de todos modos, los hechos realizados, a fin de no perturbar situaciones jurídicas ya establecidas. El transcurso del tiempo no puede, por el contrario, tomarse en consideración respecto de las acciones declarativas que no son ni reales ni personales, como en este punto exige la ley[9].

---

[9] Sobre imprescriptibilidad de la acción declarativa de simulación, v. VOGEL, *Mentalr. und Simulation,* pág. 44; FADDA y BENSA, *Pandectas* de W., I, 1.086; MAJERINI, *Revoca degli atti fraudolenti,* pág. 91; STERIO, *Delle nullità* (*Archivio giur.*, 1896, 247); BRUGI, *Istit. di dir. Civ.*, 271; PUGLIESE, *Prescrizione estintiva,* n. 268; COVIELLO, *Man.*, pág. 318. La mayoría, por el contrario, de los autores y la jurisprudencia consideran prescriptible la acción en treinta años, aunque alguno afirme que en tesis abstracta o *de iure condendo* debiera preferirse la opinión expuesta en el texto. V. GLASSON, *Théorie de la simulation,* página 93; VITALI, *Della simulazione e delle liberalità palliate,* pág. 136 *(Ann. crit.*, 1889); Sent. Trib. Ap. Génova, 9 dic. 1898 *(Foro ital.*, 1899, I, 237). A. Palermo, 30 jun. 1916 (*Foro sic.*, 1916, 282). Debe rechazarse, por lo demás, en absolu-

Otros dos caracteres que conviene señalar en la acción de simulación son la *universalidad* y la *transmisibilidad.* La acción de simulación no se dirige contra una persona determinada, sino contra cualquiera que dé lugar a la amenaza de lesión del derecho, creando una apariencia, o que se ponga en relación con la cosa que fue objeto del contrato simulado. En razón precisamente de ese carácter universal es explicable que el acreedor pueda accionar contra personas distintas de la del obligado, y el contratante contra terceros que no sean sus causahabientes. Por otra parte, como la acción de simulación no es estrictamente personal, por quedar reducida a la defensa de intereses económicos, es también transmisible, no sólo a los herederos, sino por acto *inter vivos;* de modo que el cesionario y el subrogado por pago pueden utilizarla, como también los acreedores con acción subrogatoria.

85. Examinemos ahora los requisitos necesarios para el ejercicio de la acción de simulación.

Restos de confusiones no desaparecidas del todo e indebidas influencias de otras instituciones han sido causa de que para la admisibilidad de la acción de simulación se exigiesen, por algunos, ciertas condiciones que venían a restringir arbitrariamente su empleo. Conviene, por tanto, desechar desde luego esos elementos heterogéneos introducidos por error.

Para el ejercicio de la acción de simulación *no es necesario:*

1.° La prueba del *consilium fraudis* o del *eventus damni* nacido del contrato simulado, porque también puede haber interés en obtener el reconocimiento de una simulación no fraudulenta; e igualmente es susceptible de ser descubierta, a fin de lograr algún beneficio, una simulación que al realizarse no perjudicaba al impugnante.

2.° La prueba de la *anterioridad* del derecho del impugnante a la creación del negocio fingido o disfrazado, porque también un acreedor posterior y los terceros que adquieren

to la opinión, ya abandonada y que no merece ni discutirse, según la que sería aplicable la prescripción de cinco años, puesto que en ella se confunde evidentemente la falta de consentimiento determinante de la inexistencia del negocio con un simple vicio del consentimiento, que es causa de anulabilidad.

por virtud del contrato simulado pueden tener interés en demostrar la ficción o la diferente naturaleza del mismo para deducir consecuencias jurídicas de este restablecimiento de la verdad[10].

3.° La *previa excusión* del deudor autor del engaño, ya que la impugnación por simulación no tiene por objeto resarcir el perjuicio sufrido, del que habría que determinar por anticipado la subsistencia y la entidad, sino hacer constar el verdadero estado del patrimonio de los simulantes, o la verdadera índole de los negocios realizados, para ejercitar después sobre esa base los derechos que normalmente competen al impugnante[11].

Todos estos requisitos son importación ilegítima de la acción revocatoria, esencialmente diferente por su concepto, finalidad y eficacia, de la impugnación por simulación; y debieran apartarse de ella.

El único requisito necesario para ejercitar la acción de simulación es la existencia de un *interés jurídico* en el actor. No se trata, pues, de una excepción, sino de aplicar el principio normal de que para interponer una demanda en juicio es indispensable que exista un interés (art. 36 del Cód. de Procedimiento civil)[12]. Pero

---

10 V. sent. Trib. Ap. Palermo, 11 sept. 1893 *(Circ. giur.,* 1894, 335): «La declaración de simulación puede ser siempre pedida por cualquiera que tenga interés en que la verdad se restablezca, y sin distinción entre acreedores anteriores y posteriores al acto.» En el mismo sentido se pronuncian las siguientes sentencias: Trib. Cas. Nápoles, 9 febr. 1888 *(Giur. ital.,* 1888, I, pág. 544); Tribunal Cas. Turín, 6 oct. 1892 (*Legge,* 1892, II, 765); Trib. Cas. Palermo, 25 noviembre 1897 *(Foro sic.,* 1898, 28); Trib. Ap. Messina, 7 marz. 1898 *(Proced..* 1898, 211); Trib. Cas. Nápoles, 7 nov. 1902 *(Corte Napoli.* 1903, 54).

11 Sent. Trib. Ap. Turin, 11 marz. 1887 (*Legge,* 1887, II, 132): «No es necesaria la previa excusión de los bienes del deudor ni la prueba del *eventus damni* cuando se impugna el acto por un tercero a causa de simulación.»

12 Sobre la exigencia de un interés jurídico como requisito para que pueda intentarse la acción *de* simulación, véase: Endemann, *Lehrb. des bür. Rechts,* I, pág. 298; Scherer, *Allgem. Theil,* pág. 164; Sonntag, *Das simulierte Rechtsgeschäft,* pág. 41; Vogel, *Mentalr. und Simulation,* pág. 32, y la jurisprudencia alemana citada por estos autores: Glasson, *Théorie de la Simulation,* pág. 76; Planiol, *Droit civ.,* II, 1.257; Vitali, *Della simulazione,* pág. 135 *(Ann. crit.,* 89). En cuanto *a* jurisprudencia italiana, confróntese, por último, la sent. del Tribunal Ap. Nápoles, 7 marz. 1902 (*Mov. giur.,* 1903, 360): «Para el ejercicio de la acción de simulación basta demostrar la existencia de un interés legítimo.»

sobre el concepto del interés, en relación especialmente con la acción de reconocimiento, son necesarias algunas aclaraciones para precisar su significado.

No siempre resultan perspicaces, aun en los procesalistas más en boga, las nociones que dan sobre el interés como base de una acción. Suele ponerse de relieve la *utilidad* que se obtiene o puede obtenerse con el ejercicio de la demanda, no sólo no relacionándola con el derecho que tiene o cree tener el actor, sino prescindiendo de él deliberadamente. La discusión se complica cuando se empieza a distinguir entre interés legítimo *y* moral, diciéndose que este último no puede servir de base a la acción, lo cual tiene todo el aspecto de una adivinanza, porque si el interés es una utilidad, no se comprende por qué una utilidad que entra en la esfera ética o espiritual no haya de tener igualmente la virtud de poner en movimiento los órganos de la jurisdicción. En resumen, al desenvolvimiento de esta materia acompaña una incertidumbre y una vacilación constante, que procede de la inseguridad con que ha sido formulada en teoría.

Y, sin embargo, nos parece que no hay nada más preciso, porque el interés para actuar no debe referirse a la utilidad que se espera obtener del juicio, al beneficio del actor, sino, por el contrario, a la necesidad en que se encuentra de invocar la protección judicial.

El interés para actuar equivale a la *necesidad de tutela jurídica,* la cual está íntimamente relacionada con el derecho o posición jurídica que se quiere defender. Cuando el derecho subjetivo, en vez de desenvolverse pacíficamente en su disfrute, resulta discutido o violado, reacciona y se hace respetar coactivamente invocando la protección del Estado. En esta situación de anormalidad del derecho surge la necesidad de la tutela jurídica y el interés en reclamar. Cuando se dice que para deducir una demanda en juicio es preciso tener interés, se quiere significar que existe el derecho de accionar, o sea que el derecho privado subjetivo debe encontrarse en condiciones y necesidad de reclamar el auxilio de la fuerza social. Ahora, que esta necesidad de tutela resulta, por regla general, determinada por un estado de violación del derecho, pero puede también provenir de un simple estado de amenaza o de peligro, como veremos después. Igual necesidad que para proteger un derecho concreto puede haber para la protección de un conjunto de relaciones jurídicas.

En conclusión, puede decirse que tener interés en interponer una demanda, significa tener o afirmar la *titularidad* de un derecho subjetivo o de un conjunto de relaciones jurídicas, y que ha surgido, con su violación o amenaza, la necesidad de la tutela jurídica. De este modo se explica fácilmente que no baste una simple utilidad moral o ética, o estética, para ejercitar una acción, porque la protección legal se concede únicamente al titular de un derecho o de una situación jurídica, y sólo quien afirma serlo puede poner en actividad los órganos de la justicia. Y se comprende también sin esfuerzo cómo, por otra parte, el titular de un derecho puede actuar en juicio aunque sólo sea para satisfacer intereses estéticos e ideales.

Fijado el concepto de interés como necesidad determinante de la tutela jurídica, haremos su aplicación a las acciones de reconocimiento, entre las cuales figura la de simulación.

Puesto que el objeto de la acción es conseguir la protección de la ley, la acción de reconocimiento no puede ser interpuesta por simple acuerdo de las partes para obtener derechos o ventajas; y no es tampoco materia de jurisdicción voluntaria[13]. No basta para que sea admisible la acción que las partes se pongan voluntariamente de acuerdo a fin de obtener una declaración judicial.

Además, si ha de sentirse la *necesidad* de la protección jurídica, se comprende que no sea bastante al efecto de lograr que prospere la acción el deseo del actor de obtener una declaración judicial de su derecho, o la ventaja de conseguir una mayor seguridad jurídica. Para que pueda reclamarse la intervención de los órganos judiciales, el actor debe sentirse impulsado por la necesidad, no por el egoísmo, ya que el orden jurídico tiene por fin satisfacer, no la *utilidad,* sino la *necesidad* en que los individuos se encuentran de obtener la reintegración o la defensa de sus dere-

---

[13] WACH, *Feststellungsanspruch,* pág. 52.

chos subjetivos, o de su posición jurídica. ¿Cómo se da la necesidad de protección en la acción de reconocimiento? Hay que suponer que todavía no ha existido violación del derecho o de la situación jurídica, pues de otro modo se ejercitaría una acción más enérgica tendente a la reintegración del derecho lesionado; sólo han sido alteradas las condiciones objetivas en que el derecho debe vivir, alteración que implica la amenaza de una probable violación en lo futuro. El derecho, sin ser violado, viene a encontrarse en condición peligrosa, y, por su parte, la situación jurídica del sujeto puede estar amenazada en su totalidad de lesión o disminución.

Autores hay que ya en esto encuentran una forma de violación del derecho. Según Mortara[14]: «La amenaza de violación es ya violación del derecho, porque representa, con formas y efectos' diversos, un obstáculo para la conservación de las condiciones normales de goce o disfrute del derecho.» Queda por saber, sin embargo, si el derecho puede exigir, sobre su actual inatacabilidad, que se le mantenga siempre en condiciones normales de respeto y satisfacción, vivir en una esfera siempre tranquila, y poder excluir cuantas dificultades y obstáculos materiales pueda encontrar en su camino. De todas maneras, sería necesario precisar la forma peculiar de esta violación.

Creemos que no sólo la lesión de un derecho puede ser causa del interés de accionar, sino también la amenaza de una lesión. Esta amenaza es la que origina precisamente la acción de reconocimiento o de simulación.

El interés resulta aquí de la *situación peligrosa* del derecho o de la posición jurídica, que consiste en su objetiva incertidumbre. Es necesario, por consiguiente:

1° Que exista una situación de incertidumbre objetiva del derecho o de la posición jurídica;

2° Que de esta incertidumbre resulte daño para el titular.

Ante todo se necesita que exista un estado dudoso de relaciones jurídicas, porque si es claro e indubitable no ha lugar a

14 *Commentario,* II, pág. 600.

reconocimiento judicial. No es suficiente la simple negación u oposición ajena. Se necesita, además, que la incertidumbre se refiera a la existencia del derecho, o al alcance de la situación jurídica del titular, no al ejercicio de aquél. Por consiguiente, la acción de reconocimiento no tiende a evitar el daño de una sustracción o disminución en los objetos sobre que versa la reclamación, o de los medios probatorios, pues en tal caso serían aplicables otras formas de protección. La incertidumbre tampoco debe ser simplemente subjetiva, es decir, constituir solamente una duda personal del titular del derecho, sino una inseguridad, con existencia objetiva, en el modo cómo la situación jurídica aparece a los ojos de los terceros[15]. Por último, tal estado de duda debe producir un daño consistente en el influjo que esta incertidumbre del derecho ejerce en la posición jurídica del titular, por lo que le embaraza y deprime en el desenvolvimiento total de su actividad económica mientras dura el peligro de la violación.

Ahora bien, todos estos requisitos se dan por lo general en el caso de impugnación por simulación. El hecho de estipularse el contrato simulado o disfrazado origina una inseguridad objetiva en la posición jurídica de los interesados, porque a los ojos de los terceros es dudoso si el contrato que parece serio es fingido o engañoso, y se ignora, por tanto, si realmente se han producido efectos jurídicos y cuáles sean éstos. Además, la ficción o el disfraz del contrato están de por sí preñados de peligros, porque, si la simulación no se descubre, los terceros corren riesgo de perder su garantía al desaparecer el patrimonio del deudor, encontrándose en condición menos favorable, o de no poder utilizar algunas formas legales de protección que quedan excluidas por el disfraz o la interposición de persona. Lo que puede falcar, haciendo con ello inadmisible la acción de simulación, es la existencia del derecho subjetivo que se pretende defender, o el elemento del daño, del que sólo por excepción queda libre el titular del derecho, no obstante la simulación.

Resumiendo, pues, y formulando de un modo más práctico el concepto del interés en impugnar, diremos que para poder ejercitar una acción de simulación se necesita:

---

15 Wach, ob. cit., pág. 37; Cammeo, ob. cit., pág. 43.

1° Ser titular de un derecho subjetivo o de una posición jurídica amenazada o embarazada por el contrato aparente.

2° Probar el daño sufrido por consecuencia de la incertidumbre ocasionada por el acto simulado; daño que determina la necesidad de invocar la tutela jurídica.

Por tanto, quien no ostenta un derecho propio y actual, una posición jurídica amenazada por la simulación, no puede accionar. Por eso, no es dado a los legitimarios impugnar donaciones simuladas de su causante durante la vida de éste, ya que sólo les corresponde, entre tanto, una mera expectativa, no un derecho tutelable. Tampoco puede accionar por simulación un tercero no interesado, para beneficiar a otros o por simple impulso moral[16].

Por otra parte, quien, aun siendo titular de un derecho, no recibe daño por la simulación del contrato, bien porque de ningún modo pueda repercutir sobre él, o porque se halle materialmente asegurado contra posibles consecuencias perjudiciales, no puede tampoco intentar la impugnación. Así, pues, son acertados los fallos que han declarado: que el deudor, por cesión, extraño a la cesión simulada, no puede alegar esta simulación[17]; que es inadmisible la acción de simulación ejercida por un acreedor hereditario contra un acto de malversación llevado a cabo por el heredero favorecido, en cuanto a cosas no pertenecientes a la herencia[18]; que el acreedor hipotecario de determinado rango carece de derecho a impugnar el crédito de otro acreedor posterior, etc.

Interés actual en intentar la acción de simulación existe también en quienes ostentan un derecho condicionado o sujeto a tér-

---

16 Considero, por tanto, equivocada la sent. del Trib. Cas. Turín, 10 julio 1900 (*Giur. ital.*, 1900, I, 1, 598), por la cual se reconoció en un hijo que no reclamaba para sí ningún derecho a la herencia la facultad de impugnar por simulación las enajenaciones realizadas por su padre, atendiendo tan sólo al interés moral de que el cónyuge sobreviviente pudiese ejercitar sus derechos sucesorios sobre los mismos bienes.

17 Sent. Trib. Pavullo, 9 dic. 1876 (*Riv. leg.*, 1877, 171), aunque no pueda admitirse en absoluto, ya que pueden producirse circunstancias en las cuales nazca el interés para la impugnación.

18 Sent. Trib. Ap. Nápoles, 7 marz. 1887 (*Dir. e Giur.*, III, 42).

mino; y aun puede decirse que esa acción de reconocimiento tiene por principal objeto el favorecerlos mientras no les sea posible intentar la ejecución. El derecho sujeto a condición o cuyo día no ha llegado sólo puede hacerse valer en forma de acción declarativa, ya que este reconocimiento judicial de la situación jurídica en que todavía se encuentra tiene por objeto impedir el perjuicio de que está amenazado con la apariencia creada por el contrato simulado; daño acaso irreparable ya al cumplirse la condición o al vencimiento del plazo[19].

Creemos que debe reconocerse también un interés actual para ejercitar la acción de simulación en aquel que ve discutido judicialmente su derecho, porque éste, aun discutido, no ha sido anulado ni ha perdido su eficacia[20].

86. Conviene que examinemos ahora quiénes intervienen en el juicio de simulación. Entre las personas que pueden tener interés en promover la impugnación deben distinguirse claramente *los autores de la simulación* y *los terceros.* Ya anteriormente se ha visto la importancia de la distinción, tanto con relación a la prueba como a la eficacia de la simulación. Precisaremos ahora estos conceptos.

Son autores de la simulación los que han realizado el contrato simulado. En igual situación se encuentran sus representantes y sus herederos. Aquéllos, por efecto de la representación, son considerados como verdaderos autores del contrato

---

[19] WACH, *Feststellungsanspruch,* pág. 38; SCHMIDT, *Lehr. des Civilprocess.,* página 694; CROME, *System,* § 133, nota 9, pág. 588. En la jurisprudencia italiana, v. sent. Trib. *Cas.* Nápoles, 11 sept. 1876 *(Giur. ital.,* 1877, I, 1, 32): «Todo acreedor, antes del vencimiento del término y pendiente la condición, puede impugnar como simulada la convención hecha por su deudor con intención de sustraer los bienes antes de tiempo a la acción de los acreedores.»

[20] Sent. Trib. Ap. Venecia, 7 jul. 1891 *(Aun.,* 1891, 365): También tiene interés y derecho para ejercitar la acción por simulación el acreedor cuyo crédito está aún en litigio.» Sent. Trib. Ap. Casale, 5 dic. 1899 *(Giur. tor.,* 1899, 1.593): «Para poder impugnar un contrato como simulado no precisa ser acreedor con título cierto y definitivo, ya que éste puede consistir en una sentencia en primera instancia susceptible todavía de los recursos ordinarios, y extraordinarios.» V., sin embargo, en contrario la sent. Trib. Cas Nápoles, 17 marz. 1898 (*Gazz. Proc.,* 1898, 435).

simulado; los otros, por título de sucesión universal, se colocan en la misma situación jurídica de sus causantes, continuando su personalidad[21].

Todas aquellas personas que no están comprendidas en esas tres categorías son terceros[22].

El concepto de terceros en materia de simulación es, como puede verse, bastante amplio, y comprende incluso a los causahabientes que, por lo demás, habrían de tener el mayor interés en defenderse de los engaños de las partes contratantes. Puede sintetizarse ese concepto de terceros en la siguiente fórmula: todos aquellos que son ajenos al contrato simulado, bien porque no tomaron parte en él o no estuvieron representados en el mismo, o no son sucesores a título universal de los que lo realizaron[23].

Pueden, por tanto, accionar por simulación, con el carácter de terceros, todos los adquirentes o subadquirentes o cesionarios de un derecho real o de crédito de las partes simulantes. Así, pues, el tercer poseedor de un inmueble puede impugnar por simulación, en su propio nombre, el crédito inscrito sobre el inmueble por él adquirido[24]; el acreedor hipotecario que ha incoado el juicio ejecutivo y embargado las rentas del inmueble, con la consiguiente transcripción del mandamiento en el Registro, puede impugnar por simulación un contrato de venta a favor de un tercero que interviene en el juicio para pedir la nulidad de la ejecución[25]; el mero adquirente de un fundo puede

---

21 Por ello no se admite que el heredero pueda ejercitar la acción de simulación contra convenios realizados por su causante, salvo en cuanto a los legitimarios, de los que nos ocuparemos después. V., por último, la sent. Tribunal Cas. Nápoles, 24 jun. 1903 *(Dir, e giur,* XIX, 153).

22 Sobre el concepto de terceros, v. Pestalozza, págs. 229 y sigs.

23 El Trib. de Ap. de Ancona, en sent. de 17 enero 1914 *(Giur. ital.,* 1914, 144), afirmó, erróneamente, que la impugnación de un contrato estipulado *con arreglo a derecho,* por simulación, no puede hacerse mediante prueba oral del causahabiente de uno de los contratantes

24 Sent. Trib. Cas. Nápoles, 5 dic. 1889 *(Gazz. Proc.,* XXIV, 124).

25 Sents. Trib. Cas. Nápoles, 30 oct. 1893 (*Dir e Giur.,* IX, 295) y 11 septiembre 1906 *(Dir. e Giur.,* XXIII, 410). Y Trib. Cas. Florencia, 11 may. 1914 *(Ragg. giur,* 1914, 811).

impugnar por simulación los arriendos hechos por el enajenante[26]; el propietario, los arriendos consentidos por el usufructuario antes del término del usufructo[27]; y el acreedor ejecutante[28], el depositario judicial en el caso de secuestro[29]; y el adjudicatario, los arrendamientos concedidos por el deudor emplazado o ejecutado. Del mismo modo, el cesionario de un crédito puede impugnar por simulación el hecho del pago que alegue el subrogado por cesión en lugar del deudor[30], o el cesionario de uno de los partícipes en la comunidad la división simulada de la cosa común hecha en daño suyo[31].

En la categoría de terceros entran igualmente los acreedores escriturarios, quienes en garantía de su derecho de crédito y *en nombre propio,* pueden utilizar todos los medios de protección concedidos por la ley, y, por consiguiente, la impugnación por simulación, pues no sería justo que quedaran en situación subordinada y a merced de las maquinaciones de las partes simulantes. Su derecho de crédito es tan respetable como un derecho real, y no hay razón para establecer desigualdad de trato. El temor -ya desaparecido, sin embargo, incluso en la jurisprudencia[32]- de aceptar ese concepto deriva de considerar a los acreedores como

---

[26] Sents. Trib. Cas. Roma, 16 may. 1876 *(Foro ital.,* 1879, I, 713) y 7 diciembre 1914, en *Giur. ital.,* 1915, 69, con nota de Cammeo.

[27] Sent. Trib. Ap. Trani, 20 jul. 1883 *(Foro ital.,* 1884, I, 54).

[28] Sent. Trib. Ap. Perugia, 16 febr. 1879 *(Giur. ital.,* 32, I, 2, 177).

[29] Sent. Trib. Ap. Nápoles, 31 jul. 1895 (*Gazz. Proc.,* XXVII, 113).

[30] Sent. Trib. Cas. Nápoles, 19 abr. 1895 (*Gazz. Proc.,* XXVII, 123).

[31] Sent. Trib. Ap. Turín, 29 nov. 1898 *(Foro ital.,* 1899, I, 679).

[32] Confróntense las sents. Trib. Cas. Nápoles, 19 jun. 1885 *(Legge,* 1886, I, 12): «Los acreedores pueden ejercitar en nombre propio la acción de simulación»; Trib. Cas. Nápoles, 29 febr. 1888 (*Dir. e Giur.,* IV, 18): «El acreedor que impugna de simulación un contrato estipulado por el deudor ejercita un derecho propio»; Trib. Ap. Aquila, 20 marz. 1891 *(Foro,* 1891, I, 441): «La acción de simulación se ejercita por el acreedor *nomine et jure proprio, non iure debitoris»;* Trib. Ap. Génova, 8 marz. 1892 *(Giurista,* II, 160): «El precepto del artículo 1.949 reconoce a todo acreedor interés suficiente para accionar en nombre propio por simulación contra el deudor»; Trib. Ap. Bolonia, 25 may. 1897: «Los acreedores que accionan por simulación lo hacen como terceros *iure proprio»;* Trib. Ap. Cagliari, 31 dic. 1917 *(Giur. sarda,* 1918, 167). En materia de simulación son terceros los causahabientes y, por tanto, también los acreedores *quirografarios* de uno de los contratantes.

causahabientes, sin tener en cuenta que éstos, en materia de simulación, se hallan comprendidos también en el concepto de terceros (art. 1.319). Quienes pretenden que los acreedores pueden valerse de la impugnación *utendo iuribus* del deudor *únicamente,* convierten el beneficio concedido por la ley a favor de los mismos en un odioso privilegio en perjuicio suyo; y buscando quizá la manera de proteger a los terceros de buena fe, ponen a los acreedores el férreo límite del art. 1.319. Si la protección a los terceros resulta ya ampliamente establecida en otros preceptos, no hay necesidad de recurrir a ese subterfugio que se apoya en una interpretación forzada. Los acreedores *pueden* ejercitar los derechos del deudor (art. 1.234), pero *no están obligados a* hacerlo; y el no hacer uso de tal facultad no puede impedirles utilizar los demás medios establecidos en garantía del derecho de crédito de que se hallan investidos personal e independientemente.

También el legatario tiene la condición de tercero, tanto si impugna los actos del heredero, del cual es acreedor, como si prueba la simulación de actos del testador a quien sucede a título particular. Mas los herederos universales del fallecido, continuadores generalmente de su personalidad jurídica, y que, como partes, por tanto, de los contratos por él simulados, deben estar a lo convenido, pueden, por excepción, ostentar el carácter de terceros cuando defiendan un derecho propio que legalmente les corresponda, contra tales actos simulados del *de cujus.* En esas circunstancias se encuentran los legitimarios por lo que respecta a su legítima. Su derecho sobre ésta no se funda en la voluntad del testador, sino directamente en la ley, y existe con o sin la voluntad de aquél. Son herederos legitimarios, y bien se comprende que para la defensa de este derecho les competa una acción directa e independiente del vínculo que les une con el causante; por lo cual, si viesen frustrada su expectativa de legítima por efecto de donaciones disfrazadas realizadas por aquél, tendrán el derecho de impugnarlas en nombre propio ejercitando para ello la acción de reducción. Es requisito necesario, sin embargo, para que los herederos ostenten la condición de terceros, la aceptación de la herencia a beneficio de inventario, según resulta del artículo 972, ya que la aceptación pura y simple significaría darse por pagados con el caudal hereditario y hallar en él satisfechas sus legítimas, y equivaldría, por tanto, a una renuncia, tácita a ulteriores pretensiones[33].

Hemos visto ya quién puede accionar por simulación: estudiaremos ahora contra quién puede accionarse. Bastarán para esto pocas palabras. Dado el carácter universal de la acción, la impugnación puede dirigirse contra cualquiera que tenga interés en oponerse al reconocimiento de la simulación, y por consiguiente, o por un simulante contra el otro, o por los terceros contra los autores de la simulación, o contra quien obtuvo por el contrato simulado algún derecho e intente hacerlo valer[34].

87. Trataremos ahora del modo y formas de realizar la impugnación.

Puede llevarse a cabo, o por medio de una demanda principal, o en forma de excepción, teniendo en este caso el carácter de prejudicial. Debe entenderse la excepción, no en el sentido técnico del procedimiento romano, es decir, contraposición o paralización de otro derecho, sino en el sentido genérico de *omni defensione qua quis utitud,* pues, propiamente hablando, la excepción de simulación tiene el carácter de *negación* del fundamento de lo pretendido por otra persona a causa de la falta de consentimiento. La simulación puede alegarse también por un tercer interesado que interviene en un juicio planteado entre otras personas, bien en apoyo de la demanda de simulación interpuesta por uno de

---

[33] La jurisprudencia reconoce por unanimidad que los herederos legitimarios que impugnan los actos realizados por su causante en fraude de sus derechos de legítima ejercitan un derecho propio y deben ser considerados como terceros. V. sents. Trib. Ap. Génova, 27 abr. 1897 *(Temi gen.,* 1897, 175); Ap. Cagliari, 30 jun. 1895 *(Giur. sarda,* 1898, 204); Cas. Florencia, 17 en. 1898 (*Ahnali,* 1898, 73); Cas. Nápoles, 18 dic. 1899 *(Giur. ital.,* 52, I, S. 177); Ap. Trani, 31 marz. 1903 (*Foro Puglie,* 1903); Palermo, 7 ag. 1905 (*Foro ital.,* 1905, 549); Trib. Orvieto, 26 abr. 1906 *(Foro Umbro,* 1907, 22); Ap. Trani, 15 dic. 1905 *(Riv. giur.;* Trani, 1906, 23); T. Catanzaro, 1 febr. 1913 *(Giur. calab.,* 1913, 62); A. Venecia, 13 may. 1913 *(Foro ven.,* 1914, 19).

[34] Sent. Trib. Ap. Florencia, 14 en 1913 *(Giur. tosc.,* 1913, 291). La acción de simulación puede ejercitarse también contra el cesionario del crédito que se afirma simulado, aunque su título de adquisición sea verdadero y real, siempre que se pruebe que conocía la simulación del crédito cedido.

los litigantes, o ya para sostener la simulación contra ambos; y aun puede alegarse incidentalmente en algún otro juicio [35]. Puede, por último, impugnarse por medio de una reconvención[36]; pero, por lo general, la impugnación tiene lugar durante el procedimiento ejecutivo o a su terminación.

En efecto, éste es el momento en que se intenta, por medio de contratos simulados, frustrar el derecho de los acreedores, y cuando surge el conflicto entre el ejecutante y los falsos terceros poseedores que intentan sustraer los bienes a la ejecución. El acreedor que incoa el juicio ejecutivo contra bienes aparentemente enajenados por el deudor no necesita impugnar previamente estas enajenaciones; puede proceder, desde luego, a la ejecución como si tales actos no existieran, para alegar más adelante la excepción de simulación cuando el falso adquirente intervenga con el fin de sustraer los bienes a la subasta[37]. Una contienda igual se entabla en la ejecución de bienes muebles, entre el acreedor pignoraticio y los terceros que interponen demanda de tercería para reclamar, con títulos falsos, los bienes pignorados. A veces surge un conflicto de distinta índole. Llevada a cabo una enajenación simulada, los acreedores del testaferro incoan contra él el juicio de ejecución para asegurar los bienes que están aparentemente en su patrimonio, y el propietario –el falso enajenante– interviene en el

---

[35] Sent. Trib. Ap. Venecia, 30 dic. 1880 *(Racc.,* 33, 3. 193): «La acción de simulación puede interponerse en el juicio sumario de división y constituir un incidente del mismo.»

[36] Vitali, *Della riconvensione in materia civile,* n. 396.

[37] Sent. Trib. Ap. Brescia, 1.° marz. 1882 (*M; Trib. Mil,* 1882, 327): «Simulada una venta de inmuebles, los acreedores del vendedor aparente pueden proceder a la expropiación de los bienes aparentemente vendidos como si la venta, aunque transcrita, no existiese; y sin distinción entre que el crédito sea anterior o posterior a ella, citando al comprador aparente, no en calidad de tercer poseedor, sino sólo para que pueda aducir en contrario las razones que estime oportunas.» Y sent. Trib. Cas. Palermo, 19 jul. 1897 *(Legge,* 1897, II, 300) : «El acreedor que quiere promover la ejecución de bienes fraudulenta o simuladamente vendidos por su deudor mediante contrato de venta transcrito, no está obligado a impugnar previamente los títulos de enajenación, pudiendo realizarlo en el mismo juicio ejecutivo cuando el adquirente intervenga para sustraer los bienes a la subasta.»

pleito para pedir la declaración de simulación absoluta de venta, tratando con ello de impedir la ejecución[38].

En todos estos casos la impugnación por simulación tiene lugar en la primera o en la segunda fase del procedimiento ejecutivo, es decir, o en el juicio que se sigue por la oposición del deudor, o en el que se desarrolla después de la petición de remate. En las fases ulteriores de la ejecución es también frecuente que surjan impugnaciones por simulación, como en el juicio de graduación del procedimiento inmobiliario, al que corresponde en el procedimiento mobiliario el de distribución del precio consignado por el comprador. El conflicto se produce entre los acreedores que se disputan los bienes del deudor y tratan de excluirse mutuamente, para obtener una preferencia en cuanto a los beneficios logrados con la ejecución. En ese momento son muy frecuentes las excepciones de simulación; con ellas uno de los acreedores se opone a la demanda de colocación preferente e intenta destruir esa preferencia en la graduación[39]. La impugnación, finalmente, puede tener lugar, terminado ya el juicio ejecutivo, entre el adjudicatario y el tercer poseedor de los bienes subastados, el cual, como no ha intervenido en el juicio, espera que se presente el adjudicatario para rechazarlo con su título de adquisición o con la excepción de nulidad del procedimiento ejecutivo La acción de simulación puede también interponerse después de un juicio de liberación o purga[40].

[38] Sent. Trib. Bari, 19 abr. 1898 (*Rass. giur. Bari,* 1898, 151): «Es admisible durante el juicio ejecutivo contra bienes inmuebles la acción por la que un tercero intenta obtener se declare la simulación absoluta de una venta mediante la cual uno de los inmuebles contra los que se dirige la ejecución aparece haber pasado al patrimonio del deudor.»

[39] Sent. Trib. Ap. Trani, 21 may. 1881 (*Gazz. proc.*, XVI, 435): «En el juicio ejecutivo de graduación, impugnado incidentalmente un crédito como simulado, el tribunal está en la obligación de decidir este incidente, en vez de enviar a las partes interesadas a ejercitar sus derechos en juicio separado.» Sent. Tribunal Ap. Catania, 18 sept. 1897 (*Giur. Cat.,* 1897, 104): «En el juicio de graduación, cualquier acreedor puede alegar la simulación de un crédito con el fin de hacerlo excluir de aquélla.» Sent. Trib. Ap. Palermo, 31 dic. 1902 (*Foro sic.,* 1903, 72): «Impugnado por simulación el título en base al cual el acreedor pide la colocación, y abierto procedimiento sobre ello, no puede el tribunal ordenar definitivamente y aprobar la colocación de los créditos sin resolver antes la impugnación propuesta.»

[40] Sent. Trib. Ap. Trani, 25 marz. 1901 (*Riv. giur. Trani,* 1901, 519).

Es de advertir que en todos estos casos, bien sea interpuesta la impugnación en juicio declarativo o ejecutivo, la excepción de simulación puede hacerse valer, no sólo en primera instancia, sino también en apelación, y aun en aquellos supuestos en que el asunto se envía al conocimiento de otro tribunal[41], por no ser una demanda nueva, sino un medio de rechazar la pretensión del demandante (art. 490 del Código de procedimiento civil). La simulación, sin embargo, no puede ser declarada de oficio[42], a no ser que con ella se haya tratado de ocultar la violación de una ley de orden público.

Para completar el razonamiento, examinaremos dos distintas cuestiones: 1.ª, si al proponerse o excepcionarse la simulación, el debate debe quedar limitado a las partes entre las que surge, o hay que ampliarlo y traer al pleito a los autores de la simulación para que el juicio quede completo; y 2.ª, sobre competencia, por la cuantía, de la acción simulación.

Sobre el primer punto perdura aún una gran confusión en la práctica judicial italiana, resultante acaso de la desemejanza de hecho de los casos decididos[43]. Para resolver la duda creemos de utilidad distinguir la hipótesis de que la impugnación sea intentada como *demanda principal* con el fin de obtener el reconocimiento por anticipado de la simulación del contrato, de aquella otra en que se opone en forma de *excepción,* negando el fundamento de lo pretendido por otra persona. Según se comprende, en ambas hipótesis es distinto el contrincante, porque mientras la acción principal declarativa de simulación debe dirigirse necesariamente contra los que hicieron el contrato simulado, los cuales han de ser notificados a fin de que puedan oponerse y defender la verdad del contrato impugnado[44]; en el caso, por el contrario, de

---

[41] Sent. Trib. Ap. Casale, 19 nov. 1883 *(Giur. Cas.,* 1884, 43).

[42] Sent. Trib. Ap. Lucca, 8 may. 1873 (*Annali*, VII, 2, 419).

[43] Confróntense en diferentes sentidos las siguientes sentencias: Ap. Bolonia, 20 dic. 1889 *(Foro rep.,* 1890: «Fraude y simulación», n. 34); Ap. Catanzaro, 23 mayo 1891 (*Ibi*, 1891, n. 12); Cas. Florencia, 4 jul. 1889 (*Legge*, 1889, II, 130).

[44] Vitali, *Eccezione di simulazione contro crédito ceduto e pretesa necetó del contradittorio del cedente,* pág. 351 (*Studi Senesi,* 1896).

excepción de simulación, queda reducido el debate al excepcionante y al que, sobre la base del contrato simulado, alega la adquisición de un derecho. Ejemplos de ambas hipótesis tenemos cuando el propietario reivindica contra el testaferro; el adjudicatario desconoce los arriendos del fundo adjudicado; el ejecutante impugna las demandas de tercería de los muebles pignorados; el acreedor ejecutante, la adquisición por el tercer poseedor que interviene durante el juicio; el acreedor con título inscrito, el derecho de otro acreedor preferente para hacerlo excluir de la graduación de créditos, etcétera, etc. En todos estos casos no se hace más que *negar* el título válido del adversario, impedir que éste pueda causar perjuicio haciendo valer un derecho que derive del contrato simulado; pero no se pide una declaración genérica de la simulación del contrato. La contienda judicial queda, pues, limitada, y no hay motivo ni obligación de ampliarla, porque el debate está completo con la presencia en el juicio del que, en la controversia actual, es el único interesado en combatir la impugnación. El que ostenta el derecho se encuentra frente a quien quiere sacar partido de la simulación, y contra él solo debe defenderse. Nada le importan los demás. Si éstos tienen interés, pueden intervenir también en el juicio, bien porque tengan derecho a ello, o porque vengan emplazados por orden del juez; pero ninguna obligación tiene el impugnante de llamar y reunir al conjunto de posibles adversarios[45].

Por lo demás, dice acertadamente Vitali[46], si fuese admisible la tesis de que baste que una controversia tenga carácter general para que haya de ser juzgada oyendo a todas las personas a quienes pueda interesar, habría de admitirse igualmente que su intervención es siempre necesaria, cuando, por el contrario, el artículo 203 del Código de procedimiento civil dice que cada una de las partes puede pedir el emplazamiento de todo tercero a quien, a su juicio, pueda interesar la controversia. En conclusión, pues, caso de que la simulación se haga valer en forma de excepción, es

[45] V. Redenti, *Giudizio civile con pluralità di parti*, n. 70 y 76 (Milán, 1911), que reconoce aquí un caso de *litis consorcio* necesario.

[46] Obra y lugar citados.

bastante que se hallen presentes en el juicio aquellos contra quienes la oposición se dirige, sin necesidad de indagar quiénes sean los autores del contrato simulado.

La competencia, por razón de la cuantía, para interponer la acción de simulación, debe determinarse tomando por base el valor del objeto del contrato impugnado, a diferencia de lo que ocurre en la Pauliana, tratándose de la cual el valor se infiere del interés del impugnante, al menos en la medida en que puede quedar satisfecho con la revocación[47]. Esta diferencia está justificada por la distinta índole de ambas y por el fin que persiguen. Por lo que se refiere a la acción de simulación, en efecto, hay que advertir que la impugnación pretende anular completamente el contrato, cualquiera que sea la entidad del derecho del impugnante: su demanda se dirige contra el acto por entero, con el fin de hacerlo desaparecer; por lo que la competencia habrá que deducirla del valor del objeto del mismo acto[48]. Igual criterio será aplicable para determinar la competencia en la impugnación de un contrato por simulación relativa o por interposición de persona. El valor, en este caso, no se duplica, es cierto, acumulando la valoración de los dos actos, el aparente y el oculto; se determina con relación al mayor valor de uno de ellos. A primera vista, esta solución puede sorprender, pero nos parece que es la que está más en armonía con los principios. No ofrece duda, en efecto, que si con la impugnación se pretende sustituir el acto aparente por otro de

---

[47] V. Butera, en *Giur. ital.*, 1910, 2, 527.

[48] La doctrina y la jurisprudencia están de acuerdo: Tarducci, *L'eccezione di simulazione e l'azione revocatoria dal punto di vista della procedura (Arch. giur.*, 1890, 191). V. además sent. Ap. Turín, 22 marz. 1889 *(Giur. tor.*, 1890, 458): «El valor de la causa en la acción de simulación se deduce del valor completo del acto que se impugna»; Cas. Florencia, 24 jul. 1899 *(Temi Ven.*, 1899, 306): «En la acción de simulación la competencia se determina, no por el crédito del actor, sino por el valor del contrato impugnado»; Ap. Génova, 20 jul. 1901 *(Legge*, 1901, II, 557): «El valor de la causa en el juicio de simulación debe deducirse del objeto del acto impugnado»; Cas. Nápoles, 2 marz. 1903 *(Riv. prat.*, 1903, 287): «Si en el juicio ejecutivo contra bienes muebles pignorados es impugnado por simulación el título que sirve de fundamento a la acción, el valor de la causa, al efecto de la competencia, se determina por el valor íntegro del título impugnado»; Ap. Venecia, 18 oct. 1904 *(Legge*, 1905, 450). Cas. Roma, 27 marzo 1914 (*Foro ital.*, 1914, I, n. 1.033).

un valor inferior, el valor de aquel que se intenta hacer desaparecer es el que deberá servir para determinar la competencia. Mas también en el caso contrario de que el acto que venga a sustituir el aparente sea de mayor valor que éste (como si se pretendiere, por ej., demostrar que bajo la forma de un arrendamiento se había realizado una venta, o que el verdadero precio es de 2.000 pesetas en vez de 1.500), la competencia deberá determinarse necesariamente por el valor mayor, ya que el juez habrá de realizar un doble examen y su fallo tendrá un doble contenido, es decir, la declaración de inexistencia del contrato simulado, y la de la existencia y contenido del contrato oculto, pero verdadero. Es necesario, por consiguiente, que la jurisdicción se extienda o alcance a ambos pronunciamientos, o sea al contenido total.

Respecto a la competencia territorial, como la acción de simulación es de la clase de las personales en sentido amplio, habrá de interponerse en el lugar del domicilio del demandado, y no en el que radiquen los bienes inmuebles que por acaso fueron objeto del contrato simulado[49]. La acción de simulación está hoy día sujeta a transcripción, que habrá de promover el secretario del tribunal que entienda en el pleito; si bien esta publicidad, impuesta sólo por motivos de orden fiscal, no tiene en el actual estado legislativo consecuencia alguna de derecho material[50].

88. La finalidad de la acción de simulación es el reconocimiento judicial de la ficción del contrato. El juez se limita a hacer constar, sin más, la carencia de realidad del contrato impugnado o su distinta naturaleza. De aquí nace una diferencia entre la sentencia de reconocimiento y la condenatoria; antítesis que se observa así en los motivos del fallo como en sus efectos. Por una parte, el objeto que se persigue es diferente en ambos juicios; bien la sola pretensión de reconocimiento de un derecho para hacer cesar la ambigüedad peligrosa de una situación jurídica, o la re-

---

[49] Sent. Trib. Cas. Nápoles, 7 sept. 1900 (*Foro nap.*, 1901, 376): «La demanda de simulación, por lo que hace referencia a las partes contratantes, es ejercitada como acción personal ante la autoridad judicial del lugar del domicilio del demandado.» En igual sentido declara la sent. del Trib. Ap. Florencia 19 mayo 1903 (*Foro ital.*, 1903, 1.291).

[50] V. Decreto-ley 21 abr. 1918, n. 575, art. 19, letra g.

clamación del derecho, ya en condiciones de ejercicio, contra la violación que ha sufrido. Por otra parte, esta diferente finalidad en cuanto a la protección se refleja también en las consecuencias jurídicas. No es cierto que la sentencia de reconocimiento declare y la condenatoria ordene, porque también ésta contiene un reconocimiento, y toda sentencia declarativa expresa una orden[51]. Lo único cierto es que mientras la sentencia condenatoria contiene un reconocimiento y una orden de ejecución, la de reconocimiento se limita a una declaración autorizada de la existencia o no existencia de una relación jurídica, o a la declaración judicial e irrevocable de un estado de derecho, faltando la posibilidad, no obstante, de una ejecución inmediata. Por eso, mientras la sentencia de condena lleva normalmente consigo ejecución forzosa, la de reconocimiento la excluye y determina solamente una posible aspiración a conseguir otra sentencia condenatoria. Este carácter da a conocer claramente su índole preparatoria, de anticipación de otro procedimiento posterior, índole que le corresponde al par de una finalidad de defensa actual contra la amenaza de violación[52].

La sentencia, pues, que nace del juicio de simulación es exclusivamente de reconocimiento[53]. Pero ¿cuál será su eficacia? La declaración judicial de la inexistencia de un contrato, o de la existencia de otro diferente, ¿surtirá efectos entre quienes fueron parte en el juicio solamente o se extiende también a los terceros? Atengámonos a los principios o normas ordinarios. Si la sentencia que resuelve definitivamente el litigio produce un efecto jurídico cual

---

[51] CHIOVENDA, *Azione,* pág. 92, nota.

[52] V. WACH, ob. cit., pág. 34; SCHMIDT, ob. cit., pág. 668; CROME, ob. cit., I, pág. 588; MORTARA, *Comm.,* II, n. 446; CHIOVENDA, ob. cit., pág. 92; CAMMEO, ob. cit., 44; los cuales llaman la atención sobre uno y otro de estos distintos caracteres.

[53] Por ello no es admisible la necesidad de la transcripción de las sentencias que reconocen la simulación de un acto traslativo de la propiedad de bienes inmuebles, aun estando transcrito, pues bastará su anotación marginal conforme al art. 1934, aunque su omisión no impide, llegado e caso, que la sentencia sea eficaz respecto a terceros adquirentes. V. Cas. Florencia, 16 febr. 1905, *Foro,* I, 1.416 y nota pág. 1.431. Tales sentencias, sin embargo, están hoy sujetas a transcripción, pero sin efectos materiales.

es la declaración judicial por la que se afirma una relación de derecho como existente o no, con presunción absoluta de verdad, ello ocurre únicamente entre las personas que intervinieron en el juicio. Lo cual implica una limitación subjetiva del alcance de la sentencia, que decide una controversia entre determinadas personas; y sin injusticia, no puede extenderse, con fuerza de obligar, el resultado del juicio a terceros que no tomaron parte en él y no tuvieron, en consecuencia, posibilidad de defenderse. *Nec inter alios res judicata aliis prodesse aut nocere solet* (16 D. 20, 4)[54]. Principio éste derivado del Derecho romano, común a la mayor parte de las legislaciones modernas, y confirmado en el derecho italiano por el art. 1.351 del Cód. civil. La sentencia, pues, es firme e irrevocable entre las partes solamente, pues su eficacia no va más allá de las personas que entablaron el litigio. Aun tratándose de un fallo de interés general, la decisión pronunciada con relación a uno de los litigantes no será oponible a los demás, y deberá abrirse un nuevo juicio a fin de respetar la libertad jurídica de los terceros *y* el consiguiente derecho a oponerse a lo juzgado; porque, en el conflicto entre distintas pretensiones, es lo que significa un mal menor. La sentencia produce una *verdad relativa.* Es, por tanto, innecesario advertir que cuando se actúe en juicio mediante representación, la sentencia produce efecto a favor o en contra del representado en nombre del cual ha obrado el representante voluntario o legal. A veces, sin embargo, la eficacia de lo juzgado alcanza a distintas personas de las que intervienen en el litigio, como sucede en el caso de sucesión en la relación jurídica objeto del fallo. Y no sólo el heredero habrá de respetar las sentencias dictadas contra el causante en cuya posición jurídica se coloca, sino también el sucesor a título particular si su adquisición se realizó durante el desarrollo del litigio o después de dictada la sentencia. No hay en ello derogación del dogma de la relatividad del fallo, ya que se explica como simple aplicación del principio *nemo plus iuris,* porque el adquirente no podía adquirir el derecho sino como haya sido declarado ya por la sentencia, o en su condición de litigioso y pendiente, por tanto, en su desarrollo judicial, del fallo futuro. En cambio, existen casos ex-

---

[54] V. FISCHER, *Von den subjektiven Grenzen der Rechtskraft* (*Jher. Jahrb.*, 1899, pág. 162).

cepcionales de extensión de la fuerza de lo juzgado por motivos de orden público, en las acciones de estado civil, en las de carácter popular, en el juicio universal de quiebra, etc.

Aplicando ahora estos principios a nuestro tema, podemos afirmar que la sentencia declarativa de la simulación es sólo eficaz entre las partes litigantes, sus herederos y los que, a título singular, sucedieron a aquéllos en la relación jurídica iniciado ya el pleito o después de su fallo[55]. Por consiguiente, una sentencia dictada para las partes simulantes del contrato no podrá hacerse valer contra terceros que adquirieron anteriormente a la incoación del juicio, como tampoco una sentencia lograda por un tercero contra uno de los simulantes puede beneficiar a los simulantes mismos en relación con sus respectivos derechos, ni a otros interesados en la impugnación[56]. Puede parecer extraño que un acto

[55] En cuanto a eficacia del fallo respecto a los sucesores a título particular, véase: Coviello, *Man.*, 549; Venezian, *Usufrutto*, II, 224; Gatti, *Autorità del giudicato*, n. 143 ; Chiovenda, *Principii*, 3.» ed., pág. 925 ; Pestalozza, página 360. Cuestión distinta es, por lo demás, la de las consecuencias jurídicas que pueden deducirse de este fallo en las relaciones de las partes a las que es oponible. Así, respecto a los sucesores a título singular, la declaración de simulación del contrato originario no producirá la evicción de los derechos adquiridos si existía buena fe en el memento de la adquisición, y gozarán de la tutela excepcional derivada del art. 1.319.

[56] Sent. Triti. Ap. Potenza, 21 die. 1887 (*Giur. ital.*, 40, *IV*, 339): «Si a consecuencia de la acción promovida por un acreedor, se declara simulado un contrato, no puede invocarse el fallo por un heredero del contratante que incoe un juicio de petición de herencia, por faltar los elementos necesarios para constituirlo.» Ap. Messina, 31 marz. 1887 *(Foro Mess.*, IV, 58): «Si a instancia de terceros se declara que fue simulado un acto de donación, los efectos de éste perduran en las relaciones de los contratantes entre sí.» V. Cas. Roma, 30 abril 1919 *(Giur. ital.*, 1919, 541): «El fallo que declara la simulación absoluta de actos contractuales tiene efectos relativos, puesto que no favorece ni perjudica a quien ha sido extraño al juicio, pero produce todos los efectos de cosa juzgada con relación a las partes que intervinieron en el juicio con interés legítimo, cualquiera que haya sido su posición procesal. Impugnada la certeza de un crédito hipotecario y de la cesión del mismo a quien se presentó en el juicio graduatorio para pedir su colocación, y firme la sentencia que declaró la simulación absoluta (inexistencia), tanto de crédito como de la cesión, *con la oposición* del pretendido cesionario, este último carece de acción para pretender del primero el reembolso de cantidades que afirme haberle pagado como precio de la cesión, por oponerse el mencionado fallo. Ni es obstáculo para la excepción de cosa juzgada la circunstancia de que cedente y cesionario hubiesen estado de acuerdo en el juicio precedente de simulación para sostener tanto la certeza del crédito como la de la cesión.»

que se declara simulado entre A y B haya de discutirse nuevamente con relación a otras personas, con la posibilidad de que otra sentencia lo declare verdadero entre A y C. Y la extrañeza aumentará en caso de que el juicio sea resuelto por juramento decisorio deferido a los dos contratantes que simularon el contrato, de los cuales uno jura y el otro rehúsa hacerlo, por lo que, en el propio juicio, el mismo contrato resulta sincero y verdadero para el uno y simulado para el otro litigante[57]. Pero estas anomalías inevitables producidas por la necesidad de no sacrificar la autonomía y el derecho de defensa de los ciudadanos, y de las cuales, por lo demás, no debe exagerarse la frecuencia y la importancia, no pueden hacernos olvidar las consecuencias rigurosamente lógicas del principio de la eficacia relativa de los fallos judiciales.

Otra cuestión que vamos a examinar, resuelta por los autores de un modo semejante, aunque algo singular, es la relativa a la situación de los acreedores escriturarios frente a una sentencia dictada con relación al deudor. Se afirma, por lo general, que deben pasar por lo juzgado y no pueden, en calidad de terceros, rechazar su eficacia con la excepción *res inter alios,* porque estuvieron representados en el juicio por su deudor. Se considera, pues, que quien contrata o actúa en juicio lo hace, no sólo por sí, y en representación de sus herederos y sucesores a título singular, sino también por sus acreedores.

De tal afirmación se derivan diversas consecuencias que no es del caso estudiar, y de una de las cuales hablaremos después.

Nos parece, sin embargo, insostenible la teoría. Es para nosotros un misterio de dónde resulte, en qué se funde y qué se atribuya a esa representación. ¿Que los acreedores están representados en juicio por su deudor, y la sentencia es eficaz contra ellos? Indudablemente se quiere decir con tan artificiosa construcción que los acreedores deben sufrir las consecuencias jurídicas que la sentencia produce para el patrimonio del deudor. Mas no es así. Un fallo es oponible a una persona cuando la declaración que

---

[57] LESSONA, *Sul giuramento probatorio in caso di litis consorcio* (*Foro ital.,* 1905, I, 162).

contiene es ejecutiva con respecto a ella, es decir, que representa para la misma una verdad irrefutable. Así, el heredero ha de estar a lo fallado contra su causante, el sucesor a título singular ha de conformarse con lo resuelto contra aquel de quien procede su derecho en sentencia anterior a la adquisición del mismo derecho, etc. En todos estos casos, la oponibilidad de la sentencia significa sumisión y obediencia a su inmediata eficacia, es decir, modificación (en sentido formal, al menos) de la propia esfera jurídica por efecto de la sentencia. Pero en cuanto a los acreedores, se trata solamente de efectos reflejos, de repercusiones indirectas de una alteración jurídica a la que ellos son ajenos. El acreedor *no queda sometido* a las sentencias dictadas contra su deudor, no tiene que obedecer tales mandatos, puesto que continúa siendo tercer espectador del juicio. Entre acreedor y deudor no hay otra relación que la nacida del interés jurídico en el primero de ser pagado, *y* de ahí su facultad de oponerse a los actos fraudulentos del deudor que tienden a burlar su derecho; pero, fuera de eso, es completamente extraño a los actos y a la gestión económica del deudor, puesto que si se beneficia, por el acrecimiento de garantía que implican, con los aumentos logrados en su patrimonio por el deudor, debe sufrir igualmente las pérdidas que pueda tener. Mas éstos son efectos indirectos que vienen a reflejarse en su posición económica, no efectos que se produzcan directamente para su patrimonio.

El acreedor no sufre, pues, modificación alguna en su condición jurídica por efecto de un pleito ganado o perdido por su deudor, aunque, *de hecho,* sienta las consecuencias del aumento o disminución del patrimonio del mismo. En resumen, así como no puede decirse que el acreedor sea representado por el deudor en los contratos que éste lleve a cabo, tampoco en sus pleitos. Ni por unos ni por otros queda obligado jurídicamente, ni resultan derechos a su favor. Habrá de reconocer, sí, tales hechos jurídicos, al igual que todo tercero, pero no le afectarán.

La consecuencia práctica de esta discusión es la de negar que las sentencias dictadas para el deudor causen también estado contra el acreedor. Y así como no podrá prevalerse de las sentencias que puedan declarar la simulación entre su deudor y un tercero, tampoco un tercero puede hacer valer contra él, para frustrar sus derechos, un fallo dictado en pleito con su deudor. O sea, que si éste, a instancia de un tercero, fuese declarado falsamente obligado, no puede el tercero hacer valer el fallo contra el acreedor que no intervino en el juicio. Si el acreedor hubiere recibido fianza en garantía de su crédito, y se dictase después, en pleito entre deudor y fiador, sentencia declarativa de la simulación de la fianza misma, tal sentencia no podrá oponerse al acreedor si no tomó parte también en el pleito. Si alguno se hace pasar por deudor, y una sentencia en juicio entre éste y un tercero que impugna su cualidad de tal, declara la simulación, la sentencia no produce efectos contra el acreedor que no intervino en el juicio. Todos estos casos debieran ser de oponibilidad del fallo y, sin embargo, cuando el acreedor sufre el perjuicio de la disminución del patrimonio del deudor como consecuencia de un fallo judicial, no es que éste surta efectos contra el acreedor, sino que indirectamente le alcanzan sus consecuencias.

89. Una forma anómala de juicio es aquella en que interviene confabulación. El juicio, entonces, en vez de ser litigio entre partes, se reduce a una comedia para perjudicar a terceros. Ya hemos visto que el juicio en que interviene confabulación no puede considerarse como un juicio simulado, sino que es un juicio verdadero, en el cual el juez, extraño a las simulaciones de los contendientes, se interpone entre ellos; y produce toda clase de consecuencias, con declaración irrevocable, por tanto, de derechos y obligaciones que pueden incluso resultar en contradicción con la verdad material artificiosamente ocultada y disfrazada por los litigantes. Tal juicio, por último, puede tener jurídicamente carácter *fiduciario,* ya que la producción de consecuencias jurídicas va unida al acuerdo de ios litigantes de utilizarlas con fines limitados y diferentes del procesal.

Ahora bien, ¿qué defensa tendrán los terceros contra los efectos perjudiciales de este juicio? Atendido el principio general de la relatividad del fallo, podrán ampararse en la excepción *res inter alies,* no dándose por enterados de la sentencia al serles notificada para fines de ejecución; pero disponen de un remedio más rápido y enérgico en la llamada *oposición de terceros* (artículo 510 del Código de procedimiento), mediante la cual, demostrada la *confabulación* de las partes, se hace ineficaz en cuanto a terceros la sentencia. Se dice, no obstante, que el medio de la oposición, *facultativo* para los terceros, es *necesario* para los acreedores, y se insiste en la distinción y demostración que antes combatimos, relativa a que los acreedores, representados en el proceso por el deudor, pueden, sí, revolverse contra el fraude, pero no gozan de la tutela preventiva del *desconocimiento* del fallo.

También existe error en la explicación del fenómeno. Para que el fallo pueda rechazarse es necesario que sea opuesto y se quiera hacer valer contra el que excepciona; pero, con relación a los acreedores, esta oposición falta generalmente, ya que, repetimos, siendo ajenos al movimiento económico del patrimonio del deudor, sólo indirectamente sufren las consecuencias de las vicisitudes de éste. El deudor que por confabulación se ha dejado condenar para disminuir su patrimonio, no opone esta sentencia al acreedor, para recibir un *nihil obstat,* ni intenta ejecutarla en contra de él, sino que la pone desde luego en ejecución de acuerdo con el otro litigante, consintiendo el abandono de los bienes y sufriendo la ejecución, etc. Para el acreedor no hay conflicto. Es necesario, por tanto, que intervenga directamente para salvaguardar sus intereses mediante oposición, pero no porque no pueda desconocer la eficacia del fallo, sino porque éste se ejecuta prescindiendo de él; así que no se halla en condiciones de utilizar esa tutela preventiva. Por el contrario, en cualquiera de los casos antes citados -en los que el acreedor entra como parte en el conflicto merced al cual se pretende que el fallo reaccione en su daño con el fin de frustrar sus derechos de crédito-, podrá utilizar, además de la oposición, la excepción *res inter alios.* Por tanto, la necesidad de la oposición no es para él una necesidad *jurídica,* ya que no queda vinculado con el fallo; pero es a menudo una necesidad *de hecho* en cuanto, aun no ejecutándose el acto con relación a él, tiene interés en evitar las consecuencias.

Los comentaristas de derecho procesal, que tratan la materia de manera poco afortunada, han intentado, para sostener esta duplicidad de posición de terceros y acreedores en cuanto al remedio de la oposición, comparar entre sí los artículos 510 y 512 del Código de procedimiento civil. Dice el primero: «Un tercero *puede* hacer oposición a una sentencia pronunciada entre otras personas cuando perjudique sus derechos.» Y el segundo: «Cuando la sentencia sea impugnada por los acreedores de una de las partes, por haber sido obtenida con dolo o confabulación en su daño, la oposición se propone en el término señalado para la apelación, etc.» Y se argumenta así: El remedio potestativo de la oposición compete a los terceros, pero los acreedores no son terceros porque fueron representados en el juicio por el deudor y deben, por tanto, acatar las sentencias contra él dictadas. El art. 512 autoriza, sin embargo, excepcionalmente, a los acreedores, en caso de confabulación, a valerse de ese remedio, que entonces viene a ser necesario para lograr la rescisión de un fallo contrario a sus derechos. Pero, aun prescindiendo de lo gratuito de esta pretendida representación en juicio de los acreedores, el argumento exegético tampoco sirve. El artículo 512 no dice que los acreedores pueden utilizar la oposición de tercero sólo en caso de confabulación. Este artículo prevé solamente un caso posible de oposición por parte de los acreedores, o sea, el que resulta por haber existido confabulación en el juicio, y fija un plazo para su ejercicio; pero no excluye la existencia de otros casos en los que los acreedores puedan utilizar tal recurso y sin limitación de plazo. Se trata de una disposición puramente reglamentaria para una hipótesis concreta de oposición de terceros. El art. 512 puede equipararse al 1.300 del Código civil, que establece el plazo de ejercicio de la acción de dolo, etc., sin excluir, por lo demás, la posibilidad de que en otros casos puedan utilizar los interesados distintos procedimientos jurídicos.

En conclusión, no hay razón, jurídica ni legal, para distinguir entre terceros y acreedores; éstos pueden valerse de la oposición como de la excepción res *inter alios,* siempre que se intente hacer valer el fallo contra ellos; si normalmente no pueden utilizar estos medios, es porque no se les oponen los fallos, ni perjudican sus derechos, ya que les corresponde simplemente uno de garantía no limitado sobre ningún bien del deudor, sino genérico sobre todo su patrimonio, tal como se halle al tiempo de la ejecución, salvo en caso de fraude.

Las bases hasta aquí sentadas en esta discusión nos servirán para resolver otro punto bastante relacionado con nuestro tema y muy discutido, a saber: si tienen acción los acreedores para impugnar como simulados los actos de su deudor reconocidos y declarados por sentencia, o sólo les queda como único medio de defensa la oposición de terceros hecha en forma legal. La cuestión se ha presentado repetidamente en la práctica, especialmente en dos momentos: en el juicio de graduación, en que uno de los acreedores se opone a la demanda de colocación intentada por otro acreedor que invoca un fallo favorable, y en el procedimiento de comprobación de los créditos en la quiebra, en el que se impugna la inclusión en el pasivo de un crédito por estimarse simulado, aunque este crédito aparezca declarado por sentencia. Si ha habido juicio, ¿podrá el acreedor *desconocer* la sentencia como *res inter alios judicata,* e impugnar sin más el título de crédito primitivo, o bien deberá quedar afectado por la sentencia, en términos tales que, salvo el caso de confabulación, sólo pueda oponerse con el carácter de tercero? La jurisprudencia está en desacuerdo, aunque prevalece la segunda opinión[58].

---

[58] Sent. Trib. Catanzaro, 17 febr. 1895 *(Temi calabr.,* 1896, 376): «Cuando un acto simulado ha servido de fundamento a una sentencia, la oposición de tercero es un remedio necesario para el acreedor que desee impugnar el acto, y es inadmisible la acción de simulación interpuesta después que fue considerada inadmisible, como fuera de plazo, la oposición de tercero.» Cas. Nápoles, 8 ag. 1896 *(Dir. e giur.,* XII, 186): «El acreedor que desee impugnar como simulada una deuda de su deudor reconocida por sentencia, debe impugnar como tercero la sentencia misma.» Ap. Roma, 28 jul. 1898 *(Temi rom.,* 1898, 420): «El acreedor que no ha impugnado con la oposición de tercero los fallos que reconocieron los créditos aducidos por otros acreedores accionantes sobre bienes del deudor común, no puede impugnar como simulados, en el juicio de graduación, los títulos originarios de los acreedores mismos.» V. también en igual sentido, sent. Tribunal Ap. Palermo, 24 nov. 1899 *(Circ. giur.,* 1900, 55), y Cas. Roma, 19 dic. 1900 *(Foro ital.,* 1901, I, 74). Y en sentido opuesto: Cas. Roma, 28 nov. 1894 (*Foro ital.,* 1894, I, 937); Ap. Génova, 21 jul. 1894 (*Foro ital.,* 1894, I, 1.013); Cas. Roma, 8 marz. 1897 *(Foro Rep.,* 1898, *Graduasione,* n. 14) y, por último, Ap. Roma, 1.° jun. 1901 (*Temi rom.,* 1901, 145): «Los acreedores tienen acción directa para impugnar por simulación las obligaciones de sus deudores, aun reconocidas por sentencias, sin necesidad de impugnar éstas con la oposición de tercero.» Por lo que se refiere a doctrina de los autores, v. a favor de la opinión dominante, RISSETTE (abogado) (*Foro ital.* 1894), I, 1.013); y en contra, RUTA (abogado), en *Cons. Commerc.,* 1895, 305).

Las razones son siempre las mismas. El acreedor estuvo representado en el juicio; luego, salvo el caso excepcional de confabulación, el fallo le impide utilizar en su defensa la oposición como tercero. Pero esto no nos parece admisible. El acreedor no fue representado en el juicio -semejante concepto es una ficción de la doctrina-; para tutela de su derecho de crédito es un tercero como otros, y si se le opone la sentencia, puede rechazarla porque con relación a él carece de eficacia: es *res inter alios*. Puede, por ello, impugnar de simulación el acto jurídico llevado a cabo por el deudor, prescindiendo de la decisión judicial, a la que ha permanecido ajeno. Otro motivo que induce a la jurisprudencia a sostener la opinión que combatimos es una idea equivocada acerca de la influencia del fallo sobre el derecho sostenido en el juicio. Se dice que no es posible ya impugnar el título como simulado, porque éste se transfundió en el fallo, esto es, pasó a ser el fallo mismo, pues aquel a cuyo favor fue pronunciado no obra o actúa ya con la acción contractual adecuada a la sentencia, sino con la de la sentencia misma, que constituye ahora su solo e indiscutible título. Pero tampoco esto es exacto: el fallo no destruye las relaciones jurídicas anteriores para absorberlas y transfundirlas en la sentencia, título nuevo y único después de acabado el juicio, sino que la sentencia sirve solamente para reforzar los derechos anteriores; es el reconocimiento legal de su existencia, a manera de sello de autenticidad puesto por el Estado al derecho deducido en juicio[59]. Siendo ello así, la declaración judicial de la sentencia no tiene efecto novatorio de derechos anteriores, los cuales subsisten aún, encontrando apoyo en la declaración que los hace indiscutibles para las partes. Mas si esa declaración no surte efectos con relación a quienes no intervinieron en el juicio -entre los cuales ponemos a los acreedores-, queda, sin embargo, el derecho que constituía su esencia, el cual, vuelve a ser materia de discusión con relación a los terceros. Los acreedores, pues, como no vinculados al fallo que no se refiere a ellos, impugnarán el derecho en base al cual fue dictado, sin necesidad de utilizar la oposición como terceros que en ninguna parte exige la ley.

---

[59] FADDA y BENSA, en las *Pandectas* de WINDSCHEID, I, pág. 1.195.

90. También está en desacuerdo la jurisprudencia en cuanto a la eficacia de la sentencia dictada a causa de oposición de terceros; es decir, si puede o no beneficiar también a los que fueron parte en el juicio en que intervino la confabulación[60].

La solución no nos parece dudosa si se considera que la sentencia obtenida mediante oposición de terceros se dicta en interés exclusivo del que se opuso, con relación al cual se admite que no causa estado la sentencia anterior obtenida en caso de confabulación. Baste reflexionar que la oposición de tercero por causa de confabulación no es más que una aplicación procesal de la acción revocatoria con la que los acreedores combaten los actos fraudulentos del deudor. Así como el efecto de esta última es la revocación del acto por lo que se refiere al impugnante en proporción del perjuicio sufrido, del mismo modo el efecto de la oposición de tercero es la ineficacia de la sentencia con relación al que se opuso, la cual sentencia, no obstante, continúa produciendo todos sus efectos con relación a las partes para las que fue dictada. No es cierto que la oposición del tercero, al anular el primer fallo como simulado que era, deba beneficiar también a los contratantes, porque lo que se declara simulado es inexistente *erga omnes,* y no es lógicamente posible que una cosa sea verdadera con relación a uno y falsa respecto de otro. Ante todo, la sentencia obtenida por oposición no declara nulo o simulado el primer fallo, sino real y verdadero, aunque dolosamente alcanzado en daño de los acreedores. El fallo primero no deja de surtir efectos *erga omnes,* aunque a causa del dolo que lo vicia queda rescindido con relación a terceros; y en cambio la oposición, que es un remedio de carácter extraordinario establecido en beneficio suyo, no puede extender su eficacia más allá del límite para que fue establecida. Otra opinión más audaz calurosamente defendida por Scaduto[61] afirma que las mismas partes pueden impugnar el fallo obtenido por confabulación y hacerlo declarar nulo. Esta impug-

---

[60] Confróntense, aunque en sentido contraditorio, Cas. Palermo, 3 nov. 1892 (Circ. giur., 1893, 2, 18), y Ap. Palermo, 5 abril 1893 (Circ. giur., 1893, 2, 167).

[61] Scaduto, *L'eccesione di simulazione di fronte al giudicato* (*Circ. giurid.,* 1892, 2, 167).

nación, según él, constituye, a no dudarlo, una nueva demanda sobre la que el juez ha de fallar, y que no encuentra obstáculo en el fallo precedente. En efecto, el oponer a la demanda de simulación del fallo la excepción de existir el fallo mismo, equivale a resolver la cuestión con la propia cuestión. A quien alega que la sentencia fue simulada no es posible argumentarle con la misma sentencia. Sería preciso librar antes esa sentencia, si posible fuere, de la nota de simulación; y libre ya de esa tacha, que la anula, sería verdaderamente un fallo judicial; mas en tanto no se resuelva la cuestión prejudicial de la simulación no es posible sostener la intangibilidad de la sentencia.

Esta opinión, sin embargo, parte del supuesto falso, que ya hemos rechazado, de afirmar que el fallo en que interviene confabulación sea un fallo simulado; y hablar de la simulación de un fallo es un contrasentido, por la sencilla razón de que el fallo no es susceptible de simulación. La sentencia emana directamente del juez y es siempre verdadera y real, por ser aquél ajeno a la confabulación de los litigantes; produciendo siempre una declaración con autoridad irrevocable de derechos y obligaciones entre partes. Por lo demás, nuestro derecho procesal no contiene medio alguno para impugnar la sentencia por simulación.

Es muy cierta, sin embargo, la observación que hace después el autor citado, o sea, que en los casos de confabulación es frecuente que el que se deja condenar con el fin de disminuir su patrimonio en perjuicio de los acreedores, se ponga de acuerdo previamente con el favorecido para que no utilice la sentencia en perjuicio suyo. Interviene, pues, un pacto mediante el cual el acreedor aparente se compromete a no valerse de la sentencia en contra del deudor. Esto es muy cierto, repetimos; pero, ¿cuáles serán las consecuencias jurídicas de ese pacto? ¿Ejercerán alguna influencia en el terreno procesal?

Sintenis, que se hace la misma pregunta, no ha dudado en resolverla en sentido afirmativo[62]. Dice que las partes no pueden pactar que la sentencia sea nula e ineficaz, porque *privatorum pactis*

---

[62] SINTENIS, *Der simulierte Prozess* (*Zeit. f. Civilprozess*, 1902, páginas 400-401).

ius publicum mutari non potest, pero que el acuerdo puede revestir la forma de un convenio que limite y excluya la ejecución; convenio que será ciertamente válido. El demandante, pues, se obliga a no hacer uso de la sentencia, o sea a no instar la ejecución forzosa. La misma opinión sustenta Köhler, quien dice que el acuerdo de las partes únicamente puede tener el sentido de que el acreedor se obliga a no exigir la deuda reconocida por la sentencia, o a reclamarla en parte solamente; y que tal pacto es válido y obligatorio, y capaz de tener siempre en jaque la obligación judicialmente declarada[63].

Dudamos que pueda reputarse válido un pacto anticipado sobre la ejecución[64], y estamos de acuerdo con Messina en que contra el juicio *procesalmente* simulado no existe ningún remedio para las partes[65]; pero nuestra teoría sobre la naturaleza jurídica del fallo simulado como *fallo fiduciario* facilita la busca del remedio que, al menos contra las confabulaciones, pueden encontrar las partes en el derecho material. Ahora bien, como el fallo lleva consigo la obligación personal para las partes de utilizar en forma limitada y distinta las consecuencias judiciales que realmente se producen en el patrimonio de los litigantes, la violación de este deber, con el abuso que el que ganó el pleito pudiese hacer del derecho de que es titular en contradicción a la *lex fiduciae,* tendría por única consecuencia la obligación de resarcir los daños. Pero el fallo logrado por confabulación conservará su plena eficacia y las partes no podrán utilizar nunca el remedio de la oposición, establecido a beneficio de los terceros, para cambiar su posición judicial.

91.- Bosquejado el concepto de la acción de simulación según su índole jurídica, con arreglo a las condiciones de su ejercicio y conforme a su eficacia, será conveniente comparar tal acción con la Pauliana y distinguirla de la misma, porque con ella ha sido confundida y de ella ha tomado elementos que hacen posible la

---

63 Köhler, *Ungehorsam und Vollstreckung irn Civilprocess* (*Archiv f. civ. Praxis,* 80, pág. 151).

64 V. mi *Negozio illecito,* n. 89, pág. 225.

65 *Confessione,* pág. 66.

confusión[66]. La comparación resulta más clara parangonando la acción revocatoria con la de simulación absoluta, ya que, en cuanto a la simulación relativa, la diversidad es tan grande que no existe analogía posible y es muy remoto, por consiguiente, el peligro de confusión.

Difieren aquellas dos acciones por su objeto y naturaleza jurídica, por las condiciones de su ejercicio, por las personas que pueden promoverlas o contra las que pueden utilizarse, y por sus efectos, duración y desarrollo procesal.

I. Objeto y naturaleza jurídica.- La acción Pauliana tiende a destruir actos reales fraudulentos. La acción de simulación tiene por fin descubrir actos ficticios e inexistentes. Su objeto es diferente. Mientras con la Pauliana se trata de revocar un acto fraudulento que el deudor ha realizado verdaderamente, disminuyendo su patrimonio en perjuicio de sus acreedores, y el acto en sí mismo es válido y perfecto, productor, por tanto, de efectos jurídicos, aunque por el fraude que lo vicia pueda ser revocado; en la de simulación, por el contrario, no existe un acto, sino una apariencia de él, ya que las partes no quisieron contraer una relación obligatoria, sino hacerla aparecer como tal con fines engañosos, siendo, por consiguiente, nulo dicho acto desde su origen y sin consecuencias jurídicas, no tratándose por eso de anularlo y sí de hacer constar su estado originario de inexistencia. Así, pues, mientras que la acción Pauliana tiene por objeto *reparar* el perjuicio realmente sufrido por los acreedores con la malversación fraudulenta del patrimonio del deudor, la acción de simulación persigue la finalidad de *prevenir* el perjuicio que jurídicamente aún no ha sido causado por efecto de actos puramente fingidos; perjuicio que amenaza producirse de persistir eficazmente la falsa apariencia. La Pauliana produce una modificación jurídica del acto im-

[66] Uno de los precursores de esta distinción en tiempos en que la confusión de ambas instituciones era completa, por lo que se refiere a Francia, es Varambon, *Actes simules ou frauduleux (Revue pratique,* III, 347). Confróntese también: Planiol, *De l'action en déclaration de simulation (Revue critique dé lég.,* 1886, pág. 622), y Mirabelli, *Diritto dei terzi.* I, págs. 472 y sigs.; y una sentencia bien fundamentada del Trib. Ap. Nápoles, 7 marz. 1902 (*Movim. giurid.,* 1903, 360).

pugnado, cuyos efectos quedan rescindidos respecto al impugnante; la de simulación lleva consigo una simple declaración jurídica de la ineficacia del acto simulado. Por eso, mientras la índole jurídica de aquélla es la de una acción *rescisoria,* la naturaleza de la otra es la de una acción *declarativa.* La primera tiene su fundamento positivo en la disposición del art. 1.225 del Código civil, y la segunda en el 1.949 del mismo.

II. Condiciones de ejercicio.- Para que pueda admitirse la acción Pauliana es precisa la concurrencia de dos elementos: el *consilium fraudis* y el *eventus damni.* Es decir, que hay que demostrar que el acreedor ha obrado con ánimo de disminuir la propia solvencia en perjuicio de sus acreedores. No se exige un determinado *animus nocendi,* ni es bastante una conciencia pasiva *de* las *posibles* consecuencias perjudiciales del hecho, sino que es indispensable un estado psicológico determinado por el conocimiento *de* la propia insolvencia y la intención de agravarla substrayendo bienes a la garantía de los acreedores. Habrá que demostrar, además, que del acto fraudulento se ha derivado un perjuicio para los acreedores, consistente en una imposibilidad total o parcial de resarcirse; perjuicio que legitima la acción dirigida a evitar las consecuencias mediante la revocación del acto fraudulento.

Nada de eso ocurre, por el contrario, en la acción de simulación. Quien la promueve no necesita demostrar que la simulación fue fraudulenta, ya que la acción sería admisible aunque aquélla hubiere sido lícita. Aunque el fraude interviene con frecuencia en los actos simulados, ello es indiferente desde el punto de vista jurídico, porque el acreedor no pretende fundarse en esa responsabilidad del obligado para rescindir los actos perjudiciales, sino probar solamente la inexistencia de los actos realizados, y sentar que ni ha sufrido por ellos perjuicio alguno ni debe sufrirlo. Su acción se dirige a restablecer la verdad, a poner en claro lo dudoso o equívoco, a destruir la apariencia, y no tiene por qué apoyarse en *la* culpabilidad delictuosa del deudor. *El* único requisito necesario *para ejercer la* acción de simulación es la existencia de *interés,* determinado *a* veces *por* el *elemento* del daño *y* cuya naturaleza y extensión son diversas, porque si en la Pauliana el perjuicio consiste en *la insolvencia* del deudor, en la de simulación resulta el perjuicio de la *incertidumbre* y *dificultad* de hacer valer un derecho subjetivo y, por consiguiente, de la amenaza de su posible violación. Además, el elemento del daño en la acción de simulación tiene un aspecto más amplio y multiforme, va que no consiste solamente en una disminución de la garantía de los acreedores, sino en cierto peligro de perder un derecho o de no poder utilizar una facultad legal.

Finalmente, para ejercitar la acción revocatoria es precisa la previa excusión del deudor con el fin de determinar el daño realmente sufrido por éste a consecuencia del acto fraudulento; y tal procedimiento preliminar no tiene razón de ser en la acción de simulación, porque su objeto es el de que se declare la ficción y se remueva el obstáculo opuesto al libre y completo desenvolvimiento de los derechos, no la reparación de un perjuicio que, aunque no producido todavía jurídicamente, existe, sin embargo, como una amenaza.

III. Sujetos activos y pasivos de la impugnación.- Esos distintos conceptos y función de ambas acciones se reflejan igualmente en la cualidad de las personas que pueden intentarlas o contra las que pueden ejercitarse. En efecto, la Pauliana corresponde únicamente a los acreedores anteriores a la perpetración del acto fingido, pues no se concibe la realización de un fraude preparado para el porvenir, aunque de todos modos los acreedores posteriores no pueden quejarse de un perjuicio si a partir de la adquisición de su derecho de crédito no ha sido dolosamente alterada la solvencia del deudor. Tal distinción no tiene razón de ser cuando se impugna una simulación.

Si el acto es fingido y, por tanto, continúa siendo el deudor dueño de los bienes enajenados, todos los acreedores, anteriores y posteriores, tienen interés en aclarar la verdadera situación patrimonial del deudor. Y no es esto sólo, pues mientras en la acción Pauliana la impugnación compete solamente a los *acreedores,* en la simulación la impugnación compete a todo tercero que tenga interés en hacer desaparecer la ficción, bien sea un adquirente, un arrendatario, un cesionario, etc., y también *a los mismos simulantes,* en tanto que resultaría ridículo en un deudor el intento de hacer revocar el acto fraudulento. Además, mientras que los acreedores condicionales no pueden promover la acción revocatoria porque no les incumbe sino el ejercicio de actos de conservación (art. 1.171), la simulatoria parece como hecha ex profeso para los titulares bajo condición, quienes encuentran la defensa de su futuro derecho en la declaración por anticipado de la ficción del negocio jurídico.

Por otra parte, así como para intentar la acción Pauliana debe distinguirse si quien trató con el deudor era un adquirente a título oneroso o gratuito, porque en el primer caso sería necesaria la complicidad en el fraude, esta distinción no tiene razón de ser en la acción de simulación, ya que en ella no puede tener influencia la naturaleza de un acto que no es real y cuya falta de seriedad se pretende precisamente demostrar. Además, la acción Pauliana no surte efecto contra los terceros de buena fe que adquirieron algún derecho antes de ser transcrita la demanda de revocación; y la de simulación debiera, en rigor, surtir efectos en cuanto a todos, como opinan algunos, pero por otros motivos la acción se detiene ante los terceros de buena fe, independientemente de la transcripción de la demanda.

IV. Efectos.- La acción Pauliana, en presencia de un acto efectivo que ha disminuido el patrimonio del deudor, se dirige a lograr su revocación, o sea, la resolución de los efectos jurídicos realmente producidos como resultado del acto fraudulento. El acreedor perjudicado anula ese acto para reparar el daño sufrido. Pero siendo el perjuicio el fundamento de la acción, la revocación no ataca al acto por entero, sino sólo en la parte necesaria a la reparación del perjuicio del acreedor. Así, pues, la eficacia de la revocación varía en relación con el daño sufrido por el acreedor en el acto fraudulento, y, por tanto, con relación a un mismo acto la impugnación puede tener distinta intensidad según de qué acreedor proceda. Finalmente, si el acreedor que ejercita la acción obtiene el pago, la acción Pauliana se paraliza.

La acción de simulación presenta, por el contrario, diferente aspecto. Se trata de un acto fingido, y no puede anularse lo que no existe; por eso esta acción tiene como fin el reconocimiento, la declaración de la inexistencia del contrato. Esta declaración ataca al acto por entero, puesto que no es posible declarar fingido un contrato en su mitad o en su tercera parte, y verdadero en lo demás: el acto o contrato es verdadero o ficticio en su totalidad.

V. Procedimiento.- Esta distinta eficacia influye también en el procedimiento. En efecto, para la determinación de la competencia de la acción Pauliana, los escritores están de acuerdo en admitir que el valor o cuantía se deduce del interés del impugnante, o sea, del daño que para él resulta de la insolvencia del deudor. Derivando la acción Pauliana del hecho delictivo del fraude ajeno, hace responsable al deudor para con el acreedor, que acciona en la medida solamente del daño por éste sufrido, de modo que el objeto del juicio será el importe de ese daño de que el acreedor quiere resarcirse. Si este resarcimiento no le es ofrecido espontáneamente, *el acreedor* tiene derecho a obtenerlo revocando el acto fraudulento, pero sólo en aquella parte que baste a cubrir el perjuicio sufrido por la imposibilidad de pago que sobreviene, como resulta de la aplicación analógica del artículo 949, entre otros, el cual, en beneficio únicamente de los acreedores, anula la renuncia *hasta el alcance* de sus créditos. Por el contrario, la acción de simulación ataca al acto en su totalidad a fin de que aparezca clara su inexistencia; produce el efecto de borrar las consecuencias jurídicas todas que aparecen producidas, por lo cual la competencia se fijará con vista del valor total del acto impugnado.

Además, mientras en la acción Pauliana el fraude puede probarse por cualquier medio, ya que es siempre imposible a los acreedores obtener prueba escrita, esto, en la de simulación, sólo ocurre con relación a terceros, porque si parte la impugnación de uno de los simulantes, es necesaria, *por lo general,* una contradeclaración (art. 1.341).

VI. Duración.- En ésta se encuentra la última diferencia, porque la acción Pauliana puede ejercitarse durante treinta años, y la declarativa de simulación es imprescindible.

92.- No obstante su gran diferencia, ambas acciones pueden ejercitarse simultáneamente, aunque con subordinación de la una a la otra. Debe advertirse, sin embargo, *que* no *se* trata *de concurrencia* de acciones, ni subjetiva ni objetiva, ya que ni ambas competen a un solo individuo, pues incompatibles, como son, se excluyen recíprocamente, ni derivan las dos de un mismo hecho jurídico, bien se ejerciten conjunta o sucesivamente o a elección.

La de simulación supone, en efecto, la inexistencia del negocio jurídico; la de revocación, en cambio, la existencia del negocio, aunque viciado de fraude. Parten de un supuesto diferente y tienden a distinto fin.

En razón de la economía de los pleitos, y para más segura protección, pueden interponerse conjuntamente ambas acciones en forma alternativa y subordinada. Sucede a menudo que un contrato deje traslucir su carácter fraudulento, sin poderse saber si es verdadero o simulado. En la duda, los acreedores pueden acumular ambas demandas pidiendo preferentemente sea declarada la simulación del contrato, y, de ser rechazada la pretensión por estimarse aquél verdadero, solicitar, subsidiariamente, su revocación por existencia de fraude[67]. El orden en que hayan de ser propuestas depende de la naturaleza y efectos de ambas impugnaciones, puesto que, antes de ver si un contrato adolece de algún vicio, es necesario comprobar si realmente existe. La comprobación en sentido contrario sería absurda. Así, pues, no es exacto el lenguaje corriente en la práctica legal de *impugnación por simulación y fraude,* y debiera decirse más correctamente *impugnación por simulación o, en su defecto, revocación por fraude.*

93. Estudiaremos, para terminar, la simulación con referencia al derecho tributario[68].

---

[67] V. TARDUCCI, ob. cit., págs. 187-190. CASINI, *Esercizio cumulativo delle azioni di frode e simulazione* (*Foro ital.,* 1889, I, 473). La jurisprudencia está de acuerdo: V., por ej., Ap. Bolonia, 3 abr. 1903 *(Temi,* 1903, 495): «La acción Pauliana y la de simulación, aunque diferentes, son análogas por la finalidad que persiguen; por lo cual es lícito interponerlas simultáneamente en un mismo juicio, subordinando la una a la otra.» Ap. Milán, 31 may. 1906 (*Mon. trib.,* 1906, 833). Ap. Bolonia, 16 jul. 1907 (*Temi,* 1907, I, 868). Cas. Florencia, 4 mayo 1914: Las impugnaciones de actos a causa de fraude y de simulación pueden interponerse también conjuntamente, y tanto en forma de acción como de excepción *(Foro ital.,* 1914, I, 687).

[68] BARSANTI, *Il Fisco e gli atti giuridici simulati,* ROMA, 1898 (Tirada aparte, del *Consul comm.*); ILLE EGO, en la *Riv. tribut.,* 1910, 25; MALAGOLA, *Di alcune frodi fiscali in tema di divisione* (*Dir. Finanz.,* 1911, 209); NOSTINI, *Delle occultazioni di prezzo nella legge di registro* (*Dir. finanz.,* 1912, 312, Y 1915, 97); PITTALUGA, *Della simulazione degli atti in rapporto alla tassa di registro* (*Foro ital.,* 1888, I, 324); ROSSI, *Il comodato*

A este objeto, debe determinarse ante todo la posición jurídica del Fisco con relación a los contratos simulados. El Fisco es un acreedor escriturario *ex lege* en cuanto al impuesto por los actos a él sujetos, con especial privilegio mobiliario e inmobiliario (arts. 1.958, n.° 1, y 1.962, 1. párraf.). Pera su derecho varía según los actos, por lo que será necesario conocer la naturaleza de éstos para aplicar el tipo correspondiente. Generalmente, la naturaleza y la eficacia del acto aparecen de su denominación y de su mismo contenido; mas puede ocurrir uno de estos casos : o que se haya dado al contrato por las partes una denominación equivocada, o que haya sido disfrazado deliberadamente. En el primer supuesto, podrá la oficina de Registro valorar el contrato acertadamente por aparecer *ex re ipsa* su diferente naturaleza, y aplicar el tipo de la tarifa que corresponda; en el segundo, por el contrario, no puede concederse esa facultad al liquidador, porque, no siendo clara, sino dudosa, la naturaleza del contrato, quedaría sacrificada la independencia y libertad de los otorgantes, aun sin pensar en la posibilidad de arbitrariedades y vejaciones. Con arreglo a ello, deberá interpretarse el art. 6 de la ley sobre registro de 20 mayo 1897, que dice así: «Los tipos de imposición serán aplicados conforme a la naturaleza *intrínseca* y efectos de los actos y transmisiones, cuando la forma aparente de éstos no corresponde a su contenido»[69]. En el caso, pues, de simulación, la ley quiere que el impuesto se aplique, no al contrato aparente y ficticio, sino al verdadero, atendida su naturaleza intrínseca, si bien con la limitación de que la disconformidad o falta de correspondencia debe resultar probada.

Por consiguiente, la Oficina de Registro no puede atribuir a un acto distinta naturaleza de aquella que revele su apariencia

---

nella legge di registro ed il diritto della finanza di indagare la natura dell'atto, da elementi estranei all'atto stesso (*Dir. finanz.*, 1911, pág. 65); SAMPIERI, MANGANO, *Riaccertamento di redditi in seguito a registrazione di controdichiarazione (Legge*, 1911, 499), y un artículo anónimo en *Riv. tribut.*, 1905, págs. 4.173, 4.189, 4.217 : «Si es posible y dentro de qué límites la apreciación del juez sobre la existencia de la simulación en materia de impuesto de derechos reales»; PESTALOZZA, 370.

69 Véase los comentaristas de este artículo: CLEMENTINI, *Le tasse di registro,* I, art. 6; VIGNALI, *Tasse di registro,* 2ª ed., I, pág. 141; AVEZZA, *Tasse di registro,* I, n. 175 y sig.; PERICOLI, *Principii sulle tasse di registro* (*Rav.*, 1905). En cuanto al derecho francés, debe tenerse en cuenta: CHAMPIONNIERE ET RIGAUD, *Traité des droits d'enregistrement.*

externa, ni juzgar arbitrariamente sobre el carácter de una convención con objeto de aplicar distinto tipo de imposición, por ser incompetente para ello; y sólo podrá hacer tributar al acto o contrato según su verdadera naturaleza intrínseca cuando ésta haya sido declarada de un modo objetivo, o sea, cuando la simulación resulte de una *contradeclaración* o de una *sentencia*. Así, pues, aun en el derecho fiscal tiene aplicación la máxima *Plus valere quod agitur quam quod simulate concepitur,* a condición, sin embargo, de que el *actum* resulte demostrado de un modo indiscutible e incontrastable, bien por declaración de las partes simulantes o por declaración del juez.

El Fisco, frente a los simulantes, se coloca en la posición de un tercero que calculase el alcance de su derecho de crédito en relación con la índole de los actos realizados, según lo que de ellos aparezca o resulte demostrado en contra de esa misma apariencia. Se exceptúan de esta regla los casos en que, por explícita disposición de la ley, está autorizada la Hacienda para proceder, atendiendo a *elementos extrínsecos* –indicios y presunciones–, a fijar un tipo distinto de imposición señalando al acto o contrato un valor diferente del que aparezca declarado. Esto ocurre: 1.° En el caso de transmisión intervivos de la propiedad o usufructo de bienes inmuebles, de arrendamiento de inmuebles y de anticresis (art. 14); 2.° En el caso de simulación del valor o del precio en las transmisiones, obligaciones o declaraciones de valor (art. 23); y 3.° En el impuesto por sucesión *mortis causa* (arts. 5, 50 y siguientes).

Puede, por tanto, la Hacienda liquidar como donación un contrato que aparentemente es de venta, y excluir del pasivo de la herencia al liquidar el impuesto sucesorio una deuda declarada en testamento, pero que pudiera ocultar una liberalidad. En estos casos, si el Fisco intima el pago aplicando el tipo más elevado, el contribuyente puede oponerse, y entonces se irá al juicio de reconocimiento de la simulación, o de la realidad del acto, entre el contribuyente y el Fisco, aunque el primero deberá pagar previamente el impuesto discutido[70], con su recargo, por aplicación del principio *solve et repete.*

---

[70] V. Cas. Roma, *Ses. unite,* 30 jun. 1917 *(Giur. ital.,* I, 978).

La oficina liquidadora, frente a la simulación de los interesados, podrá, por tanto, o esperar pasivamente a que la ficción u ocultación aparezcan por declaración de aquéllos, o por contraescrituras o sentencias, o tomar, desde luego, la iniciativa para que sea declarada judicialmente la verdadera naturaleza del acto o contrato. Le corresponde, pues, al Fisco, o el derecho de intervenir en el juicio, ya promovido, de simulación, o el de impugnar por sí; o también, una vez hecha la intimación de pago en cuanto a la diferencia resultante de la aplicación de un tipo superior, seguir el juicio a causa de la oposición del obligado al pago. Debe suponerse, desde luego, que exista un interés jurídico para accionar; es decir, que la Hacienda tendrá derecho a impugnar un contrato simulado si espera con ello poder aplicar un tipo superior de impuesto de que se intentaba privarle indebidamente. De ahí que falte el interés y, por tanto, el derecho de accionar, si la impugnación se dirige a comprobar la existencia de un acto que, o no está sujeto al impuesto, como en la simulación absoluta en que no existe el acto, o está sujeto a un tipo igual o menor del aplicado. Otro tanto puede decirse del caso en que hubiere prescrito el derecho de percepción del impuesto. Se sobreentiende, además, que en el juicio por simulación, el Fisco, ya obre como actor o como demandado, ha de suministrar la prueba de la simulación alegada, pues sería inicuo otorgarle el privilegio de que le bastara alegar una simple sospecha de la existencia del fraude para que el peso de la prueba en contrario recayese sobre los interesados[71]. De la discusión entre el contribuyente y el Fisco para la comprobación de la naturaleza y contenido del acto o contrato compete entender a la autoridad judicial; pero también se halla establecida *en vía administrativa* la solución de estos conflictos (Real decr. 17 febrero 1895 y Reglamento 23 abril 1910, n.° 316; y ley 23 abril 1911, número 509, art. 34), y conviene siempre al contribuyente entablar la reclamación administrativa antes que la judicial, al objeto de poder obtener, caso de decisión a su favor, el resarcimiento de los gastos (arts. 134 a 137).

---

[71] Así se expresa en una sent. de la Cas. de Roma, 29 dic. 1915 (*Giur. it.*, 1916, 138). V. en contrario, PESTALOZZA, 390.

Es indispensable, pues, que la Administración fiscal pueda actuar, que exista lesión en los tipos tributarios[72], y que el derecho a percibirlos no haya prescrito.

Una vez establecida la posición jurídica del Fisco, hay que examinar qué tipos pueden gravar a los contratos simulados. Convendrá recordar que los tipos de imposición son *proporcionales, graduales y fijos*. Los primeros se aplican a los actos traslativos de derechos reales, o por los que se constituyan, modifiquen o extingan derechos de obligación. Los graduales se refieren a los actos declarativos, por los que se *declaran* efectivamente y confiesan valores sin que haya transmisión de propiedad.

Los tipos fijos se aplican a actos que ni implican transmisión ni declaración de valor o cantidad, como un acto de adopción, una simple manifestación o una copia.

Empezaremos por la simulación absoluta. Si, presentado en la Oficina un contrato absolutamente simulado, no aparece exteriormente su carácter ficticio, se le aplicará el tipo correspondiente; el proporcional, si se trata de contrato traslativo de propiedad. La cantidad percibida no será devuelta por la Hacienda, aunque después se descubra el carácter aparente de la enajenación. En el derecho fiscal rige la máxima de que, una vez percibido el impuesto, queda *consumada* la operación; y, salvo casos excepcionales, no se admite reclamación de lo indebidamente pagado. Dice el art. 9 de la ley citada que los impuestos reglamentariamente percibidos no podrán ser devueltos por ningún motivo, fuera de los casos previstos por la ley misma, entre los cuales no está, desde luego, el de la simulación. En efecto, entre los casos exceptuados (art. 11, n. 2) se enumeran, sí, los actos declarados nulos, por vicios esenciales, en virtud de sentencia firme, mas siempre que la nulidad resulte *independientemente de la voluntad o de la interven-*

[72] V. Barsanti, ob. cit., pág. 5. Es naturalmente distinto del caso de la simulación aquel en el que las partes dan, con propósito deliberado, un inexacto *nomen juris* al contrato, o bien mediante artificiosas combinaciones de cláusulas procuran, fraudulentamente, lograr el efecto de un contrato diferente, cuya forma propia evitan. En tales casos, el examen mismo del contrato según su naturaleza intrínseca es suficiente para descubrir la intención de las partes y corregir la denominación inadecuada (v. Pestalozza, 388).

ción de las partes. Pero si la simulación es un vicio esencial originario, no es independiente de la voluntad de las partes, sino que es la forma típica de nulidad voluntaria consensual.

Examinemos ahora el caso de que la simulación sea descubierta posteriormente, por efecto, cien de una contradeclaración, o bien de una sentencia. ¿Qué tipo será aplicable a estos actos?

En esta materia, nuestra jurisprudencia tiene una tendencia marcadísima hacia el *fiscalismo,* explicable acaso por antipatía hacia les actos o contratos simulados, o por una excesiva simpatía hacia el Erario público; pero, de todos modos, contra ley.

Es un fenómeno curioso el de que en materia tributaria haya podido formarse un concepto particularista del derecho, una consideración especial de las instituciones desde el punto de vista fiscal, y que esta sistemática deformación de los conceptos haya podido encontrar acogida, no sólo entre los escritores (puesto que una doctrina verdaderamente jurídica y desapasionada del derecho fiscal no existe en Italia), sino en el ambiente sereno e independiente de la magistratura, y aun se haya podido formar insensiblemente la convicción de que el derecho fiscal es un derecho privilegiado, que puede prescindir de los conceptos jurídicos y *retorcerlos* en su provecho, en contra de la voluntad de las partes interesadas y de la realidad jurídica, con tal de aumentar los rendimientos del impuesto. Toda la gravedad del problema jurídico-financiero está en eso, y abundan los casos –manifestaciones del sistema– en que se interpreta torcidamente la ley con el fin de aplicar ilegalmente el impuesto. El derecho fiscal debiera interpretarse como todo derecho; no está en posición privilegiada ni tiene por qué retorcer los principios o valerse de ficciones en la valoración jurídica de los actos sujetos al impuesto.

Advertido esto, examinaremos la cuestión referente al tipo que debe imponerse a la contradeclaración por la que se descubre el contrato simulado. La opinión judicial predominante admite que está sujeta al tipo proporcional. Se lee, en efecto, en una sentencia[73]

[73] Cas. Roma, 5 sept. 1893 *(Foro ital.,* 1893, I, 1.043). V. también Cas. Roma, 15 en. 1895 *(Foro ital.,* 1895, I, 261). Ap. Messina, 15 marzo 1900 *(Giur. cat.,* 1900, 77). Ap. Ancona, 25 may. 1904 *(Riv. trib.,* 1904, 619). Cas. Roma, 28 nov. 1903 *(Foro ital.,* 1904, 215). Cas. Roma, 19 abr. 1912 *(Giur. ital.,* 1912, I, 646). Cas. Roma, 27 abr. 1916 *(Foro ital.,* 1916, 976).

que, si las partes declaran por una contraescritura que el acto fue aparente y no real, será ésta una manifestación de voluntad que tendrá por objeto directo *modificar y rescindir* el contrato anterior sin que pueda destruir los efectos que se hayan producido mientras tanto. De modo que la contraescritura equivale en este aspecto a una rescisión y da vida, necesaria e implícitamente *-sobre todo a consecuencia de los principios inflexibles de la ley especial del impuesto*[74]- a una *especie de retrocesión* de la propiedad por el precio mismo fijado en el primer contrato.

Otra sentencia reciente del Tribunal de Casación de Roma dice: «Que si el primer contrato tuvo vida y eficacia durante algún tiempo y pudo producir respecto a terceros las consecuencias propias de la naturaleza de los pactos en él contenidos, el nuevo convenio por el cual esos pactos se declaran simulados, produjo ciertamente el efecto de modificar respecto a terceros la condición jurídica de las partes. Que, por consiguiente, la contradeclaración debe ser considerada como una *resolución* del anterior contrato, etc.»

Todo esto es equivocado. No es cierto, ante todo, que el contrato simulado haya producido efectos *jurídicos* en el tiempo transcurrido hasta que fue presentada la contradeclaración, porque ésta *declara* con carácter retroactivo la inexistencia, y no es posible modificar ni rescindir lo que nunca existió. Adviértase, además, que el contrato simulado no sólo careció de vida y eficacia en cuanto a los contratantes, sino también respecto a los terceros que conocieron su apariencia, y si sobre la base de un acto simulado existe la posibilidad de una adquisición a favor de terceros de buena fe, es porque esta adquisición no se funda en el contrato simulado, sino que se deriva *ex lege,* no obstante la falta de validez de aquél[75]. Y aun queriendo admitir que el contrato simulado llegue potencialmente, a causa de esas disposiciones legales, a producir efectos a favor de terceros de buena fe, no es posible

---

[74] ¿Pero cuáles son estos principios especiales y rigurosos que se citan siempre como los ministerios de Eleusis y no se descubren jamás?

[75] V. Regelsberger, *Der sogenannte Recktserwerb von Nichtberechtigten*, en *Jhering's Jahrb.*, 1904, págs. 339 y sigs.

nunca aceptar que la contradeclaración hecha privadamente valga para modificar o destruir en cuanto a terceros su posición jurídica, porque es inoponible e ineficaz en cuanto a ellos. Por tanto, o el contrato simulado se considera inexistente, y entonces la contradeclaración no resuelve ni destruye nada, o se admite que el primer contrato puede producir efectos, y entonces habrá que admitir también que la contradeclaración no puede destruirlos. De todos modos, y en ambos casos, la contradeclaración tiene efecto declarativo, de reconocimiento, y sirve, al demostrar la simulación del contrato primitivo, para restablecer la verdad *ínter partes;* pero carece de efecto modificativo o resolutivo. Pensar de otro modo equivale a confundir la contradeclaración con el mutuo disenso.

El considerar la contradeclaración como contrato resolutorio del precedente, no sólo es opuesto al concepto jurídico de simulación, sino que contradice en absoluto la intención de las partes. No es que los contratantes estipulen primariamente y *en serio* un contrato, para un día o una hora, y después, arrepentidos, lo resuelvan: no; ellos no han querido, desde el principio, obligarse, y si documentan con la contraescritura esa falta de intencionalidad es solamente con fines probatorios. Ahora bien, no se comprende en qué puede fundarse el Fisco para deducir de ello la existencia de un contrato, puesto que no puede apoyarse ni en el contenido ni en los efectos de la contraescritura, ni en la intención de las partes. ¿Será, entonces, en su interés de recaudar cada vez mayores ingresos?

Nos parece, por tanto, que, en armonía con el carácter jurídico de la contradeclaración, y conforme a la misma ley del Impuesto, debe liquidarse la contraescritura aplicando el tipo gradual, como acto declarativo que es.

Pasemos ya a lo referente a la sentencia declarativa de la simulación.

También en este punto los prejuicios e intereses fiscales han forzado la mano a la jurisprudencia, que sigue declarando, de común acuerdo, que ha de aplicarse el tipo proporcional. Las razones en que se funda no son ciertamente más convincentes. Escogeremos una de las sentencias más importantes[76], que dice así: «De los artículos 6, 9 y 10 de la ley del Registro, resulta que debe atenderse, para la liquidación del impuesto, al *estado posesorio* establecido en virtud de un título relacionándolo con el que se crea por otro título posterior: si el estado posesorio permanece inalterado, se aplica el tipo gradual, pero si resulta novado en cualquier sentido habrá de aplicarse el tipo proporcional en relación con el cambio realizado. La sentencia declarativa de la simulación modifica el estado posesorio, de modo que, etc.»

Detengámonos en este razonamiento. Cómo ha podido idearse este criterio del estado posesorio, nos parece incomprensible. Los artículos citados establecen: que los tipos de imposición deben ser aplicados con arreglo a la *naturaleza y efectos* de los actos, y que las cantidades pagadas no son reclamables ni aun por resolución o rescisión del acto; pero nada dicen de tal estado posesorio. Este criterio debe rechazarse por arbitrario y antijurídico. Nos parece, en cambio, más acertada la opinión de que la ley ha querido determinar los tipos de imposición de conformidad con la verdadera naturaleza y efectos jurídicos del acto o contrato. La ley mira al estado de derecho y no a la materialidad de la posesión, que, desde su punto de vista, carece de importancia. Los tipos proporcionales son aplicables a las transferencias o cambios de propiedad; como en la simulación nada se transfiere, no es posible hablar de impuesto sobre una transferencia imaginaria.

Para no dejar lugar a discusiones, el Tribunal de Casación de Roma acaba -y es bien triste tener que confesarlo- por falsear los principios. Causa asombro, en efecto, leer, que en uno de sus fallos[77], que «no es posible sostener que la declaración de simulación de un contrato no implique, a los fines del impuesto, una retrocesión o una nueva transferencia, ya que la venta simulada no puede estimarse como inexistente, puede ser mantenida por voluntad de las partes (?) y producir efectos traslativos (!); no es propiamente *nula,* sino *anulable,* y la anulación no pue-

[76] Cas. Roma, 5 sept. 1893 (*Foro ital.,* 1893, I, 1.043). V. también Cas. Roma, 15 en 1895 (*Foro ital.,* 1895, I, 261).

[77] Cas. Roma, 8 jun. 1903 *(Foro ital.,* 1903, I, 906).

de tener otra consecuencia que la de hacer cesar *ex novo* los efectos producidos».

Todo esto es falso, y pudiéramos preguntar: ¿qué efectos traslativos ha de producir el contrato simulado si el fingido comprador no adquiere nada y queda en la misma condición jurídica que antes de la enajenación? ¿Cómo podrá ser mantenido por voluntad de las partes el contrato simulado? ¿Será susceptible de confirmación o ejecución? ¿Será lícito afirmar la anulabilidad del acto simulado cuando desde su origen falta el consentimiento y resulta un cuerpo sin alma? ¿Y cómo pueden producirse efectos, o cuáles, hasta su anulación, si no ha existido jamás? Si se trata de cesación de efectos, ¿será válida la enajenación realizada entre tanto por el testaferro a un adquirente de mala fe? La acción de anulabilidad, ¿prescribirá por el transcurso de cinco años?

¡Todo un conjunto de errores acumulados para beneficio del Fisco, porque es curioso y digno de advertirse que el mismo Tribunal de Casación, cuando no se trataba de intereses tributarios, había decidido la nulidad de los contratos simulados! Sólo en ese terreno olvida y reniega de los principios mismos por él establecidos.

¡No es cierto que la sentencia declarativa de la simulación produzca una especie de retrocesión, porque no se había llevado a cabo la transferencia de la propiedad, y la sentencia no hace más que declarar la inexistencia del contrato desde su origen! Esa pretendida transferencia no es más que una ficción privilegiada a favor del Fisco. La sentencia que declara la simulación no produce transferencia de propiedad, y prueba de ello es que no está sujeta a transcripción en el Registro (art. 1.932, 4); y no se comprende por qué en la Oficina liquidadora ha de equipararse, a los efectos del impuesto, a una sentencia de adjudicación en pública subasta[78]. La sentencia, por el contrario, queda sometida, justamente, al tipo fijo.

---

[78] Sobre la inadmisibilidad de un nuevo impuesto de transmisión, v. también Chironi, *Rivista critica di giurisprudenza*, pág. 446 (*Riv. scienze giurid.*, 1889); Vitali, n. 206; Pestalozza, 403; y algunas sentencias.

Tratándose de simulación relativa, es opinión muy extendida la que sostiene que el contrato simulado debe satisfacer doble impuesto; o sea por el acto aparente y el disfrazado, más una multa por haberse omitido presentarlo a liquidación y por la ocultación de valor. Presentado en la Oficina liquidadora un contrato de venta, se aplica el tipo de percepción proporcional. Pero, más tarde, o a causa de una contradeclaración o de una sentencia, se descubre que la venta ocultaba una donación; y entonces el Erario se declara acreedor por el impuesto que hubiera tenido derecho a exigir por la donación, desde que se simuló el contrato. Cierto que debiera venir obligado a restituir el impuesto indebidamente percibido por la venta que no se realizó; pero como, según el art. 9, no es ya reclamable, resultará pagado el impuesto dos veces por el mismo contrato simulado. Lo propio ocurre en el caso de interposición de persona, en que por el contrato secreto -mediante el cual se declara que la adquisición de la propiedad se realizó a favor de persona distinta de la que aparecía como adquirente- se gira una nueva liquidación sin restituir lo ya percibido. Pero no es bastante esto; porque como, por efecto del disfraz el acto verdadero y secreto no fue presentado a liquidación en tiempo oportuno, viene equiparado a un contrato no liquidado y se le aplica la multa correspondiente (arts. 94 a 99)[79]. Esto de someter doblemente al impuesto el acto simulado nos parece excesivo y, además, formalístico. Es cierto que el Estado somete a tributación el negocio jurídico, el contrato de transferencia de propiedad como tal; pero, si se trata de un solo contrato, es inicuo que deba contribuir como si existieren dos y sin que pueda intentarse, ya que no la devolución del impuesto indebidamente satisfecho, al menos que éste sea tenido en cuenta y computado en el pago del que se debe. Creemos que el Fisco no debiera tener derecho en ese caso sino a la diferencia y a la penalidad correspondiente[80]. Por lo que se refiere a la simulación rela-

[79] Barsanti, mon. cit., pág. 18; Avezza, I, n. 176, y yo mismo en las anteriores ediciones de esta obra.

[80] Carece de fundamento el parecer de los que afirman que en caso de simulación en perjuicio del Fisco, valga el principio *contra non valentem agere,* según el cual la prescripción debe correr a contar del día en que el fraude fue descubierto. V. en este sentido una antigua sent. del Trib. Cas. Roma, 9 oct. 1890 *(Boll. Uff.,* 472), cuya doctrina no ha sido repetida por la jurisprudencia.

tiva, el texto mismo de la ley suministra un argumento (art. 102) que puede extenderse y generalizarse a todas las hipótesis de simulación de contrato, ya recaiga sobre la naturaleza de éste o sobre las personas que contratan.

Para el cobro de la penalidad, el Erario tiene acción solidaria contra todos los que intervinieron en la simulación o utilizaron el contrato simulado. La simulación u ocultación, por último, tiene como consecuencia o efecto la falta de acción -siendo, en cambio, excepcionable- del acto engañoso, mientras no haya sido regularizado mediante el pago del impuesto y de la penalidad o multa debidos (arts. 100 y 102).

La acción para el cobro del impuesto por causa de simulación de contrato dura, por regla general, veinte años, a contar desde que fue liquidado el acto aparente[81], salvo siempre, y no obstante la prescripción, la obligación de pago del impuesto por el acto secreto si los interesados revelan después su naturaleza o intentan alegarlo en juicio (art. 128). Ha de tenerse presente que el acto se estima no liquidado en cuanto a la parte no manifiesta, y que, en consecuencia, la diferencia del impuesto no percibido por la ocultación de su naturaleza o del precio es considerada como impuesto principal y prescriptible, por tanto, en veinte años, no en dos, ya que este plazo se refiere solamente al impuesto supletorio (art. 126).

---

[81] V. Pestalozza, pág. 404.

BIBLIOGRAFÍA

BARTH CAEPOLLA, *De Contractibus emptionum cum pacto de retrovendendo simulatis* (Venet., 1603).

FARINACIUS, *De falsitate et simulatione* (Opera, lib. V, tit. XVI, quaest. 162, Venet., 1571).

CONR. JUNCKER, *Disp. de simulatione* (Altdorff., 1676).

ELIAS METZGER, *De contracto simulato* (Jenae, 1692).

ANT. JUNGE, *De simulatione,* 1693 (Cocceji, *exercit. curios.,* dispo. 89).

DE LICHTENSTEIN, *Diss. de simulatione circa matrimonium* (Gottl., 1743).

KLIEN, *De negotiis simulatis modo efficacibus, modo inefficacibus* (Viteb., 1807).

SAVIGNY, *System des röm. Rechts,* III, § 152.

JHERING, *Geist des röm. Rechts,* III, § 58, IV, § 46.

DERNBURG, *Preuss. Privatrecht,* I, § 104, P. 219.

UNGER, *System des oesterr. Privatrechts,* II, § 88, p. 119.

ARNOLD, *Praktische Erörterungen aus dem Rechtsgebiete,* III, p. 521 «*Versteckte Verträge*».

MOLTINI, *Andeutungen über die Scheinverträge* (*Juristen,* 16, 204).

WINDMULLER, *Ueber die Anfechtung simulierter und sonstiger Veräusserungen* '(Berlin, p. 61).

ROEVER, *Ueber die Bedeutung des Willens bei Willenserklärungen* (p. 61, Rostock, 1874).

SCHEIFF, *Die Divergenz zwischen Wille und Erklärung* (p. 26, Bonn, 1879).

KÖHLER, *Studien über Mentotreservation und Simulation* (*Jahrb. für Dogmatik,* 16, p. 91 y sig.).

KÖHLER, *Noch einmal über Mentalreservation und Simulation* (*Jahrb. für Dogm.,* 16, p. 325).

KÖHLER, *Ueber den Willen im Privatrecht* (*Jahrb. für Dogm.,* 28, 166 sig.).

WINDSCHEID, *Wille und Willenserklärung* (*Archiv für civ, Praxis*, 63, p. 72 y siguientes).

REGELSBERGER, *Zwei Beiträge zur Lehre von der Cession* (*Archiv für civ. Praxis*, 63, P. 157).

ZITELMANN, *Die juristische Willenserklärung* (*Jher. Jahrb.*, 16, 400).

HARTMANN, *Wort und Wille in Rechtsverkehr* (*Jher. Jahrb.*, XX, pags. 1-79). ENNECCERUS, *Rechtsgeschäft, Bedingung und Anfangstermin* (p. 100, Marb., 1889).

BAEHR, *Missbräuchliche Geschäfte* (Grenzboten, n. 15, 1890).

SCHLOSSMANN, *Der Vertrag* (p. 105).

ZRODLOWSKI, *Römisches Privatrecht* (II, 317).

FORRER, *Simulation und sog. Mentalreservation nach röm. Recht* (St. Gallen, 1892).

HINSCHIUS, *Die Mental. r. bei der Ehe Schliessung nach Katholischem Kirchenrecht* (*Archiv f. civ. Prax.*, 83, 321, 1894).

LANG, *Die Wirkungen der fiduziarischen Geschäfte* (*Archiv f. civ. Praxis*. 83, 336).

DREYER, *Das fiduziarische Rechtsgeschäft* (*Gruchofs Beiträge*, 1896). KUHLENBECK, *Das Scheingeschäft* (Jurist. Wochenschrift, 1895).

BARTHELMES, *Das Handeln in fraudem legis* (Berl., 1889).

PFAFF, *Zur Lehre vom sg. iri fraudem legis agere*, Wien (1892).

NEEF, *Beiträge zur Lehre v. d. fraus legi facta* (Berl., 1895).

VOIGT, *lus naturale* (III, p. 110 y sig.)

SONNTAG, *Das simulierte Rechtsgeschäft* (Gera, 1899).

VOGEL, *Mentalreservation und Simulation* (Hagen, 1900).

WETTE, *Mentalreservation. Simulation und in fraudem legis agere* (GREIFW., 1900). GOLTZ, *Das fiduziarische Rechtsgeschäft* (p. 5 y sig., Marb., 1901).

KAUL, *Das fiduziarische Rechtsgeschäft* (Iena, 1910).

PININSKI, *Der Thaibestand des Sachbe sitzerwerb es* (II, p. 381, Leipz., 1888).

OSKAR BULOW, *Das Geständnisserecht* (P. 105 y sig., Freiburg, 1899).

PESTALOZZA, *Begriff der Mentalreservation* (1901).

ISAY, *Die Willenserklärung in Tatbestände des Rechtsgeschäfts* (1899).

MANINGK, *Willenserklärung und Willensgeschäft* (1907).

LEONHARD, *Der Irrtum bei nichtig. Verträge* (Breslau, 1907).

THEWALT, *Das Scherzgeschäft* (Berna, 1911).

HAESE, *Die rechtl. Bedeutung der nicht ernstlich gern Willenserklärung* (Königs., 1910).

MANIGK, *Das Anwendungsgebiet d. Vorschrifte für Rechtsgeschäfte* (Breslau, 1901).

BREIT, *Die Geschäftsfähigkeit,* I (Leipz., 1903).

TEN HOMPEL, *Verständigungszweck im Recht* (Berlin, 1908).

NOWOMIE JESLI, *Willenserklärung im Scherze* (Berlin, 1909).

WINDSCHEID, *Pandekten* (I, § 75).

DERNBURG, *Pandekten* (I, § 100, p. 230).

BEKKER, *Pandekten* (II, § 98, p. 133).

HOLDER, *Pandekten* (I, § 41, p. 215).

REGELSBERGER, *Pandekten* (§ 141, p. 515-520).

HASENOEHRL, *Oesterr. Obligationenrecht* (I, 575, 686).

ENDEMANN, *Lehrbuch des bürg. Rechts* (I, § 71, p. 297).

DERNBURG, *Doj bürgerl. Rechts* (I, p. 478).

ENNECCERUS-JAEGER, *Lehrb. des bürg. Rechts* (I, p. 361).

KÖHLER, *Lehrbuch des bürg. Recht.* (1, p. 487).

CROME, *System des deuts. bürg. Privatrechts* (I, § 93, p. 416).

CROME, *Allgem. Theil der tnod. frans. Rechtswissenschäft* (p. 257).

VON THUR, *Allgemeiner Theil* (II, p. 557).

SCHLOSSMANN, *Bin Beitrag zur Lehre von den Scheingeschäften* (*Jher. Jahrb.*, 44, 378, 1902).

OERTMANN, *Komm* (§ 117).

SINTENIS, *De simulierte Prozess* (*Zeist. für deut. Civil proz.* XXX, p. 358, 1902). MERLIN, Répert., «Simulation».

VARAMBON, *Actes simulés ou frauduleux* (*Rev. prat.*, III, 347).

PLASMAN, *Des contre-lettres* (II ed., 1839).

G. SEMANTE, *De la loi et de la jurispr. en matière des don. dég.* (*Rec. de VAcad de législ. de Toulouse*, IV, p. 6 y sig.).

DELPECH, *Nature de la nullité des don. dég.* (*Sirey et Journ. du Pal.*, 1835, II, pagina 392).

PONT, *Des rapports des donations déguisées* (*Rev. crit.*, IV, p. 149 y sig., 1852).

LAFONTAINE, *Des don. dég. et de leurs effets* (*Rev. crit.*, X, p. 58, 1857).

MICHAUT, *Du rapport des donations déguisées* (*Journ. du notariat*, 19 déc. 1860).

VERNET, *Des donat. déguis. et faites par personnes interposées* (*Rev. prat.*, XV, pagina 193, 1863).

RANSON, *Des contre-lettres* (1866).

KÖHLER, *Des contre-lettres* (1866).

Durand, *Des don. dég. en vue d'éluder Vindisponibilité partielle établie en faveur des hérit. à réserve* (*Rev. prat.*, 37, p. 5 y sig., 1874).

Chesnelong, *Des donations déguisées* (1876).

Cruchon, *Les donations déguisées* (1879).

Labbé, *Note sur les don. dég. entre époux* (Sirey, 82, I, p. 149).

Labbé, *Donat, déguis.* (*Rev. crit.*, II, Ser.-XI; p. 339, 1882).

Pellisié du Rausas, *Des libéralités indirectes entre époux* (1887).

Bonnecarrère, *De la simulation dans les donations* (1896).

Bartin, *Théorie des contre-lettres* (Paris, 1885).

Tesnières, *Des contre-lettres* (Paris, 1885).

Cazal, *Etude thé or. et prat. sur les actes simulés* (1887).

Fourcade, *De la simulation* (Nancy, 1887).

Vigouroux, *De la simulation dans les actes* (*Rev. gén. de droit.*, p. 193 a 304, 1889).

Glasson, *Théorie de la simulation* (Paris, 1897).

CosTE, *De la convention de prête-nom* (Paris, 1891).

LerEnbours Pigeonnière, *Du prête-nom mandataire ou gérant d'affaires* (Paris, 1899).

Demolombe, *Cours de droit civ. fr.* (XXV, n. 235 sig., XXIV, n. 370, y XXIX, n. 344 y sig.).

Larombiere, *Théorie et pratique des obligations,* sur l'art. 1.167 e 1.132.

Aubry et Rau, *Cours de droit civil frang.* (IV, § 345 sig., I, § 35 y Vili, § 756).

Baudry Lacantinerie et Barde, *Des obligations (*I, n. 305 y sig.).

Planiol, *Droit civil* (II, 1.240 y sig., 2.266 y sig.).

Garnier, *Des liberalités par personnes interposées en droit frang. moderne* (1902).

Bellini, *Manuale delle simulazioni e dissimulazioni* (Pisa, 1877).

Bertolini, *Atto simulato e atto fraudolento* (Dir. e giurispr., I, 20). Delle vendite simulate (Legge, 1887, II, 394).

Capelli, *Degli atti simulati* (*Riv. giur. Boi.*, 1878, 129 sig.).

Vitali, *Della simulazione in generale e più specialmente delle liberalità palliate sotto forma di un contratto oneroso* (*Ann. crìi, di giur.*, 1889, 106 y sig.).

Vitali, *Eccezione di simulazione contro credito ceduto e pretesa necessità dei contradditorio del cedente* (Studi Senesi, 1896, 347 y sig.).

Bianchi, *Sulle donazioni mascherate* (*For. ital,* 1891, I, 778).

Surr Entino D'Afflitto, *Della prova da darsi a chi intervenuto in un contratto lo impugna di simulazione rimpetto all'altro contraente* (Pisanelli, 1891, página 257).

MIRABELLI, *Dei contratti simulati rispetto ai terzi* (*Diritto dei terzi*, I, pág. 437 y siguientes).

TARDUCCI, *Ueccezione di simul. e l'azione revoc. dal punto di vista della pròce dura* (*Arch. giurid.*, 1890, p. 186).

SCADUTO, *L'eccezione di simul. di fronte al giudicato* (*Circ. giuridico*, 1892, 2, 167).

FADDA, *Vendita a scopo di garanzia* (*Ann. crit. di giur.*, 1894, 117).

FADDA e Bensa, *Note al Windscheid* (I, 843).

STERIO, *Delle persone interposte* (1895).

CASINI, *Esercizio cumulativo delle azioni di frode e simulazione* (For. ital., 1889, I, 473).

SEGRE, *Studi sul concetto del negozio giuridico* (p. 86; tornado de la Riv. Scien. Giurid.).

ROUGIER, *Contro-dichiarazioni* (Enc. giur. ital.).

BARSANTI, *Il Fisco e gli atti giuridici simulati,* 1898 (Tornado del Cons. Comm.).

COLAMONICO, *La simulazione nei contratti* (*Dir. e giurispr.*, XV, 301).

DE VINCENTIIS, *Contratti simulati e buona fede dei terzi* (*Riv. pratica,* II, n. 3).

BONFANTE, *Sulla simulazione dei negozi giuridici* (*Riv. di dir. comm.*, 1896, página 186).

Digesto italiano «Simulazione

Diz. prat. di giurispr. «Simulazione''.

FERRARA L., *In tema di prova della simulazione lecita* (Tornado de *Riv. prat. di dott.,* 1903).

SATTA, *Conversione dei negozi giuridici,* p. Ili (1903).

COGLIONO, *Donazioni larvate* (*Scritti varii*, I, 260).

COGUOLO, *In fraudem legis* (*Scritti varii*, II, p. 44).

NATALUCCI, *Sulla simulazione nei negozi giuridici* (Roma, 1908).

BIANCHI, *Principi sulle leggi* (I, n. 90 y sig., p. 414 y sig.)

GIORGI, *Obbligazioni* (I, 312; IV, 136).

IyOMONACO, *Obbligazioni* (I, 437).

DE CRESCENZIO E FERRINI, *Obbligazione*, p. 879 (Bnc. giur. ital.).

GIANTURCO, *Sistema di diritto, civile* (p. 187).

BENSA, *Istituz. di diritto civile* (p. 156).

CHIRONI E ABELLO, *Trattato di diritto civile*, I, P. 305 (Torino, 1904).

GABBA, *Della donazione larvata sotto forma di un contratto oneroso* (Tornado de la *Giur. ital.*, 1903).

COVIELLO N., *Manuale di diritto civile,* § 115.

COVIELLO L,., *La simulazione rispetto ai terzi di buona fede* (Tornado de la *Giur. ital.,* 1904).

COVIELLO LY., *Gli errori della giurisp. ed i suoi trionfi* (*Giur. ital.,* 1918). SACERDOTI, *Dell'efficacia degli atti simulati di fronte ai terzi* (Poro ital, 1905, I, 1416).

FERRARA, *Dell'efficacia degli atti simulati di fronte ai terzi* (*Foro ital.,* 1906, I, 31). TENDI, *La riserva mentale sul matrimonio* (*Giur. ital.,* 1906, IV, 161).

VENEZIAN, *L'errore ostativo* (*Studi per Scialoja,* I).

SEGRE, *L'ipoteca su cosa altrui* (Tornado de la *Temi*).

BARASSI, *La notificazione nelle dichiarazioni stragiudiziali* (MILANO, 1906).

MESSINA, *La simulazione assoluta* (*Riv. di dir. comm.,* 1907, p. 393 Y sig., 500 y siguientes; 1908, p. 10 y sig.).

FERRARA, *La simulazione assoluta* (*Riv. di dir. comm.,* 1908, fase. 5.° Y 6.°). DEGNI, *Effetti giuridici della buona fede dei terzi nei contratti simulati* (*Riv. cit.,* 1909, 57).

BUTERA, *In torno al criterio determinativo della competenza per valore nelle azioni di simulazione e di revoca degli atti fraudolenti* (*Giur. ital.,* 1910, I, 2, 327). ROTONDI, *Gli atti in frode alla legge* (TORINO, 1911).

MiLELLA, *In tema di simulazione fraudolenta* (*Riv. giur. Trani,* 1911, 208). MATTINI, *La dottrina generale della procura,* N. 108 (Milano, 1910).

BARDANZELLA, *La protezione dei terzi di buona fede contro gli atti simulati* (*Riv. univ.,* 1910, I).

GIOVENE, *Il negozio giuridico rispetto* (H terzi (2.ª ed.), N. 136.

GAMBARDELLA, *Sull'ammisibilità dell'azione per dichiarazione di simulazione delle convenzioni matrimoniali* (*Foro ital.,* 1913, I, 1443).

GAMBARDELLA, *Simulazione o frode nei patti dotali* (*Riv. pratica,* 1904).

COFANO, *La simulazione rispetto ai terzi di mala fede* (Corte Napoli, 1915, 46). CAMMEO F., *Il compratore d'un mobile è terzo per impugnare le locazioni del fondo acquistato* (*Giur. ital.,* 1915, 69).

PESTALOZZA, *La simulazione nei negozi giuridici* (Milano, 1914).

VENEZIAN, *Tutela dei terzi di buona fede nella simulazione* (*Opere giuridiche,* voi. I, parte 2.ª, p. 578).

BRUGI, *Istituz. di diritto civile,* § 25 (MILANO, 1914).

De RUGGIERO, *Istituz. di diritto civile* (3ª ed.), I, p. 230. Napoli, 1921

JOSÉ BELEZZA DOS SANTOS, *A Simulagào em Direito Civil* (Coimbra, 1921).

La simulación de los negocios jurídicos, de Francesco Ferrara, se imprimió en la República Argentina en octubre de 2017.

Made in United States
North Haven, CT
04 November 2026

21725024R00296